U0626546

应用型本科经济管理类专业系列教材

物流信息系统

Logistics Information System

主　编　姜方桃　邱小平

副主编　李　洋　张　瑜　顾　静　戴敏华

西安电子科技大学出版社

内容简介

本书系统全面地介绍了物流信息系统的基本概念、理论体系和开发方法，并在此基础上详细阐述了物流信息系统的规划、分析、设计、实施、评价、安全和控制以及应用分析等内容。同时，本书吸收了近几年物流信息系统的最新发展理论和实践，反映了信息技术的最新发展和最新的信息管理思想、方法与实践，并结合开发物流信息系统的实践深刻领会在系统开发全过程中的理论实质，增强信息资源的开发意识，以培养学生分析、设计、开发信息系统的能力。

本书可作为高等学校物流管理专业、物流工程专业、交通运输专业等相关专业的教材，也可作为其他专业学生选修课程或必修课程的教材，还可作为物流企事业单位管理人员的教材与参考用书。

图书在版编目(CIP)数据

物流信息系统/姜方桃，邱小平主编. —西安：西安电子科技大学出版社，2019.5(2024.8 重印)

ISBN 978 - 7 - 5606 - 5278 - 8

Ⅰ. ① 物… Ⅱ. ① 姜… ② 邱… Ⅲ. ① 物流—管理信息系统 Ⅳ. ① F252 - 39

中国版本图书馆 CIP 数据核字(2019)第 050344 号

策　　划　高 樱
责任编辑　阎 彬
出版发行　西安电子科技大学出版社(西安市太白南路 2 号)
电　　话　(029)88202421　88201467　　邮　编　710071
网　　址　www.xduph.com　　　　电子邮箱　xdupfxb001@163.com
经　　销　新华书店
印刷单位　咸阳华盛印务有限责任公司
版　　次　2019 年 5 月第 1 版　2024 年 8 月第 4 次印刷
开　　本　787 毫米×1092 毫米　1/16　印张 20.5
字　　数　487 千字
定　　价　59.00 元

ISBN 978 - 7 - 5606 - 5278 - 8

XDUP　5580001 - 4

＊＊＊如有印装问题可调换＊＊＊

应用型本科管理类专业系列教材
编审专家委员名单

前　言

　　21世纪是高度信息化的时代,现代信息技术的迅猛发展及网络技术的广泛应用成为传统物流向现代物流转变的重要推动力量。要发展现代物流业,必须实现物流业的信息化。运用信息系统来整合物流资源,已成为企业在激烈的市场竞争中取胜的战略手段。物流信息系统继承了其他众多学科的理论、方法和应用技术,与信息科学、系统科学、控制理论、运筹学、会计学、统计学、经济学、管理科学和计算机科学有着十分密切的联系。本书以管理为基础,以技术为主线,从内容与要求上分为基本概念、开发方法、开发技术和开发实践培养四个层次。

　　"物流信息系统"是物流类专业的一门专业主干课程,实践性强是该课程的一个重要特点,也是在校学生学习该课程的难点之一。因为绝大多数学生既无管理工作的实践,又无工程实践的经验,所以在学习中不易掌握物流信息系统的概念、理论、内容、技术和方法的实质。为此,本书采用了大量的案例,来增强学生的理解能力;通过案例及思考题,可以使学生做到理论联系实际,培养和提高学生分析问题、解决问题的能力。

　　本书共分为十章。第一章讨论了物流信息系统的基本概念;第二章介绍了物流信息系统运行所需要的技术基础;第三章介绍了物流信息系统与电子商务;第四章讨论了物流信息系统的规划与开发方法;第五、六、七章介绍了物流信息系统的分析、设计和开发与实施的全过程;第八章、第九章分别介绍了物流信息系统的管理和评价及物流信息系统的安全和控制;第十章介绍了物流信息系统的应用分析。

　　本书由姜方桃、邱小平担任主编,李洋、张瑜、顾静、戴敏华担任副主编。编写具体分工为:第一章和第二章由李洋编写;第三章和第四章由邱小平编写;第五章和第八章由顾静编写;第六章和第七章由张瑜编写;第九章由姜方桃编写,第十章由姜方桃和戴敏华共同编写。全书最后由姜方桃修改、统稿。

　　由于作者水平有限,书中不妥之处在所难免,敬请各位专家、读者提出批评意见并及时反馈，以便再版时完善。另外，编者还制作了本书教学使用的 Power Point 幻灯片，可通过西安电子科技大学出版社网站下载，也可通过发送电子邮件索取。反馈意见和索取教学幻灯片的邮箱地址为：jft5078@sina.com。

编　者

2019 年 1 月

目　录

第一章　现代物流信息系统基础

 学习目标

知识目标：

(1) 理解物流、信息及系统的概念；

(2) 了解信息系统的概念、功能和结构；

(3) 理解物流信息系统的概念、特点及结构和功能。

技术目标：

(1) 会根据实情提出物流信息系统功能的框架结构；

(2) 掌握物流信息系统的体系结构。

职业能力目标：

(1) 认识物流信息系统的重要性，提高企业间沟通效率，保证信息传递真实可靠；

(2) 培养良好的职业道德；

(3) 培养团队合作精神。

◆ **物流聚焦**

海尔 SAP 物流信息系统

为了与国际接轨，建立起高效、迅速的现代物流系统，海尔采用了 SAP 公司的 ERP（企业资源计划）系统和 BBP（原材料网上采购）系统，对企业进行流程改造。经过近两年的实施，海尔的现代物流管理系统不仅很好地提高了物流效率，而且将海尔的电子商务平台扩展到了包含客户和供应商在内的整个供应链，极大地推动了海尔电子商务的发展。

1. 需求分析

海尔集团认为，现代企业运作的驱动力只有一个：订单。没有订单，现代企业就不可能运作。围绕订单而进行的采购、设计、制造、销售等一系列工作，都要涉及一个最重要的流程——物流。离开物流的支持，企业的采购、制造、销售等行为就会存在一定的盲目性和不可预知性。只有建立高效、迅速的现代物流系统，才能建立企业最核心的竞争力。海尔需要这样一套信息系统，使其能够在物流方面一只手抓住用户的需求，另一只手抓住可以满足用户需求的全球供应链。

2. 解决方案

海尔采用了 SAP 公司提供的 ERP 系统和 BBP 系统，组建自己的物流管理系统。ERP 实施后，打破了原有的"信息孤岛"，使信息同步而且集成，提高了信息的实时性与准确性，加快了对供应链的响应速度。原来订单由客户下达传递到供应商需要 10 天以上的时间，而且准确率低，实施 ERP 后不但可以 1 天内完成"客户—商流—工厂计划—仓库—采购—供应商"的过程，而且准确率极高。BBP 系统主要是建立了与供应商之间基于因特网的业务和信息协同平台。通过平台的业务协同功能，既可以通过因特网进行招投标，又可以通过因特网将所有与供应商相关的物流管理业务信息发布给供应商，供应商可以足不出户就全面了解与自己相关的物流管理信息。对于非业务信息的协同，SAP 使用构架于 BBP 采购平台上的信息中心为海尔与供应商之间进行沟通交互和反馈提供集成环境。信息中心利用浏览器和互联网作为媒介，整合了海尔过去通过纸张、传真、电话和电子邮件等手段才能完成的信息交互方式，实现了非业务数据的集中存储和网上发布。

海尔已实现了即时采购、即时配送和即时分拨物流的同步流程。100％的采购订单由网上下达，提高了劳动效率，以信息代替库存商品。海尔的物流系统不仅实现了"零库存""零距离""零营运资本"，而且整合了内部，协同了供货商，提高了企业效益和生产力，方便了使用者。

【思考】 物流信息系统是如何利用物流信息的？

第一节　现代物流与物流信息

一、现代物流概述

（一）物流概念的产生及其发展历程

物流是一个伴随着社会分工和市场经济发展而不断演进的概念。一般意义上，物流是指在生产和生活中所涉及的各种物质实体由供给方向需求方的物理性转移的过程。这一概念将物流定义在有用的物、供给方、需求方等几个基本因素之上。也就是说，我们通常所说的物流是指人们在生产和生活中发生的有意义的物体流动行为。整个物流过程是一个物理过程，只改变物的空间和时间状态，不改变其使用价值。物流的概念大致经历了由传统意义上的实物配送（Physical Distribution，PD）到今天所说的现代物流（Logistics）的转变过程。

1. 产生阶段

从 20 世纪初到 20 世纪 50 年代，物流的概念处于孕育与产生阶段。对物流这种经济活动的认识，在理论上最初产生于 1901 年，当时 John F. Crowell 在美国政府报告《农产品流通产业委员会报告》中第一次论述了对农产品流通产生影响的各种因素和费用，从而揭开了人们对物流活动认识的序幕。1915 年美国市场学者阿奇·萧（Arch W. Shaw）在他的由哈佛大学出版社出版的《市场流通中的若干问题（Some Problem in Marketing Distribution）》一书中提出物流的概念，称为"Physical Distribution"，他指出"物流是与创造需求不同的一个问题"，其实质是销售过程中的物流。他认为，在市场分销中存在两类活动：一类是创造需求，也就是通过广告、促销、市场分析、销售网络等手段，让更多的人来购买企业的产品；一类是物资实体分配（Physical Distribution of Goods），也就是怎样更省钱、更及时地将客户订购的产品送到客户手中。他认为这两类活动是不同的，但是在市场分销中是相互平衡、相互依赖的，并提到"物资经过时间或空间的转移，会产生附加价值"。这里，Marketing Distribution 指的是商流，时间和空间的转移指的是销售过程的物流。1935 年美国销售协会最早对物流作了定义：物流（Physical Distribution）是包含于销售之中的物质资料和服务，以及从生产地到消费地流动过程中伴随的种种经济活动，实质上是分销物流。

1905 年美国陆军少校琼西·贝克（Chauncey B. Baker）在其所著的《军队和军输品运输》一书中提出物流的概念，即 Logistics。他从军事后勤的角度，称 Logistics 是"与军备的移动和供应有关的战争科学之一"。此后，在第二次世界大战中，美国军事兵站后勤活动的开展，以及英国在战争中对军需物资调运的实践都大大充实和发展了军事后勤学的理论、方法和技术，支持了 Logistics 的发展。围绕战争供应，美国军队建立了"后勤"（Logistics）理论，并将其应用于战争活动中。其中，"后勤"是指将战时物资生产、采购、运输、配给等活动作为一个整体进行统一布置，以求战略物资补给的费用更低、速度更快、服务更好。后来"后勤"一词在企业中被广泛应用，又有商业后勤、流通后勤的提法，这时的"后勤"包含了生产过程和流通过程的物流，因而是一个范围更广泛的物流概念。

上述两个不同意义的物流概念之所以都存续下来，是因为它们在各自的专业领域中独立运用、互不冲突。

2. 发展阶段

从 20 世纪 50 年代中期开始到 20 世纪 80 年代中期，Physical Distribution 概念继续在美国得到发展和完善，并从美国走向世界，形成了比较统一的物流概念，也成为世界公认的物流概念。

1956 年，Howard T. Lewis、James W. Culliton 和 Jack D. Steele 三人撰写了《物流中航空货运的作用》一书，书中第一次在物流管理中导入整体成本的分析概念，深化了物流活动分析的内容。1961 年，Edward W. Smykay、Donald J. Bowersox 和 Frank H. Mossman 撰写了《物流管理》一书，这是世界上第一本介绍物流管理的教科书，它详细论述了物流系统以及整体成本的概念。1963 年美国物流管理协会（National Council of Physical Distribution Management，NCPDM）成立，该协会将各方面的物流专家集中起来，提供教育、培训活动，成为世界上第一个物流专业人员组织。该协会当时对物流管理（Physical Distribution Management）的定义是：物流管理是为了计划、执行和控制原材料、在制品库存及制成品从起源地到消费地的有效率的流动而进行的两种或多种活动的集成。这些活动可能包括但不限于顾客服务、需求预测、交通、库存控制、物料搬运、订货处理、零件及服务支持、工厂及仓库选址、采购、包装、退货处理、废弃物回收、运输、仓储管理。1969 年 Donald J. Bowersox 在《市场营销杂志》上刊登了《物流的发展——现状与可能》一文，对综合物流概念的过去、现状以及未来发展作出了全面分析。1976 年，Douglas M. Lambert 对在库评价的会计方法进行了卓有成效的研究，并撰写了《在库会计方法的开发：在库维持费用研究》一文，指出在整个物流活动所发生的费用中，在库费用是最大的一部分，并对费用测定进行了研究，这对物流概念和物流管理的发展起到了非常重要的作用。

1964 年，日本也开始使用物流这一概念。在使用物流这个术语以前，日本把与商品实体有关的各项业务统称为"流通技术"。1956 年 10 月下旬到 11 月末，日本生产性本部派出"流通技术专门考察团"，由早稻田大学教授宇野正雄等一行 12 人去美国各地进行了考察，首次接触了物流这个新事物，弄清楚了日本以往称为"流通技术"的内容，相当于美国称为

"Physical Distribution"的内容，从此便把流通技术称为"PD"，随后"PD"这个术语得到了广泛的使用。1964 年，日本池田内阁中五年计划制定小组的平原谈到"PD"这一术语时说，"比起来，称为'PD'不如称为'物的流通'更好。"1965 年，日本在政府文件中正式采用"物的流通"这个术语，简称为"物流"。到了 20 世纪 70 年代，日本已经成为世界上物流最发达的国家之一。1981 年，日本综合研究所编著的《物流手册》对"物流"的表述是："物质资料从供给者向需要者的物理性移动，是创造时间性、场所性价值的经济活动。从物流的范畴来看，它包括包装、装卸、保管、库存管理、流通加工、运输、配送等诸种活动。"

同样，这样的物流概念也逐步流行到了西欧、北美和其他许多国家和地区。物流的概念主要通过两条途径从国外传入我国，一条是 20 世纪 80 年代初随着"市场营销理论"的引入而从欧美传入，因为欧美所有市场营销教科书都毫无例外地要介绍 Physical Distribution，这两个单词直译为中文即为"实体分配"，后来我们逐步将它翻译为"分销物流"；另一条途径是从欧美传入日本，日本人将 Physical Distribution 翻译为"物流"，20 世纪 80 年代初我国从日本直接引入"物流"这一概念。后来，基本上全世界各个国家都接受了"Physical Distribution"这样的物流概念。

当人们正在专注地研究分销领域中的物流问题、发展各种专业理论和技术的时候，企业内部物流理论也悄悄地发展起来。1965 年美国 Dr Joseph A. Orlicky 提出独立需求物资和相关需求的概念，并指出订货点法的物资资源配置技术只适用于独立需求物资，而企业内部物流的产生过程和相互之间的需求则是一种相关需求，相关需求应当使用相关需求的物资资源配置技术。随着 MRP（物资需求计划 Material Requirement Planning）、MRPⅡ、MRPⅢ、DRP（配送需求计划，Distribution Requirement Planning）、DRPⅡ、DRPⅢ、看板制以及 JIT（准时制生产，Just In Time）等先进管理方法的开发和在物流管理中的运用，人们逐步认识到，只使用分销物流（Physical Distribution）的概念已经不太适合现状了，需要从流通生产的全过程来把握物流管理，物流也已经被提高到战略高度，得到企业高层管理人员的充分重视。特别是到 20 世纪 80 年代中期，随着物流的发展进一步集成化、一体化、信息化、网络化，改换物流概念的想法就更加强烈了。

3. 完善阶段

从 20 世纪 80 年代中期以来，世界各国对物流概念都作了相应改变，放弃使用 Physical Distribution，转而使用 Logistics。但是这个 Logistics 不同于 1905 年美国陆军少校琼西·贝克（Chauncey B. Baker）提出的那个 Logistics，它们在内容上有所不同。军事后勤学中的 Logistics 概念主要是针对军队物资供应调度中的物流问题，而新时期的 Logistics 概念则是在各个专业物流全面高度发展的基础上基于企业供、产、销等全范围、全方位的物流问题，无论在广度、深度以及涵盖的领域、层次上，二者都有不可比拟的差别。因此，这个阶段的 Logistics 应当译为现代物流，它是一种适应新时期所有企业，包括军队、学校、事业单位的集成化、信息化、一体化的物流概念。Logistics 与 Physical Distribution 的不同，在于 Logistics 已突破了商品流通的范围，把物流活动扩大到生产领域。物流已不仅仅从产品出厂开始，而是包括从原材料采购、加工生产到产品销售、售后服务，直到废旧物品回收等整个物理性的流通过程。1985 年，美国物流管理协会（NCPDM）改名为（The Council of Logistics Management，CLM），并将 Physical Distribution 改为 Logistics，理由是 Physical Distribution 的概念较狭窄，Logistics 的概念则较宽广、连贯、整体。改名后的美国物流管理协会(CLM)对 Logistics 所作的定义是，物流是为实现原材料、在制品、产成品以及相关信息从供应地到消费地的有效率、有效益的流动和储存而进行的计划、实施和控制，以满足客户需求为目的。1992 年 CLM 修订了物流定义，将 1985 年版定义中的"原材料、在制品、产成品"修改为"产品、服务"。实际上这是把物流从以支持生产制造为核心的管理过程提升到企业市场营销管理的一般层面，将物流运作的价值取向从面向企业内部调整到面向外部市场，因而更加强调了物流运作的客户服务导向性，从而大大拓展了物流的内涵与外延，既包括生产物流，也包括服务物流。1998 年，CLM 对物流的定义是，物流是供应链流程的一部分，是为了满足客户需求而对商品、服务及相关信息从原产地到消费地的有效率、有效益的正向和反向流动及储存进行的计划、实施与控制过程。该定义反映了随着供应链管理思想的出现，美国物流界对物流的认识更加深入，强调"物流是供应链的一部分"，并从"反向物流"角度进一步拓展了物流的内涵与外延。2000 年，CLM 为了响应信息技术特别是互联网技术发展对企业物流管理的影响，就把 2000 年年会的主题定位为"Redefininglogistics.com"，讨论的核心是"电子商务条件下的物流"。CLM 把 2001 年年会的主题确定为"在多变的经济环境中的协作关系"，因为协作物流包括同业竞争对手之间的物流协作已经在实践中出现。如福特公司和戴姆勒-克莱斯勒公司早在 1998 年就试点分享 Exel 物流公司的服务，向各自的经销商配送零配件以降低分销成本。协作物流、协作竞争和协作创新将成为或已经成为企业物流管理的新境界。协作物流在成为物流新概念的同时，也将为企业指明一片新市场。

面对物流的发展，为了提高物流效率，日本、加拿大、欧盟国家也纷纷采用新的物流概念。日本物流系统协会(Japan Institute of Logistics Systems)专务理事稻束原树于 1997 年在《这就是"Logistics"》一文中对"Logistics"下的定义是："'Logistics'是对于原材料、半成品和成品的有效率的流动进行规划、实施和管理的思路，它同时协调供应、生产和销售各个部门的个别利益，最终达到满足顾客的要求。"1967 年成立的加拿大物流管理协会(The Canadian Association of Physical Distribution Management)于 1992 年更名为 The Canadian Association of Logistics Management，简称为 CALM，2000 年 5 月进一步更名为加拿大供应链与物流管理协会，即 SCL(The Canadian Association of Supply Chain & Logistics Management)，它们基本采用了美国物流管理协会对物流的定义，现在也只是把美国物流管理协会前后两次不同版本的物流定义进行了综合。

我国一直沿用"物流"这个词，只是在概念上做了一点调整。1989 年 4 月，第八次国际物流会议在北京召开，物流这一名词逐步得到普遍使用。2001 年 4 月，《中华人民共和国国家标准物流术语》(以下简称《物流术语》标准)正式颁布。在充分吸收国内外物流研究成果的基础上，《物流术语》标准将物流定义为："物品从供应地向接收地的实体流动过程。根据实际需要，将运输、储存、装卸、搬运、包装、流通加工、配送、信息处理等基本功能实现有机结合。"这里的物品，既包括商品(含服务)化形式的物品，也包括其他非商品化形式的物品，还包括相伴而生的包装容器、包装材料和废弃物等物品。这里的供应地和接收地是相对的两个概念，它泛指物品的"源"和"宿"，而不是一般意义上的生产地和消费地。物品流经的阶段不同，供应地和接收地的内涵也不一样。这个定义除了对概念的准确性进行斟酌之外，还考虑了中国文化与国外现代物流理念的接轨。

4. 物流定义的共性

以上关于物流的各种定义中，大致可以归纳出以下共同点：

（1）物流是一个过程，是一个将实物从起源地（供应地）向消费地（接收地）进行流动，以消除其空间阻隔和时间阻隔的过程；

（2）物流过程由若干环节组成，在中国的物流定义中，对组成环节叙述得最为明确，分别为运输、储存、装卸和搬运、包装、流通加工、配送、信息处理七个基本环节（装卸和搬运通常合并为一个环节）；

（3）物流过程的有机组合，其目的是提高过程效率，即以最少的投入达到最大的物流效果；

（4）物流过程所追求的是"满足顾客要求"，物流过程的设计、策划、整合均应以满足顾客要求为最终目标，一切物流活动均应围绕顾客需求展开。

（二）现代物流概论

现代物流是相对于传统物流而言的，是指原材料、产成品从起点至终点及相关信息有效流动的全过程，它将运输、仓储、装卸、加工、整理、配送、信息处理等物流功能有机结合，形成完整的供应链，为用户提供多功能、一体化的综合性物流服务。也就是说，现代物流不仅单纯考虑从生产者到消费者的货物配送问题，而且还考虑从供应商到生产者的对原材料的采购，以及生产者自身在产品制造过程中的运输、保管和信息等各方面全面地、综合性地提高经济效益和效率的问题。因此，现代物流是以满足消费者的需要为目标，把制造、运输、销售等环节统一起来考虑的一种战略措施。

根据国内外物流的发展情况，现代物流的特征主要体现在以下几个方面：

1. 物流反应快速化

物流服务提供者对上游、下游的物流配送需求的反应速度越来越快，前置时间越来越短，配送间隔越来越短，物流配送速度越来越快，商品周转次数越来越多。

2. 物流功能集成化

现代物流着重于将物流与供应链的其他环节进行集成，包括物流渠道与商流渠道的集成，物流渠道之间的集成、物流功能的集成、物流环节与制造环节的集成等。

3. 物流服务系列化

现代物流强调物流服务功能的恰当定位与完善化、系列化。除了传统的储存、运输、包装、流通加工等服务外，现代物流服务在外延方面向上扩展至市场调查与预测、采购及订单处理，向下延伸至配送、物流咨询、物流方案的选择与规划、库存控制策略建议、货款回收与结算、教育培训等增值服务，在内涵上则提高了以上服务对决策的支持作用。

4. 物流作业规范化

现代物流强调功能、作业流程、作业、动作的标准化与程式化，使复杂的作业变成简单并且易于推广与考核的动作。物流自动化可方便物流信息的实时采集与追踪，提高整个物流系统的管理和监控水平。

5. 物流目标系统化

现代物流从系统的角度统筹规划一个企业整体的各种物流活动，处理好物流活动与商流活动及公司目标之间、物流活动与物流活动之间的关系，不求单个活动的最优化，但求整体活动的最优化。

6. 物流手段现代化

现代物流使用先进的技术、设备与管理为销售提供服务，生产、流通、销售规模越来越大，服务范围也越来越广，物流技术、设备及管理越来越现代化，计算机技术、通信技术、机电一体化技术、语音识别技术等得到普遍应用。世界上最先进的物流系统运用了全球卫星定位系统、卫星通信、射频识别装置、机器人等技术，实现了自动化、机械化、无纸化和智能化。

7. 物流组织网络化

随着生产和流通空间范围的扩大，为了保证对产品促销提供快速、全方位的物流支持，现代物流需要有完善、健全的物流网络体系，网络上点与点的物流活动应保持系统性、一致性，这样可以保证整个物流网络有最优的库存水平及库存分布状况，同时，这样可以使运输与配送快速、机动化，既能铺开又能收拢，形成快速灵活的供应渠道。分散的物流单体只有形成网络才能满足现代生产与流通的需要。

8. 物流经营市场化

现代物流的具体经营采用市场机制，无论是企业自己组织物流，还是委托社会化物流企业承担物流任务，都以"服务—成本"的最佳配合为总目标，能够提供最佳的"服务—成本"组合的企业，其竞争优势就更为明显。国际上既有大量自办物流相当出色的"大而全""小而全"的例子，也有大量利用第三方物流企业提供物流服务的例子。比较而言，物流的社会化、专业化已经占主流，即使是非社会化、非专业化的物流组织也都实行严格的经济核算。

9. 物流信息电子化

由于计算机技术的应用，现代物流过程的可见性明显增加，物流过程中库存积压、延期交货、送货不及时、库存与运输不可控等风险大大降低，从而加强了供应商、物流商、批发商、零售商在组织物流过程中的协调和配合以及对物流过程的控制。

10. 物流管理智能化

随着新技术的迅速发展和应用，物流管理由手工作业到半自动化、自动化，直至智能化。从这个意义上来说，智能化是自动化的继续和提升，自动化过程中包含更多的机械化成分，而智能化中包含更多的电子化成分，如集成电路、计算机硬件、软件等。

（三）现代物流的发展趋势

现代物流是全球供应链管理集成化需求的发展，为提高供应链的功能、第三方现代物流的高水平化，还有着向绿色现代物流和因特网供应链现代物流的方向发展，追求的目标不仅是顾客服务和总的物流成本的最佳化，并且还要实现对环境的最优化。因此，未来的物流，满足顾客是第一位的，从供应商到销售的前沿零售业，不仅要迅速、准确地提供物流，同时退货的回收，空罐、纸箱的再利用以及废弃物循环利用的还原物流也非常重要。现代物流的发展将呈现以下趋势：

1. 全球化供应链管理（Global Supply Chain Management）

从企业内供应链集成到企业间供应链集成、地理供应链管理，从内部的供应链管理发展成为全球化的供应链管理。

2. 集成需求供应链管理(Demand Chain Management)

不仅重视满足需求的供应链管理,同时通过分析需求信息,以商品化计划、销售、顾客服务等创造需求的需求供应链,将其作为目的的高水平集成需求供应链管理成为发展的趋势。

3. 循环供应链管理(Loop Supply Chain Management)

环境成为人类所面临的重大课题,还原物流和供应链的结合及进行循环应用的循环供应链管理将成为现代物流的发展方向。

4. 高水平的第三方现代物流(High Third Party Logistics)

为提高供应链管理的功能,第三方物流发挥着重要的作用。第三方物流的发展,将以附加价值的变革、顾客供应链全体的最佳化、顾客和更多的现代物流服务提供方的合作为目标,向着高水平的第三方现代物流或第四方物流(Fourth Party Logistics,4PL)的方向发展。

5. 因特网供应链现代物流(Internet Supply Chain Logistics)

随着因特网的普及,世界上发生了电子商务的革命。因特网所产生的新的流通渠道和方式,对商务活动、市场、物流产生了巨大影响,并带来了许多变化,特别是对现代物流,顾客直接联络的物流业务逐步占有很大比例,同时出现了一些连接顾客和物流服务提供方的供应链网站,并能够利用网络虚拟空间进行书籍、报纸、信息、邮件、音乐等的传输。

对现代物流发展趋势的展望,可以认为是对产品的功能、质量、价格差别化的商务过程的革命,并进入供应链环节的差别化时代,即将跨入货物、服务、信息等的供给方式的差别化时代。供应链将成为竞争的源泉,供应链环节的改革将成为经营改革的中心,供应链管理将成为经营战略的重要内容。21 世纪将从企业间的竞争时代进入供应链之间的竞争时代。

◆ **知识链接**

物流中心(Logistics Center)

GB/T 24358—2009 中定义,物流中心即从事物流活动的具有完善信息网络的场所或组织。物流中心具有的特点:为社会或企业自身提供物流服务;物流功能健全;集聚辐射范围大;存储、吞吐能力强。

【思考】 请对照 GB/T 18354—2006 的定义,思考与本定义有何不同?

二、物流信息

(一)物流信息的概念

物流活动中各个环节生成的信息,一般随着从生产到消费的物流活动的产生而产生,与物流过程中的运输、储存、装卸、包装等各种职能有机结合在一起,是整个物流活动顺利进行所不可缺少的(见 GB/T 18354—2006 的 3.23)。物流信息是伴随着企业的物流活动的发生而产生的,企业如果希望对物流活动进行有效的控制就必须及时掌握准确的物流信息。由于物流信息贯穿于物流活动的整个过程中，并通过其自身对整体物流活动进行有效的控制，所以，人们称物流信息为现代物流的中枢神经。

（二）物流信息的分类

物流信息通常可以按以下方法进行分类。

1. 按信息的领域分类

（1）物流系统内信息。它是伴随着物流活动而发生的信息，包括物流流转层信息、物流作业层信息、物流控制层信息和物流管理层信息四个部分。

（2）物流系统外信息。它是在物流活动以外发生但提供给物流活动使用的信息，包括供货人信息、顾客信息、订货合同信息、交通运输信息、市场信息、政策信息，还有来自企业内生产、财务等部门的与物流相关的信息。

2. 按信息的作用分类

（1）计划信息。它是指尚未实现的且已当作目标确认的一类信息，如物流量计划、仓库吞吐量计划、车皮计划等。只要尚未进入具体业务操作的，都可以归入计划信息之中。计划信息的特点是带有相对稳定性，信息更新速度较慢。计划信息对物流活动有着非常重要的战略指导意义。

（2）控制及作业信息。它是物流活动过程中发生的信息，带有很强的动态性，是掌握物流实际活动状况不可缺少的信息，如库存种类、库存量、在运量、运输工具状况、物价、运费、投资在建情况、港口发到情况等。控制及作业信息的特点是动态性非常强，更新速度很快，信息的时效性很强。它的主要作用是用以控制和调整正在发生的物流活动和指导即将发生的物流活动，以实现对过程的控制和对业务活动的微调。

（3）统计信息。它是物流活动结束后，对整个物流活动一种终结性、归纳性的信息。这种信息是一种恒定不变的信息，有很强的资料性，如以前年度发生的物流量、物流种类、运输方式、运输工具等信息。统计信息的特点是信息所反映的物流活动已经发生了，再也不能改变了。它的主要作用是用于正确掌握过去的物流活动及规律，以指导物流战略发展和制订计划。

（4）支持信息。它是指能对物流计划、业务、操作有影响或有关的文化、科技、产品、法律、教育、民俗等方面的信息，如物流技术革新、物流人才需求等。这些信息不仅对物流战略发展有价值，而且也能对控制、操作起到指导和启发的作用，可以从整体上提高物流水平。

3. 按信息的加工程度分类

（1）原始信息。它是指未加工的信息，是信息工作的基础，也是最有权威性的凭证性信息。原始信息是加工信息的来源和保障。

（2）加工信息。它是指对原始信息进行处理之后的信息，是原始信息的提炼、简化和综合，可大大缩小信息量，并将信息整理成有规律性的东西，便于使用。加工信息需要各种加工手段，如分类、汇编、汇总、精选、制档、制表、制音像资料、制文献资料、制数据库等，同时还要制成各种指导使用的资料。加工信息按加工程度的不同可以进一步分为一次信息、二次信息和三次信息等。

4．按信息的应用领域分类

由于物流活动的性质存在差异，所以物流各分系统、各不同功能要素领域的信息也有所不同，这样就可以划分为运输信息、仓储信息、装卸搬运信息等，这些信息对物流各个领域活动起具体指导作用，是物流管理细化所不可缺少的。

（三）物流信息的特点

1．物流信息量大、分布广

信息的产生、加工和应用在时间、地点上不一致，在方式上也不相同，这就需要有性能较高的信息处理机构与功能强大的信息收集、传输和存储能力。

2．物流信息具有很强的时效性

绝大多数物流信息动态性强，信息的价值衰减速度快，这对信息管理的及时性要求就比较高。

3．物流信息种类多

不仅物流系统内部各个环节有不同种类的信息，而且由于物流系统与其他系统（如生产系统、供应系统等）密切相关，因而还必须收集这些物流系统外的有关信息，这就增加了物流信息的分类、研究、筛选等工作的难度。

4．物流信息具有明确的衡量标准

为了保证物流信息的科学性，要求物流信息具有准确性、完整性、实用性、共享性、安全性以及低成本性。准确性是指物流信息能够正确地反映物流及其相关活动的实际，且需便于用户理解和使用；完整性是指信息没有冗余或不确切的含义，数据完整、统一；实用性是指信息要满足用户的使用需求，便于专业和非专业人员访问；共享性是指物流活动的各个作业组成部分必须能够充分地利用和共享收集到的信息；安全性要求信息在系统中必须安全地传送，随着信息技术的迅猛发展，出现多种信息安全措施如防火墙技术、安全传输协议以及增强的用户验证系统等；低成本性则要求信息的搜集、处理、存储必须考虑成本问题，只有在收益大于成本的前提下，才能开展相应的信息工作。

（四）物流信息的作用

1．中枢神经作用

将物流信息比作中枢神经的原因是信息流经收集、传递后，成为决策的依据，对整个物流活动起指挥、协调的作用。如果信息失误，则指挥活动就会失误，如果没有信息系统，整个物流系统就会瘫痪。物流信息系统就像传递中枢神经信号的神经系统，高效的信息系统是物流系统正常运转的必要条件。

2．支持保障作用

物流信息对整个物流系统起支持和保障作用。物流信息的支持与保障作用体现在以下四个方面。

（1）业务方面。物流信息可以在物流系统的各个层次上记录物流业务，如记录订货内容、安排存货任务、作业程序选择、定价、开票以及消费者查询等。

（2）控制方面。物流系统可以通过建立合理的指标体系来评价和控制物流活动，而物流信息则作为"变量"与标准进行比较，从而考察和确定指标体系是否有效、物流活动是否正常。

（3）决策方面。物流信息可以以决策结论的形式出现，也可以以决策依据的形式出现，从而协助管理人员进行物流活动的评价、比较和分析，以作出有效的物流决策。

（4）战略方面。这一方面的作用主要是在物流信息的支持下，有助于开发和确定物流战略。

◈ **知识链接**

物流信息(Logistics Information)

物流信息是反映物流各种活动内容的知识、资料、图像、数据、文件的总称（见 GB/T 18354—2001 的 3.11)

【思考】 GB/T 18354—2006 的定义与本定义有何不同？

第二节　物流系统与物流信息系统

一、系统的概念与特征

（一）系统的概念

"系统"这个词来源于古希腊的 System，有"共同"和"给予位置"的含义。现代关于系统的定义并不统一，一般可以理解为"系统是由两个以上相互区别或相互作用的单元之间有机结合起来，完成某一功能的综合体"。系统中每一个单元也可以称为一个子系统。系统与系统的关系是相对的，一个系统可能是另一个更大系统的子系统，而一个系统也可以继续分成更小的系统。在现实中，一个机组、一个工厂、一个部门、一项计划、一个研究项目、一套制度等都可以看成是一个系统。由此定义可知，系统的形成应具备以下条件，即系统是由两个或两个以上要素组成的；各个要素都具有一定的目的；各要素间相互联系，使系统保持相对稳定；系统具有一定结构，保持系统的有序性，可以使系统具有特定的功能。

（二）系统的特征

1. 系统的整体性

组成系统的各个要素不是简单地集合在一起，而是有机地组成一个整体，每个元素要服从整体，追求整体最优，而不是每个元素最优，这就是通常所说的全局观念。有了系统的整体性，即使在系统中每个元素并不十分完善，通过综合、协调，仍然使整体系统达到较完美的程度。反之，如果不考虑整体利益，单纯地追求每个元素达到最好的结果，从全局看，系统还有可能是最差的系统。

2. 系统的层次性

系统的层次性是指系统的每个元素本身又可看作是一个系统，称之为系统的子系统。可以以国民经济系统为例，它的下面有许多子系统，如工业系统、农业系统、银行系统、商业系统、交通系统等，而交通系统又可分为民航系统、公路系统、铁路系统、水运系统。

3. 系统的相关性

组成系统的各个元素相互关联并相互作用。例如，在国民经济系统中，工业系统为农业系统提供机械设备、化肥等，而农业系统为工业系统提供原料、粮食和市场等。系统各个元素相互关联、相互支援和相互制约，从而有机地结合成为有特定功能的社会系统。

4. 系统的目的性

任何系统都是有目的和目标的。例如，教育系统的目的是提高教学水平、提高人民的素质。系统的目的是通过系统的功能实现的，因而任何系统都具备某种功能。

5. 系统对环境的适应性

任何系统都处于一定的环境之中，系统总要受到环境的影响和制约，系统也要随环境的变化作出某种反应。人们把环境对系统的影响称为刺激或冲击，而系统对环境的反应称为反响。系统对环境的适应性表现为环境对系统提出的限制和系统对环境的反馈控制作用。

（三）系统模型

系统是相对外部环境而言的，并且和外部环境的界限往往是模糊的，所以严格地说，系统是一个模糊集合。外部环境向系统提供劳力、手段、资源、能量、信息，称为系统的"输入"；将系统的"输入"进行必要的转换处理活动，使之成为有用的产成品，供外部环境使用，称之为系统的"输出"；输入、处理和输出是系统的三要素。例如，一个工厂输入原材料，经过加工处理，得到一定产品作为输出，这就成为生产系统。外部环境因资源有限、需求波动、技术进步以及其他各种变化因素的影响，对系统加以约束或影响，这些因素称为系统的"干扰"因素。此外，输出的成果不一定是理想的，可能会偏离预期目标，因而要将输出的信息返回给系统，以便调整和修正系统的活动，这称为系统的"反馈"。系统的一般模型如图 1-1 所示。

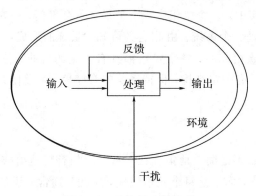

图 1-1 系统的一般模型

二、物流系统

（一）物流系统概论

物流系统是指在一定的时间和空间里，由所需输送的物料和包括有关设备、输送工具、仓储设备、人员以及通信联系等若干相互制约的动态要素构成的具有特定功能的有机整体。

随着计算机科学和自动化技术的发展，物流管理系统也从简单的方式迅速向自动化管理演变，其主要标志是自动物流设备，如自动导引车(Automated Guided Vehicle，AGV)，自动存储、提取系统(Automated Storage/Retrieve System，AS/RS)，堆垛机(Stacker Crane)等，以及物流计算机管理与控制系统的出现。物流系统的主要目标在于追求时间和空间效益。

物流系统具有以下特点：

(1) 物流系统具有客观存在性和复杂性。

(2) 物流系统是一个大跨度系统，这反映在两个方面：一是地域跨度大；二是时间跨度大。

(3) 物流系统稳定性较差而动态性较强。

(4) 物流系统属于中间层次系统范围，本身具有可分性，可以分解成若干个子系统。

(5) 物流系统的复杂性使系统结构要素间有非常强的"背反"现象，常称之为"交替损益"或"效益背反"现象，处理时稍有不慎就会出现系统总体恶化的结果。

（二）物流系统的组成要素

根据系统的定义，物流系统是由两个以上相互依赖并且相互制约的要素结合起来，以完成物流活动为目的的有机整体。

系统理论认为物流系统具有一定的整体目的，物流系统的要素之间存在相互作用，需要通过信息的反馈加以控制。物流系统化是将一定范围内的物流活动视为一个大系统，运用系统学原理进行规划、设计、组织、实施，从而能以最佳的结构、最好的配合，充分发挥系统功效，逐步实现物流合理化的过程。也就是说，物流系统要调整各个子系统之间的矛盾，把它们有机地联系起来，使之成为一个整体，从而实现总成本最小和综合效益最佳。

物流系统的组成要素可分为物质基础要素、功能要素、结构要素三类，具体内容如表1－1所示。

表1－1　物流系统的组成要素

要素类别	内　　　容
物质基础要素	物流设施：物流站、场、港、物流中心、仓库、物流线路等； 物流装备：仓库货架、搬运及输送设备、加工设备、运输设备、装卸机械等； 物流工具：包装工具、维护保养工具、办公设备等； 信息基础设施：通信设备及线路、传真设备、计算机及网络设备等
功能要素	物流系统所具有的基本能力：运输、储存保管、包装、装卸搬运、流通加工、配送和物流信息等
结构要素	物流平台：物流设施平台、物流装备平台、物流信息平台、物流政策平台四部分，都是物流系统的基本支撑结构。物流平台的实体又可以归纳成线路、结点两部分； 物流运作企业：在物流平台上运作的各种类型的物流企业

三、信息系统

信息系统是一种由人、计算机(包括网络)和管理规则组成的集成化系统。该系统利用计算机软硬件，手工规程，分析、计划、控制和决策用的模型、数据，为一个企业或组织的作业、管理和决策提供信息支持。

社会系统可以按功能划分为一个又一个的组织。组织是指在社会系统中为实现共同目标而形成的具有一定形式和结构的人的群体和关系，它所面临的主要任务就是管理，即对组织的人、财、物、信息等进行管理。在组织活动中，由人员、资金、物资、信息等要素组成了各种"流"。其中，信息流伴随着其他"流"而产生，并通过管理活动起着引导人员、资金、物资等进行有规则流转的作用。现代狭义的信息系统概念就是指基于计算机和通信技术等现代化信息技术手段之上的、集组织的各种信息流为一体并为组织管理提供信息服务的系统。信息管理是组织的一种重要的管理行为，也是信息系统的基本功能。

实际上，信息系统是一个金字塔形的结构，它包括4个层次：最低层为初级信息系统，它进行一般的事务数据处理，以改善人工数据处理；第二层是在计算机网络、数据库支持下，用于作业计划、决策制定和控制的信息系统；第三层为用于辅助战术计划和决策活动的信息系统；第四层(最顶层)为支持最高决策者进行战略决策的信息系统，这一层不仅要运用数据库、方法库和模型库，而且还要用人工智能、专家系统的技术，所以最高层又称为智能化信息系统。信息系统的层次结构如图1-2所示。

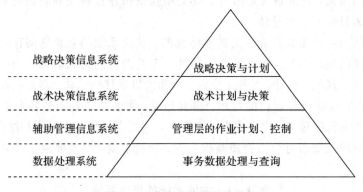

图1-2 信息系统的层次结构

(一) 信息系统的基本功能

信息系统的不同阶段和不同层次之间通过信息流紧密联系在一起，因而在信息系统中总是存在对信息进行采集、传输、存储、处理、显示和分析等环节。它的基本功能可以归纳为以下几个方面(如图1-3所示)。

图1-3 信息系统的基本功能

1. 数据的收集和输入

数据是信息系统处理的对象。在信息系统处理流程中，首先需要对数据进行收集和输入，当数据记录在一定介质上并经校验后，即可输入系统进行处理。在实际处理中，可以通过输入设备将系统所需数据随时输入。例如，在物流信息系统中，POS系统可以完成部分数据的收集和输入，通过EDI系统(电子数据交换)完成数据传输，为零售商提供决策支持。

2. 数据的加工处理

数据具有一定的抽象性、原始性，要使之成为有用的信息，就必须进行加工处理。信息系统具有加工处理数据的功能，加工方法有很多，包括代数运算、统计量的计算及各种检验、各种最优算法、模拟预测、排序分类与合并等。信息系统这一功能的强弱直接关系到信息系统的优劣，现代高级的信息系统已经能够处理数量惊人的各种数据。

3．数据的存储功能

在日常经济管理过程中往往要产生大量各种类型的数据，其中又有相当一部分数据需要重复使用，大量经过加工处理而得到的有关信息和数据也要随时存储起来，以备将来使用和更新。信息系统的这种存储数据的功能方便了管理者的日常业务需要，大大提高了工作效率。

4．数据的传输功能

一般较大的信息系统都具有较大规模，在地理上有一定的分布，此时数据传输就成为信息系统必备的一项基本功能。在传输过程中要考虑信息的种类、数量、频率和可靠性等因素。实际上，数据的传输与存储常常联系在一起。

5．信息输出功能

信息系统服务的对象是管理者，因而它必须具备向管理者提供信息的手段和机制。信息系统对加工处理后所得到的信息可以根据不同的需要以不同的方式输出，有的直接供管理者使用，如以报表、图形等形式输出；有的则是供计算机进一步处理、分析，如将中间结果输出到相关介质上。

（二）信息系统的分类

从信息系统的发展和系统特点来看，可分为数据处理系统、管理信息系统、决策支持系统、专家系统和办公自动化五种类型。

1．数据处理系统（Data Processing System，DPS）

数据处理系统主要用于支持物流企业运作层的日常具体业务，所处理的问题位于管理工作的底层，所处理的业务活动有记录、汇总、综合与分类等，主要的操作是排序、列表、更新和生成等，目的是迅速、及时、正确地处理大量数据，提高数据处理的效率，实现数据处理的自动化，将人们从繁重的手工数据处理工作中解放出来，进而提高工作效率。

2．管理信息系统（Management Information System，MIS）

管理信息系统是一个由人、计算机及其他外围设备等组成的能进行信息的收集、传递、存储、加工、维护和使用的系统。它是一门新兴的科学，其主要任务是最大限度地利用现代计算机及网络通信技术加强企业的信息管理，通过对企业拥有的人力、财力、物力、设备、技术等资源的调查了解，建立正确的数据，加工处理并编制成各种信息资料，及时提供给管理人员，以便其进行正确的决策，进而不断提高企业的管理水平和经济效益。目前，企业的计算机网络已成为企业技术改造及提高企业管理水平的重要手段。

3．决策支持系统（Decision Support System，DSS）

决策支持系统是管理信息系统向更高一级发展而产生的先进信息管理系统，在模型化与决策制定过程中起到辅助作用。它并不仅仅提供信息，一个决策支持系统允许管理者在给定资金或管理参数的情况下进行"如果怎么样，就……"的分析。一个决策支持系统也能联合多种多样的管理科学模型和图解，为决策者提供分析问题、建立模型、模拟决策过程和方案的环境，调用各种信息资源和分析工具，帮助决策者提高决策水平和质量。

4. 专家系统(Expert System，ES)

专家系统就是一种在特定领域内具有专家水平的程序系统，它能够有效地运用专家多年积累的有效经验和专门知识，通过模拟专家的思维过程，解决需要专家才能解决的问题。

专家系统属于人工智能的一个发展分支，自1968年费根鲍姆等人研制成功第一个专家系统DENDEL以来，专家系统获得了飞速的发展，并且运用于医疗、军事、地质勘探、教学、化工等领域，产生了巨大的经济效益和社会效益。现在，专家系统已成为人工智能领域中最活跃、最受重视的学科。

5. 办公自动化(Office Automation，OA)

办公自动化是指办公人员利用现代科学技术的最新成果，借助先进的办公设备，实现办公活动科学化、自动化，其目的是通过实现办公处理业务的自动化，最大限度地提高办公效率，改进办公质量，改善办公环境和条件，辅助决策，减少或避免各种差错和弊端，缩短办公处理周期，并用科学的管理方法，借助各种先进技术，提高管理和决策的科学化水平。

◆ **知识链接**

数 据 属 性

数据的属性按动态特性可以分为固定值属性、固定个体变动属性和随机变动属性三类。其中：固定值属性的数据的值基本上固定不变，例如工资系统中的职工姓名和应得工资等；固定个体变动属性的数据项，从总体来说具有相对固定的个体集，但其值具有变动的属性，例如工资系统中电费扣款一项，虽然被扣款的人员变动不大，但每人被扣电费每月都在变化；随机变动属性的数据项的特点是个体是随机出现的，而且值也是变动的，例如工资系统中的病事假扣款。区分数据属性的动态特性的目的是在系统设计时正确地确定数据和文件的关系，也就是要确定把哪些数据安排在哪类数据文件中。通常是把具有固定属性的数据存放在主文件中，把具有固定个体变动属性的数据放在周转文件中，把随机变动属性的数据放在处理文件中。

【思考】 数据的静态特性有哪些？

四、物流信息系统

(一)物流信息系统的含义

物流信息系统是指由人员、设备和程序组成的，为物流管理者执行计划、实施、控制等职能提供信息的交互系统，它与物流作业系统一样都是物流系统的子系统。物流信息系统主要包括仓库管理系统(WMS)、集装箱堆场管理系统(CYMS)、配送中心管理信息系统(DCMS)、运输管理系统(TMS)、物流采购决策支持系统等。

(二)物流信息系统的特点及功能

1. 物流信息系统的特点

物流信息系统既具有信息系统的共性，也具有独特的个性，下面对其主要特点进行分析。

(1)一体化。物流管理涉及地理上处于不同位置的很多法人企业和企业间的各种业务交往，呈现出纷繁复杂的特性。物流信息系统通过信息的快速传递和共享，将这些企业和企业间的各种业务从逻辑上进行集成，从而使分散和独立的企业及业务流程集成为一个一体化的逻辑整体参与市场竞争。

（2）网络化。物流信息系统不再运行于单机上，而是向网络化发展。目前，基于因特网的物流信息系统能够将上下游企业和客户统一到虚拟网络社会，世界各地的客户足不出户，便能通过浏览器查找、购买、跟踪所需商品。

（3）模块化。物流信息系统是为物流管理服务的。在系统开发中，一般将系统划分为很多子系统，对应于相应的子模块，分别完成不同的功能。企业根据自身条件将不同的模块进行集成，这既满足了企业个性化需求，又使上下游企业间能够很容易地集成。

2．物流信息系统的功能

物流信息系统的开发和维护需要一定的成本，这些成本投入的最好回报便是物流信息系统在物流管理中所体现出来的各种强大功能。

（1）数据实时搜集和输入。物流信息系统借助于条码技术、RFID 技术（射频识别）、GIS 技术（地理信息系统）、GPS 技术（全球定位系统）等现代物流技术，能够对物流活动进行准确实时的信息搜集。另外，客户通过友好界面（如 EDI 系统客户端提供的表单）进行元素值的选择或填写，能够方便地完成物流与供应链活动中各种单证的输入和调用。

（2）数据传输。物流信息系统通过网络（专用增值网、因特网）可以快速方便地将数据从一地传输到另一地，从而消除空间的阻隔，使得不处于同一地区的供应链上下游企业能够如同身处一地一样开展协同工作和各种业务活动。另外，物流信息系统通过 EDI 传输的是结构化的标准信息（如报文），这些信息能够在不同系统间进行传输并自动处理，不需要人为干预，这可极大地提高物流管理活动中的数据传输效率。

（3）数据处理。物流信息系统能够对数据进行处理，从中发现规律和关联，从而对物流活动进行预测和决策。除了统计分析外，物流信息系统还尽量将各种最新的信息技术集成进来，如数据仓库、数据挖掘、联机分析、专家系统等。

（4）数据存储。物流信息系统的存储功能既与输入直接相关又与输出紧密相连，输入决定系统存储什么样的数据、存储多少，存储决定系统的输出内容和形式。另外，物流信息系统的数据存储功能能够打破时间阻隔，使用户方便地对历史数据进行查询，并为用户提供未来预测信息。

（5）数据输出。物流信息系统能够为用户提供友好的数据输出界面，如文字、表格、图形和声音等，随着多媒体技术的进一步发展，数据输出的形式将更加丰富和形象。

（6）控制。物流信息系统的控制功能体现在两个方面：一是对构成系统的各成员（如硬件、软件、人员和管理思想等）进行控制和管理；二是对数据输入、存储、处理、输出和传输等环节进行控制和管理。为了实现有效控制，系统必须时刻掌握系统预期要达到的目标和实际的状态，并通过反馈来调整相应的参数和程序，保证物流系统处于最佳运行状态，如缩短从接受订货到发货的时间，库存适量化，提高搬运作业效率，提高运输效率，提高接受订货和发出订货的精度，防止发货、配送出现差错，调整需求和供给，回答信息咨询等。

◈ 补充阅读

呼铁伊东公司构建物流信息系统

随着市场经济的发展，传统平面散堆、设施落后、污染严重的煤炭物流货场已呈现滞后淘汰趋势，以现代物流理念来重新构建企业模式，达到资源配置合理、管理手段科学、设施设备先进、符合生态环保要求，已经成为煤炭物流行业共同关注和探讨的重要课题。正是基于以上需要，呼铁伊东公司通过引进国外先进技术，研发创新，进行煤炭物流的前沿技术整合，全力建设现代化环保型全封闭的古城湾煤炭物流基地。在这一项目的实施过程中，信息化建设成为重中之重，所以公司和中国铁道科学研究院合作开发了铁路系统首家煤炭物流信息系统。

呼铁伊东公司通过物流信息系统建设，以互联网为介质构建信息化管理体系，逐步实现涵盖四个平台的信息现代化。

（1）构建物流信息平台。利用信息集成化技术，打造 ERP 系统管理流程，对煤炭物流全程、资金流转实施全方位同步监控，对整个供应链资源进行科学合理的配置。

（2）构建信息咨询平台。利用信息技术与铁路局调度中心、各煤炭交易所、各港口、各煤矿生产企业等实现联网，实现资源共享和信息服务。

（3）构建网络交易平台。承接用户委托的货物运输、仓储、配送服务；为交易各方提供物流策划、合同担保、融资、质量检验、运输保险等方面的服务；通过网上招投标平台进行阳光交易。

（4）构建资金交割平台。选择有资质和信誉好的商业银行办理电子银行业务，实现网上资金交割。

第三节　信息系统的体系结构

作为一个系统，信息系统也必然有一定的结构，这种结构反映了信息系统所具有的特点、功能及现阶段人们对信息系统的认识和技术发展水平。信息系统的结构就是指组成信息系统各部分之间的相互关系的总和。信息系统虽然是组织信息流的综合体，但其结构与组织的结构不一定相同。组织结构一般是树状的，是为完成组织各项目标而形成的管理体系，而信息系统的结构可以不受组织结构的束缚，多是网状的，是为满足信息采集、处理、存储、分析、传递等需要建立起来的体系。随着信息技术的发展，信息系统的结构也经历了由低级向高级、由简单到复杂、由单项到综合的发展过程。

一、信息系统的物理结构

信息系统的物理结构是指避开信息系统各部分的实际工作和软件结构，只抽象地考察其硬件系统的拓扑结构。信息系统的物理结构一般有 3 种类型，即集中式、分散—集中式和分布式。

1. 集中式

早期的信息系统受计算机和通信设备所限，都采用集中式的结构。集中式是由一台主机带若干终端，运行多用户操作系统供多个用户使用。主机承担系统所有的数据处理、数据存储和应用管理，因而必须有大存储容量、超高速 I/O 传输速率，一般由小型机甚至中、大型机担任；终端一般是非智能的，即没有信息处理的能力，只负责将键盘输入的信息送给主机和将主机输出的信息送至显示器；多用户操作系统有很多，不同的机型都有专用的多用户操作系统，唯一能在不同机型上运行的操作系统是 UNIX，但不同机型上的版本也是不兼容的。这种系统结构的优点是数据高度集中，便于管理控制；缺点是系统灵活性差，扩展能力有限且维护困难，一旦主机出现故障则造成整个系统的瘫痪。为了保证系统的可靠性，通常需采用高代价的双机系统或容错机。

2. 分散—集中式

20世纪70年代到20世纪80年代出现了微型计算机和计算机网络系统，但由于当时的微机功能十分有限，故多采用分散—集中式系统，即用微机或工作站执行应用软件和数据库管理软件，通过局域网与由一台或几台作为整个系统的主机和信息处理交换中枢的小型机乃至大型机相连。这种结构的优点是主机主要作为文件服务器负责根据用户的请求读取传送文件，并可集中管理共享资源，各个工作站既能相互独立地处理各自的业务，必要时又是一个整体，可以相互传递信息、共享数据，因而较灵活，易扩展；缺点是文件服务器提供服务的能力有限，仅以将整个文件在网络中传输的方式进行服务，因而导致网络通信负荷重，系统维护较困难。

3. 分布式

20世纪80年代到20世纪90年代，在计算机网络技术和分布式计算的基础上出现了一种新的客户机/服务器(Client/Server，C/S)模式，对信息系统的结构体系产生了极大的影响。这种结构由微机、工作站充当客户机，负责执行前台功能，如管理用户接口、采集数据和报告请求等；由一台或分散在不同地点的多台微机、工作站、小型机或大型机充当服务器，负责执行后台功能，如管理共享外设、控制对共享数据库的存取、接收并回应客户机的请求等，再用总线结构的网络把客户机和服务器连接起来。它与分散—集中式的区别在于将系统的任务一分为二，即客户机承担每个用户专有的外围应用功能，负责处理用户的应用程序，服务器承担数据库系统的数据服务功能，负责执行数据库管理软件，这样两种设备功能明确，可以高度优化系统的功能。数据库服务器处理客户机的请求，然后只返回结果，这就大大减少了网络的传输负担，避免网络堵塞。这种结构任务分布合理，资源利用率高，有较强的可伸缩性和可扩展性，系统开发与维护较为方便，而且可靠性也相对较高。但随着系统规模的不断扩大，构成C/S体系结构的多类型部件的兼容问题也会变得越来越复杂，组织的信息资源共享问题仍有待解决。

◈ 补充阅读

信息系统的生命周期

信息系统的生命周期可以分为4个阶段：立项、开发、运维、消亡。

(1) 立项阶段。该阶段即其概念阶段或需求阶段，这一阶段分为概念的形成过程和需求分析过程。

(2) 开发阶段。该阶段可分为总体规划阶段、系统分析阶段、系统设计阶段、系统实施阶段、系统验收阶段。

(3) 运维阶段。信息系统通过验收，正式移交给用户以后就进入运维阶段。

(4) 消亡阶段。企业的信息系统经常不可避免地会遇到系统更新改造、功能扩展，甚至报废重建等情况。

二、信息系统的逻辑结构

信息系统的逻辑结构是从其功能角度来描述的，是指各功能子系统的联合体。信息系统的基本功能是管理与组织活动有关的信息，为组织管理提供信息支持。根据组织的业务活动和管理层次，信息系统的逻辑结构可以从以下两方面进行分析。

1. 基于组织业务功能的信息系统结构

组织的业务功能是多种多样的。例如，在一个制造业企业，其典型的业务功能包括研究开发、生产、市场销售、财会、物资、人事及信息管理、行政管理等，每种业务活动都有一定的信息需求，并会产生伴随着业务活动的信息流，进而产生了按照职能结构原则设计的信息系统。信息系统支持着组织机构的各种功能子系统，与组织的业务功能平行地开发出各信息子系统，形成了基于组织业务功能的信息系统结构，主要包括研究开发子系统、生产子系统、市场销售子系统、物资供应子系统、财会子系统、人事子系统、信息处理子系统、行政管理子系统等。

2. 基于组织管理功能的信息系统结构

信息系统是为组织管理提供信息支持服务的，这意味着信息系统的结构也可以按组织管理活动的层次来划分。组织的管理活动一般分为 3 个层次，即作业层、管理层和战略层，每一层次的管理决策功能和信息需求各不相同(参见表 1－2)。相应地，信息系统的结构亦可分为作业控制子系统、管理监督子系统和战略规划子系统。

表 1－2　组织管理活动的层次

管理活动	决策特征	功能特征	信息需求特征				
			信息源	信息内容	时间性	精确度	信息种类
作业控制层	短期的结构化决策，决策过程和方法均有固定规律可循，能用形式化的方法描述求解	充分有效地利用现有资源提高工作效率，以求在预算允许范围内完成各项任务	内部的	定义完善、描述明确的结构化信息	短期的记录性信息	较高：以定量为主	狭窄的：细节信息
管理监督层	中期的半结构化决策，决策过程和方法有一定规律可循，但又不能完全确定	建立组织经营的预算和资源保证，对各部门的活动进行监督、检查和综合衡量	主要是内部的，结合少部分外部的	部分能明确说明的半结构化信息	现实的动态性信息	适中：既有定量信息，又有定性信息	有一定概括性的局部信息
战略规划层	长期的非结构化决策，决策过程和方法无规律可循，难以用确定的程序和方法表达	确定组织的目标，制定实现该目标所采用的战略规划和竞争策略	以外部为主	模糊的、不确定的非结构化信息	长期的预测性信息	较低：以定性为主	广泛的：综合信息

作业控制是确保组织的各项业务活动能充分有效完成的过程，所要进行的步骤一般都

是相当稳定的，进行决策和产生的行动通常持续时间较短（一天至一周）。作业控制子系统的信息支持主要有日常业务处理、报表处理和查询处理。如销售服务，需要对销售数据进行收集、统计、查询，产生销售报表，对各种会计账簿登录、查询及产生相应的报表等。作业控制层主要处理的是组织内部的业务数据，数据处理量大，是组织信息系统的基础。

　　管理监督层的任务是保证组织经营所需要的各种资源，综合衡量组织的业务进展情况，检查控制组织生产经营的主要经济技术指标。管理监督子系统的信息主要包括编制计划和预算，分析计划执行情况并提供组织经营情况的综合报告，提出今后的行动方案，如对组织的人事、财务、合同、库存等方面进行微观调控。管理监督子系统所需要的数据来自作业控制子系统，它所产生的信息又提供给战略规划子系统使用。

　　战略规划层的主要任务就是制定有关发展战略和竞争战略，并利用这些战略来达到组织的目标。战略规划子系统的信息支持包括用数学模型进行模拟或利用辅助软件等方法去探索实现组织目标的途径，或根据组织内外多方面的信息去预测组织未来的发展情况。战略规划子系统所需要的信息一方面来自组织内部作业控制层和管理监督层；另一方面则是更重要的组织环境信息，如国内外政治、经济、科技发展状况，竞争对手的情况等。由于决策环境的不确定性和管理模型的不精确性，所以要解决的问题也多是非结构化的。系统给决策者提供一个分析问题、构造模型和模拟决策过程及其效果的环境，能够在广度和深度上扩展决策者的视野。随着组织竞争的日趋激烈和组织战略决策的急迫需要，服务于组织战略规划层的决策支持系统（DSS）、战略信息系统（SIS）和竞争情报系统（CIS）应运而生，这类信息系统关系到组织的整体利益，代表着信息系统的发展方向。

第四节　物流信息系统的体系结构

　　在物流信息系统体系结构设计中，应遵循以下原则：

　　（1）具有开放性、模块化及适应性等特点。

　　（2）满足各系统间的数据交换，数据交换的方法必须确保数据的完整性及安全性。

　　（3）数据交换只需通过通用的数据定义、信息格式及通信协议，这样可以确保不同部门各自开发的独立系统具有互操作性。

　　（4）具有与现有系统及较新通信技术兼容的特点。

　　（5）尽可能兼容已有的技术及已开发的系统。

　　（6）在物流信息技术上，让企业在竞争的市场中具有广泛的选择。

一、概念结构

　　物流信息系统的概念结构由四个部件组成，即信息源、信息处理器、信息使用者和信息管理者。

　　信息源是指原始数据的产生地，也是物流信息系统的基础。信息处理器利用计算机软硬件对原始数据进行收集、加工、整理和存储，将其转化为有用的信息并传输给信息使用者。信息使用者是信息的用户，不同的信息使用者依据收到的信息进行决策。信息管理者负责管理信息系统的设计和维护工作，在物流信息系统实现以后还要负责协调信息系统的各个组成部门，保证信息系统的正常运行和使用。信息系统越复杂，信息管理者的作用就越重要。

二、层次结构

在物流信息系统的实际应用中，根据信息处理的内容及决策的层次一般把管理活动分为三个不同的层次：战略层、管理层和操作层。一般来说，下层系统的处理量比较大，上层系统的处理量相对小一些，所以就形成了一个金字塔式的结构。不同的管理层次需要不同的信息服务，为它们提供服务的信息系统就可以按这些管理层次来相应地进行划分。为不同管理层次所设计的信息系统在数据来源和所提供的信息方面都是完全不同的。

1. 操作层

操作层的任务是有效利用现有资源展开各项活动，包括作业控制和业务处理。它按照管理层所制定的计划与进度表，组织人力和物力去完成上级指定的任务，如订单处理、计划管理、运输管理、采购管理等。因此，操作层的信息系统处理过程都是比较稳定的，可以按预先设计好的程序和规则进行相应的信息处理。在这一层次上的信息系统一般由事务处理、报告处理和查询处理三种处理方式组成，这三种处理方式的工作过程十分相似。将处理请求输入处理系统中，系统自动从文件中搜寻相关的信息进行分析处理，最后输出处理结果或报告。操作层所面对的信息通常是确定型的，决策过程是程序化的，因而决策问题多数是结构化的。

2. 管理层

管理层的主要任务是根据高层管理者所确定的总目标，对组织内所拥有的各种资源，制定出分配计划及实施进度表，并组织基层单位来实现总目标。这是面向各个部门负责人的，是为他们提供所需要的信息服务，以支持他们在管理控制活动中能正确地制定各项计划和了解计划的完成情况。管理层所需要的信息和数据来源主要有三个渠道：一是控制企业活动的预算、标准、计划等；二是作业活动所提供的数据和信息；三是其他信息，如市场商情信息等。管理层的信息系统所提供的信息主要包括决策所需要的模型、对各部门的工作计划和预测、对计划执行情况的定期和不定期的偏差报告、对问题的分析评价、对各项查询的响应等。管理层一般处理的决策问题多数是半结构化的。

3. 战略层

战略层的任务是确定企业的总体目标和长远发展规划。为战略层服务的物流信息系统需要比较广泛的数据来源，其中除了内部数据，主要包括相当数量的外部数据，例如当前社会的政治形势、经济发展趋势和国家的政策、企业自身在国内外市场上所处的位置和竞争能力等。此外，战略层信息系统所提供的信息是为企业制定战略计划服务的，所以具有高度的概况性和综合性，例如对企业当前能力的评价和未来能力的预测、对市场需求和竞争对手的分析等，这些信息对企业制定战略计划都有很大的参考价值。由于外部信息的不确定性强，要解决的决策问题多数是非结构化的。

三、功能结构

从使用者的角度看，物流信息系统具有明确的目标，并且具有多种功能，各种功能之间又有各种信息联系，构成一个有机结合的整体，形成一个功能结构。

物流信息系统的功能可以根据物流性质划分为供应、生产、销售和回收物流等，也可以从流通环节划分为包装、装卸搬运、存储、运输等。

根据功能将物流管理信息系统划分为一系列子系统，这些子系统下面还要继续划分子系统，成为二级子系统。职能往往是通过过程来完成的，过程是逻辑性相关的活动的集合，可以把管理信息系统的功能结构表示成为一个功能—过程结构，这样从垂直方向进行层次划分，从水平方向进行功能划分，物流信息系统形成了一种金字塔结构。

四、软件结构

支持物流信息系统各种功能的软件系统或软件模块所组成的结构，就是物流信息系统的软件结构。软件结构可以用层次矩阵来表示，在水平方向列出包装、装卸搬运、存储、运输等管理职能，在垂直方向列出战略计划、管理控制、运行控制、业务处理等管理层次。

例如，对应于运输管理，物流信息系统中的相关软件或模块组成一个软件结构，该软件结构由支持战略计划的模块、支持管理控制的模块、运行控制模块、业务处理模块以及它自己的专用数据文件所组成。

此外，物流信息系统的软件结构中还包括为全系统所共享的数据和程序，包括公用数据文件、公用程序、公用模型库及数据库管理系统等。

第五节　物流信息系统的发展和作用

一、物流信息系统的发展现状

（一）国外物流信息化现状

1. 美国

美国的物流企业将现代化信息技术与网络技术相结合，建立了发达的物流信息系统。美国的主要做法有以下几个方面：第一，条形码技术和无线射频技术被广泛应用，提高了信息采集效率和准确性；第二，企业内外的信息传输采用电子数据交换技术，实现订单录入、跟踪和结算等业务的无纸化处理；第三，广泛采用仓库管理系统和运输管理系统，以提高运输和仓储效率，降低供应链的物流总成本，提高其竞争力。

2. 日本

日本的物流信息化现状主要表现在三个方面。第一，物流领域以信息技术为核心。日本的物流领域实现了高度的自动化和智能化，降低了企业成本，提高了企业竞争力。第二，日本政府着手物流信息系统的技术升级。日本政府为了确保综合物流信息化政策得到实施，建立了一套政策推进体制，确保地方政府、物流企业、货主都能合作实施信息化政策。日本政府推出的政策有：物流系统信息化，如进出港口都采用 EDI，实现手续的无纸化；物流信息系统的标准化，如集装箱和托盘的信息化整合；改善其他信息技术开发惯例。第三，注重物流信息标准化建设。日本实施物流标准化实现了企业间的无纸化沟通，避免了操作失误，有助于构建畅通高效的供应链。

3. 欧盟

欧洲各国在物流信息技术方面不仅实现了企业内部标准化，还实现了欧洲市场的标准化。欧盟各国采用了一些协调政策来推进共享化和通用化。欧盟的具体做法有：第一，对物流设施和装备制定通用性标准，如车辆承载标准、安全标准、统一托盘标准等；第二，对环境和安全制定强制性标准，如综合环境责任法等；第三，承认行业协会制定的物流服务行业标准，如物流从业人员资格标准、物流用语标准等。

（二）国内物流信息化现状

据《2012年物流信息化检测报告》显示，2012年我国多数物流企业信息化发展水平得到显著提高，其中物流信息集成建设日渐成为企业发展的中心。30.3%的企业将构建信息平台（内部信息处理、办公自动化、增值业务）作为信息化建设重点，同时一批新兴信息技术也得到了广泛应用。但是，在我国信息化过程中还存在一些问题，具体表现在以下几个方面。

1. 信息化程度落后于日美等发达国家

近年来，随着我国经济和现代物流业的快速发展，物流信息化建设也取得了一些成绩，但物流行业仍处于起步阶段，整体发展水平还较低。从物流成本GDP的比例来看，美国、日本等发达国家在10%左右，而我国已接近20%，物流成本的差距反映了物流信息化的落后，其主要原因就是物流信息化的建设较为缓慢，物流信息沟通不畅。据调查，在现存的物流企业中，以中小企业居多，它们规模小、资金少，本身资金不足以用来发展物流信息技术，再加上少数企业管理者对物流信息化建设的意识相对薄弱，这直接导致企业物流信息化建设的滞后，制约了物流业的健康发展。

2. 企业间信息化沟通障碍严重

物流企业之间的信息化建设还未起步，物流市场信息化程度较低。近年来，我国的第三方物流业也有了很大的发展，然而在采用第三方物流的生产制造企业中，大部分企业对第三方物流的服务满意度很低。造成这种状况的主要原因是物流企业运营成本高、信息不及时且不准确、服务速度慢且内容不全、没有网络服务、不能满足需求波动、不能提供供应链整合等。从局部来看，第三方物流是高效率的，然而从一个地区、一个国家的整体来说，第三方物流企业各自为政，这种加和的结构很难达到最优，难以解决经济发展中的物流瓶颈，尤其是电子商务中新的物流瓶颈。物流企业之间的信息化的沟通障碍已经成为降低整个社会物流成本的瓶颈。

3. 信息化标准混乱、一体化水平低

从目前的状况来看，多数物流企业都是在自己原有优势业务的基础上开展信息化建设，缺乏规范的物流流程和信息化标准。同时，由于受现行经营体制的制约，大多数企业的物流活动由企业内部组织完成，这就严重限制了物流活动向专业化、信息化的方向发展。目前从整体水平上看，存在规模较小、范围窄、管理差、效率低、成本高等问题，其原因在于没有形成优势互补、强强联合、共同发展的局面，而且分散单一的功能也不能满足一体化的物流需求。

4. 物流信息人才紧缺

现代物流信息化建设需要复合型的物流人才，他们既要有坚实的文化基础知识、物流

专业知识和现代信息技术，同时还要掌握一定的实践技术。近几年，我国很多大中专院校都设立了物流管理专业，培养了不少物流专业人才，但由于物流属于实践性很强的学科，一些物流专业的应届毕业生不能适应岗位的需要，并没有进入物流行业。因此，物流行业人才紧缺，特别是缺乏在技术上和商业模式上都具有创新精神的高层次复合型人才。

（三）国内物流信息化特点

我国物流企业的信息化建设起步较晚，进入 21 世纪后，随着我国经济的发展和信息技术的进步，我国物流信息化进入了快速发展期，呈现出"一高、一快、两低"的特点。

1. 信息化意识提高，整体规划能力较低

近年来，我国从政府部门到企业对物流信息化重要性的认识不断提高。2004 年，国家发展和改革委员会等九部委联合发布了《关于促进我国现代物流业发展的意见》，将物流信息化发展提到了一个新的高度。目前，我国各级政府也已经把物流信息化作为一项基础建设纳入发展规划之中，并进一步加大了对物流信息化的投资力度。但是，物流企业信息化整体规划能力较低，对信息化的理解不深。我国在物流信息化长期发展战略上尚未形成体系，标准化工作发展较慢；同时，物流企业对自身的信息化发展也缺乏规划，缺乏覆盖整个企业的全面集成的信息系统。

2. 建设步伐加快，整体应用水平较低

"物流的灵魂是信息"这一观点已得到我国工商企业、物流企业的广泛认同，各类企业呈现出开发物流信息平台、应用综合性或专业化物流管理信息系统的态势，如海尔物流的崛起，招商局物流建立的以企业管理解决方案 SAP（Systems Applications and Production Data Processing）技术为核心的一站式物流服务系统。目前，一些信息化基础较好的大型物流企业将深化信息系统的应用。物流的信息化管理随着物流行业的发展壮大日益被从业者和管理信息系统提供商所重视。

尽管我国物流信息化建设发展较快，但是与国际先进水平相比，整体水平尚处于较低层次，特别是中小物流企业的信息化水平很低。一方面，先进的信息技术应用较少，应用范围有限。调查显示，在国外物流企业得到广泛使用的条形码识别技术、RFID、GPS/GIS 和 EDI 技术在我国物流企业中的应用不够；同时，立体仓库、条形码自动识别系统、自动导向车系统、货物自动跟踪系统等物流自动化设施应用不多。另一方面，信息化对企业运营生产环节的渗入层次较低。据相关调查发现，在信息化水平较高的大中型物流企业，其企业网站的功能仍然以企业形象宣传等基础应用为主，作为电子商务平台的比例相对较少，大约占 16.67%；同时，已建新型化系统的功能主要集中在仓储管理、财务管理、运输管理和订单管理，而关系到物流企业生存发展的有关客户关系管理的应用所占比例很小，大约是 23.33%。

3. 物流信息资源共享化

以往，物流企业的信息化建设十分看重硬件投入，随着企业发展的需要，信息资源的整合开发日益重要。事实上，开发物流信息资源既是物流信息化的出发点，又是物流信息化的归宿；同时，信息整合也会推动物流行业相关资源和市场的整合。目前，我国物流企业信息化水平较低，能利用信息技术优化配置资源的企业还不多，特别是公共信息平台的建设滞后，物流信息分散，资源不能有效整合，形成了大大小小的"信息孤岛"。我国要发展现代物流，抓住全球化和信息化带来的发展机遇，必须加强物流信息资源整合，大力推进公

共信息平台建设,建立健全电子商务认证体系、网上支付系统和物流配送管理系统,促进信息资源的共享。有调研数据显示,在当前物流企业的信息化发展中,对公共信息网络平台的需求比例大约为56.67%。专家建议,物流信息化应纳入国家信息化发展的总体规划,统筹考虑、协调发展,从体制上打破条块分割和地区封锁,从信息资源整合入手,抓好物流资源的整合。

4. 物流信息网络一体化

随着经济全球化以及国际贸易的发展,一些国际大型物流企业开始大力拓展国际物流市场,而物流全球化的发展走势必然要求跨国公司及时准确地掌握全球的物流动态信息,调动自己在世界各地的物流网点,构筑起全球一体化的物流信息网络,为客户提供更为优质和完善的服务。我国加入世界贸易组织(World Trade Organization,WTO)以后,国内的物流企业要想适应国际竞争并在竞争中赢利,建立全国性乃至全球性的网络系统统一必不可少。通过一体化的网络,物流企业可以产生特殊的规模经济效应,更有利于吸引用户、降低成本。

二、物流信息系统发展趋势

随着计算机技术和通信技术的发展,物流信息系统的发展呈现了电子化、智能化和标准化的特点。在综合物流信息化的发展形势下,物流信息系统的发展趋势主要表现在以下几个方面。

1. 软件体系结构变化

我国物流起步较晚,基础设施比较落后,物流业的重组和并购迫在眉睫;电子商务的发展,使得拥有跨区域仓库网点的物流企业、生产流通企业不断增多。因此,物流信息系统软件提供商需要在软件功能及其体系结构上满足这种发展的要求。在系统体系结构上,我国基于区域性的物流信息系统比较多,适合于地理范围有限的业务管理要求。对于分属不同地域的分支机构往往采用数据上报的汇总管理方式,这种系统在区域范围内摆脱不了数据实时性差的问题,而且维护成本较高,难以适应物流业务快速增长的需要。因此,为了适应国内跨区域的大型企业经营管理的需要,许多物流软件提供商已经把目光转向开发基于服务器/浏览器(B/S)模式的系统,在全球网络平台上构筑物流信息系统。

2. 数据信息要求更加详细、准确

大数据时代,信息爆炸性增长,呈现出"信息冗余、知识匮乏"的局面,如何在海量信息内提取出有用的信息显得更加重要。为了使物流信息系统做出正确的决策,必须对信息的全面性提出更高要求。例如,如果软件系统没有实现货位及库房形状、通道的管理,那么就无法实现对货物在库移动路径优化的决策支持;若没有记录物品体积、形状,那么车辆配载设计就无法实现。

3. 自动化管理的程度在不断提高

随着物流业务的提升,物流信息系统软件的自动化管理程度正在不断提高,这既包括仓储设施的自动化和运输、配送作业的自动化,也包括物流作业调度的自动化和作业管理的自动化。

4. 决策支持功能将会加强

随着信息技术在物流管理中的应用不断深入，物流信息系统软件已不仅限于支持数据信息的处理，而是向更高的层次发展，支持物流管理的决策，即通过提供数学模型分析数据来辅助决策。

5. 社会化物流信息平台的建设受到重视

资源共享、专业化分工是社会发展的趋势，建设社会化的物流信息平台是提高我国社会物流服务效率的基础。通过提供物流软件的 ASP 服务(应用服务提供商)，可以充分做到资源共享，迅速提升我国物流管理的信息化水平。

总之，物流信息系统应该适应行业企业物流的变化，物流服务提供商和物流软件开发商应该加强双方的沟通交流，相辅相成，只有这样，两者才能促进我国物流业快速、稳定、健康地发展。

三、物流信息系统的作用

物流信息系统的作用主要有以下四点：

(1) 信息管理系统的应用有利于提高物流活动的有效性。

在信息不充分的情况下，物流运输得不到足够的信息支持。比如因信息不充分，货物发生不必要的流动造成资源的浪费，或货物运输没有选择最短的途径造成不必要的损失。而信息充分的情况下，物流活动将容易被科学地计划和组织，从而达到物流的合理性，使整个物流活动达到最大的经济效益和社会效应。

(2) 管理信息的应用有利于提高物流效益。

物流系统是一个复杂的、庞大的系统，其中又分为很多的子系统，各子系统密切地交织在一起，紧密联系。只有充分应用现代信息化技术，才能使整个物流系统运作合理化；只有提高物流系统各环节、各子系统的信息化水平，才能提高整个物流系统的运行效率。

(3) 物流信息的运用有利于物流服务能力的提升。

由于信息及时、全面的获取与加工，供需双方可以充分地交互和共享信息，使得物流服务更准确、客户满意度更高；同时，顾客可以有更多的自我服务功能，可以决定何时何地以何种方式获得定制的物流服务；另外，在提供物流服务的同时，可以为顾客提供信息、资金等双赢的增值服务。

(4) 信息技术的应用有利于提高物流运作的透明度。

信息技术的应用使得物流过程中货物的状态和变化透明化，使得物流成本和费用的实际情况更容易被掌握，从而增强信息的准确性。同时，由于对动态信息的及时掌握，可以根据情况做出快速而有效的反应，实现物流运作的动态决策。

◈ 案例分析

山西太铁联合物流有限公司：太铁物流信息管理系统

一、企业简况

山西太铁联合物流有限公司(以下简称太铁物流)成立于 2003 年 6 月 18 日，为太原铁路局控股的有限责任公司，注册资金 9404 万元。企业现有员工 156 人，有 10 个职能部室，

2个附属机构，2个二级公司，3个经营业务部，经营范围主要为客户提供钢材、煤炭、焦炭、矿粉、氧化铝、水泥、生铁、铝矾土、商品汽车、铁路配件产品、零散白货等货物公铁联运、商贸物流、接卸仓储、加固材料、采购供应、城市配送、物流信息等综合性物流服务。

二、企业信息化的推进、组织以及步步深入

1. 信息系统的初步开发

2003年公司成立之初，各项业务基本以手工作业为主，制证标准不统一，信息传递不准确，账项管理误差大。为此，公司克服计算机硬件资源有限等困难，针对当时公司的主导业务——钢材物流自主研发了"进销存"货物管理系统，使钢材从入库、出库到配送以及结算均实现信息化系统管理。各项电子单证自动生成，各项业务数据在各个岗位间快速传递，并能通过计算机及时查询，为公司与客户结算提供了及时、完整、准确的业务信息，也使公司的电子单证逐步发展成为客户月末对账的"标准单"，极大地提高了"太铁物流"的信誉。但由于当时计算机硬件、网络等的局限，"进销存"管理系统功能较为单一。

2. 信息系统的深度开发

2005年至2006年，随着公司经营业务不断拓展，经营规模不断壮大，针对钢材业务简单研发的信息管理系统已不能满足发展需要。为此，公司提出建设综合型现代物流信息管理系统，将公司主营业务及主要管理职能等全部纳入信息管理，实施网络全覆盖。2005年8月通过充分调研论证和多家比选，与北京时力科技公司合作，共同开发出"太铁物流信息管理系统"。新的信息系统以"太铁物流"互联网站(http://www.trul.cn/)作为物流业务操作和信息系统管理接入口，集成了仓储、配送、计划、合同、安全、经营管理和领导查询等功能。对内实现物流业务全程信息化管理，对外可为上下游客户提供业务信息查询以及电子单证管理等服务，实现了货物状态即时查询，物流服务效率、服务质量明显提高。自此，公司迈出了向现代物流业转型发展的步伐。

3. 信息系统的拓展完善

2007年至2009年，随着太原局物流业深度重组整合，原信息管理系统再次无法满足公司业务拓展需要，二次开发势在必行。公司经过总结经验、反复调研、分析和论证，确立了"以模块化设计为基础，以权限管理、功能配置为手段，实现相应业务功能为目标"的开发思路，改进既有信息系统，研发新功能。软件开发采用模块化设计，通过嵌入方式融入信息系统，在不改变既有信息系统框架的基础上，实现了既有信息系统功能的扩展。新系统增加了订单、装卸、物资、协同办公等7个子系统，完善了仓储、配送、运力调度等14个子系统，并预留了太原至广州行包专列、焦炭合金围挡产品、山西"无水港"三个新项目的开发空间。自此，以网络系统("太铁物流"互联网站)、协同办公系统(OA办公子系统)和信息管理系统(仓储、配送、运力调度、合同、安全等20个子系统)三大框架结构为主体的太铁物流网络信息系统平台基本形成，在物流业务管理、运力协调控制和管理决策三个方面展示出现代物流卓越的服务功能，得到铁道部、太原铁路局有关领导的肯定。

三、信息系统简介

太铁物流信息管理系统紧紧围绕山西太铁联合物流有限公司物流业务需要，按照现代物流运输、仓储、装卸搬运、包装、流通加工、配送、物流信息七项功能结合铁路物流业务分类进行设计开发，通过对运力调度、仓储、配送、装卸、集装箱等核心业务进行信息化定制开发，使公司业务信息流融入整个物流作业全过程，从而形成科学、系统、完整的信息网络体系。系统主要由 19 个模块组成：合同管理、订单管理、运力调度、经营管理、仓储管理、平板大列、物资管理、配送管理、集装箱管理、装卸管理、客户管理、系统管理、组织管理、基础信息、客户查询、进销管理、领导查询、OA 办公、安全管理。

系统基于现代物流管理理念设计并结合铁路运输特点和太铁联合物流的管理经验，对功能进行了划分，采用模块化设计。整个系统像用建筑模块搭建起来的大厦，它的基础是由组织管理模块、岗位管理模块、用户管理模块、菜单权限管理模块等组成。而合同管理模块、客户管理模块、货品管理模块、仓库信息管理模块等则是大厦中的水、电、气系统，是数据权限管理的基础，并同菜单权限交互实现可靠、灵活的系统权限配置。

这些基础模块之上就是大厦的主体：运力调度模块、仓储管理模块、配送管理模块、装卸管理模块、平板大列管理模块、物资管理模块、集装箱管理模块、进销管理模块等。业务主体模块相对独立，自成体系，可以通过修改、移除对其完善和拓展，同时通过预留接口还可以为大厦添加新模块。业务主体模块通过订单管理穿针引线。订单管理既是上游业务的结果，又是下游业务的起点，内部业务通过它起到连通各个主体业务模块的作用，对外通过客户订单将客户的需求信息接入大厦。

经营管理模块同领导查询模块、安全模块以及办公自动化系统是整个大厦的上层建筑。经营管理模块依据合同和业务执行结果结合财务管理数据，对企业的经营情况进行统计和分析。领导查询模块则是对公司主要业务的查询、统计和汇总，为决策层提供翔实的第一手资料。

四、信息化实施前后的效益指标对比

类　型	指　标	系统应用前	系统应用后
服务标准	货物跟踪率	30%	75%
	客户满意率	80%	95.60%
管理标准	领导了解公司经营数据周期	2 天	实时
	订单作废率	3.33%	1.33%
	电子单证率	15%	80%
	部门协调差错率	1.67%	0.60%
	管理数据统计耗费人时	500 人时/月	90 人时/月
	每报表数据出错概率	30%	5%
	基层管理数据上报平均周期	4 天	实时

请结合本章知识，针对太铁物流信息管理系统，认真总结其信息化实施过程中的经验与教训。

【基础练习】

一、判断题

1. 物流信息就是物流活动的内容、形式、过程及发展变化的反映。（　　）

2. 物流信息包含的内容从狭义方面来考察，是指企业与整个供应链活动有关的信息。（　　）

3. 信息系统的发展经历的四个阶段分别为：一般应用阶段，简单业务系统阶段，企业信息管理系统阶段，供应链管理系统、物流信息管理系统阶段。（　　）

4. 物流信息系统体系结构设计中，应满足各系统间的数据交换，数据交换的方法必须确保数据的完整性。（　　）

5. 信息系统的逻辑结构一般有三种类型：集中式、分散—集中式和分布式。（　　）

二、选择题

1. 为满足系统用户和顾客两个方面的需求，物流信息系统必须有能力提供能迎合特定顾客需要的数据，即物流信息系统应具有（　　）。

A. 可得性　　　　　B. 准确性　　　　　C. 及时性　　　　　D. 灵活性

2. 根据国内外物流的发展情况，现代物流的特征主要体现在（　　）。

A. 物流反应快速化　B. 物流功能分散化　C. 物流服务简单化　D. 物流组织扩大化

3. 系统的特征不包括（　　）。

A. 层次性　　　　　B. 整体性　　　　　C. 目的性　　　　　D. 间断性

4. 物流信息系统的发展趋势是（　　）。

A. 数据信息要求更加详细、准确　　　　B. 软件体系结构固定

C. 社会化物流信息平台将被淘汰　　　　D. 决策支持功能不再受到重视

5. 从信息系统的发展和系统特点来看，可分为（　　）种类型。

A. 3　　　　　　　　B. 4　　　　　　　　C. 5　　　　　　　　D. 6

三、思考题

1. 物流信息系统在我国物流企业的开发和应用状况如何？

2. 按物流信息的不同作用可以分成哪几种类型？

3. 试分析物流信息对物流信息系统的作用。

【实践练习】

北京邮政 EMS 物流信息系统

北京市邮政速递总公司（北京 EMS）是经国家批准经营邮政速递业务的国有企业，也是国内最大的邮政特快专递国际互换处理中心。北京邮政 EMS 物流中心（以下简称"物流中心"）是北京邮政速递总公司（北京 EMS）下属一新兴企业。

物流中心现有员工 200 多人，组织结构设有综合办公室、车队、1 个分拣中心（负责邮件中转）、8 个外地分点（负责北京市的揽收与投递）、客户服务中心、仓储、业务、财务等部门，主要经营特快专递、同城速递、普邮、代收货款、国内长途货运、电子商务-递送等业务，业务活动涉及客户、电子商务网站、供应商、邮政投递网和综合计算机网、185 特服台等多方实体。北京邮政 EMS 联手 IT 系统集成商（汇杰国际有限公司，以下简称"汇杰"）打造其专属的物流信息系统。

1. 设计原则与重点

除系统设计满足实用、经济、标准、可扩充、易维护等一般性原则外，通过分析物流中心整个业务流程并结合邮件流动特点，确定系统的整体架构应遵循：以邮件在各环节流动为主线，以各种单据回购和财务款项核对为控制手段，通过灵活、快速、准确地向客户提供

信息反馈来提高企业在物流行业中的竞争力。

为了使整个软件流程清晰，责权明确，系统模块的划分应遵照：以邮件的整个流动环节为划分依据，并通过严格的权限设置来实现不同岗位对数据的安全访问。另外，在对系统进行功能设计时，以汇杰 E-delivery V2.1 物流配送系统的"进销存配送跟"思想及实现为基础，针对物流中心业务特点，突出解决"存、配、送、跟"问题。系统设计的重点就是通过建立一个分布数据集中共享的管理环境来实现数据共享，在物流中心各部门间、公司与各外地分点间、外地各分点间、公司与总局间、公司与各客户间搭建一个高效、可靠、安全的信息通道。

2. 主要功能

系统共分九大模块：订单模块、仓储模块、生产管理模块、业务管理模块、财务管理模块、系统管理模块、决策分析模块、互联网访问模块、主监控台模块。这九大模块共含 50 多项功能，涉及物流中心业务管理的方方面面。

（1）订单模块。订单模块主要被客户服务部门使用，包括订单的接收、分拣、出口、合拢、客户信息反馈等。该模块可以接收如 185、电话、传真等各种来源的订单，并通过统一的数据接口对订单进行处理，然后通过网络将订单的投递信息反馈给客户。

（2）仓储模块。仓储模块主要包括仓库的设定、产品档案的建立、购入、借入、退库、售出、借出、盘盈、盘亏及借入借出结算、接收提货要求并进行简单包装加工等，同时提供库存列表、流水分析、汇总分析（包括期初、期间、期末等）、供应商货物销售情况反馈等。

（3）生产管理模块。生产管理是管理物流信息系统的主要部分，包括分拣中心模块、分点管理模块及数据交换模块三部分。

分拣中心是各分点邮件的中转交换场所。该模块实现了一个限于分拣中心内部的邮件进出管理环境，主要包括中心自己揽收的邮件，分点转投邮件及各种退件的进口、出口、合拢，中心自己的监控，信息反馈等。

分点管理模块除管理各分点邮件的进口、出口及合拢外，还实现了邮件最终投递到户及与之发生的交款、交费、投递监控及信息反馈等。

数据交换模块实现了整个公司范围内生产数据的共享、一致。

（4）业务管理模块。该模块归物流中心业务及生产监控部门使用，主要包括对所发生业务进行建档，对各分点的各种业务的投递情况进行回购，并向客户进行信息反馈。该模块还具有生成揽收日报、投递日报、各分户账，以及公司整体运作监控等功能。

（5）财务管理模块。本系统不是财务软件，而是提供财务决策的相关数据，主要建立应收、实收账款，并对其进行核对、收据管理；建立员工揽收工作量、投递工作量、取件工作量的绩效与提成分析；向客户对账及结算等。

（6）系统管理模块。该模块是完成系统相关信息的维护和设置，包括系统初始化、基础数据的维护、数据库的备份和恢复以及系统通用参数的设置，如职工档案管理、职工权限管理、公司组织管理、客户档案管理、供应商档案管理等。

（7）决策分析模块。该模块是通过灵活的图表等形式向企业领导提供公司揽收与投递的横向与纵向分析。

（8）互联网访问模块。该模块包括远程客户的下单与查单；对公司人事、库存、销售情况进行信息发布，以供公司相关人员进行远程查询。

(9) 主监控台模块。该模块与数据交换模块(属于生产管理部分)一起共同实现了分布数据的集中共享,主要包括接收外地分点的生产数据,监控外地分点的拨号连接,进行系统操作的日志记录与分析。

3. 应用模式

系统应用模式是综合使用各种软硬件系统的一种应用结构和计算模式,物流中心系统采用以下两种模式来实现异地分布数据集中统一管理。

(1) 基于数据库系统的 Client/Server 模式。数据库服务器是数据存储中心,可供局域网端用户和远程客户端用户使用。局域网端用户使用开发的应用系统,通过局域网快速调用数据库服务器中的数据,但不存储在桌面数据库中。

远程客户端用户使用开发的应用系统(如分点则采用数据交换模块),向中心数据服务器上传所有的生产数据来保证数据集中。当需要共享信息时,又通过相应模块(如分点采用数据交换模块)及通信网络调用数据库服务器的数据。异地数据可存储在本地桌面数据库系统中,以便进行内部分析、处理。

(2) 基于数据库系统的 Browse/Server 模式。客户(包括散户和大宗用户)通过网上下单、网上查单部分应用该模式。客户通过互联网访问公司数据库系统,并查询自己的订单配送情况。该部分数据与业务系统的数据共享。

4. 实施效益

系统自 2001 年 7 月份全面实施以来,取得了显著的经济与社会效益。

(1) 改善了企业内部经营,降低了运作成本;

(2) 提高了工作效率。

改变邮件手工交接方式不仅加快了邮件交接速度,而且使错误发生率明显降低;可以及时向客户反馈其邮件投递信息;各站点班长可以随时掌握各业务的进口、出口、投递、退转、留存情况;财务结算效率大幅度提高;平衡合拢准确率及速度明显提升等。

思考题:

1. 汇杰国际有限公司是从哪些角度设计其物流信息系统的?

2. 北京邮政 EMS 物流信息系统具有哪些功能,需进一步完善的功能是什么?

3. 北京邮政 EMS 物流信息系统应用模式的优势在何处?

第二章　物流信息系统技术基础

 学习目标

知识目标：

（1）了解物流信息系统的网络与通信技术、EDI技术；

（2）了解物流信息系统的自动识别与数据采集技术；

（3）了解数据分析技术、GIS、GPS。

技术目标：

（1）会使用条码和手持终端进行物流管理工作；

（2）会结合信息技术的应用，熟悉物流管理过程。

职业能力目标：

（1）认识物流信息技术是现代化物流的重要标志，提高企业各生产要素的合理组合与高效利用；

（2）培养良好的职业道德；

（3）培养团队合作精神。

◆ **物 流 聚 焦**

血 液 追 踪

目前我国大多数血站都利用身份证来识别献血者和输血者的身份，用条形码来标识血液成分和相关信息。在管理系统上，很多血站已采用计算机联网、数据共享的方式，用数据库技术来管理血液信息。但是，血液管理系统仍暴露出一些技术缺陷。

（1）数据库问题。现有系统过分依赖数据库，但是数据库的稳定性和安全性往往达不到要求，而且数据库内的信息大多需要人工输入，工作繁琐，出错率高。

（2）条形码问题。条形码在血站、医院得到了大量使用，但是条形码的信息存储量非常少，要完成对血液使用流程的管理和跟踪，可能要用十多个条码，而将这些分布在各环节的条码关联归结为一个数据体，其集成代价不小。此外，条形码的可靠性也不尽如人意，受到潮湿或摩擦时，条形码可读性降低，甚至会引起数据丢失。

（3）数据容量问题。有些系统尝试采用人像摄影技术来辨别个人身份，但是这种技术设备造价高，人像数据存储空间大，比对识别的效率也不高。

（4）可追溯问题。血液采集、存储、运输过程的质量没有得到监控，血液的来源难以考证，因而保证不了用血安全。

为了解决和改善以上问题，使血液管理更加专业化、科学化，经过对我国输血的现状、技术、资金等方面的综合考虑，研究开发了一套基于 RFID 技术的血液管理系统。在现有常用的"条形码 + 分散数据库"的基础上引入电子标签 RFID 技术，开发采血点、血站和供血医院的分布式的数据库，将新开发的 RFID 应用与现有系统集成，实现对血液信息及使用流程的跟踪记录。在此基础上建立 RFID 血液管理应用标准，依据标准开发出国家级的血液跟踪管理系统，逐步将全国分散的血液管理系统纳入到统一的框架中。

在采血后，每袋血被贴上 RFID 标签，这个标签中包含一个 RFID 编码，用来唯一标识血液，可以通过这个 RFID 编码来查询血液的详细信息。工作人员将每袋血通过配有天线的读写器，经过中间件的处理，RFID 标签内包含的编码就被自动读取，然后采集到的血液信息被存入到数据库中，同时系统将 RFID 编码与血库地址注册到本地编码解析服务器中，并将本地编码解析服务器和 RFID 编码注册到根编码解析服务器中，每个血库的数据库都要记录来源血库的地址和出库血库的地址。

通过读写器读出的 RFID 编码首先到根编码解析服务器中找到本地编码解析服务器，再到本地编码解析服务器中查找注册的 IP 地址，并获取该地址中存放的相关血液信息。然后通过血库中记录的血液出库地址顺序找到其他地址信息，以此类推，直到找到的地址中没有记录血液出库地址，此时说明血液已被使用或者报损，最后再找到血液使用者的全部信息，到此血液信息跟踪完成。

【思考】 该系统通过对 RFID 的应用实现了哪些功能？

第一节 物流信息技术概述

一、信息技术

信息技术(Information Technology，IT)是指获取、传递、处理、再生和利用信息的技术。从历史上看，每一次科技的重大进步都会为人类社会带来意义深远的剧变。信息技术是新经济风暴的起源，是新经济浪潮的动力，是新经济时代的标志，是企业信息化的物质技术基础。信息技术已经融入到现代文明的方方面面，使人们的生产、生活发生了翻天覆地的变化。

信息技术集信息基础技术、信息系统技术、信息应用技术等于一体，涉及信息的搜集、存储、加工处理、传递、应用等领域，是人类开发利用信息资源的各种手段的总称(参见图2-1)。在这些技术中，以微电子技术为代表，涉及有关电子元器件制造的信息基础技术是整个信息技术的基础；以计算机技术为代表，涉及信息的获取、处理、传输、存储和控制的信息系统技术是信息技术的核心；以网络技术为代表，涉及信息的管理、控制和决策的信息应用技术体现了信息技术创新和应用的目的。在信息技术中，计算机技术是关键，起到了联系各种具体技术的纽带作用。

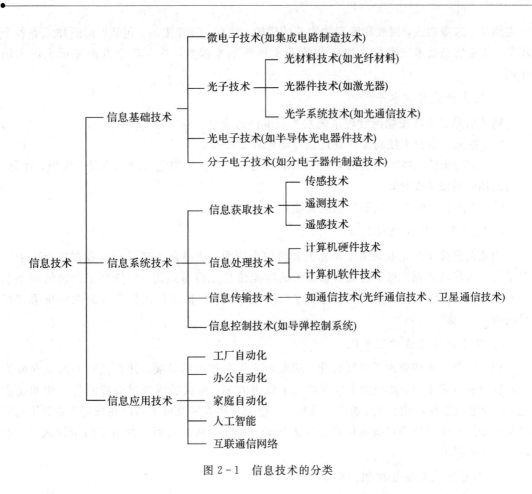

图 2-1　信息技术的分类

二、物流信息技术

　　物流信息技术是指现代信息技术在物流各个作业环节中的应用，是物流现代化的重要标志。物流信息技术也是物流技术中发展最快的领域，从数据采集的条形码系统，到办公自动化系统中的微型计算机、互联网、各种终端设备等硬件以及计算机软件都在日新月异地发展。同时，随着物流信息技术的不断发展，产生了一系列新的物流理念和物流经营方式，推进了物流的变革。

　　物流信息技术主要由网络与通信技术、自动识别与数据采集技术、管理支持技术等组成，包括基于各种通信方式基础上的移动通信手段、全球卫星定位技术（GPS）、地理信息技术（GIS）、计算机网络技术、自动化仓库管理技术、智能标签技术、条形码技术、射频识别、电子数据交换技术等现代尖端技术。在这些尖端技术的支撑下，形成以移动通信、资源管理、监控调度管理、自动化仓储管理、业务管理、客户服务管理、财务管理等多种信息技术集成的一体化现代物流管理体系。物流信息技术通过切入企业的物流业务流程来实现对企业各生产要素进行合理组合与高效利用，降低经营成本，产生明显的经济效益。

　　物流信息技术形成了物流信息系统开发的技术基础，贯穿于采购物流、企业内物流、销售物流、退货物流、回收和废弃物物流的运输、储存、装卸搬运、包装、流通加工等各个环节。物流信息技术正在成为决定物流业发展的基本因素，并在各个方面显示出巨大的作用。

1. 提高物流管理水平

物流信息技术将使物流管理系统发生根本性的变革。

（1）物流信息技术使物流作业过程自动化程度提高；

（2）由物流信息技术引起的管理组织结构的变化，会使物流管理的设计、组织、计划、控制也相应地发生变化；

（3）物流管理的方式越来越趋向智能化。

2. 促进物流企业决策管理

物流信息技术为企业带来了丰富的物流信息资源，使得企业高层管理者在进行决策时有了更加可靠的依据。基于物流信息技术的物流信息分析与预测，将使高层管理的控制能力大大增强，管理人员利用物流信息技术可以更加方便、快捷地进行企业的战略决策和经营决策。

3. 改善物流企业管理手段

物流信息技术使管理手段现代化。随着物流信息技术的发展，计算机和网络正在成为企业管理的战略手段，其功能不仅仅提高了管理效率，而且还将通过管理的科学化和民主化，全面增强管理功能。通过物流信息技术，企业管理人员及员工可以在任何地点、任何时间使用专用的信息处理设备对任意信息进行处理加工，从而达到对物流信息资源及时、准确、充分地利用。

4. 完善物流企业管理组织结构

随着物流信息技术的发展，与信息传递方式紧密相连的管理组织结构也因此而发生改变。原来起上传下达重要作用的中层组织被削弱或趋向消失，高层决策者可以与基层执行者直接联系，基层执行者也可根据实际情况及时进行决策。分工细化的传统管理组织已不再适应发展需要，把相互关联的管理组织加以整合已大势所趋。

5. 改变传统物流企业业务运作方式

网络技术的迅猛发展，深刻地影响着物流企业的业务运作方式。例如，网上物流信息的发布、查询、交换，将使客户更加方便、清楚地掌握所需货物的状况。

6. 推进和完善物流信息系统开发

物流信息系统的功能在很大程度上依赖于物流技术的发展。如近几年涌现出的 Web 服务，是在电子商务 B2B 拉动下涌现出来的因特网耦合环境下分布式系统开发技术。物流信息系统不同于一般的信息系统，它对供应链上下游企业之间的无缝集成具有较高的要求，Web 服务技术正好能够促使物流信息系统开发很好地适应不同企业间的地区差异和系统开发环境差异，促使物流信息系统在因特网环境下的无缝集成。另外，Web 服务技术还使得物流信息系统具有良好的可扩充性。具体地说，物流信息技术能够有效地为企业解决单点管理和网络化业务之间的矛盾、成本和客户服务质量之间的矛盾、有限的静态资源和动态市场之间的矛盾以及现在和未来预测之间的矛盾。

◈ **知识链接**

GIS 地理信息系统

地理信息系统(Geographic Information System，GIS)有时又称为"地学信息系统"，是一种特定的十分重要的空间信息系统。它是在计算机硬、软件系统支持下，对整个或部分地球表层(包括大气层)空间中的有关地理分布数据进行采集、储存、管理、运算、分析、显示和描述的技术系统。

【思考】　有哪些物流活动需要用到地理信息系统?

第二节　物流信息系统的网络与通信技术

物流信息网络化是实现物流信息化的基础，它是指物流领域结合应用现代计算机和通信技术，实现物流信息的电子化、数字化，并能完成其在多媒体、高效率的综合网络上的信息自动采集、处理、存储、运输和交换，最终达到物流信息资源的充分开发和共享，以降低物流成本，提高物流效率的过程。

一、物流信息系统的计算机网络技术

计算机网络技术就是利用通信设备和线路将地理位置不同的、功能独立的多个计算机系统互联起来的技术手段，可实现网络中的资源共享和信息传递。

(一) 计算机网络

所谓计算机网络，是指通过数据通信系统将地理上分散的多个计算机系统互联起来，实现数据通信和资源共享的一种计算机系统。计算机网络的作用是为信息系统提供一个进行信息处理(包括信息的采集、存储、处理和传输)的平台。一般按网络覆盖范围，可将计算机网络分为国际互联网、广域网、局域网、外部网、内部网等。

1. 国际互联网(Internet)

国际互联网又称因特网，是全球最大的、开放的、由众多网络相互连接而成的计算机网络，由美国阿帕网(ARPAnet)发展而成。自 1970 年以来，Internet 在全球飞速发展，从发达国家到发展中国家，利用 Internet 进行有益的个人交流、文化传播和经济活动都已成为身边的现实。这是一个全球性的巨大的计算机网络体系，它把全球数万个计算机网络、数千万台主机连接起来，包含了难以计数的信息资源，向全世界提供信息服务。

从网络通信的角度来看，Internet 是一个以 TCP/IP 网络协议连接各个国家、各个地区、各个机构的计算机网络的数据通信网；从信息资源的角度来看，Internet 是一个集各个部门、各个领域的各种信息资源为一体，供网上用户共享的信息资源网。今天的 Internet 已经远远超过了网络的含义，它是一个信息社会的缩影。虽然至今还没有一个准确的定义来概括 Internet，但是它的定义无疑应从通信协议、物理连接、资源共享、相互联系、相互通信等角度来综合加以考虑。因此，一般认为，Internet 的定义至少包含以下三个方面的内容：

(1) Internet 是一个基于 TCP/IP 协议簇的国际互联网络。

（2）Internet 是一个网络用户的团体，用户使用网络资源，同时也为该网络的发展壮大贡献力量。

（3）Internet 是所有可被访问和利用的信息资源的集合。

互联网的功能极其广泛，通过它可以周游世界、发送电子邮件、在电子商场购物、发布电子广告、在电子银行储蓄、进行远程教学和医疗、举行网络会议、开展网上科研、拨打网络电话、获得网络赢利等，它为人们的生活、学习和工作带来了很大的益处和便利。

2. 广域网（Wide Area Network，WAN）

广域网是指能覆盖较大地理范围（从数十千米至数万千米）的网络。目前主要的广域网包括分组交换网、帧中继、综合业务数字网、专用计算机网络、ATM 交换网等。

广域网的基本功能是数据通信和资源共享，它的网络覆盖范围广，传播速度比较慢。目前的主流广域网传输速度只有 64 Kbps，这样的速度远远不能满足当前的需要。广域网对于入网机器（用户计算机、服务器和用户机兼作服务器）基本上不加以任何限制，可以直接接入公用的广域网。

从逻辑上可以将广域网划分为通信子网和资源子网。其中，通信子网是由一系列分组交换设备通过传输线路互联起来所形成的，用来实现数据通信。而分组交换设备的主要作用是实现分组交换，多路转换器用来提高信道利用率。当需要将多个网络连接在一起时，还需要配置网间的连接器。资源子网是用来实现数据处理和资源共享并提供各种服务的。资源子网由各种类型的主机和网络设备等硬件，以及用于存储大量文件和数据的网络文件系统和网络数据库系统组成。

公用的广域网一般归国家所有。在绝大多数国家，广域网的建设由国家来承担，不允许单位和个人建造广域网，广域网中的通信设备也属于国家所有。

3. 局域网（Local Area Network，LAN）

局域网是指局域部分（一个单位甚至一栋大厦）若干台计算机之间实现通信和资源共享的计算机网络。目前局域网的发展极其迅速，其性能已经有了显著提高，并出现了快速局域网。

首先，基本的局域网包括以太网、令牌环网、令牌传输总线网三种形式。其中，以太网一直是国内外最流行的一种局域网，占据了局域网市场 60% 以上的份额，它采用的是公用总线形拓扑结构，传输速度为 10 Mbps，传输介质早期是同轴电缆。20 世纪 90 年代以后，以太网使用双绞线为传输介质，网络所能覆盖的范围约在方圆 20 km 之内，这种以太网也称为 10BASE－T。令牌环网也是当前比较流行的局域网之一，占据局域网市场约 10% 的份额，它采用的是环形网络拓扑结构。令牌环网采用的传输介质可以是屏蔽双绞线，也可以是非屏蔽双绞线，在 20 世纪 80 年代它的传输速度为 4 Mbps，后来提高到 16 Mbps。由于信息在环形网络中不断获得中继，因此网络的覆盖范围比以太网大，此外它还可以引入有限机制来保证重要信息和紧急信息的优先传送。令牌传输总线网是专门为对实时性要求较高的工业控制系统设计的，它采用的是公用总线型网络拓扑结构，但介质访问控制规程是令牌传送规程，该规程能确保联网设备所要求的响应时间。

其次，快速局域网包括光纤环网（Fiber Distributed Data Interface，FDDI）、快速以太网（100BASE－T）和 100VG－Any LAN 三种形式。其中，光纤环网传输速度为 100 Mbps，

最大距离可达 100 km。为了提高环形网的可靠性，FDDI 采用两个光纤环，其中一个作为主环，一个作为副环。由于 FDDI 的传输速度较快，因而主要用作互联局域网的主干网。100BASE－T 的传输速度为 100 Mbps，采用了与 10BASE－T 完全相同的介质访问控制规程，故称为快速以太网。它与 10BASE－T 有很好的兼容性，很容易将 10BASF－T 升级为 100BASE－T，而且 100BAS－T 的建造成本大大低于 FDDI，具有很好的应用前景。100VG－Any LAN 的传输速度同样为 100 Mbps，在该局域网中引入了"需求优先权"机制，即对时间敏感的应用能优先得到传送信息的权利，这样能较好地传输实时信息，更适用于多媒体信息传输。建造 100VG－Any LAN 的成本略高于 100BASE－T，却远低于 FDDI，具有较好的应用前景。

4. 外部网（Extranet）

外部网是一个使用 Internet/Intranet 技术使企业与其客户和其他企业相连来完成其共同目标的合作网络。Extranet 可以作为公用的 Internet 和专用的 Intranet 之间的桥梁，也可以被看作是一个能被企业成员访问或与其他企业合作的企业 Intranet 的一部分。

Extranet 通常与 Internet 及 Intranet 一样位于防火墙之后，但不像 Internet 那样为大众提供公共的通信服务，也不像 Intranet 那样只为企业内部提供服务而不对公众公开，而是对一些有选择的合作者开放或向公众提供有选择的服务。Extranet 访问是半私有的，用户是由关系紧密的企业结成的小组，信息在信任圈内共享。Extranet 非常适合于具有时效性的信息共享和企业间完成共有利益目的的活动。

Extranet 不限于组织的成员，可超出组织之外，尤其包括那些组织想与之建立联系的供应商和客户。Extranet 并不是真正意义上的开放，它可以提供充分的访问控制使得外部用户远离内部资料。Extranet 是一种思想，而不是一种技术，它使用标准的 Web 和 Internet 技术，与其他网络不同的是对建立 Extranet 应用的看法和策略。Extranet 的实质就是应用，它只是集成和扩展（并非系统设计）了现有技术。

Extranet 主要应用在商业活动、信息的传播和维护、在线培训、企业间的合作、销售和市场客户服务以及产品、项目管理和控制中。Extranet 可以为客户提供多种及时有效的服务，改善客户的满意度；缩短信息查找的时间，提高生产率；减少纸张的拷贝、打印通信与分发的费用，大大降低生产费用；实现跨地区的各种项目合作。Extranet 中的信息形式具有多样性，可将不同厂商的各种硬件、数据库和操作系统集成在一起，并且利用浏览器的开放性，使得应用只需开发一次即可为各种平台使用，还可以引用、浏览原有系统中的信息。

5. 内部网（Intranet）

内部网即一组沿用标准 Internet 协议（如 TCP/IP 和 HTTP 等），采用客户机/服务器结构，在特定机构范围内使用的互联网络。这个机构的范围可大到一个跨国企业集团，或者小到一个部门或小组，它们在地理位置上也不一定是集中的或只限定在一定范围的地域内。所谓"内部"，只是针对这个机构职能而言的一个逻辑概念。

在 Intranet 中服务器一端是一组 Web 服务器，存放着可在内部网上共享的信息（以 HT-ML 标准格式存放）和各种应用，客户端则是装备浏览器的微机工作站。使用时，用户通过浏览器，以 HTTP 协议提出存取请求，Web 服务器将结果回送到原始客户，并显示出来。

Intranet 实际上通常采用灵活的多层客户机/服务器结构，在组成上大体对应下列几个层次。

（1）客户端，即浏览器。内部网用户采用简单的点触方式浏览 Web 页面。

（2）Web 服务器。共享的信息和应用按 Web 页面组织，同一主题下相关联的信息内容可按超文本或超媒体形式连成一个有机的"知识网"，使用时通过 URL（Uniform Resource Locator），在 Internet 的 WWW 服务程序上用于指定信息位置的表示方法定位，把分散在各处的信息资源汇集起来，以多媒体形式显示出来。通过公共网关接口（Common Gateway Interface，CGI）或其他中间件，还可与后端的现有应用系统和数据库连接起来，共享动态信息和应用服务。

（3）中间件。它包括 CGI 程序，依赖运行平台的服务器 API 和 JDBC 驱动程序及支持事务处理的管理程序。

（4）应用服务器。它主要用于存放和运行后台应用程序。

（5）数据库服务器。它是指后端数据的存储。

这种多层结构能够简化内部网应用的组织，均衡处理负荷，改善操作性能，并提高系统规模的可伸缩性。随着用户访问数的增多，可针对处理瓶颈，选择性能更优的服务器，或采用多处理机与多个平行服务器。

由于内部网采用标准的 Internet 协议，有些本应内部使用的 Web 也很容易根据应用的需要，随时并方便地发布到公共的 Internet 网上。为防止企业内部机密的泄漏，内部网容易做到与公共网络在物理上完全隔离，但考虑到有时要存取 Internet 的场合，为提高内部网的安全性，阻止非法访问，可考虑使用防火墙将内部网与互联网隔开或安置一个代理服务器（Proxy Server）。为了防止内部的非授权存取，除了建立必要的存取监控措施外，在内部设立若干个防火墙，将主要网段隔离开来，也不失为可取之法。

另外，对一个企业而言，在业务上经常需要跟一些外部的合作伙伴打交道，因而有必要与他们共享内部信息和应用。在这种场合，一种办法是通过租用专用网络线路延伸内部网，利用这种方法安全性较易保证，但费用也会高些；另一种办法则是目前广泛采用并更受欢迎的 Extranet（即外部网）技术，它可直接利用较便宜的公共 Internet 网，作为与外部合作伙伴的联系桥梁。同时，由于存在附加的安全保密措施，就好像企业与合作方已建立起一个安全通道——虚拟专用网。

由于协议一致，Intranet/Internet/Extranet 将为用户提供一个完整的应用网络体系结构。按照 James Martin 的观点，企业网（包括内部网和外部网）相当于为企业建立了一个完备的数字神经网络，它将帮助企业把各个原先分散独立的组成部门和业务伙伴连成一个有机的整体，围绕共同的经营目标，协同工作，好像形成了一个"虚拟企业集团"，从而在激烈的市场竞争中能迅速作出反应，提高竞争力。

◆ 补充阅读

互联网和万维网的关系

互联网是线路、协议以及通过 TCP/IP 协议实现数据电子传输的硬件和软件的集合体。Internet 提供的主要服务有万维网（WWW）、文件传输（FTP）、电子邮件 E - mail、远程登录(Telnet)等。

万维网则存在于互联网之上，是无数个网络站点和网页的集合，构成了因特网主要的部分。它实际上是多媒体的集合，是由超级链接连接而成的。我们通常通过网络浏览器上网观看的，就是万维网的内容。万维网由浏览器浏览连超文本页面组成，这些超文本页面是通过 TCP/IP 协议从网络上获取的。网页的开头部分一般情况下总是 http：//，表明被浏览的信息是超文本，是利用超文本传输协议来传输的。所以，如果把互联网看成是基础，那么万维网就可以被看成是对互联网的应用。

(二) 网络互联技术

网络互联技术主要涉及网络互联设备、网络互联协议、网络安全技术三大要素。

1. 网络互联设备

网络互联设备包括中继器、网桥、路由器以及交换集线器。

(1) 中继器(Repeater)。由于信号不管是在有线信道或无线信道传输时，幅度都会随着传输距离的加大而衰减，其相位也会不断偏移，当传输距离足够大时，便难以正确识别信号，造成误码率急剧增大。为了使信号在传输较长距离后仍能被正确识别，必须每隔一段距离引入一个中继器，用来扩展局域网的跨度，将幅度已经衰减并且相位产生偏移的信号恢复为标准信号。中继器是在物理层上实现网络互联的。

(2) 网桥(Bridge)。网桥是用来连接同构型局域网的。所谓同构型局域网，是指从应用层到逻辑链路控制子层这几个层次。不同网络中相对应的层次均采用相同的协议，而对数据链路层中的 MAC 子层和物理层，其对应层次则可遵循不同的协议。因此，可以将所有用于连接的、符合 IEEE802 标准的 CSMA/CD 总线网、令牌环网或令牌传输总线网的网间连接器，都称为网桥。网桥是在数据链路层上实现网络互联的。

(3) 路由器(Router)。路由器能够识别各种网络层协议，如 IP 协议、LPX 协议等，具有很强的网络互联能力，是构造大、中型企业网络必不可少的设备，也是构造 Internet 的重要设备。路由器是在网络层上实现网络互联的。

(4) 交换集线器(Switched Hub)。在颁布了 IEEE802 标准之后，CSMA/CD 总线网、令牌环网或令牌传输总线网等都属于同构型局域网，它们之间的数据交换可以在网桥的数据链路层上进行，而没有必要上升到网络层进行，从而产生了在第二层进行局域网交换的交换集线器，大大简化了局域网的交换功能，显著提高了交换速度，大幅度降低了端口价格。利用交换集线器实现交换的过程为：每当交换集线器收到一帧后，只是读出待转发帧中的 MAC 目标地址，再到高速缓冲器中去查找桥接表，在桥接表中保存了一批活动的 MAC 地址，从中可以找出转发帧所需的端口，并将转发帧从该端口转发出去。

2. 网络互联协议

网络互联协议主要包括以下几项：

(1) 网际协议(Internetwork Protocol，IP)。

Internet 上使用的一个关键的低层协议是网际协议，通常称之为 IP 协议，它利用一个共同遵守的通信协议使 Internet 成为一个允许连接不同类型计算机和不同操作系统的网络。要使两台计算机彼此之间能进行通信，必须使两台计算机使用同一种"语言"，通信协议正像两台计算机交换信息所使用的共同语言，它规定了通信双方在通信中应共同遵守的约定。

IP 协议对于网络通信有着重要的意义，网络中的计算机通过安装 IP 软件，使许许多多的局域网络构成了一个庞大而又严密的通信系统，从而使 Internet 看起来好像是真实存在的。但实际上它是一种并不存在的虚拟网络，只不过是利用 IP 协议把世界上所有愿意接入 Internet 的计算机局域网络连接起来，使得它们彼此之间都能够通信。

(2) 传输控制协议(Transport Control Protocol，TCP)。

尽管计算机通过安装 IP 软件保证了计算机之间可以发送和接收数据，但 IP 协议还不能解决数据分组在传输过程中可能出现的问题。因此，要解决可能出现的问题，连上 Internet 的计算机还需要安装 TCP 协议，以提供可靠并且无差错的通信服务。TCP 协议被称为一种端对端协议，这是因为它为两台计算机之间的连接起了重要作用，当一台计算机需要与另一台远程计算机连接时，TCP 协议会让它们建立一个链接，用于发送和接收数据以及终止连接。

传输控制协议 TCP 协议利用重发技术和拥塞控制机制，向应用程序提供可靠的通信连接，使它能够自动适应网上的各种变化。即使在 Internet 暂时出现堵塞的情况下，TCP 也能够保证通信的可靠。众所周知，Internet 是一个庞大的国际性网络，网络上的拥挤和空闲时间总是交替不定的，加上传送的距离远近不同，所以传输数据所用的时间也会有所变化。TCP 协议具有自动调整"超时值"的功能，能很好地适应 Internet 上各种各样的变化，确保传输数值的正确。

从上述内容可以了解到：IP 协议只保证计算机能发送和接收分组数据，而 TCP 协议则可提供一个可靠的、可控的信息流传输服务。

(3) TCP/IP 协议。

虽然 IP 和 TCP 这两个协议的功能不尽相同，也可以分开单独使用，但它们是在同一时期作为一个协议来设计的，并且在功能上也是互补的，只有两者的结合才能保证 Internet 在复杂的环境下正常运行。凡是要连接到 Internet 的计算机，都必须同时安装和使用这两个协议，因而在实际中常把这两个协议统称为 TCP/IP 协议。

TCP/IP 协议其实是一个协议集合，它包括了 TCP 协议、IP 协议及其他一些协议。TCP 协议用于在应用程序之间传送数据，IP 协议用于在主机之间传送数据。

TCP/IP 协议分为四层：网络接口层，负责接收和发送物理帧；网络层，负责相邻节点之间的通信；传输层，负责起点到终点的通信；应用层，提供诸如文件传输、电子邮件等应用程序。

要把数据以 TCP/IP 协议方式从一台计算机传送到另一台计算机，数据需要经过上述四层通信软件的处理才能在物理网络中传输。

3. 物流信息系统的网络安全技术

物流信息系统的网络安全技术就是对其中所涉及的各种数据的可靠性、完整性和可用性进行保护。它的安全性应该满足以下条件：

(1) 信息安全。信息安全包括信息状态安全和信息状态转移安全。

(2) 身份验证。身份验证是一致性验证的一种，验证是建立一致性证明的手段，身份验证主要包括验证依据、验证系统和安全要求。

(3) 存取控制。存取控制规定何种主体对何种客体具有何种操作权力。存取控制是内部网安全理论的重要方面，主要包括人员限制、数据标志、权限控制、控制类型和风险分析。

（4）数据完整性。完整性是在数据处理过程中，在原来数据和现行数据之间保持完全一致的证明手段。

（5）数据机密性。机密性由加密算法保证，目前金融系统和商界普遍使用的算法是美国数据加密标准。防火墙是在内部网与外部网之间实施安全防范的系统，可被认为是一种访问控制机制，用于确定哪些内部服务允许外部访问，以及允许哪些外部服务访问内部服务。

防火墙的基本准则是一切未被允许的就是禁止的，一切未被禁止的就是允许的。防火墙的类型主要包括过滤型（Packet Fitter）防火墙、代理服务型（Proxy Service）防火墙、复合型（Hybrid）防火墙。防火墙还存在一定的局限性，它不能防范不经由防火墙的攻击，不能防范人为因素的攻击，不能防止受病毒感染的软件或文件的传输，也不能防止数据驱动式的攻击。

（6）安全协议。安全协议的建立和完善是安全保密系统走上规范化、标准化道路的基本因素。根据计算机专用网多年的经验，一个较为完善的内部网和安全保密系统至少要实现加密机制、验证机制和保护机制。目前，已开发并应用的协议如下：

① 加密协议。加密协议有两个要素，一是能把保密数据转换成公开数据，在公用网中自由发送；二是能用于授权控制，无关人员无法解读。因此，数据要划分等级，算法也要划分等级，以适应多级控制的安全模式。

② 身份验证协议。身份验证是上网的第一道关口，并且与后续操作相关。因此，身份验证至少应包括验证协议和授权协议。人员要划分等级，不同等级具有不同的权限，以适应多级控制的安全模式。

③ 密钥管理协议。它包括密钥的生成、分发、存储、保护、公证等协议，保证在开放环境中灵活地构造各种封闭环境。根据互联网的特点，密钥分离度在网上要做到端级和个人级，在库中要做到字节级。

④ 数据验证协议。它包括数据验证和数字签名等，其中数字签名要同时具有端级签名和个人签名的功能。

⑤ 安全审计协议。它包括与安全有关的事件，即事件的探测、收集、控制，还能进行事件责任的追查。

⑥ 防护协议。防护协议除防病毒卡、干扰仪、防辐射等物理性防护措施外，还对用于信息系统自身保护的数据（审计表等）和各种秘密参数（用户口令、密钥等）进行保护，以增强反入侵功能。

◆ **知识链接**

IP 地址

IP 协议中还有一个非常重要的内容，那就是给因特网上的每台计算机和其他设备都规定了一个唯一的地址，叫做"IP 地址"。由于有这种唯一的地址，才保证了用户在联网的计算机上操作时，能够高效而且方便地从千千万万台计算机中选出自己所需的对象。

IP 地址就好像电话号码(地址码)：有了某人的电话号码，你就能与他通话了，同样，有了某台主机的 IP 地址，你就能与这台主机通信了。

【思考】 域名和 IP 地址的区别？

二、物流信息系统的通信技术

通信技术是依托于数据通信网和通信协议规则，完成节点之间通信线路的连接和实现信息交换的支撑技术。数据通信的实现与通信网的资源有着密切的关系，现有的数据通信网主要有分组交换网、数字数据网、帧中继网、卫星数据网及数字移动通信网。在物流信息系统中，主要可以应用以下几种通信网进行数据通信。

1. 分组交换网

分组交换网以 x.25 协议为基础，适用于不同速率、不同规程计算机与计算机、计算机与终端、终端与终端以及局域网间的通信。

分组交换网的主要特点：

(1) 分组网采用统计复用技术，传输的数据带宽由多个用户共享，可提高网络资源的利用率，降低通信成本；

(2) 分组网具有一套严密的检查纠错、流量控制协议，在通信网络的基础较差、传输线路比特差错率较高的情况下，采用 x.25 协议可以有效保证用户信息的可靠传送，但因此而增加了网络开销，限制了传输速率，信息的传送时延较长；

(3) 分组交换机的承载能力有限，可接纳的用户入网速率较低。

分组交换网是一种基础的数据通信网络，适合于为接入速率较低(64 Kbit/s 以下)、只传送数据不传送语音及图像、业务量少而且具有一定突发性的终端用户提供业务。分组网上提供永久虚电路(PVC)和交换虚电路(SVC)基本业务；支持电子邮件、电子数据交换、传真存储转发等增值业务以及互联网业务等。

分组交换具有传输质量高、可靠性强、适用性强、经济性能好等优点。分组交换网可以提供的业务有基本业务功能、客户选用业务功能、新业务功能和增值业务功能。分组交换主要用于组建管理信息网、进行实时业务处理、数据库查询、开展信息服务等。

2. 数字数据网

数字数据网(Digital Data Network，DDN)是利用数字传输通道光纤、数字微波、卫星传输数据信号为主的数字传输网络，为用户提供各种速率的高质量数字专用电路和其新业务，以满足用户多媒体通信和组建中、高速计算机通信网的需要。数字数据电路包括用户线路在内，主要是由数字传输方式进行的，它有别于模拟线路，具有传输速率高、通信时延小、传输质量高、误码率极小、网络可靠性强、一线多用的特点。数字数据网既可以通话、传真、传送数据，也可组建电视会议系统。

DDN 广泛应用于需组建内部网络的银行、税务、保险、证券、政府、铁路、民航、统计、石化、气象、文化教育等部门，并已成为多媒体通信网接入以及局域网互联的专用通道。

3. 帧中继网

帧中继(Frame Relay，FR)是从分组交换技术发展起来的一种数据传输技术，能为用户提供各种速率的高质量专用线路，实现地区数据联网，建立电子银行、客户中心，实现通存通兑，并建成办公自动化信息系统。

帧中继网适合于为接入速率为 64 kbit/s～2 Mbit/s、业务量大且具有突发性特点的用户提供业务。帧中继网可以提供永久虚电路(PVC)、交换虚电路(SVC)两种基本业务，还可以支持局域网互联、虚拟专用网、大型文件传送、静态图像传送、互联网等用户业务及应用。

帧中继在保持了分组交换技术的灵活及较低费用的同时，进一步缩短了传输延时，提高了传输速度。它具有带宽按需分配，网络资源利用率高，网络费用低廉，数据吞吐量大，适用于突发性业务，为各种网络提供快速、稳定连接的特点。它是局域网(LAN)互联、局域网与广域网(WAN)连接的理想解决方案，比如总部和分支机构、分散在各地的公司、企业、事业单位，这些用户可以通过帧中继帧拆装设备(FRAD)、路由器经专线接入网络，通过帧中继的永久虚电路实现局域网之间的互联。

4. 卫星数据网

利用卫星通信可以大幅度跨越地理限制与数千公里以外的 Internet 骨干网或大型数据库服务器相连，组成以卫星信道为数字中继的广域网(WAN)。在 21 世纪，数据通信将取代语音通信成为网络通信的主流，因而作为解决跨地域通信问题的卫星通信也必须在链路协议、网络构成以及终端接口等方面适应这一发展方向，以便提供更加优化的网络和更加多样的业务支持。

卫星通信的特点是覆盖面积大(一颗卫星可覆盖全球 1/3 以上的面积)，其广播功能是其他通信方式不能比拟的，其生命力和应用领域一直保持强劲的势头。Internet 的冲击、多媒体的需求、宽带的接入，开辟了卫星通信新的趋势，也使它在高速因特网、IP 多点广播、远程教学与培训等方面被广泛应用。

5. 数字移动通信网

目前的移动通信网主要分为模拟网和数字网两种。中国的模拟网制式为 ETACS，数字网制式为 GSM 和 CDMA。

(1) GSM 全球移动通信系统网。

全球移动通信系统网(Global System for Mobile Communication，GSM)，人们常简称其为"全球通"。GSM 采用的是数字调制技术，关键技术是"时分多址"，即每个用户在某一时限上使用频道且只能在特定时间接收信息。

全球通(GSM)数字蜂窝移动电话系统由用户部分和网络部分组成。用户部分指移动台，即手机或车载台，它们通过无线信道接入网络，使用网络提供的各种电信业务。网络部分即 GSM 网，包括无线基站子系统、归属用户数据库/用户鉴权中心、移动交换机/来访用户管理中心、移动台识别中心和业务中心等部分。

GSM 网的主要缺点是传输的语音易失真且有生硬感，同时由于 GSM 的发展速度太快，用户容量几乎接近饱和，900 MHz 频段已十分拥挤。不过，为了扩大容量减少拥塞，现在已开通 1800 MHz 频段并投入服务。

(2) CDMA 数字移动通信网。

CDMA(Code Division Multiple Access，码分多址)同 GSM 一样都属于第二代移动通信数字蜂窝系统，它是目前最先进的移动通信网络。CDMA 的关键技术是"码分多址"，即把独特的数字编码分配给不同的用户。CDMA 的独特之处是，尽管通话数量有一定的限制，但这一数量并不是固定的，而且系统容量取决于运营商可以控制的一些不同的因素。CDMA 的特点是：拥有更高效的频带利用率和更大的网络容量；通话质量有所提高，语音更清晰，已接近有线电话质量；数据保密性更强，覆盖特性得到改善，通信阻塞减小，用户通话和待机时间更长。

第三节　物流信息系统的自动识别与数据采集技术

自动识别与数据采集技术（Auto Identification and Data Collection，AIDC）开始于 20 世纪 40 年代，是以计算机和通信技术的发展为基础的，主要解决的问题是实物与信息之间的匹配关系，使实物的运输、仓储过程可以即时的反映到信息网络环境中，使操作者能够迅速了解物流的全部过程，尤其是在途的情况，能够提高物流过程的作业效率及货物数量的准确性。信息网络是现代物流的核心，当各项仓储物流设备由机械化/人工化进入自动化阶段时，如何处理设备与系统的连接及实物与信息的对应成了软件系统需要解决的问题，这就是采用 AIDC 技术的必要性。自动识别与数据采集（AIDC）是一项通用的技术手段，即不通过键盘而把数据直接录入计算机系统的方法，包括条形码技术、射频识别技术、卡技术、光学字符识别技术、生物统计识别技术等。

一、条形码技术

条形码技术是以计算机、光电技术和通信技术为基础的综合性高新技术，是高速发展的信息技术的一个重要组成部分。由于条形码技术具有快速、准确、低成本、高可靠性等优点，已被世界各国特别是发达国家广泛应用于商业、仓储、邮电、交通运输、票证管理、图书文献、医疗卫生、工业生产自动控制、质量跟踪等领域。近年来，随着我国市场经济的迅速发展和对外开放的不断深入，条形码技术作为一种成熟的信息处理技术不仅在商品流通领域得到了广泛应用，还在工业生产自动控制、质量跟踪、仓储等领域不断发展。

（一）条形码概述

1．条形码的概念及种类

条形码是由一组按一定编码规则排列的条、空符号，用以表示一定的字符、数字及符号组成的信息。条形码系统是由条形码符号设计、制作及扫描阅读组成的自动识别系统。条形码是由不同宽度的浅色和深色部分（通常是条形码）组成的图形（如图 2-2 所示），这些条、空和相应的字符代表相同的信息，前者用于机器识读，后者供人直接识读或通过键盘向计算机输入数据时使用。这种用条、空组成的数据编码很容易译成二进

图 2-2　条形码

制和十进制数。这些条和空可以有不同的组合方式，从而构成不同的图形符号，即各种符号体系，也称码制，适用于不同的场合。

条码的种类很多，常见的大概有二十多种码制，其中包括 Code39 码（标准 39 码）、Codabar 码（库德巴码）、Code25 码（标准 25 码）、ITF25 码（交叉 25 码）、Matrix25 码（矩阵

25 码)、UPC－A 码、UPC－E 码、EAN－13 码(EAN－13 国际商品条码)、EAN－8 码(EAN－8 国际商品条码)、中国邮政码(矩阵 25 码的一种变体)、Code－B 码、MSI 码、Code11 码、Code93 码、ISBN 码、ISSN 码、Code128 码(包括 EAN128 码)、Code39EMS(EMS 专用的 39 码)等一维条码和 PDF417、QR code、DATA matrix 等二维条码。

目前,国际上广泛使用的条形码种类有 EAN、UPC 码(商品条形码,用于在世界范围内唯一标识一种商品,我们在超市中最常见的就是这两种类型的条形码)、Code39 码(可表示为数据和字母,在管理领域应用最广)、ITF25 码(在物流管理中应用较多)、Codebar 码(多用于医疗、图书领域)、Code93 码、Code128 码等。其中,EAN 码是当今世界上应用最广的商品条形码,是电子数据交换的基础;UPC 码主要为美国和加拿大使用。在各类条形码的应用系统中,因为 Code 码可采用数字与字母共同组成的方式而在各行业内部管理中被广泛使用。

2．条码的特征

条码的广泛应用与其在自动识别技术中所具有的特征分不开。

(1) 高速数据输入。条码可以很快地由识读设备读取并将数据转入到系统中。如 EAN－13 通用商品条码由 13 位代码组成,使用键盘进行输入需要 6 秒左右的时间,而用光电耦合式 CCD 扫描器进行读取需要 1～2 秒的时间,使用固定式激光式扫描器瞬时就可以完成数据输入。

(2) 高读取率。读取率是通过对条码的扫描次数与能够读取的次数进行计算而得到的。条码的读取精度与印刷在标签和包装箱上面的条码精度有关,而读取率与条码识别设备的光学分解能力有关。一般来说,按照标准进行印刷的条码通过正常的条码识读设备,都能够被 100％地正确读取。

(3) 低误读率。误读率与条码的种类、条码标签的印刷精度以及条码识读设备有关。一般来说,使用任何的码制都可以满足一般业务对正确性的要求。Code39 码可以达到误读率 300 万分之 1 以下,如果使用校验码则可以达到 1 亿 4900 分之 1 的高精度;Codebar 码的精度也很高,误读率可以达到 100 万分之 1 以下,如果使用校验码则可以达到 10 亿分之 1 的高精度;即使是误码率较高的 UPC 码,其误码率为 14 万 5000 分之 1。可见,条码的误码率非常低,可以有效地保证读入数据的正确性。

(4) 非接触式读取。如果读取条码的过程较烦琐,就不可能达到省力的效果,所以非接触自动读取是非常重要的。特别是用自动分拣设备的感应读取标贴在货物上的条码时,必须采用非接触方式。在物流现场,会有读取用叉车才能够达到的高处和有一定距离的货架,以及在托盘上标贴的条码等不能够接触读取条码的情况,现在的手持式激光扫描器就能够读取超过 10 m 远距离的条码。

(5) 操作方便。条码扫描器可以在固定式的情况下自动读取条码,也可以用手持式方便地读取条码,而且不需要专门的培训,任何人都可以方便地操作。

(6) 使用成本低。条码扫描器的价格因设备的原理不同而各异,随着技术的不断进步和使用数量的增加,其价格也越来越低廉,一般在经常维护的情况下可以使用 7 年左右。条码标签的成本根据介质和尺寸的大小而不同,即使包括打印或印刷等费用,也比其他自动识别方式的成本要低许多。

(7) 广泛的利用领域。由于条码能够快速、正确地收集数据,被应用于社会的各个领域，在学术领域中生物的生态调查、流通领域的销售和物流、工厂的生产管理、医疗的各种检查和血液的管理、图书馆的图书借阅管理等方面都广泛得到应用。

（8）丰富的关联设备。条码扫描器和打印机以及打印介质等多种多样，能够满足条码用户的需要，还可以根据用户的需要进行相应设备的开发。

但条码也有缺点，如脏污后不容易读取、记录数据的密度低等，其最大的缺点是不能够修改和替换。

（二）国际通用的物流条码

物流系统在地域、时间跨度上较大，由于涉及多个生产企业、运输业、配销业，而且稳定性差，所以需要其具有较高的协调性；同时，物流的流通需要迅速、及时。鉴于物流的种种特点，物流条形码需要具有以下特点：储存单元的唯一标识、服务于供应链的全过程、信息多、可变性强、维护性高。目前现存的条形码码制多种多样，国际上常用和公用物流条形码是由 EAN（国际物品编码协会）和 UCC（美国统一代码委员会）制定的用于贸易单元标识的条码，包括商品条码（EAN/UPC）、储运单元条形码（ITF－14）和货运单元条形码（UCC/EAN－128 码）；另外，二维条形码在物流业也有广泛的应用。

1. 商品条码（EAN/UPC）

EAN 码是国际上通用的商品代码，我国通用的商品条形码标准也采用 EAN 条形码结构。标准码由 13 位数字码及相应的条形码符号组成（如图 2－3），在印刷面积较小的商品包装上采用 8 位缩短数字码。EAN 条码系统与 UPC 条码系统是兼容的，当 UPC 条码进入 EAN 条码系统时，只要在前面补一个"0"就可以了。

EAN 码通常用在单个大件商品的包装箱上，当包装箱内含有预定的、贵重商品时，也可以以 EAN 码给每个货运单元分配一个与消费单元不同的 EAN－13 码。

我国商品条码的标准版 EAN/UCC－13 代码如表 2－1 所示。

表 2－1　EAN/UCC－13 代码的结构

结构种类	厂商识别代码	商品项目代码	校验码
结构一	X1 X2 X3 X4 X5 X6 X7	X8 X9 X10 X11 X12	X13
结构二	X1 X2 X3 X4 X5 X6 X7 X8	X9 X10 X11 X12	X13
结构三	X1 X2 X3 X4 X5 X6 X7 X8 X9	X10 X11 X12	X13

厂商识别代码：由 7～9 位数字组成，用于对厂商的唯一标识，其中左边的 2～3 位数字（X_1X_2 或 $X_1X_2X_3$）称为前缀码，是 EAN 编码组织（国际物品编码协会）分配给其所属成员国家（或地区）编码组织的代码。例如，国际物品码协会分配给中国物品编码中心的前缀码是 690～695。厂商识别代码由中国物品编码协会统一向申请厂商分配。

商品项目代码：由 3～5 位数字组成，用以表示商品项目的代码，由厂商自行编码，必须遵循对统一商品编制相同商品项目代码且对不同的商品项目编制不同商品项目代码的原则，保证商品项目与其标识代码一一对应，即一个商品项目只有一个代码，一个代码只标识一个商品项目。

校验码：为 1 位数字，用于校验厂商识别代码、商品项目代码的正确性。它的数值是根

据 $X_1 \sim X_{12}$ 的数值按一定的计算方法算出的,参见国家标准《商品条码》(GB12904－2003)附录 B 规定的方法。

EAN-13 条码的条空图形结构,其组成次序依次为左侧空白区、起始符、左侧数据符、中间分割符(主要用于 EAN 码)、右侧数据符、校验符、终止符、右侧空白区。在条空图中,起始符、中间分割符、终止符线略长于其他条空图形,如图 2-3 所示。

图 2-3 EAN-13 条码符号结构

2. 储运单元条形码(ITF-14)

储运单元条形码是指为便于搬运、仓储、订货、运输等,由消费单元组成的商品包装单元,一般采用 ITF-14 条码,如图 2-4 所示。目前在我国部分超市的配送中心已开始使用储运单元条形码,主要用于商品的纸质包装箱上。

图 2-4 储运单元条形码

储运单元条形码是一种连续型、定长、具有自校验功能,并且条、空都表示信息的双向条码。ITF-14 条码的条码字符集、条码字符的组成与交叉插二五码相同。它由矩形保护框、左侧空白区、条码字符、右侧空白区组成。它是在 EAN 码的形式上扩展得到的,后面13 位和 EAN 码相同,只是在第一位加入了附加码(0),用以标识商品的数量、重量等信息。它包括 14 位标准码与 16 位加长码,若有以重量计算的商品还可以追加 6 位加长码。它是专门表示储运单元编码的条形码,通常印在包装外箱上,用来识别商品种类及数量,亦可用于仓储批发业销售现场的扫描结账。

储运单元条形码的应用面向国内储运业界(制造商、批发商、零售商)。零售店以配送包装单位作为销售单位时(如家电等)即可用外箱上的物流条形码扫描结账;批发商或零售商在进货、点货或库存盘点作业时,可对以配送单位包装的商品扫描物流条形码,对以零售单位包装的商品则扫描原印条形码。总之，储运单元条形码的应用场合包括自动装卸货、拣货、分货、进出或自动登录与传输以及订单收货作业。

3. 货运单元条码（UCC/EAN-128 码）

货运单元条码是物流条码中最常用的形式 UCC/EAN-128 码。EAN 码和 ITF-14 码都属于不携带信息的标志码。在物流配送过程中，如果需要将生产日期、有效日期、运输包装序号、重量、体积、尺寸、送出日期、送达日期等重要信息条形码化以便扫描输入，便可以使用 EAN-128 码，主要用于运输、仓储等物流标签上。因为货运单元条码可携带大量信息，所以应用领域非常广泛，包括制造业的生产流程控制、批发物流业或运输业的仓储管理、车辆调度、货物追踪等。EAN-128 码示例如图 2-5 所示。

图 2-5　EAN-128 条码

UCC/EAN-128 应用标识条形码由应用标识符和数据两部分组成，每个应用标识符由 2～4 位数字组成，其作用是指明跟随在标识符后面的数字所表示的含义。条形码应用标识的数据长度取决于应用标识符。条形码应用标识采用 UCC/EAN-128 码表示，并且多个条形码应用标识可由一个条形码符号表示。

4. 二维条形码

针对一维条形码的信息密度低、容量小的缺点，二维条形码提供了很好的解决方案，在更小的区域内编码更多信息的需求驱动了二维条形码的发展、标准化和应用的增长。二维条形码不仅可以作为数据库信息的引用，还可以起到数据库的作用。二维条形码是用某种特定的几何图形按一定规律在平面（二维方向上）分布的黑白相间的图形记录数据符号信息的。目前使用的二维条形码有两类，即堆叠式和矩阵式。有代表性的堆叠式二维码有 Code49 码、PDF417 码、Code16K 码和 UPS Code SM 码等，其中常用的为 PDF417 码，如图 2-6 所示。

矩阵式二维码有 Code One 码、Data Matrix 码和 Maxi Code 码等，图 2-7 所示为 Data Matrix 码。

图 2-6　PDF417 码

图 2-7　Data Matrix 码

二维码的特点是信息容量大，编码范围广，保密、防伪性能好，可靠性高、纠错能力强。由于以上特点，二维码在加工制造业中应用广泛。

（三）条形码技术在物流业中的应用

使用条码建立物流设备、计算机、各种探测装置所构成的物流系统，能够低成本、快速、正确地改善繁杂、重体力负荷的物流活动。

在利用条码提高物流效率的过程中，需要做以下准备工作：利用计算机系统进行订货或将订货信息输入计算机系统；商品条码要输入计算机系统的数据库中；在商品包装箱上要印刷 ITF 物流条码或相关条码；使用自动分拣机、自动仓库、无人自动搬运设备和自动识别系统等。

1. 应用于大型超市或购物中心

在超市的货架上每种商品上都有条形码，这些商品经过光笔扫描自动计价，并同时做销售记录。公司可用这些记录做统计分析、预测未来需求和制订进货计划。

2. 应用于零售业配送中心

在配送中心，将商品按照各个店铺进行分拣后向各个店铺进行配送。在这个过程中，由于每天要处理几万件货物，很容易发生货物的分拣错误等差错，为了防止在配送中心发生差错，现在普遍利用条码进行业务处理。

订货信息先利用计算机网络从终端向计算机中心输入，然后通过打印机打印，以条形码及拣货单的形式输出，操作人员将条形码贴在集装箱的侧面，并将拣货单放入集装箱；拣选过程中，集装箱一旦达到指定的货架前，自动扫描装置会立即读出条形码的内容，并自动进行分货；工作人员根据拣货单的要求，将拣选好的货物放入集装箱，待作业结束后，只要按一下"结束"钮，装有货物的集装箱便会顺序地向货架移动；等到全部作业结束后，有关人员利用自动分拣系统将贴有条形码的集装箱运往指定的出货口，转入发运工序。由此可见，配送中心运用条形码技术，极大地提高了配送的运行效率和运行速度。

3. 应用于库存管理

在库存物资上应用条形码技术，尤其是在规格包装、集装箱、托盘货物上，入库时自动扫描并输入计算机，由计算机处理后形成库存的信息，并输入入库区位、货架、货位的指令，出库程序正好相反。同时，通过计算机处理，可以掌握物资进、出、存的数据。

4. 应用于交通系统

因为要在移动中读取条码，所以交通系统很早以来就开始使用条码。美国的铁路是民营的，各个公司的货物列车相继投入运转，因而在二十几年前铁路公司就给货物列车装置了彩色条码，在线路的结点通过扫描条码进行货物列车的管理。在日本，实验了用汽车所带有的扫描器读取公路上的标志条码，用来判别汽车所在的位置。通过这些方式能够将条码应用于交通系统。

在美国的佛罗里达州湾桥，发售带有条码的月票，每天通过该大桥的上班族和销售人员每个月买一回条码通行证，将其贴在汽车的侧面。贴有条码通行证的车辆从专用的通道通过，通过时读取条码，如果在有效期内则不用停车就可以直接通过。该系统减少了道路经营公司的成本，并节省了车辆在交费站的等待时间。

◆ **知识链接**

条码识读设备的选择

零售领域的识读设备选择，最重要的是注意扫描速度和分辨率，而景深并不是关键因素。因为当景深加大时，分辨率会大大降低。适用的激光扫描器应当具有高扫描速度、并且在固定景深范围内具有很高的分辨率。激光扫描器的价格较高，同时因为内部有马达等活动部件，耐用性会打折扣。

与激光阅读器相比，CCD阅读器有很多优点。它的价格比激光阅读器便宜，同时因为内部没有可移动部件，因而更加结实耐用，同时也有阅读条码密度广泛、容易使用的优点。比较新型的CCD，其阅读景深已经能够很好地满足商业流通业的使用要求。

【思考】 应用先进的条码识读设备有什么现实意义？

二、射频识别技术

（一）射频识别技术概述

射频识别（Radio Frequency Identification，RFID）技术是20世纪90年代开始兴起的一种自动识别技术。与其他自动识别系统一样，射频识别系统也是由信息载体和信息获取装置组成的。

射频识别技术是利用无线电波对记录媒体进行读写的。射频识别的距离可达几十厘米到几米，且根据读写的方式可以输入数千字节的信息，同时还具有极高的保密性。射频识别技术适用的领域有物料跟踪、运载工具识别和货架识别等要求非接触数据采集和交换的场合，在要求频繁改变数据内容的场合尤为适用。

射频识别系统的工作原理如图2-8所示。射频识别的标签与识读器之间利用感应、无线电波或微波能量进行非接触双向通信，实现标签存储信息的识别和数据交换。读写器在一个区域发射能量形成电磁场，射频标签经过这个区域时检测到读写器的信号会发送存储的数据，读写器接收到射频标签发送的信号后解码并校验数据的准确性，以达到识别的目的。

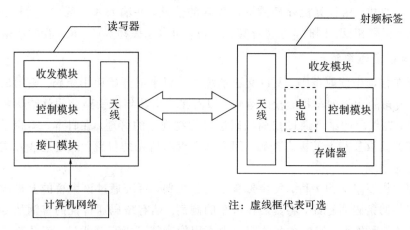

图2-8 射频识别系统的工作原理

RFID 的突出特点：可以非接触识读（识读距离可以从十厘米至几十米），可识别高速运动的物体；识别无"盲区"，信号穿透力强，可以穿透墙壁、地面、人员、衣服等物体，可任意调整识别范围；抗恶劣环境能力强，一般污垢覆盖在标签上不影响标签信息的识读；抗干扰能力强，保密性强；对人体无害，环境适应性强；可同时识别多个识别对象。

（二）射频识别系统的组成

射频识别系统在具体的应用过程中，根据不同的应用目的和应用环境，系统的组成会有所不同，但从射频识别系统的工作原理来看，系统一般都由信号发射机、信号接收机、编程器和天线等部分组成。

1. 信号发射机

在射频识别系统中，信号发射机为了不同的应用目的会以不同的形式存在，典型的形式是标签（TAG）。标签相当于条形码技术中的条形码符号，用来存储需要识别的信息。另外，与条形码不同的是，标签必须能够自动或在外力的作用下，把存储的信息主动地发射出去。因此，标签一般是带有线圈、天线、存储器与控制系统的低电集成电路。

2. 信号接收机

在射频识别系统中，信号接收机一般叫做阅读器。根据支持的标签类型不同与完成的功能不同，阅读器的复杂程度会有所不同。阅读器基本的功能就是提供与标签进行数据传输的途径，另外，阅读器还提供相当复杂的信号状态控制、奇偶错误校验与更正等功能。标签中除了存储需要传输的信息外，还必须含有一定的附加信息，如错误校验信息等。识别数据信息和附加信息按照一定的结构编制在一起，并按照特定的顺序向外发送。阅读器通过接收到的附加信息来控制数据流的发送，一旦到达阅读器的信息被正确地接收和译解，阅读器便通过特定的算法决定是否需要发射机对所发送的信号重发一次，或者知道发射器停止发信号，这就是"命令响应协议"。使用这种协议，即便在很短的时间、很小的空间阅读多个标签，也可以有效地防止"欺骗问题"的产生。

3. 编程器

只有可读可写标签系统才需要编程器。编程器是向标签写入数据的装置。编程器写入数据一般来说是离线（Off‑line）完成的，也就是预先在标签中写入数据，等到开始应用时直接把标签黏附在被标识项目上。也有一些射频识别系统，写数据是在线（On‑line）完成的，尤其是在生产环境中作为交互式便携数据文件来处理时。

4. 天线

天线是标签与阅读器之间传输数据的发射、接收装置。在实际应用中，除了系统功率，天线的形状和相对位置也会影响数据的发射和接收，需要专业人员对系统的天线进行设计与安装。

（三）RFID 系统的分类

根据 RFID 系统完成的功能不同，可以粗略地把 RFID 系统分成 4 种类型：EAS 系统、便携式数据采集系统、物流控制系统、定位系统。

1. EAS 系统

EAS（Electronic Article Surveillance）系统是一种设置在需要控制物品出入口的 RFID

技术，这种技术的典型应用场合是商店、图书馆、数据中心等地方。当未被授权的人从这些地方非法取走物品时，EAS 系统会发出警告。在应用 EAS 技术时，首先在物品上黏附 EAS 标签，当物品被正常购买或者合法移出时，在结算处通过一定的装置使 EAS 标签失效，物品就可以取走。物品经过装有 EAS 系统的门口时，EAS 装置能自动检测标签的活动性，发现活动性标签，EAS 系统会发出警告。EAS 技术的应用可以有效地防止物品的被盗，不管是大件的商品，还是很小的物品。应用 EAS 技术，物品不用再锁在玻璃橱柜里，可以让顾客自由地观看、选择，这在自选日益流行的今天有着非常重要的现实意义。

典型的 EAS 系统一般由 3 部分组成：附着在商品上的电子标签，电子传感器；电子标签灭活装置，以便授权商品能正常出入；监视器，在出口形成一定区域的监视空间。

EAS 系统的工作原理是：在监视区，发射器以一定的频率向接收器发射信号；发射器与接收器一般安装在零售店、图书馆的出入口，形成一定的监视空间；当具有特殊特征的标签进入该区域时，会对发射器发出的信号产生干扰，这种干扰信号也会被接收器接收，再经过微处理器的分析判断，就会控制警报器的鸣响。

根据发射器所发出的信号不同及标签对信号干扰原理不同，EAS 可以分成许多种类型。关于 EAS 技术最新的研究方向是标签的制作，人们正在讨论 EAS 标签能不能像条码一样，在产品的制作或包装过程中加进产品，成为产品的一部分。

2. 便携式数据采集系统

便携式数据采集系统是使用带有 RFID 阅读器的手持式数据采集器采集 RFID 标签上的数据。这种系统具有比较大的灵活性，适用于不宜安装固定式 RFID 系统的应用环境。手持式阅读器（数据输入终端）可以在读取数据的同时，通过无线电波数据传输方式（RFDC）实时地向主计算机系统传输数据，也可以暂时将数据存储在阅读器中，再一批一批地向主计算机系统传输。

3. 物流控制系统

在物流控制系统中，固定布置的 RFID 阅读器被分散布置在给定的区域，并且阅读器直接与数据管理信息系统相连，信号发射机是移动的，一般安装在移动的物体上或人身上。当物体、人流经阅读器时，阅读器会自动扫描标签上的信息并把数据信息输入数据管理信息系统进行存储、分析、处理，达到控制物流的目的。

4. 定位系统

定位系统用于自动化加工系统中的定位及对车辆、轮船等进行运行定位支持。阅读器放置在移动的车辆、轮船或者自动化流水线中移动的物料、半成品、成品上，信号发射机嵌入到操作环境的地表下面。信号发射机上存储有位置识别信息，阅读器一般通过无线的方式或者有线的方式连接到主信息管理系统。

◈ **补充阅读**

RFID 技术的应用为烟草行业带来效益

随着 RFID 技术在我国烟草行业的应用，数据集中问题变得非常轻松和容易实现了。一个完整的供应链系统可随时跟踪卷烟并自动记录供应链中每个环节的真实情况，这些详实的信息可以通过计算机网络系统直接被国家及地方卷烟管理部门掌握，从而为国家宏观调控和决策指挥提供全面、详细、准确、及时的依据。

1. 将实现国家对烟草行业各相关企业的全面监控与管理

RFID 技术使国家管理部门通过彻底实施"全程"追踪解决方案，正确、及时、动态、有效地对烟草行业各相关企业进行监控与管理，有效遏制甚至杜绝卷烟生产、流通的体外循环以及卷烟的伪造和仿造，为国民经济持续发展提供有力的技术保障。

2. 将会使烟草行业的物流运输产生重要变革

基于 RFID 的应用管理，将烟草行业上游卷烟材料供应商、产业下游经销商（客户）、物流运输商及服务商、零售商进行垂直一体化的整合。RFID 技术促进了库存的可视性、生产过程的可视性、资产的可视性、供应链的可视性以及供应链最优规划，使资源合理流动来缩短交货周期、降低库存，降低成本，提高速度和精确性，提高企业竞争力。

3. 将会有利于烟草行业形成全国统一大市场

畅通的物流信息有利于规范市场行为，创造平等竞争环境，建成统一、开放、竞争、有序的大市场；实现卷烟材料供应商、生产企业和销售网络的规模经营，实现供需双方互动的可持续发展的良性循环。

4. 将会有利于提升烟草企业的核心竞争力

RFID 应用数字化管理，帮助供需双方实现材料生产和卷烟生产技术以及市场信息等方面知识的共享融合，既而实现共同的成本管理，运用科学手段降低材料成本，减少交易费用，进一步提高管理运作效率，降低运作成本，降低件烟的损失率，为企业带来直接经济效益，提高企业核心竞争力。

三、卡技术

卡技术从字面的理解就是"一种能放在卡上面的技术"。一提到卡，我们首先想到的就是银行信用卡或者是电话磁卡、IC 卡，其实还有许多其他用途的卡。卡的用途不同，它的制作材料和大小也可能不同。卡的制作材料可以是塑料、树脂、纸，或者其他材料。现在使用的卡，按照技术实现的不同主要分为 3 种：磁卡、智能卡和光卡。

1. 磁卡

磁卡是带有磁条的卡片。磁条是一层薄薄的由定向排列的铁性氧化粒子组成的材料，用树脂黏合在一起并粘在纸或塑料这样的非磁性基片上。磁条技术数据的存储就是靠改变磁条上氧化粒子的磁性来实现的。在数据的写入过程中，需要输入的数据首先通过"编码器"变换成二进制的机器代码，然后在控制器控制的"磁头"与磁条的相对移动过程中改变磁条磁性粒子的极性来实现数据写入；数据的读出是"磁头"先读出机器代码，再通过"译码器"还原成人们可识读的数据信息。从某些方面来看，磁卡技术与录音机读写磁带的工作原理基本相同。由于磁卡技术是靠磁条磁性粒子的极性来存取信息的，所以磁性离子极性的耐久性和可靠性就成为影响磁卡应用的关键因素。

磁条技术的优点是数据可读写，即具有现场改变数据的能力，数据的存储一般能满足需要，并且使用方便、成本低廉。这些优点使得磁条技术的应用领域十分广泛，如信用卡、银行 ATM 卡、会员卡、现金卡（如电话磁卡）、机票、公共汽车票、自动售货卡等。磁条技术的限制因素是：数据存储的时间长短受磁性粒子极性的耐久性限制。另外，磁卡存储数据的安全性一般较低，如磁卡不小心接触磁性物质就可能造成数据的丢失或混乱，要提高磁卡存储数据的安全性能，就必须采用另外的相关技术。随着新技术的发展，安全性能较差的磁卡有逐步被取代的趋势，但是在现有条件下，社会上仍然存在大量的磁卡设备，再加上磁卡技术的成熟和低成本，短期内磁卡技术仍然会应用于许多领域。

2．智能卡（Smart Card）

智能卡是一种通过嵌在塑料卡片上的微型集成电路芯片实现数据读写、存储的 AIDC 技术。在中国，智能卡最广为人知的称呼是"IC 卡"，这是英文"Integrated Circuit Card"的缩写，译为"集成电路卡"。

一般来说，我们使用的智能卡有两种，一种称为"DUMB"卡，也叫存储器卡，卡中的集成电路为 EEPROM（电子可擦除可编程只读存储器），这种卡仅有数据存储能力，没有数据处理能力。另外，存储器卡中有一种卡叫逻辑加密卡，它的集成电路芯片是具有加密逻辑的 EEPROM，这种卡在对卡中的数据进行操作前必须验证每个卡的操作密码，密码的验证是由卡中的芯片完成，而不是由读卡终端完成。DUMB 卡的一个典型应用事例是在卡上面存储一定数量的现金，使用人可以用卡代替现金支付，如打电话、养老保险、自动售货机等。DUMB 卡的另一个典型应用事例是把卡装入个人计算机的"PC 卡"，习惯上称 PCMCIA。

另一种智能卡才是真正意义上的"智能卡"，也叫 CPU 卡，卡中的集成电路包括 CPU（中央处理器）、EEPROM、RAM（随机存储器）以及固化在 ROM（只读存储器）中的 COS（片内操作系统）。在这种卡上，除了记忆能力外，嵌入了微型处理器，可以实现对所存储信息的简单处理。当要实现相当大的数据必须随着人或者事物移动时，首先选择的技术就是智能卡技术，例如在记录出租汽车行驶时间系统中应用智能卡技术。智能卡的微处理器按照工作方式不同又可分成两种工作模式：接触模式和非接触模式。接触式卡与阅读器传递信息时需要与之接触。非接触式智能卡除了有上述智能卡的电路外，还带有射频收发电路及相关的电路，它实现卡片与阅读器的非接触传递信息，没有卡片的磨损，也不会像接触式智能卡那样会由于接触不当而造成集成电路破坏。

智能卡的发展速度是非常迅速的。AIDC 技术中，智能卡技术也是公认最有发展前景的卡技术。因为随着集成电路技术的提高，将会有更小的智能卡设备，它具有较低的工作电压，非常小的耗电量，而且存储容量更大，工作速度更快。

3．光卡（Optical Card）

光卡使用的技术与音乐 CD 和 CD ROM 所用的技术非常相似，一个"金色"的光敏材料制成的圆盘层压在卡片上，用来存储信息。在信息的写入过程中，比较强的激光会在控制器的控制下，在光卡上光敏材料的不同地方"烧灼"出一个一个的"洞"。在光卡的读操作过程中，相对较弱的激光照射在光卡的光敏材料上，有"洞"的地方和没"洞"的地方光的反射率是不同的，这种不同的反射率就分别代表机器码中的"0"和"1"，反射光再通过光电转换器把光信号转换成机器的电信号。光敏材料在数据写入过程中被改变后是不能复原的，也就是说，光卡技术是一次写入多次反复读出的 AIDC 技术。光卡能够存储的信息量是非常大的，现在一张光卡可以存储 4～6 MB 的信息，可以用来存储几何图形，如照片、指纹、X 光照片等。

四、光学字符识别技术

光学字符识别技术是最早被考虑作为键盘输入的代替手段，已经有 30 多年的发展历史。光学字符识别技术首先是用光符识读扫描仪对字符、字母、图形等进行水平方向和垂直方向的扫描，然后使用 OCR 软件把扫描到的字符、字母、图形等转变成二进制文件形式，输入到计算机系统。使用光学字符识别系统，可以一次输入整篇文档。

一般来说，光学字符识别技术对扫描的文档进行二进制转化有两种方法：模块识别法和特征分析法。模块识别法是预先在系统中装入各种字符、数字等的样品，通过比较扫描到的文档与存储的样品，选择最相近的模板来完成二进制的转化；特征分析法把字体看成由各个笔画组成，并抽象出各笔画的规律来完成扫描字符的二进制转化。

光学字符识别技术曾被美国经销商协会选为标准自动识别技术，并在许多商场使用了光学字符识读设备。现在，向计算机系统输入账单、发票的数据是光学字符识别技术的典型应用。另外，OCR 系统能够准确地扫描照片、图表或其他图形文件，并且能以各种格式（BMP、TIFF、PCX、EPS 等）存储，还可以剪切图形文件，更可以满足不同的应用目的。

自从 20 世纪 90 年代以来，光学字符识别技术的发展非常迅速。现在，光学字符识别系统识读"脏"文件的能力已经显著提高，这种能力使得光学字符识别系统能够可靠地识读复印多次已经模糊不清的文件或者传真质量比较差的文件。但是，影响光学字符识读技术广泛应用的真正关键因素是系统能够达到的准确率，尤其是识读字符型文件可以达到的准确率。理论上说，只有光学字符识读技术达到 100% 的准确率，系统才具有真正的使用价值。因为即使系统可以达到 99% 的准确，也要求系统的使用者逐字检查 100 个字符，以消除那 1 个错误。光学字符识读技术由于首读率低、误码率较高、硬件价格贵等原因，不适合需要大量数据输入的环境。

五、生物统计识别技术

生物统计识别技术是基于对有生命个体（Living Person）的生理特征或行为特征进行分析以识别验证个体身份的自动识别技术。典型的生物统计识别系统一般包括 3 个部分：用于扫描或捕获个体的生理、行为特征的扫描、照相装置；用于对扫描到的信息进行分析、压缩，并且把扫描信息与系统中已经存储的信息（对比模板）比较分析的装置；其他设备接口装置。这种技术不仅仅用于对个体的识别，也可以与其他的设备相结合，用于对系统进行安全控制。

在实际应用中，根据不同的应用目的，选择个体的稳定的生理特征或行为特征进行识别是系统成功应用的关键。根据生理特征识别除了众所周知的指纹识别外，还包括手掌形状、瞳孔形状、视网膜血管分布图识别等。行为特征识别包括对个体签字的书写规律与力度识别、个体说话方式识别等。另外，由于个体的行为特征会随着时间的推移而发生变化，所以基于个体行为方式的生物统计识别系统应该能够对个体逐渐变化的行为方式进行自动修正。

误受率是非授权人被系统错误接受而非法进入系统的几率；误拒率是授权人不能正常进入系统的几率。生物统计识别系统一般都允许用户对系统进行适当设置，以平衡调节系统的这两个指标。如果系统防止非授权人非法进入系统的能力加强（误受率变小），授权人不能正常进入系统的几率就会变大（误拒率变大）。生物统计识别技术专家指出，为了有效地降低误受率同时防止误拒率的变大，必须对系统的使用者进行培训。在实际应用中，了解系统的识读能力，并对系统的识读能力进行最优化设置，以确保系统能够满足具体的应用目的。例如，对信用卡、支票等进行检验就不能仅仅采用签字识别的生物统计识别技术，因为金融银行业一般都要求非常低的误拒率。

生物统计识别技术广泛应用于安全控制领域。技术的成本和复杂性曾经限制了这种系统的应用，随着技术的发展，系统的成本持续下降，而系统的性能不断提高，系统在其他领域的应用也将逐渐扩大。

◈ **知识链接**

静脉识别

静脉识别是生物识别的一种，常被看做是第二代生物识别技术。静脉识别系统的一种方式是通过静脉识别仪取得个人静脉分布图，依据专用比对算法从静脉分布图提取特征值；另一种方式通过红外线 CCD 摄像头获取手指、手掌、手背静脉的图像，将静脉的数字图像存贮在计算机系统中，实现特征值存储。静脉比对时，实时采取静脉图，运用先进的滤波、图像二值化、细化手段对数字图像提取特征，采用复杂的匹配算法同存储在主机中静脉特征值比对匹配，从而对个人进行身份鉴定，确认身份。

【思考】 静脉识别技术和第一代生物识别技术如指纹识别有何不同？

第四节　电子数据交换技术

一、电子数据交换技术概论

电子数据交换（Electronic Data Interchange，EDI）是计算机与计算机之间结构化的事务数据交换，它是通信技术、网络技术与计算机技术的结晶，将数据和信息规范化、标准化，在计算机应用系统间直接以电子方式进行数据交换。EDI 是目前较为流行的商务、管理业务信息交换方式，它使业务数据自动传输、自动处理，从而大大提高了工作效率和效益。通俗地讲，EDI 就是一类电子邮包，按一定规则进行加密和解密，并以特殊标准和形式进行数据传输。

（一）电子数据交换的概念

在商业贸易活动中，每个贸易伙伴每天都要与供应商、生产商、批发商、零售商以及其他商业组织进行通信、交换数据，每天都会产生大量的纸张文献，包括订购单、发票、产品目录和销售报告等。纸张文献是商业贸易中至关重要的信息流，信息流一旦中断，供应链将不通，从而导致重大的经济损失。

电子数据交换按照统一规定的一套通用标准格式，将标准的经济信息通过通信网络传输，在贸易伙伴的电子计算机系统之间进行数据交换和自动处理。由于使用 EDI 能有效地减少直到最终消除贸易过程中的纸面单证，因而 EDI 也被俗称为"无纸贸易"。以往世界每年花在制作文件的费用达 3000 亿美元，所以"无纸化贸易"被誉为一场"结构性的商业革命"。

国际标准化组织(ISO)将 EDI 定义为"将商业或行政事务处理按照一个公认的标准，形成结构化的事务处理或信息数据格式，从计算机到计算机的数据传输"。

EDI 是信息进行交换和处理的网络化、智能化、自动化系统，是将远程通信、计算机及数据库三者有机结合在一个系统中，实现数据交换、数据资源共享的一种信息系统。这个系统也可以作为管理信息系统(MIS)和决策支持系统(DSS)的重要组成部分。

EDI 是一种计算机应用技术，商业伙伴们根据事先达成的协议，对经济信息按照一定的标准进行处理，并把这些格式化数据通过计算机通信网络在它们的电子计算机系统之间进行交换和自动处理。这是现代高科技和经济管理相结合的一个例子，它极大地改变了传统的贸易和管理手段，不仅使商业业务的操作方式根本改观，而且也影响了企业的行为和效率，使市场结构、国民经济的运行等都产生了根本性的变化。

EDI 是一套报文通信工具，它利用计算机的数据处理与通信功能，将交易双方彼此往来的商业文档(如询价单或订货单等)转成标准格式，并通过通信网络传输给对方。

商业 EDI 最大的特点就是利用计算机与通信网络来完成标准格式的数据传输，不需要人为的数据重复输入。由于报文结构与报文含义有公共的标准，交易双方所往来的数据能够由对方的计算机系统识别与处理，因而大幅度提高了数据传输与交易的效率。

(二) 电子数据交换的特点

(1) EDI 的使用对象是具有固定的业务信息和经常性业务联系的交易双方及行政事务机构等单位。

(2) EDI 所传送的数据信息是一般业务资料，而不是一般的通知。企业采用 EDI 可以更快速、更便宜地传送采购订单、发票传输和其他商业单证，提高快速交换单证的能力，而且这个过程可以被记录和监督，从而为企业提供了跟踪管理和审计等操作能力。

(3) EDI 传送的数据采用共同标准化格式，遵循一定的语法规则与国际标准，具有固定的格式和校验功能，可靠性高。

(4) EDI 传送的数据由计算机系统直接传送，应用程序对它自动响应，无须人工介入，避免了人工录入出现的错误，提高了工作效率，实现事务处理与贸易自动化。

(5) EDI 使用增值网(VAN)或专用网，与电子邮件(E-mail)有区别，传输的文件有自动跟踪、电子签名和防冒领等功能。

◆ *知识链接*

VAN 增值网络

增值网络是将制造业、批发业、物流业、零售业等之间的信息，通过计算机服务网络来相互交换的信息系统。VAN 最大的特点是通过计算机服务网络，使不同企业、不同的网络系统可以相互连接，从而使不同形式的数据交换成为可能。由于 VAN 实现了不同系统的对接和不同格式的交换，为无数的使用者提供了交换数据的服务，创造了附加价值，因而被称作增值网络。

【思考】 EDI 增值网络是什么含义?

二、电子数据交换技术的实施

(一) EDI 的构成及标准

构成 EDI 系统的三个要素是 EDI 软件和硬件、通信网络以及标准化数据。实现 EDI 需要相应的硬件和软件,EDI 软件将用户数据库系统中的信息翻译成 EDI 的标准格式,以供传输和交换;通信网络是实现传输和交换的必要条件;同时,EDI 需要标准的数据格式。

1. EDI 软件及硬件

双方的计算机(或计算机系统)能发送、接收并处理符合约定标准的交易文件的数据信息。EDI 不是简单地通过计算机网络传送标准数据文件,它还要对接收和发送的文件进行自动识别和处理。因此,EDI 的用户必须具有完善的计算机处理系统。从 EDI 的角度看,一个用户的计算机系统可以划分为两大部分:一部分是与 EDI 密切相关的 EDI 的子系统,包括报文处理、通信接口等功能;另一部分则是企业内部的计算机信息处理系统,一般称之为 EDP(Electronic Data Process)。

从技术的角度讲,EDP 系统提供 EDI 系统交换的内容,EDP 系统可以看作 EDI 系统的数据库手段,EDI 系统可以看作 EDP 系统的通信手段。EDI 系统要发送、接收的报文由 EDP 系统提交、处理。EDI 系统一般对应 EDP 系统数据式定义的功能,通过应用定义,通用的 EDI 系统可以适应不同的 EDP 系统。应用单位一般先开发内部的 EDP 系统,然后与其他单位间实现 EDI 连接,EDP 显然是 EDI 的前提;但对于那些原有信息应用不成熟的单位来说,为了与实现 EDI 的公司相连,可先开发一个简单的数据采集和通信系统,而后发展自己的 EDP 系统和 MIS 系统。

2. 通信网络

为了实现信息传输,必须有一个覆盖面广、高效安全的数据通信网作为基本技术支撑环境。由于 EDI 传输的是具有标准格式具有价值的商业或行政文件信息,因而除了要求通信网具有一般的数据传输和交换功能之外,还必须具有格式校验、确认、跟踪、电子签名、文件归档等一系列安全保密功能,并且在用户间出现法律纠纷时,能够提供证据。

3. EDI 标准化数据

交易双方传递的文件是特定的格式,采用的是报文标准,因而文件结构、格式、语法规则等方面的标准化是实现 EDI 的关键。现在较通用的 EDI 标准是联合国的 UN/EDIPACT。

实现 EDI 通信主要有以下三种方式:早期采用的点对点方式(PTP);在已有的通信设备上采用的增值网方式(VAN);国际间电子邮件服务系统方式(MHS),目前国际上主要采用这种消息处理系统。

一般地说,EDI 系统的标准由以下四个方面构成:关于信息传送方式的规定、关于信息表示方式的规定、关于系统动作操作的规定和全球交易业务的规定。这些规定被称为议定书,是利用 EDI 系统的各方达成的共识对这四个方面涉及的内容进行标准化工作,其中最重要的标准化是信息传送方式的标准化和信息表示方式的标准化。信息传送方式标准化是指为了在不同的计算机之间传送信息，对通信线路的类型以及传送控制方式等方面进行决策，具体的内容包括通信速度、数据格式、数据长度、检查方法等方面的标准化，还包括应用系统界面与数据格式之间相互转换方式的标准化。信息表示方式的标准化是指对应EDI网络传送的业务类型，确定对该业务信息内容的表示方式并使之标准化，具体内容包括数据代码、信息格式等方面的标准化。

（二）EDI 标准体系的基本构架

从目前我国 EDI 应用的实际情况以及未来一段时期的发展情况来看，我国 EDI 标准的需求大致体现在如下七个方面：

（1）EDI 报文标准体系；

（2）EDI 管理和规则标准体系；

（3）EDI 单证标准体系；

（4）EDI 报文标准体系；

（5）EDI 代码标准体系；

（6）EDI 其他标准体系；

（7）EDI 相关标准体系。

这七个方面标准的每个方面又是由一些子方面组成，由此构成一个完整的 EDI 标准体系构架。EDI 标准体系结构为未来 EDI 标准制定的工作者提供了近期和远期 EDI 标准制定规则。随着时间的推移，这一体系中涉及的领域也将被拓展，标准的数量也会随之增加，从而使其得到不断的发展和完善，使整个 EDI 标准化工作进入一种不断补充的状态。

（三）EDI 的工作流程

EDI 是指以约定的标准编码有关的数据，通过计算机向计算机传送业务往来信息，其实质是通过约定的商业数据表示方法，实现数据通过网络在贸易伙伴所拥有的计算机应用系统之间的交换和自动处理，达到迅捷和可靠的目的。

EDI 的工作流程可以划分为三个部分：

（1）文件的结构化和标准化处理。用户首先将原始的纸面商业或行政文件，经计算机处理，形成符合 EDI 标准的、具有标准格式的 EDI 数据文件。

（2）传输和交换。用户用自己的本地计算机系统将形成的标准数据文件，经由 EDI 数据通信和交换网，传送到已登录的 EDI 服务中心，继而转发到对方的计算机系统。

（3）文件的接收和自动处理。对方用户计算机系统收到由 EDI 服务中心发来的报文后，立即按照特定的程序自动进行处理，如有必要，可输出纸面文件。越是自动化程度高的系统，人的干预就越少。

三、电子数据交换在电子商务物流中的应用

现代社会已步入信息化时代，物流的信息化是整个社会信息化的必然要求。物流信息化表现为物流信息的商品化、物流信息收集的数据库化和代码化、物流信息处理的电子化和计算机化、物流信息传递的标准化和实时化、物流存储的数字化等。在物流过程中，数据

和凭证的处理时常超过运输的事件，因而在物流和运输中，准确而迅速的信息联系能力显得越来越重要。到了物流管理观念发展的最新阶段，交易主体企业强调通过业务外包的形式，把实物进口、存储和出口等业务交给专业化中介储运公司去完成。运输业务从交易主体企业向运输中介集中的必要条件有两个：一是交易主体企业必须有强大的对外协调能力，这主要建立在企业本身发达的管理信息系统之上；二是运输中介必须有广阔的与客户通信联系能力，这是由物流企业在地域空间上的广域性所决定的，可以通过运输企业发达的对外业务网络来解决。

　　物流企业在某地的办事处通过因特网连接物流公司总部的站点，通过其 EDI 系统的报文生成处理模块生成订单，通过格式转换模块将产生的报文转换成符合标准的格式，通过网络把报文传给总部，总部 EDI 系统接收信息并把数据存入数据库，在企业内部通过其 Web 服务及 Web 与数据库的连接使用这些存储在数据库中的 EDI 数据。物流 EDI 的应用如图 2-9 所示。

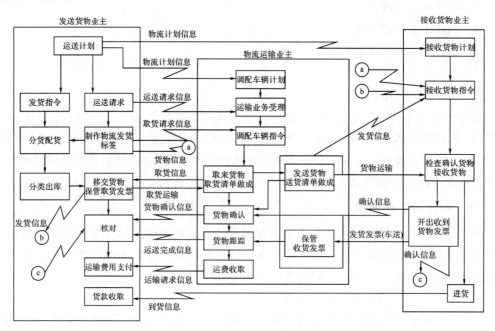

图 2-9　物流 EDI 的应用

　　物流企业 EDI 系统还应与有关企业、海关、运输部门、银行、客户、商检等机构的 EDI 系统协同工作，通过这种模式来完成物流中信息的处理。EDI 的优点是因特网 EDI 的通信费用低廉，特别是可以利用企业已有的网络租用线路，外加因特网传输，不必采用费用较高的 VAN。基于因特网的 EDI 系统容易实现，技术并不复杂。一般而言，通过 VAN 建立全球 EDI 系统只有大型企业才有形成规模经济的条件，但通过因特网，中小企业也能方便地建立自己的全球物流 EDI 系统。在因特网上实施 EDI 是一种必然趋势，虽然物流企业对因特网的安全性有一些疑虑，但未来将迫使传统的 VAN 公司提供因特网作为给客户的选择性方案。在物流企业中，基于因特网的 EDI 系统的比例将越来越高。

　　因特网使传统的 EDI 走出了困惑，物流企业采用基于因特网的 EDI 模式进行信息的处理，前景诱人。

◈ **案例分析**

物流信息技术在国内的应用现状

在国内，各种物流信息应用技术已经广泛应用于物流活动的各个环节，对企业的物流活动产生了深远的影响。

1. 物流自动化设备技术的应用

物流自动化设备技术的集成和应用的热门环节是配送中心，其特点是每天需要拣选的物品品种多、批次多、数量大，所以在国内超市、医药、邮包等行业的配送中心部分地引进了物流自动化拣选设备。一种是拣选设备的自动化应用，如北京市医药总公司配送中心，其拣选货架(盘)上配有可视的分拣提示设备，这种分拣货架与物流管理信息系统相连，动态地提示被拣选的物品和数量，指导工作人员的拣选操作，提高了货物拣选的准确性和速度。另一种是一种物品拣选后的自动分拣，用条码或电子标签附在被识别的物体上(一般为组包后的运输单元)，由传送带送入分拣口，然后由装有识读设备的分拣机分拣物品，使物品进入各自的组货通道，完成物品的自动分拣。

2. 物流设备跟踪和控制技术的应用

目前，物流设备跟踪主要是指对物流的运输载体及物流活动中涉及的物品所在地进行跟踪。物流设备跟踪的手段有多种，也可以用传统的通信手段如电话等进行被动跟踪，可以用 RFID 手段进行阶段性的跟踪，但目前国内用得最多的还是利用 GPS 技术跟踪。GPS技术跟踪利用 GPS 物流监控管理系统，它主要跟踪货运车辆与货物的运输情况，使货主及车主随时了解车辆与货物的位置与状态，保障整个物流过程的有效监控与快速运转。物流 GPS 监控管理系统的构成主要包括运输工具上的 GPS 定位设备、跟踪服务平台(含地理信息系统和相应的软件)、信息通信机制和其他设备(如货物上的电子标签或条码、报警装置等)。

3. 物流动态信息采集技术的应用

企业竞争的全球化发展、产品生命周期的缩短和用户交货期的缩短等都对物流服务的可得性与可控性提出了更高的要求，实时物流理念也由此诞生。如何保证对物流过程的完全掌控，物流动态信息采集应用技术是必需的要素。动态的货物或移动载体本身具有很多有用的信息，例如货物的名称、数量、重量、质量、出产地，或者移动载体(如车辆、轮船等)的名称、牌号、位置、状态等一系列信息。这些信息可能在物流过程中反复被使用，因而正确、快速地读取动态货物或载体的信息并加以利用可以显著提高物流的效率。目前一、二维条码技术应用范围最广，其次还有磁条(卡)、语音识别、便携式数据终端、射频识别(RFID)等技术。

(1) 一维条码技术：一维条码是由一组规则排列的条空和相应的数字组成，这种用条、空组成的数据编码可以供机器识读，而且很容易被译成二进制数和十进制数，因而此技术广泛地应用于物品信息标注中。因为符合条码规范且无污损的条码的识读率很高，所以一维条码结合相应的扫描器可以显著提高物品信息的采集速度。加之条码系统的成本较低，操作简便，又是国内应用最早的识读技术，所以在国内有很大的市场。但一维条码存储的数据有限，条码扫描器读取条码信息的距离也要求很近，而且条码损污后可读性极差，所以限制了它的进一步推广应用。

（2）二维条码技术：二维条码是在水平和垂直方向的二维空间存储信息的二维条码技术。二维码具有信息容量大（根据不同的编码技术，容量是一维的几倍到几十倍，可以存放个人的自然情况及指纹、照片等信息）、可靠性高（在损污 50％ 的情况下仍可读取完整信息）、保密防伪性强等优点。二维条码继承了一维条码的特点，条码系统价格便宜，识读率强且使用方便，所以在国内银行、车辆等管理信息系统中广泛应用。

（3）磁条技术：磁条（卡）技术以涂料形式把一层薄薄的由定向排列的铁性氧化粒子用树脂黏合在一起并黏在诸如纸或塑料这样的非磁性基片上。磁条从本质意义上讲和计算机用的磁带或磁盘是一样的，它可以用来记载字母、字符及数字信息。

（4）声音识别技术：声音识别技术是一种通过识别声音达到转换成文字信息的技术，其最大特点就是不用手工录入信息，这对那些采集数据的同时还要手脚并用的工作场合或键盘输入能力低的人尤为适用。但声音识别的最大问题是识别率，要想连续高效应用有难度，目前更适合语音句子量集中且反复应用的场合。

（5）视觉识别技术：视觉识别系统是一种通过对一些有特征的图像分析和识别系统，能够对限定的标志、字符、数字等图像内容进行信息的采集。

（6）接触式智能卡技术：智能卡是一种将具有处理能力、加密存储功能的集成电路芯片嵌装在一个与信用卡一样大小的基片中的信息存储技术，通过识读器接触芯片可以读取芯片中的信息。

（7）便携式数据终端：便携式数据终端（PDT）一般包括一个扫描器、一个体积小但功能很强并有存储器的计算机、一个显示器和供人工输入的键盘。所以，PDT 是一种多功能的数据采集设备。PDT 是可编程的，允许编入一些应用软件。PDT 存储器中的数据可随时通过射频通信技术传送到主计算机。

（8）射频识别（RFID）：射频识别技术是一种利用射频通信实现的非接触式自动识别技术。RFID 标签具有体积小、容量大、寿命长、可重复使用等特点，可支持快速读写、非可视识别、移动识别、多目标识别、定位及长期跟踪管理。

4. 物流信息技术的发展趋势

趋势之一：RFID 将成为未来物流领域的关键技术。专家分析认为，RFID 技术应用于物流行业，可大幅度提高物流管理与运作效率，降低物流成本。另外，从全球发展趋势来看，随着 RFID 相关技术的不断完善和成熟，RFID 产业将成为一个新兴的高技术产业群，成为国民经济新的增长点。因此，RFID 技术有望成为推动现代物流加速发展的新品润滑剂。

趋势之二：物流动态信息采集技术将成为物流发展的突破点。在全球供应链管理趋势下，及时掌握货物的动态信息和品质信息已成为企业盈利的关键因素。但是由于受到自然、天气、通信、技术、法规等方面的影响，物流动态信息采集技术的发展一直受到很大制约，远远不能满足现代物流发展的需求。借助新的科技手段，完善物流动态信息采集技术，将成为物流领域下一个技术突破点。

趋势之三：物流信息安全技术将日益被重视。借助网络技术发展起来的物流信息技术，在享受网络飞速发展带来巨大好处的同时，也时刻饱受着可能遭受的安全危机，例如网络黑客无孔不入地恶意攻击、病毒的肆虐、信息的泄密等。应用安全防范技术，保障企业的物流信息系统或平台安全、稳定地运行，是企业将长期面临的一项重大挑战。

【思考】　1. 列举几种物流信息技术。

2. 通过阅读本文，你认为物流信息技术的作用有哪些？

【基础练习】

一、填空题

1. 条形码按照组成方式不同可以分为（　　）和（　　）。

2. EDI 技术的基本要素包括三个方面：（　　）、（　　）、（　　）。

3. 分组交换网是一种基础的数据通信网络，适合于接入速率较低、只传送（　　）不传送语音及图像的情况。

4.（　　）形成了物流信息系统开发的技术基础，贯穿于采购物流、企业内物流、销售物流、退货物流、回收和废弃物物流的运输、储存、装卸搬运等各个环节。

5. 物流信息系统的安全性应该满足信息安全、身份验证、存取控制、安全协议、（　　）、（　　）。

二、选择题

1. 当前，条形码技术比射频技术应用广泛是因为条形码的（　　）。

A. 输入速度更快　　B. 准确性更高　　C. 采集信息量大　　D. 价格更低

2. 商品条形码 EAN－13 的校验码由（　　）位数字组成，用以校验条形码的正误。

A. 1　　　　　　　B. 2　　　　　　　C. 3　　　　　　　D. 4

3. EDI 是标准格式和结构化（　　）的交换。

A. 物流数据　　　　B. 文本数据　　　　C. 军事数据　　　　D. 电子数据

4. 计算机网络一般按网络覆盖范围分类不包括（　　）。

A. 互联网　　　　　B. 广域网　　　　　C. 增值网　　　　　D. 局域网

5. 关于条形码识读技术和射频识读技术（RFID），下列说法正确的是（　　）。

A. 一次都只能读一个标签

B. 一次都能同时识读多个标签

C. 条形码阅读器可同时读多个标签，RFID 辨识器一次只能读一个标签

D. 条形码阅读器一次只能读一个标签，RFID 辨识器可同时读多个标签

三、思考题

1. 简述 RFID 技术与条形码组合应用的好处。

2. EDI 的工作过程是什么？

【实践练习】

条码技术在物流仓储中的应用

实训目的：了解仓储作业过程中各作业环节的内在联系，使用条码和手持终端进行仓储管理工作。

实训内容：结合某配送中心说明条码的应用过程。

实训要求：以商品入库验收、商品出库发货、库存盘点为实训模块，熟悉仓储管理过程。

实训课时：4课时。

实训步骤：

1. 分组，以5～6个人为一组进行讨论分析。

2. 商品入库验收工作流程。

3. 商品出库发货工作流程。

4. 库存盘点工作流程。

5. 各组派出代表进行分析，其他成员进行补充。

第三章　物流信息系统与电子商务

 学习目标

知识目标：

(1) 熟悉物流信息系统相关知识点；

(2) 熟悉电子商务的发展历程；

(3) 了解开发物流电子商务系统的基本原则。

技术目标：

(1) 会根据电子商务的不同类型选择适合的物流信息系统；

(2) 会完成物流信息系统的工作流程图绘制；

(3) 掌握物流电子商务系统的要素、结构、功能及电子数据交换的相关内容。

职业能力目标：

(1) 培养良好的职业道德，树立服务质量高于效率的理念；

(2) 树立企业物流信息化的思想，将物流与信息相结合，提高效率。

◆ **物流聚焦**

独立出来的京东物流更像是个"包袱"，不过也有成"王"的可能

今年，顺丰上市之后市值大涨，创始人王卫身价更是直逼马云，物流行业被资本市场无限看好，而这一切想必让刘强东眼红。因为刘强东向来都是雷厉风行、说到做到。昨天（2017 年 4 月 26）中午，京东 CEO 刘强东发微博宣布京东物流正式独立，新成立的京东物流子集团将拥有更加独立的经营权和决策权。那么，新成立的京东物流又将做哪些事呢？京东官方的宣传稿是这样说的：

京东物流子集团未来将为合作伙伴提供包括仓储、运输、配送、客服、售后的正逆向一体化供应链解决方案服务、物流云和物流科技服务（无人机、无人车、无人仓、无人配送站等）、商家数据服务（销售预测、库存管理等）、跨境物流服务、快递与快运服务等全方位的产品和服务，还将联合京东商城共享线上线下渠道资源，并联手京东金融推出创新性的供应链金融产品和保险产品。

要知道，去年一年全国快递服务企业业务量累计完成 313 亿件，同比增长高达 51%，物流行业的这份大蛋糕刘强东肯定不会放过。只是，京东物流的理想可以算得上是十分"丰满"，但现实恐怕还十分"骨感"……

★ 巨亏 300 亿，京东独立物流也像是在甩包袱

这些年，外界对于京东物流的质疑可以说从未停止过，其中最大的质疑声无非就是京东自建物流体系以来亏损高达 300 亿元，而彼时的竞争对手们，顺丰和三通一达已经在 2016 年创造了 4000 亿元的收入。

对此，刘强东本人也有过回应，在接受央视《对话》栏目的提问时，他说，"现在投资最多就是买土地建自己的库房，租不到这么大的物流中心，必须自建，一年可能上百亿，但是这些本身都是公司的资产，并不是烧掉了。"

不难看出京东物流的高额亏损确实是存在的，而这些亏损实际上是因为成本过高，但是刘强东所说的也仅仅是仓储成本而已。现如今，在越发强调时效性的物流行业内，无论是一二线城市，还是三四线乡镇都有着统一的标准和要求。如此一来，随着渠道的下沉，单个配送件的成本必然随之攀升，对于更加强调高质量服务的京东物流来说，成本压力肯定也就越大。再有就是，虽然刘强东在微博上说京东物流的业务范围和三通一达以及顺丰交集很小，大部分并不是竞争关系。但是镁客君觉得，刘总你真心没必要"忽悠"，不与快递业竞争，那么单独成立京东物流的意义何在？难道真的是为了让京东自己的财报更加好看而甩掉物流这个"包袱"吗？反正镁客君是不信。

★ 无人化确实是物流行业的终极未来，只是现在来看想要做到并非易事

都说无人化是物流行业的终极未来，那未来的京东物流将为客户提供无人机、无人车、无人仓、无人配送站等一系列的高科技配送服务。无人车需要无人驾驶技术发展到真正商业化之后，而无人配送站更像是现在的云柜服务，所以这里就不展开了。

无人仓的建设自然离不开智能仓储所必备的三大要素：物联网、机器人以及大数据技术，恐怕现阶段的京东也并未独立自主地掌握。由此带来的基建成本问题，依然严峻。

再一个就是无人机配送的问题，国际电商巨头亚马逊历时 3 年才在上个月完成了首次无人机投递。有意思的是，虽然亚马逊宣称这是一次成功的投递，但收件人却表示无人机送货不管对收件人还是对货物来说都不太安全。对于京东物流的无人机服务，未来恐怕也将面临同样的问题。

再加上前不久成都双流机场就曾因为无人机的干扰造成了多个航班无法正常起降，进而引发人们对于无人机"黑飞"频发的激烈讨论。而且国内对于无人机的监管措施一向十分严格，所以刘强东所说的"要覆盖 40 万村庄"的无人机恐怕一时间同样无法绕过监管的难题。

★ 结语

目前，圆通、中通、申通、韵达、顺丰五家率先上市的快递企业，市值总计超过 3000 亿元，五家创始人的身家在 2000 亿元以上。

出于商人逐利的本质，恐怕才是刘强东决定将物流业务从京东电商中剥离出来的真正原因。虽然说现在来看京东物流想要实现自己的目标难度不小，但是向来雷厉风行、说到做到的刘强东也并非没有创造过奇迹。所以，镁客君也期待京东物流和刘强东真的可以引领整个物流行业走向智能化、社会化、高端化。

第一节　电子商务环境下的现代物流

我国电子商务发展迅速，特别是移动电子商务的发展，极大地促进了物流业的发展，

但是我国物流业存在诸多问题，限制了电子商务的发展。在新的电子商务大环境下，物流业出现了以覆盖全国的物流平台、物流信息化平台、物流金融模式以及双渠道模式为特征的发展趋势。

一、电子商务概述

电子商务(Electronic Commerce，EC)虽然在各国或不同的领域有不同的定义，但其关键依然是依靠电子设备和网络技术进行的商业模式。随着电子商务的高速发展，它已不仅仅包括购物的主要内涵，还应包括物流配送等附加服务。电子商务包括电子货币交换、供应链管理、电子交易市场、网络营销、在线事务处理、电子数据交换(EDI)、存货管理和自动数据收集系统。在此过程中，所利用到的信息技术包括互联网、外联网、电子邮件、数据库、电子目录和移动电话等。

首先将电子商务划分为广义和狭义的电子商务。广义的电子商务定义为，使用各种电子工具从事商务活动；狭义的电子商务定义为，主要利用 Internet 从事商务活动。无论是广义的还是狭义的电子商务的概念，都涵盖了两个方面，一是离不开互联网这个平台，没有了网络，就称不上电子商务；二是它是通过互联网完成的一种商务活动。

狭义上讲，电子商务是指通过使用互联网等电子工具(这些工具包括电报、电话、广播、电视、传真、计算机、计算机网络、移动通信等)在全球范围内进行的商务贸易活动，是以计算机网络为基础所进行的各种商务活动，包括商品和服务的提供者、广告商、消费者、中介商等有关各方行为的总和。人们一般理解的电子商务是指狭义上的电子商务。

广义上讲，电子商务一词源自于 Electronic Business，就是通过电子手段进行的商业事务活动。通过使用互联网等电子工具，使公司内部、供应商、客户和合作伙伴之间，利用电子业务共享信息，实现企业间业务流程的电子化，配合企业内部的电子化生产管理系统，提高企业的生产、库存、流通和资金等各个环节的效率。

二、电子商务与传统商务相比的优越性

电子商务极大地提高了传统商务活动的效益和效率。Internet 上的电子商务与传统商务体系相比有其自身的独特优点，这些优点包括：

1. 全新的时空优势

传统的商务是以固定不变的销售地点(即商店)和固定不变的销售时间为特征的店铺式销售。Internet 上的销售通过以信息库为特征的网上商店进行，所以它的销售空间随网络体系的延伸而延伸，没有任何地理障碍；同时，它的零售时间是由消费者即网上用户自己决定。

2. 减轻物资的依赖，全方位展示产品及服务的优势

传统企业的经营活动必须有一定物质基础才可能开展业务活动，而通过 Internet 可以创办虚拟企业，如网上商店和网上银行开设和发展基本不需要很多的实物基础设施，同时企业还可以将节省费用转让给消费者，这正是著名的网上书店 Amazon 为什么能给消费者提供传统书店无法提供的优惠的原因所在。

3. 减少库存，降低交易成本

企业为应付变化莫测的市场需求，不得不保持一定库存的产品和原材料。产生库存的

根本原因是信息不畅，以信息技术为基础的电子商务则可以改变企业决策中信息不确切和不及时的问题。

4. 密切用户关系，加深用户了解的优势

由于 Internet 的实时互动式沟通，以及没有任何外界因素干扰，使得产品或服务的消费者更易表达自己对产品或服务的评价，这种评价一方面使网上的零售商们可以更深入了解用户的内在需求，另一方面，零售商们的即时互动式沟通，促进了两者之间的密切关系。

5. 减少中间环节，降低交易费用的优势

电子商务重新定义了传统的流通模式，减少了中间环节，使得生产者和消费者的直接交易成为可能，从而在一定程度上改变了整个社会经济运行的方式。

三、电子商务环境下现代物流的发展现状

目前国内外实施电子商务的企业，其网上销售额增长很快，但由于物流成本过高，配送效率低下，真正赢利者并不多。电子商务物流能否以低成本、高质量、低差错率将商品送到顾客手中，这是电子商务成败的关键。实践证明，发达国家的电子商务之所以发展得如火如荼，关键就在于这些国家建立了发达且完善的物流配送体系，形成了成熟的电子商务交易模式。而我国的电子商务则是因 IT 行业和新闻媒体的炒作而兴起，它的概念形成先于电子商务的实际运用需求，又缺乏切实有效的物流配送系统支撑，致使商品的物流配送成为制约我国电子商务发展的"瓶颈"，从而阻碍了我国电子商务的快速发展。

据统计，我国现有网上商店 600 多家，另有 1100 多个网站开通了电子商务业务。从理论上讲，我国的电子商务市场前景广阔，但现实中的网民对网上购物多持观望态度，网上购物业务量不大，形不成规模经济效益。目前，我国的物流配送体系主要采用 B2B 模式、B2C 网络直销模式和 B2C 亚马逊模式三种形式，这三种配送模式都包括了订货、付款与配送系统，但由于配送成本太高、时间太长，加之购物用户较为分散，因而较难形成集中的有规模的商品配送流量。

由于我国的电子商务起步较晚，还没有形成较为完善的配送体系，所以它们一般都会借助以下四种方式进行配送活动：利用 EMS(邮政特快专递)系统；通过收购重组方式或自建配送体系实施配送；借助第三方物流，达成配送业务合作协议；就近发展同盟商家，进行联合配送供货。但是，不管企业采取何种物流配送方式，在配送成本和配送速度上都没有实现"低廉、快捷"的基本要求。因此，要切实加强物流配送体系的管理，就必须构建电子商务供应链管理系统。

◈ **补充阅读**

中国电子商务的发展在推动供给侧结构性改革中发挥着日益重要的作用。2016 年的数据显示，我国电子商务交易额达到 26.1 万亿元，占国民生产总值的 35%。市场规模持续增长的同时，物流业作为产业支撑也在不断改进，得到快速发展。一方面，随着"互联网＋流通"行动计划的推进，线上线下企业进一步融合发展，"新零售"对物流业提出了新要求，电商物流逐渐回归服务本质，追求服务品质。另一方面，新经济环境下，众创、众包、第四方物流等协同经济新业态层出不穷，为电商物流发展提供了新动力。我国电子商务物流将步

入规模持续增长、服务品质不断优化、活力持续增强的新发展阶段。

新零售形势下物流行业将走向何方？

苏宁物流集团副总裁王长林认为，新技术、新动能驱动零售业变革，智慧零售加速物流新生态建设，具体包括：

数据生态——支撑多渠道服务接入；全作业链路监控；精准预测销售。

技术生态——货到人拣选系统大规模应用；仓储机器人替代传统人工作业；无人配送填补末端服务。

服务生态——全链路、全品类、全客群；基础设施网络的布局和建设。

在此趋势下，企业应该在市场竞争中寻求最大程度的开放：基础设施共享、数据共享、技术共享。

接着，中国重汽（香港）有限公司副总裁刘培民介绍了重汽在围绕智能网联汽车技术方面的探索与实践。

在智能化方面，重汽拥有车身稳定系统（ESC）、自动紧急制动系统（AEB）、车道偏离预警系统（LDW）、自适应巡航系统（ACC）、坡道起步辅助系统（HSA）。

在网联化方面，中国重汽自主研发了车联网管理系统——智能通，具体功能包括利用北斗和GPS实施车辆位置信息管理；实时回传车辆运行中的技术数据、实时回传运营数据、里程、油耗信息，提高物流信息化管理水平；司机驾驶行为分析；实时远程故障诊断、疲劳驾驶、车道偏离、胎温胎压异常等多种报警功能。

在移动互联网方面，重汽利用移动互联网、大数据、云计算等技术，坚持以用户为中心，打造了一个汽车销售与后市场服务平台，集个性化定制、智能用车、智能管车、救援服务、维修配件、金融保险、物流配货和二手车交易等主要功能于一体，为用户提供全过程、全价值链、全生命周期的智能服务。

快递行业如何落实个人数据保护？

中外运-敦豪IT副总裁卜凡训给出了一些建议：

把个人数据保护和信息安全管理相结合，提升管理效率；

在系统需求分析和设计阶段就考虑个人数据保护；

最好有一个IT工具，用以记录和追踪个人数据保护的工作过程；

制定一个个人数据泄漏事故的应急处理流程。

随后，步步高集团电商-新零售总经理宋金伟介绍了传统零售企业进入新零售时代所做的探索及创新。步步高新零售业态——鲜食演义的核心能力建设包括哪些方面呢？

大数据应用：借助公司搭建的IT应用平台，鲜食演义根据终端的消化能力及热销款大数据，采销联动以及销售预测的前端销售，提前备货，或者根据消费者喜好去开拓供应链；

自采供应链：新零售不仅可以推动商品的发展，更可以推动商品供应链的发展，用内容来引领商品消费；

组织变革：新零售不仅是业务的变革，也是组织的重构，其背后关联的逻辑是思维的转变；

线上线下打通：线上线下融合，线上是吸粉和导流过程，最终还是让消费者回到实体商业场景消耗时间；

支付整合：步步高云猴钱包是数据驱动下的关键环节，通过支付采集的数据才能形成完整消费行为闭环；

快速拓展：鲜食演义作为一种新零售模式，其价值绝不仅是样本借鉴，更要具备快速复制、推广的能力。

电子合同如何为物流行业赋能？

法大大副总裁杨春光分享了电子合同适用物流平台的 8 大场景：

电子运单加入电子签名；

与月结/赊销客户的运输服务合同签署；

与赊销客户的每月对账；

电子合同、律师代理加网络仲裁高效解决企业信用管理、债务催收的难题；

联系人/收货人不在场时的电子签收；

与上下游企业、合作方的合同签署；

股东会、董事会决议等内部文件签署；

公司内部公文、规章制度的防篡改。

新零售下，从供应链到需求链的变革是如何进行的？

上海大学需求链研究院院长高峻峻从新零售下的"人、货、场"重构、新零售下从供应链到需求链的转型、数据智能和技术驱动在新零售中的作用、新零售下的需求链全景图这 4 个方面进行了阐述。

新零售下人、货、场重构的挑战包括预测、调价和补货的实时化、智能化、自动化决策等；

需求链转型的基础工作是商品画像、店铺画像与用户画像融合，实现人货合一；

新零售少不了数据智能与技术驱动，应软硬实力同步提升；

新零售致力于削弱消费者的搜索行为，成为消费者的代理，本质就是为顾客创造价值。

下午，在"下一个风口：同城配送"发展论坛上，北京快服务科技有限公司 CEO 冯勇、杭州点我达网络科技有限公司产品副总裁王行广、蜂鸟配送物流开放平台负责人谢诗航、闪送行政总监刘超、人人快送合伙人王亚军等，就同城配送的发展方向及末端物流新格局进行了发言及现场互动。论坛由物流沙龙联合创始人潘永刚主持。

同城快递的未来方向是什么，是速度还是成本？

北京快服务科技有限公司 CEO 冯勇认为是两者的融合。

目前即时配送的两个挑战：专人直送成本高、点对点自动化程度低。快服务通过环形分拣/按小时分配、快递员高频揽收、无人值守站点、动态系统/智能调度有效应对挑战。

即时物流的最佳模式是什么？

杭州点我达网络科技有限公司产品副总裁王行广认为，众包是即时物流的最佳模式。与全职相比，众包扁平化管理、组织社会闲散运力、全链路的订单监控与标准化系统操作、订单维度的奖惩、分层管理和激励、按事项维度的专项培训等特点，为企业带来更低的成本、更优的服务。

末端的未来是怎样的？

蜂鸟配送物流开放平台负责人谢诗航认为，末端的未来是运力选择多元化、末端配送智能化、配送运营精细化。

在"智慧赋能：电商仓的精细化运营论坛"上，比亚迪叉车事业部营销中心区域经理邵兴才、德马泰克国际方案开发负责人吴铁力、传化云仓总经理张寒冰、C－WMS总经理吴玉书，围绕先进的电商仓管理经验进行了分享。论坛由物流沙龙联合创始人潘永刚主持。

全球各大仓储企业需要什么样的搬运设备？

比亚迪叉车事业部营销中心区域经理邵兴才认为一定是低碳环保的、高效的、续航能力强的、省钱免维护的。比亚迪叉车凭借其无污染、零排放，安全性高，适应极端工作环境，高低温性能优越，高效、优越的整车性能，超强的续航能力，成本优越，高效低耗等特点，为客户一站式物流解决方案赋能。

德马泰克国际方案开发负责人吴铁力就电子商务的解决方案进行了分享：

在收获—存储—拣选—发货全流程中，德马泰克关注存储和拣选流程，存储或保管将决定投资成本，拣选或订单履约将决定人员成本。德马泰克的目标是降低整个方案的总体成本。

传化云仓总经理张寒冰就多渠道下的仓配模式创新进行了分享：

张总认为，未来不再有单纯的电子商务，2B和2C加速融合；电商渠道的红利在消失，B2B成为新战场；潮汐订单波动给仓配带来高成本。

面对以上现状及趋势，传化云仓多渠道下从以下3点进行仓配创新。

供应链信息化协同：订单协同、无缝数据链接、库存同步映射；

共享的分布式仓储网络：公路港仓库、社会租赁仓库、合作加盟仓库；

专业的货权金融：云仓白条、预付金融。

第二节　物流电子商务系统

在电子商务时代，由于企业销售范围的扩大、企业和商业销售方式及最终消费者购买方式的转变，使得送货上门等业务成为一项极为重要的服务业务，促使了物流行业的发展。信息化、全球化、多功能化和一流的服务水平，已成为电子商务下物流企业追求的目标。

一、物流电子商务系统概述

1. 信息化

物流信息化是电子商务的必然要求。物流信息化表现为物流信息的商品化、物流信息收集的数据库化和代码化、物流信息处理的电子化和计算机化、物流信息传递的标准化和实时化、物流信息存储的数字化等。因此，条码技术（Bar Code）、数据库技术（Data Base）、电子订货系统（Electronic Ordering System，EOS）、电子数据交换（Electronic Data Interchange，EDI）、快速反应（Quick Response，QR）及有效的客户反映（Effective Customer Response，ECR）、企业资源计划（Enterprise Resource Planning，ERP）等技术与观念在我国的物流中将会得到普遍应用。信息化是一切的基础，没有物流的信息化，任何先进的技术设备都不可能应用于物流领域。信息技术及计算机技术在物流中的应用将会彻底改变世界物流的面貌。

2. 自动化

自动化的基础是信息化，自动化的核心是机电一体化，自动化的外在表现是无人化，自动化的效果是省力化。另外，自动化还可以扩大物流作业能力、提高劳动生产率、减少物流作业的差错等。物流自动化的设施非常多，如条码自动识别系统、自动分拣系统、自动存取系统、自动导向车、货物自动跟踪系统等。这些设施在发达国家已普遍用于物流作业流程中，而我国由于物流业起步晚，发展水平低，自动化技术的普及还需要相当长的时间。

3. 网络化

物流领域网络化的基础也是信息化，这里指的网络化有两层含义：一是物流配送系统的计算机通信网络，包括物流配送中心与供给商或制造商的联系要通过计算机网络，另外与下游顾客之间的联系也要通过计算机；二是组织的网络化，即所谓的企业内部网（Intranet）。物流的网络化是物流信息化的必然，是电子商务下物流活动的主要特征之一。当今世界 Internet 等全球网络资源的可用性及网络技术的普及为物流的网络化提供了良好的外部环境，物流网络化不可阻挡。

二、物流电子商务系统的模式

1. 自营物流

企业自身经营物流称为自营物流。自营物流的产生是在电子商务刚刚萌芽的时期，那时的电子商务企业规模不大，从事电子商务的企业多选用自营物流的方式。企业自营物流模式意味着电子商务企业自行组建物流配送系统，经营管理企业的整个物流运作过程。在这种方式下，企业也会向仓储企业购买仓储服务，向运输企业购买运输服务，但是这些服务都只限于一次或一系列分散的物流功能，而且是临时性的纯市场交易性服务，物流公司并不按照企业独特的业务流程提供独特的服务，即物流服务与企业价值链的松散的联系。

2. 物流联盟

物流联盟是制造业、销售企业、物流企业基于正式的合作协议而建立的一种物流合作关系，参加联盟的企业汇集、交换或统一物流资源以谋取共同利益；同时，合作企业仍保持各自的独立性。物流联盟为了达到比单独从事物流活动取得更好的效果，在企业间形成了相互信任、共担风险、共享收益的物流伙伴关系。企业间不完全采取导致自身利益最大化的行为，也不完全采取导致共同利益最大化的行为，只是在物流方面通过契约形成优势互补、要素双向或多向流动的中间组织。联盟是动态的，只要合同结束，双方又变成追求自身利益最大化的单独个体。选择物流联盟伙伴时，要注意物流服务提供商的种类及其经营策略，一般可以根据物流企业服务的范围大小和物流功能的整合程度这两个标准确定物流企业的类型。物流服务的范围主要是指业务服务区域的广度、运送方式的多样性、保管和流通加工等附加服务的广度。

3. 第三方物流

第三方物流（Third-Party Logistics，3PL 或 TPL）是指独立于买卖之外的专业化物流公司，长期以合同或契约的形式承接供应链上相邻组织委托的部分或全部物流功能，因地制宜地为特定企业提供个性化的全方位物流解决方案，实现特定企业的产品或劳务快捷地向市场移动，在信息共享的基础上实现优势互补，从而降低物流成本，提高经济效益。第三方物流是由相对"第一方"发货人和"第二方"收货人而言的第三方专业企业来承担企业物流活动的一种物流形态。第三方物流公司通过与第一方或第二方的合作来提供其专业化的物流服务，它不拥有商品也不参与商品买卖，而是为顾客提供以合同约束、以结盟为基础的、系列化、个性化、信息化的物流代理服务。

4．第四方物流

第四方物流主要是指由咨询公司提供的物流咨询服务，但咨询公司并不等同于第四方物流公司。目前，第四方物流在中国的发展还停留在仅是"概念化"的第四方物流公司，南方的一些物流公司、咨询公司甚至软件公司纷纷宣称自己就是从事"第四方物流"服务的公司。这些公司将没有车队、没有仓库当成一种流行趋势，号称拥有信息技术，其实却缺乏供应链设计能力，只是将第四方物流当作一种商业炒作模式。第四方物流公司应物流公司的要求为其提供物流系统的分析和诊断，或提供物流系统优化和设计方案等，所以第四方物流公司以其知识、智力、信息和经验为资本，为物流客户提供一整套的物流系统咨询服务。它从事物流咨询服务就必须具备良好的物流行业背景和相关经验，但并不需要从事具体的物流活动，更不用建设物流基础设施，只是为整个供应链提供整合方案。第四方物流的关键在于为顾客提供最佳的增值服务，即迅速、高效、低成本和个性化服务等。

5．物流一体化

物流一体化是指以物流系统为核心，由生产企业、物流企业、销售企业，直至消费者的供应链整体化和系统化，它是在第三方物流的基础上发展起来的新的物流模式。20 世纪 90 年代，西方发达国家如美、法、德等国提出物流一体化现代理论，并应用和指导其物流发展，取得了明显效果。在这种模式下，物流企业通过与生产企业建立广泛的代理或买断关系，使产品在有效的供应链内迅速移动，使参与各方的企业都能获益，使整个社会获得明显的经济效益。这种模式还表现为用户之间的广泛交流供应信息，从而起到调剂余缺、合理利用、共享资源的作用。在电子商务时代，这是一种比较完整意义上的物流配送模式，它是物流业发展的高级阶段。

三、物流电子商务系统的 EDI 与 XML/EDI 的分析比较

传统的 EDI 已经证明了它在处理电子商务事务中具备相当的可行性和有效性，然而它的局限性也是显而易见的，对于小型商业合作伙伴而言，要求他们负担昂贵的集成代价和部署代价是几乎不可能的。因此，XML/EDI 的目标就是使这些公司建立一个快捷的、廉价的、可维护性更强的、面向全球使用的商务系统。XML/EDI 允许其他贸易伙伴不仅能通过传统的 EDI 数据来进行系统交互，而且能通过新的增值服务来更好地处理控制模板以及商业规则，最终完成彼此的系统事务同步的需求。

XML/EDI 的主要思想是赋予电子文档足够的智能(同样也需要赋予操纵文档的应用工具同样的智能)，从而将这些电子文档融入到电子商务的框架中去，并形成企业应用的电子商务框架。通过融合了五个组件(XML、EDI、Repository、Template 和 Agent)后，XML/EDI 规范所支撑的系统不仅能够在合作伙伴之间传递数据，同时更重要的是可以在商务伙伴之间传送必需的商务逻辑的信息。因此，XML/EDI 不仅是数据交换，更是在线信息处理。

◆ **补充阅读**

我国电子商务发展历程

这些年来，伴随着我国国民经济的快速发展以及国民经济和社会发展信息化的不断进步，我国电子商务行业虽然历经曲折却仍然取得骄人成绩。纵观电子商务发展历程，可以将其划分为 3 个历史阶段。

第一个时期，初创期(1997 年至 2002 年)。互联网虽然是舶来品，但却受到人们的热切期待。加之此时美国网络热潮兴起，也促使我国互联网快速发展，中国化工网、8848、阿里巴巴、易趣网、当当网、美商网等知名电子商务网站很快就在最初的几年时间里发展起来。然而，由于这段时期我国信息化发展水平仍然较低，社会大众对于电子商务仍然缺乏了解，加上不久之后的互联网泡沫等，电商网站大多举步维艰。不过，这段时期的经历为我国电子商务发展打下了很好的基础，营造了很好的社会舆论和环境。

第二个时期，快速发展期(2003 年至 2007 年)。在这段时期里，电子商务的发展获得了难得的历史机遇，支撑电子商务发展的一些基础设施和政策也在这期间发展起来。阿里巴巴建立淘宝网并推出"支付宝"，国家也先后出台了一些促进电子商务发展的重要措施，《国务院办公厅关于加快电子商务发展的若干意见》、《电子商务发展"十一五"规划》等接连落地，从政策层面为电子商务发展指明了方向。

第三个时期，创新发展期(2008 年至今)。尽管受到国际金融危机的影响，但是 2008 年以来我国电子商务仍然以较高的速度增长。这段时期的特点是，我国电子商务初步形成了具有中国特色的网络交易方式，网民数量和物流快递行业都快速增长，电子商务企业竞争激烈，平台化局面初步成型。

第三节 公共物流信息平台

在物流信息系统中，信息化是各项功能实现的核心和关键。为完善物流系统，减少物流信息的传递层次和流程，提高物流信息利用率，应当把物流过程的信息化作为物流系统运行中的一个基本要素。公共物流信息平台是运用现代的信息技术、计算机技术、通信技术，整合行业内外、区域的信息资源，系统化地采集、加工、传送、存储、交换企业内外的物流信息，从而达到整个社会物流信息的高效传递与共享。同时，公共物流信息平台为中小型企业功能性物流管理提供信息化支持，为政府相关部门的信息沟通提供信息枢纽和宏观决策支持。此外，公共物流信息平台的高级应用是对行业供应链的计划、协同、执行、监控实施有效的同步管理。

一、公共物流信息平台概述

公共物流信息平台是指基于计算机通信网络技术，提供物流信息、技术、设备等资源共享服务的信息平台，具有整合供应链各环节物流信息、物流监管、物流技术和设备等资源，面向社会用户提供信息服务、管理服务、技术服务和交易服务的基本特征。公共物流信息平台的信息服务需要大量权威的政务信息，管理服务是物流相关管理部门的政府职责，这两项功能应由相关政府管理部门负责建设提供；公共物流信息平台的技术服务和交易服务则完全可以采用市场化的机制建设和运行。

公共物流信息平台应通过对公共物流数据的采集、处理和公共信息交换，为物流企业信息系统完成各类功能提供支撑；为政府相关职能部门的信息沟通提供信息枢纽作用；为政府的宏观规划与决策提供信息支持。公共物流信息平台的本质在于为企业提供单个企业无法完成的基础资料收集，并对其进行加工处理；为政府相关部门公共信息的流动提供支撑环境。通过公共信息平台保障物流信息的畅通，能够整合现有企业物流信息资源，优化行业物流运作，从而实现社会物流系统整体效益的最大化。

公共物流信息平台表现形式多样，各种形式的物流网站从一定程度上起着公共物流信息平台的作用。公共物流信息平台的主要形态有两种：封闭式平台系统与门户类公共物流信息门户。

1. 封闭式平台系统

封闭式平台系统依附于线下实体，为组织内或合作组织间提供封闭的信息服务。这种模式的主要代表有：电子口岸系统、物流园区监管系统、贸易集散地的交易系统。封闭式平台系统拥有特定的用户群体，为专一目标服务，不同的平台系统之间不存在市场化竞争的情况。封闭式平台系统模式稳定，并有特定的目标服务群体。

2. 门户类公共物流信息平台

公共物流信息门户以平台模式出现，属于门户类公共物流信息平台，具有较高的开放性。这类物流信息平台通过对公共物流数据（如交通流背景数据、物流枢纽货物跟踪信息、政府部门公共信息等）的采集、分析及处理，为物流服务供需双方的企业信息系统提供基础支撑信息，满足企业信息系统中部分功能（如车辆调度、货物跟踪、运输计划制定、交通状况信息查询）对公共物流信息的需求，确保企业信息系统功能的实现。

物流信息平台是由如下两部分组成的物流信息系统支撑体系：

（1）分布式数据仓库系统：对公共信息进行数据组织处理，并支撑不同应用层次的公共信息存储、查询、通信等管理服务。

（2）数据请求调用模块系统：支撑上述各功能。

二、公共物流信息平台的需求分析

（一）信息平台功能需求分析

公共物流信息平台不仅要满足货主、物流企业等对物流过程的跟踪、查询、过程优化等直接需求，还要满足政府管理部门、政府职能部门、工商企业等与自身物流过程直接相关的信息需求。因此，公共物流信息平台的建设应以政府相关部门与企业对信息系统的功能需求为前提。公共物流信息平台的主要功能需求如下：

1. 政府部门的功能需求

与物流相关的政府部门一般分为两类：宏观控制层和行业管理层。前者主要负责物流发展的宏观管理与导向，而后者主要注重对物流及相关行业的协调。因此，政府部门可利用公共物流信息系统平台实现如下管理功能：掌握市场动向，及时发现问题；预测市场发展动向，指导行业发展；发布政策条例、标准等政务信息；实现政府部门间的协调工作机制；物流规划的管理及物流需求分析。

2. 企业的功能需求

由于企业对物流信息的依赖性，迫切需要建立公共物流信息系统，将零散的各个行业和物流企业内部的物流信息系统有效联结。通常，企业对公共物流信息系统有如下的功能需求。

（1）电子数据交换。公共物流信息系统汇集了来自港航 EDI、空港 EDI、各大物流运作设施信息系统，以及各相关行业、各类物流企业和政府相关部门等各类信息系统的信息。为了实现信息资源的共享和整合，各物流信息系统之间需要经常进行信息的交换与传输。

（2）共享应用系统。共享应用系统是指由于资金、技术和人力等因素，企业不能通过开发或者购买的方式来实现，而只能通过物流信息平台利用完善的信息资源、技术优势和协调能力，集中统一开发而实现的共享功能。共享功能包括货物跟踪、GPS 车辆跟踪、GIS 分析功能、物流企业信用管理和远程监控等。

（3）公共信息查询。信息查询主要包括两方面的内容：一方面是企业的交易信息查询，另一方面是政府的政策法规、统计数据以及相关资料等的查询。

（4）电子商务交易服务。物流企业有必要利用原有的物流资源承担电子商务的物流业务，而且物流作业要配合电子商务的需求，提供细致的配送服务。

3. 物流相关政府职能部门的需求

与物流相关的政府职能部门就是对物流运作提供业务支持的部门，包括海关、工商税务、银行保险、交通部门、航空港口等。政府职能部门要求通过公共物流信息平台获得诸如企业信息、需求总量、供给能力、运营状况等信息，及时预测今后的发展方向，为政府职能部门的宏观决策提供依据；要求利用公共物流信息平台发布行业管理政策，为企业提供信息服务；同时要求通过公共物流信息平台，使各职能部门的子系统能够进行互联，实现系统的集成与共享，加强部门间的协调与合作，简化相关审核手续，提高职能管理部门的办公效率。

根据以上分析，不同需求主体对公共物流信息平台的功能需求情况如表 3-1 所示。

表 3-1　系统用户对信息平台功能的需求分析

功能 \ 系统用户	物流企业	客户企业	公众	政府管理部门	相关政府职能部门
信息发布	✓	✓		✓	✓
信息浏览	✓	✓	✓	✓	✓
信息咨询	✓	✓	✓		
交通状况查询	✓	✓			
物流资源查询	✓	✓		✓	✓
物流状态查询	✓	✓			
订购过程管理	✓	✓			
采购招标	✓	✓		✓	
电子单证传输认证	✓	✓			✓
交易信用认证	✓	✓			✓

续表

功能＼系统用户	物流企业	客户企业	公　众	政府管理部门	相关政府职能部门
网上结算支付	√	√			√
保险综合管理	√	√			√
运输设计与管理	√	√			
物流加工管理	√				
配送、配载管理	√	√			
车辆调度管理	√	√			
仓储管理	√	√			
库存查询	√	√			
车船/货物跟踪	√	√			
其他物流作业管理	√	√			
财务管理	√	√			
客户管理	√	√			
供应链策划和管理	√	√			
物流数据收集处理	√	√		√	√
环境信息收集分析	√			√	√
市场信息收集分析	√	√		√	√
市场规范管理				√	√
政府职能部门信息支持	√				
综合评价分析统计	√	√		√	√
集中协调控制	√			√	√
行政管理支持				√	√
物流发展规划	√			√	
紧急信息处理	√			√	

注：打"√"者有此功能需求。

（二）信息平台接口需求分析

信息平台的接口需求包括软件接口和硬件接口。软件接口需求描述该产品与其他外部组件的连接，包括数据库、操作系统、工具、库和其他集成的商业组件。硬件接口需求描述系统所支持的硬件类型以及通信方式等。本文主要对信息平台的软件接口需求进行分析。

公共物流信息平台软件接口需求有三个方面：一是与操作系统、数据库系统软件的接口；二是与各种应用系统的接口，如 EDI 系统、企业的 ERP 系统、电子政务系统、大型企业的功能物流系统等；三是预留一定数量的接口，以备将来集成其他信息系统和增加其他功能模块。

三、公共物流信息平台的功能定位

公共物流信息平台的本质在于为企业提供单个企业无法完成的基础资料收集，并对其进行加工处理，为政府相关职能部门公共信息的流动提供支撑环境。一个有效集成的公共物流信息平台，应可以为物流服务提供商、货主/制造商及政府相关部门提供一个统一高效的沟通界面，为客户提供供应链综合解决方案。因此，公共物流信息平台的功能定位应该为数据交换、综合信息服务、物流业务交易支持、应用托管服务、行业监管服务等。

1. 数据交换平台

连接到公共物流信息平台的信息系统往往是由各主管部门和单位不同时期各自承建的，因而很难要求系统构建的软硬件系统在结构上保持一致和统一。因此，公共物流信息平台必须解决异构系统和异构格式之间的数据交换和信息共享问题。数据交换平台实质上担负物流信息系统中公共信息的标准化和规范化定义、采集、处理、组织和存储，以及解决异构系统和异构数据格式之间的数据交换和格式转换功能，实现不同信息系统之间的跨平台连接和交互，为企业提供"一站式"接入服务。数据交换平台包括如下功能：

（1）数据格式转换功能。通过数据规范化定义，支持各类不同格式和系统之间数据的转换与传输，实现各常见数据库、Web 数据、文本、图像等多种格式之间的自定义相互转换。

（2）实现物流电子商务中交易双方的无缝对接功能。在交易双方进行询价报价、网上磋商、订单签订等活动中，传输和转换数据，并确保交换数据的可读性、可靠性和安全性。

（3）作为 ASP 服务管理平台，为物流企业提供信息系统支持服务的功能。采取完全托管或部分托管的方式，实现 ASP 服务的应用与物流信息平台的平滑衔接。

（4）其他城市公共物流信息平台的连接和数据交换的功能。通过数据交换平台的网络互联和数据转换功能，建立与其他城市和地区物流信息平台的系统互联与信息共享。

2. 综合信息服务平台

物流信息的畅通流动，对提高物流运作效率至关重要。公共物流信息平台连接了城市物流企业、物流运作设施以及政府管理部门和相关职能部门，是物流信息资源的汇集中心，也是了解物流资源的窗口。公共物流信息平台应具有信息发布和查询功能，要满足不同物流信息需求主体的信息需求和功能需求。综合信息服务平台为用户提供公共基础信息的共享，主要包括城市综合信息共享、交通综合信息共享、物流企业基础信息共享、政策法规信息共享和供需信息发布与查询等。

（1）城市综合信息共享。

城市地理信息：城市总体规划信息，街区、小区的地理信息等；

城市路网信息：城市路网、道路管制信息等；

城市交通管理信息：驾驶员信息、车辆运行许可信息等；

企事业单位信息：商务机构、企事业单位等信息。

（2）交通综合信息共享。

公路网信息：道路技术等级、起始城市、沿线收费站、里程、收费等；

港口综合信息：港口位置、码头情况、吞吐能力、联运情况等；

机场综合信息：机场位置、吞吐能力、航班情况、联运情况等；

铁路网路信息：起始车站、沿线车站、里程、技术速度、运价率等；

铁路运输信息：编组站能力、货运站能力、编组计划、行包专列等；

轮船公司信息：轮船公司情况、船期、货运能力等；

航空公司信息：航空公司情况、航班、货运能力等。

（3）物流企业基础信息共享。

物流节点信息：物流园区、物流中心、配送中心情况等；

物流企业：各专业物流企业信息；

物流相关企业信息：货运、货代、船代、仓储等企业信息；

物流企业资质：物流企业从业资质、历史记录等。

（4）政策法规信息共享。

物流相关法规政策信息及海关、商检、工商、税务等信息。

（5）供需信息发布与查询。

车辆、货物需求与供给信息发布；

车辆、货物需求与供给信息的综合查询；

货运交易相关运价、政策、法规的查询。

3. 业务交易支持平台

电子商务时代要求电子物流与之相适应。通过建立一个交易支持平台，可以大大提高网上交易的安全保障，促使物流企业由传统交易向电子交易转变。因此，业务交易支持平台主要包括如下功能：

（1）交易撮合：根据供需时间、数量、价格、质量等要素进行系统自动撮合，生成"意向订单"并通知供需双方。

（2）在线谈判：建立在线谈判室，对谈判过程进行自动跟踪记录。

（3）电子合同：标的品种、数量、品质、等级、规格、需求、交货期、货款支付、运输、包装规格、双方责任、义务等合同条款。

（4）订单管理：对已签订合同的有效订单进行管理，自动跟踪记录订单履行全过程。

（5）电子结算：根据一定的标准交换文件、单证、票据进行结算。

（6）电子订舱：在线输入订舱信息，系统自动形成一份电子订舱单，并向各大船运公司或船代提交。

（7）网上报关：通过电子口岸系统，利用信息化技术和联网监管的优势，由海关计算机系统对进出口货物报关单证的格式化数据和报文进行自动处理。

（8）网上交税：在收到海关税费缴纳通知后，在网上向开户银行发出税费支付指令，银行接到指令后从企业在银行开设的预储账号中划转税费。

（9）网上保险：为客户提供在线投保、查询保单信息、续期缴费等功能。

4．应用托管服务平台

我国企业物流信息化水平在不断提高，但总体水平仍然较低，只有少量的大型物流企业拥有自己的信息系统，大量在中小企业由于缺乏资金、人才等原因无法自建和维护企业内部的物流管理信息系统，而只能依靠传统方式进行物流业务管理，这严重制约着中小企业的发展壮大。因此，公共物流信息平台不仅为大型企业实现物流一体化搭建桥梁，还应承担为中小物流企业提供物流信息化服务的职责。应用服务提供商（ASP）为中小企业提供物流应用软硬件设施租赁服务，通过应用服务平台，中小物流企业能方便地应用所需的物流管理系统，实现仓储、运输、调度、客户、财务等作业管理与日常管理的信息化。

应用托管服务平台为物流企业提供企业信息化服务，并整合供应链相关企业的信息资源，实现供应链相关企业间业务信息的共享和资源的优化整合，具体包括以下功能。

（1）运输管理：实现订单管理、货运业务管理、车辆调度、车辆技术管理等。

（2）配送管理：实现车辆优化配载、配送路线优化等。

（3）仓储管理：实现货物出入库管理、库存管理、仓库作业管理等。

（4）货物跟踪：利用 GIS/GPS 跟踪货物的状态和位置，并将状态和位置数据存储到数据库中，用户可通过 Call Center 或 Web 站点获得跟踪信息。

（5）货代管理：实现进出口业务操作、业务订单打印、结算管理、运价管理、发票制作、统计分析等。

（6）客户管理：客户详细信息管理、客户分类管理、机会分析管理等。

（7）供应链管理：实现供应链节点企业间信息共享和交互、供应商管理、系统管理等。

（8）财务管理：对销售管理系统和采购系统所传送的应付、应收账款进行会计操作，并与银行金融系统联网进行转账。

（9）决策支持：建立物流业务的知识库和模型库，分析已有数据，辅助鉴别、评估和比较物流战略和策略的可选方案。

5．行业监管服务平台

城市公共物流信息平台还应为政府的宏观规划与决策提供信息支持，使政府管理部门及时了解物流行业发展情况，发布行业管理信息，制定物流发展规划，处理紧急事件。行业监管服务平台主要为政府对物流行业的监督管理和规范运作提供技术支持和手段。

（1）支持物流企业资质管理：支持物流企业准入资格审批；支持物流企业资质等级申请、认证、年审等。

（2）行业分析：通过对相关数据信息的采集，利用一定的统计分析技术，定期分析行业内企业的运营状况、行业需求和供给市场的平衡情况、行业运作规范程度、行业水平等指标的现状和变化趋势。

（3）监管信息发布：发布具有资质的物流企业的基本情况、资质等级、经营状况；发布被取消资质的物流企业名单；发布行业监管的政策法规、动态信息。

四、公共物流信息平台的结构

（一）物理结构

公共物流信息平台的整个中心枢纽以物流数据作为基础构建系统的核心服务器组，并能够完成整个信息平台的用户许可与资源访问授权、配置及统计信息、Web 发布、GIS 管理、数据库管理以及各项具体应用的协调处理等功能。为保证应用系统的扩展性和可移植性，需将各种服务器分开设置。公共物流信息平台的物理结构如图 3-1 所示。

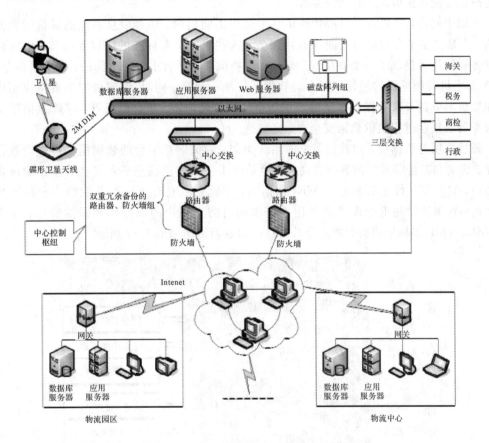

图 3-1　公共物流信息平台物理结构

（二）逻辑结构

公共物流信息平台具有客户端的复杂性、信息平台支持的应用程序的多样性和数据库系统的安全性，在平台的建设中选用四层架构体系。信息平台的四层架构分为表示层（Presentation Tier）、Web 服务器层（Web Server Tier）、应用服务器层（Application Server Tier）和数据层（Data Tier）。

第一层是表示层，主要由客户端浏览器组成，包括电脑、手机、移动终端和个人数字助理等。要满足多种客户端的要求，第一层与第二层 Web 服务器之间除了使用流行的 HTTP协议外，还要支持 XML 协议、Wireless 和 WAP 无线传输协议等，保证信息平台有较强的兼容性，可以通过平台整合客户端的物流需求信息和物流服务资源。

第二层是 Web 服务器层，Web 系统是针对物流信息的发布和检索而设计的。四层构架中 Web 服务器层的主要功能是在 Internet/Intranet 上解决整合大小、规模和企业内部信息系统不同的物流企业而出现的业务数据交换、连接保持、并发事务管理等问题。

第三层是应用服务器层，包括应用服务器和中间件层，是公共物流信息平台的核心和开发重点，信息平台设计的主要工作就集中在应用服务器上。应用服务器负责重组单一物流企业的物流作业流程并直接组织物流企业群体的业务进行，承担着物流服务能力信息的收集、管理和物流需求信息的快速反应，通过 Web 服务器与 Internet 上的浏览器或无限协议的终端连接，获知客户的物流需求。

所谓中间件，就是为了解决物流信息平台中不同用户、顾客信息系统的异构问题而设置的，它是位于平台与应用之间的通用服务，这些服务具有标准的协议和接口。中间件为开发者和使用者提供了一个高层应用环境，将物流信息平台中各种不同的计算机、服务器、PDA 和手机等浏览器的硬件和平台的软件系统统一起来。同时，中间件层负责将应用服务器和数据层分割开来并提供一定的底层服务，如负载均衡、状态监视等，保障数据层与应用服务器层接触过程中的数据安全性、完整性。

最后一层是数据层，同其他数据库系统类似，物流信息平台的数据层同样强调数据的保存、检索和备份等通常的数据库功能，但是由于公共物流信息平台连接着多家物流企业和客户，它的复杂性超出普通的 Web 数据库，这就要求它有更强的并发能力和跨平台能力，能够在单位时间里处理更多的用户需求同时防止用户的误操作和恶意破坏，并支持 HTML、XML 等标记语言。物流公共信息平台逻辑结构如图 3-2 所示。

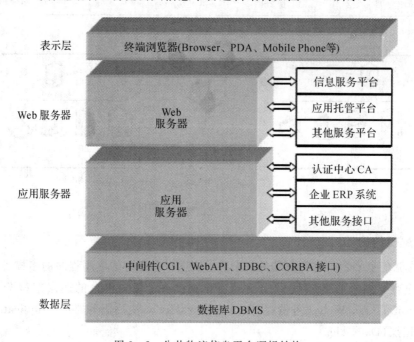

图 3-2 公共物流信息平台逻辑结构

（三）功能结构

公共物流信息平台的核心功能部分是公共信息服务系统和数据交换处理系统，还应该有车辆管理系统和综合管理系统。需要注意的是，这些基本功能是互相支持、紧密联系的，形成了一个有机平台系统整体。整个公共物流信息平台的系统支撑模块及相关应用如图3-3所示。

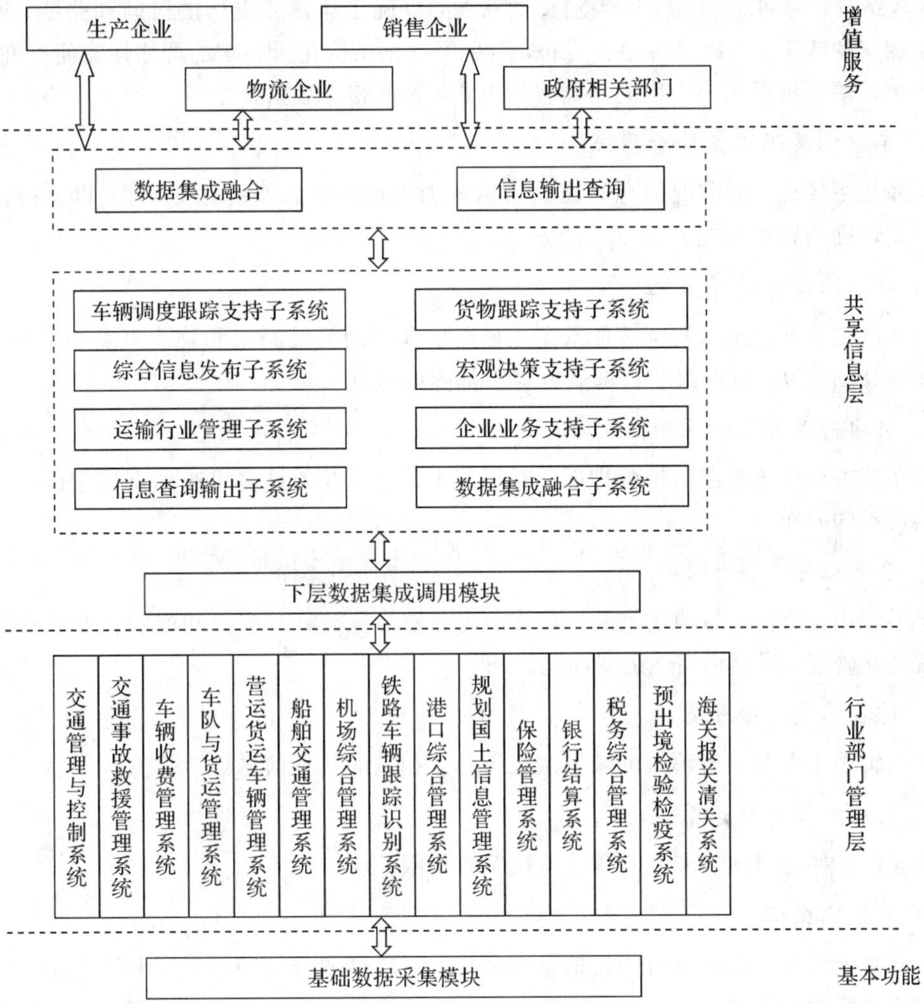

图3-3　公共物流信息平台的系统支撑模块及相关应用

公共物流信息平台由数据集成融合子系统、信息查询输出子系统、车辆调度跟踪支持子系统、货物跟踪支持子系统、运输行业管理子系统、企业业务支持子系统、综合信息发布子系统、宏观决策支持子系统等部分组成。

1. 数据集成融合子系统

该系统可根据用户服务权限，对公共物流信息平台客户系统提供信息服务，将基础数据采集模块采集的数据进行融合处理，针对不同终端用户的需求提取有用的信息。集成物流服务需求企业以及物流服务提供企业的相关数据，为政府部门以及相关行业管理、预测、规划等行为提供决策支持；集成工商、税务、交通、海关等相关部门信息，为企业经营活动提供决策支持。

2. 信息查询输出子系统

不同的用户对公共物流信息的需求不同，从而产生不同的查询方式，如用户输入货物或车辆的代码,平台就可以输出该批货物或车辆所流经的每个物流节点的记录以及当前位置;输入路段编号可了解该路段当前交通状况,以确定运输或配送的时间和路线;通过对模糊关键字的查询,可以获得相关资料,避免因数据结构化所要求的严格性而使查询失败。信息查询模块应根据用户采取的不同查询方式,返回相应数据。

3. 车辆调度跟踪支持子系统

该系统主要把交通状况信息和路段信息叠加于地理信息系统(GIS)上,以支持车辆运行的计划调度与跟踪功能。

4. 货物跟踪支持子系统

该系统主要通过记录物资按照既定运输路线和时间流经路段和物流节点的信息,参照物资运输计划,为物资的跟踪查询服务提供基础信息。

5. 运输行业管理子系统

该系统主要用于道路运输管理部门对物流工作中涉及的许多审查和审核工作或一些重要社会活动的发布。

6. 企业业务支持子系统

该系统用于支持运输市场交易、仓储企业交易等各类具有核心功能的企业进行联盟交易的规范化管理,提供信用认证等功能。

7. 综合信息发布子系统

该系统用于发布政府部门的政策法规等行业相关的共享信息。

8. 宏观决策支持子系统

该系统主要是对政府宏观管理进行决策支持服务。

(四) 数据结构

公共物流信息平台通过对物流信息的采集,再经过融合处理后,为生产商和销售商以及物流企业提供物流基础信息,以满足企业信息系统对物流公共信息的需求,支持企业物流信息系统各种功能的实现,支持企业间实时、快捷的网上交易;同时,通过物流共享信息,支持政府部门间、行业管理与市场规范化管理方面协同工作机制的建立和运作。如此庞大的物流信息平台需要若干个子系统共同工作才得以实现整个物流信息平台的各个功能,不同的子系统将公共物流信息平台其他子系统所需的信息以不同的格式传递给公共信息平台,同时又根据自己的需要从公共信息平台上获取信息。信息可以按照一定的编码规则传输或是用规定的统一格式传输。公共物流信息平台将接收到的数据进行处理后,针对不同用户的需求和权限,分层次地提供不同用户所需要的数据,同时又要确保数据传输过程的安全性及共享数据的互操作性和互用性。整个公共物流信息平台的基本框架如图3-4所示。

在理想的情况下,公共物流信息平台系统的数据结构应由如下功能模块组成:数据采集模块、数据输入模块、数据融合模块、地理信息系统模块、数据库管理模块、物流信息综合处理分析模块、数据挖掘模块、智能决策支持模块、数据输出模块、综合信息发布模块。公共物流信息平台系统的数据结构如图3-5所示。

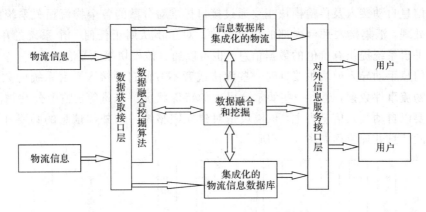

图 3-4 公共物流信息平台的基本框架

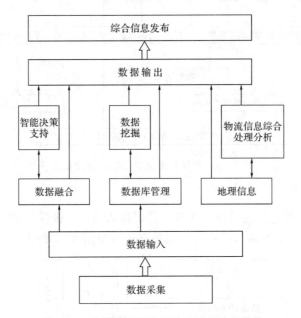

图 3-5 公共物流信息平台系统的数据结构

以下对与物流数据采集、处理、发布紧密相关的几个系统的功能模块和模块间的信息处理流程进行分析。

1. 数据采集模块

数据采集模块主要包括采集系统的管理控制模块、采集设备维护模块、平台用户的信息通道模块、外部信息自动接入及传输模块、外部信息手动导入模块等。

采集系统的管理控制模块是整个平台的控制核心,由运行控制模块和一系列管理子模块构成,负责监控平台内部各重要硬件设备、软件进程、系统资源的运行使用状况和相关的环境状态,收集管理平台各种设备、进程故障信息,并对平台的整体运行状况作评估分析。

采集设备维护模块是系统中的一个功能子模块,主要涵盖系统下所有维护任务。

平台用户的信息通道模块是平台信息处理的主要功能模块之一,它主要是对平台接入并在历史数据库中存储的原始数据进行融合分析。

外部信息自动接入及传输模块主要通过接口标准对分散的各个物流相关系统的信息进行规范化处理，汇集接入平台内部的数据库中。对于不从属于任何一个系统的单点设备，如果能向平台系统提供有价值的数据信息，也可以通过该模块接入平台。

外部信息手动导入模块主要针对一些无法或者不方便自动接入平台系统的数据，如主观观测的物流事件数据，还有一些偶尔会出现的特殊状况特征量等。整个公共物流信息平台系统主要以自动接入信息为主，该模块是对建立完整统一的外部信息的必要补充。数据采集模块的信息处理流程如图 3-6 所示。

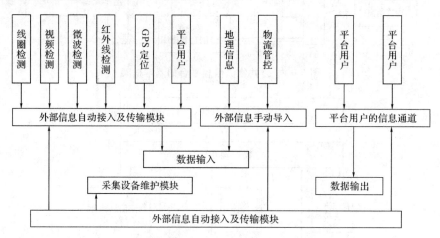

图 3-6　数据采集模块的信息处理流程

2. 数据输入模块

数据输入模块主要包括通信接口协议、数据接入模块、数据派遣模块、信息预处理模块、信息统一标准等。数据输入模块的信息处理流程如图 3-7 所示。

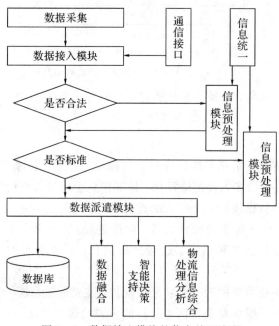

图 3-7　数据输入模块的信息处理流程

3. 数据融合模块

数据融合模块主要包括算法库、数据处理模块、数据通道模块等。数据融合模块的一般结构如图 3-8 所示。

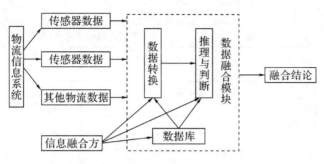

图 3-8 数据融合模块的一般结构

4. 地理信息系统模块

地理信息系统模块主要包括数据输入模块、结果显示模块、数据操作模块（查询道路、仓库、配送中心等相关地理信息）、与其他系统的接口模块、地理信息管理模块等。

5. 数据库管理模块

数据库管理模块主要包括数据库管理模块、全局数据库管理系统、局部数据库管理系统、数据库安全模块、数据库间的通信模块等。

6. 物流信息综合处理分析模块

物流信息综合处理分析模块主要的功能模块有状态评估模块、信息处理模块、仿真模块等。

7. 数据挖掘模块

数据挖掘模块主要包括数据进入数据库前的预处理模块、数据挖掘模块、联机分析处理模块（On-Line Analytical Processing，OLAP）等。

8. 智能决策支持模块

智能决策支持模块主要包括辅助决策模块，它主要在融合物流数据时提供智能决策支持。

9. 数据输出模块

数据输出模块主要包括的功能模块有通信接口协议、平台信息综合查询模块、响应用户请求模块、公共信息定向发布模块、数据分发模块等。

平台信息综合查询模块面向桌面用户提供公共信息综合查询，支持 C/S 模式和 B/S 模式的多用户访问，提供 VIP 用户权限和普通用户权限，可在线定制用户权限。

公共信息定向发布模块主要负责发布数据库中的公共物流信息，建立简单、可调控、鲁棒性好的公共信息发布通道，针对不同用户和发布对象的个性化需求，通过标准的通信接口和一定的协议，在 Internet 网上、广播电视、可变信息板或车载设备上显示。数据输出模块的信息处理流程如图 3-9 所示。

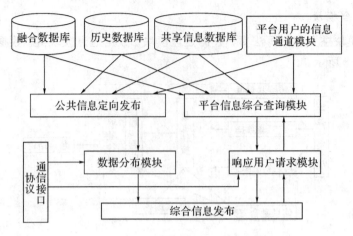

图 3 - 9　数据输出模块的信息处理流程

10．综合信息发布模块

该系统的主要模块包括对内信息发布模块、对外平台用户信息发布模块、发布设备的监控模块、发布设备的管理维护模块等。综合信息发布模块的信息处理流程如图 3 - 10 所示。

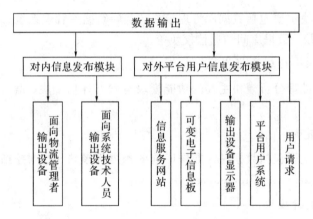

图 3 - 10　综合信息发布模块的信息处理流程

（五）系统信息流程分析

信息流程是把信息平台内部的信息流、数据流抽象地独立出来所生成的数据流，单从数据流动的角度来分析和研究问题，包括信息的流动、传递、处理、存储等。

公共物流信息平台在结构上分为三个结构层次，包括获取数据接口层、内部结构层、对外信息服务接口层。信息流程的次序在总体上是首先获取数据接口层采集预处理数据，然后信息被内部结构层深层加工、处理、存储，最后通过对外信息服务接口层发送给用户。公共物流信息平台系统总体信息流程如图 3 - 11 所示。

信息流只有经过这三个层次的处理才能被公共物流信息平台系统的用户所接受、理解、应用、增值。而且该信息流是一条不可分割的信息链，但由于公共物流信息平台系统物理结构上的地域分散和设备分布，其表现形式和表现手法会有所不同。

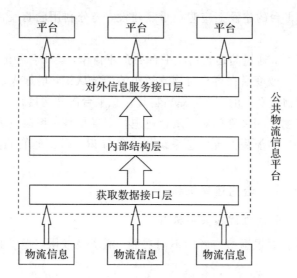

图 3-11　公共物流信息平台总体信息流程

公共物流信息平台间存在着复杂的信息流，主要有如下几类：

1. 伴随物品产生的相关运行信息和状态信息

此类信息流描述物流传送过程中的状态信息，主要包括从发货方、物流企业到收货方等相关部门提供的从订单生成到货款支付的信息以及物品运输过程中的实时状态信息。

2. 对物流活动要素进行许可管理的确认信息

此类信息流主要是政府相关部门对物流要素的管理许可确认信息，如营业执照、驾驶员驾驶证、车辆运营许可证、物品报关结关单证、税务登记证等。

3. 伴随物品运动产生的相关资金信息

此类信息流即物流活动过程伴随产生的与金融部门相关的资金流信息，如税务、关税、保险费缴纳等。

4. 政府职能管理部门提供的用于物品流动及政府相关部门协同工作服务的公共信息

此类信息流主要是政府部门协同工作及各类企业提供服务的公共数据，如交通信息、优惠政策、规划国土信息、关贸信息等。

五、公共物流信息平台的建设策略和运营机制

(一) 公共物流信息平台的建设策略

公共物流信息平台的建设应在政府的宏观引导下，充分调动行业主管部门和企业的积极性，集中社会有效资源来共同完成。因此，在物流信息平台的建设中，需要政府、行业主管部门和企业三方参与者的共同努力和协调。这三类参与者在其中承担着各自不同的职责和任务，要通过彼此的配合，实现有效协调发展。

网络通信基础设施是支撑公共物流信息系统和平台建设的物理层基础，它的水平高低直接决定了整个物流信息的共享程度。政府应着力加快信息基础设施的建设，加快宽带城域网和宽带接入网的建设，尽快缩小城乡在通信基础建设、信息化发展的不平衡现象。同

时，在公共物流信息平台的建设上应避免重复建设，充分利用已有硬件基础设施，加快物流信息平台建设。

政府发挥其权威性，通过与运营物流平台的企业合作，运用各种形式的宣传活动（如广告、推展会、论坛等），改变潜在客户对物流运作的传统认识，增加人们对物流信息化的了解，激发这些客户对物流平台的需求，提高物流信息平台的知名度。

由政府主管的各物流相关部门对下属企业进行引导培训，积极组织各级各类的物流信息知识教育培训和讲座，普及物流信息系统相关的知识，以便他们能熟练运用物流平台，体验平台的优越性。

（二）公共物流信息平台的运营机制

1. 公共物流信息平台的信息共享机制

公共物流信息平台要根据参与者的不同功能、需求及权限，提供共享信息。共享机制主要有：

（1）分类共享。不同的参与者对信息的需求程度不同，同时为了确保参与者的利益不受损害，对信息的共享程度有必要进行分类管理，即向不同的用户分配一定的权限，共享相应层次的信息。

（2）分层支持。公共物流信息平台除了要对相关公共信息进行存储和发布外，更为重要的是通过该平台的建设实施，为物流业的进一步发展壮大提供强大的信息支撑功能，如网上交易、身份认证等电子商务（包括虚拟运输市场交易及其他虚拟物流服务交易）支持功能，为物流管理信息化的深入发展提供基础。

（3）多样化服务。根据用户不同要求和不同的数据类型，提供多样化的服务方式。这里的服务方式包括数据传输方式、数据表现方式，如文本、Web 界面、数据库、图形格式、电子地图等。

2. 公共物流信息平台的信息运营机制

公共物流信息平台建设应由政府作为主要的管理控制者，协调各个方面，投入相应的主要设施与设备，建立统一的数据与通信标准。因此，应采取政府引导、行业约束、企业自主的市场运营模式，整合社会资源，组建统一的运营主体，负责物流信息平台的建设和运营。公共物流信息平台应面向企业，通过政府相关政策和行业协会制度的制约，引入行业准入机制和会员制管理方式。

◆ 补充阅读

成都信息平台

成都市按照新一轮的城市总体规划、综合交通规划和产业布局规划的思路，在满足物流公共信息平台基本特点的基础上，提出了以"一网二平台（物流快速网络、公共物流信息平台、交通运输基础设施平台）、四园区四中心（四个物流园区、四个物流中心）、五十个物流服务站"为主要内容的现代物流业发展框架体系。

成都物流公共信息平台旨在打造立足成都，辐射西南，影响全国的物流公共信息示范平台。平台将服务于物流企业、商贸流通企业、生产制造企业、第三方服务企业及个人，提供"一站式"集成化的物流信息与交易服务。

（一）"云计算"的广泛应用

创物科技将当前最流行的"云计算"技术融入到成都物流公共信息平台的搭建之中，将大量用网络连接的计算资源统一管理和调度，构成一个计算资源池按需向用户提供服务，具有超大规模、虚拟化、可靠安全等独特功能。

（二）"智慧物流管理"模式

"物联网"技术的加入为成都物流公共信息平台带来新的血液，通过物联网技术，平台的信息将会被更加迅速、高效地利用，物流管理过程将更加"智能"。

（三）区域性的物流企业管理通道——"智慧物流管理"模式

成都物流公共信息平台具备其地域性特点，统一集成物流企业管理系统，便于物流企业更好地管理和信息传达。

（四）信息更真实，更权威

政府参与，物流企业加入，成都物流公共信息平台政务信息将具备公信力，物流企业的货源信息、车源信息将最大化的保持真实有效性。

（五）"空中高速"的高效率

成都物流公共信息平台在结合以往信息平台搭建的成功经验上，整合优化资源更合理，更科学，其"空中高速"的特点将更加淋漓尽致地得到体现，更快的信息传达、共享速度将使物流企业具备更高效率。

第四节　第四方物流管理信息系统

一、第四方物流概述

（一）第四方物流的概念

第四方物流（Fourth Party Logistics）是一个供应链的集成商。一般情况下，政府为促进地区物流产业发展，领头搭建第四方物流平台以提供共享及发布信息服务，是供需双方及第三方物流的领导力量。第四方物流不仅仅是物流的利益方，而是通过所拥有的信息技术、整合能力以及其他资源提供一套完整的供应链解决方案，并以此获取一定的利润。它是帮助企业实现降低成本和有效整合资源，并且依靠优秀的第三方物流供应商、技术供应商、管理咨询以及其他增值服务商，为客户提供独特的和广泛的供应链解决方案。

（二）第四方物流的发展情况

企业注重自己的核心业务，可以充分发挥核心竞争优势，将非核心业务交由其他企业完成，最大限度地获得竞争优势，这促进了物流外包的发展。物流外包的发展经历了三个层次：从传统的物流外包，到第三方物流，再到最新概念的第四方物流。传统的物流外包指企业与一家物流服务提供商签订合同，由其提供单一的、明确界定的物流服务。第三方物流指企业与一家物流提供商签订合同，由其提供整合的解决方案，包括两种或更多的物流服务，并且给予其一定的决策权。但第三方物流企业各自为政，这种加和结果不一定能是高效率，甚至有可能是低效率的。当前第三方物流向专业化发展趋势明显，其力量显然不足以整合社会所有的资源,解决当今物流瓶颈。第四方物流是在利用所有的第二层次服务的基础上,获得增值的创新服务。在电子商务环境下,全球物流产生了新的发展,使物流具备了一系列新特点,当前的物流业正向全球化、信息化、一体化发展。在电子商务环境所具备的新的特点的影响下,具备条件的企业正逐步实施第四方物流的运作,并向第四方物流主体进行着转换。

(三)第四方物流的基本功能

(1)供应链管理功能,即管理从货主、托运人到用户、顾客的供应全过程。

(2)运输一体化功能,即负责管理运输公司、物流公司之间在业务操作上的衔接与协调问题。

(3)供应链再造功能,即根据货主/托运人在供应链战略上的要求,及时改变或调整战略战术,使其经常处于高效率地运作。第四方物流的关键是以"行业最佳的物流方案"为客户提供服务与技术。

(四)第四方物流的主要作用

(1)对制造企业或分销企业的供应链进行监控,在客户和它的物流和信息供应商之间充当唯一"联系人"的角色。

(2)第四方物流是一个供应链集成商,调集和管理组织自己及具有互补性服务提供的资源、能力和技术,以提供一个综合的供应链解决方案。

(3)第四方物流不仅控制和管理特定的物流服务,而且对整个物流过程提出方案,并通过电子商务将这个程序集成起来,因而第四方物流的种类很多,变化程度亦可十分大。

(4)第四方物流的关键在于为顾客提供最佳的增值服务,即迅速、高效、低成本和个性化服务等。而发展第四方物流需平衡第三方物流的能力、技术及贸易流畅管理等,但亦能扩大本身营运的自动性。

◆ **物流聚焦**

(一)第一方物流

第一方物流指的是卖方,即生产者或供应方组织的物流活动。这些组织的主要业务是生产和供应商品,但为了其自身生产和销售的需要而进行物流网络及设施设备的投资、经营和管理。供应方厂商一般都需要投资建设仓库、运输车辆、月台,甚至公路专用路线等物流基础设施。

(二)第二方物流

第二方物流指买方,即销售者或流通企业组织的物流活动。这些组织的核心业务是采购并销售商品,为了销售业务需要而投资建设物流网络、物流设施和设备,并进行具体的物流业务运作组织和管理。严格来说,从事第二方物流的公司属于分销商。第二方物流是企业自己的物流体制,它是鉴于企业完全的自主物流模式和完全外包的物流模式之间的一种物流模式。第二方物流企业有较大的自主权,不像第三方那样被动,也不像完全自主那样劳神费力。

(三)第三方物流

第三方物流是指生产经营企业为集中精力搞好主业,把原来属于自己处理的物流活动，以合同方式委托给专业物流服务企业，同时通过信息系统与物流企业保持密切联系，以达到对物流全程管理控制的一种物流运作与管理方式。

（四）第五方物流

关于"第五方物流"（Fifth Party Logistics，5PL）的提法目前还不多，还没能形成完整而系统的认识。有人认为它是从事物流人才培训的一方，也有人认为它应该是专门为其余四方提供信息支持的一方，是为供应链物流系统优化、供应链资本运作等提供全程物流解决方案的一方。

二、第四方物流管理系统主要功能模块

1. 客户管理子系统

客户管理子系统的主要职能是代表 4PL 与客户进行沟通和协商，将订单管理功能具体化。客户服务模块主要负责接收客户订单、验证客户身份、确认并管理订单信息以及客户对物流服务的咨询与反馈、对物流业务执行情况查询等工作。合同谈判模块主要负责与客户协商调整订单内容及合同谈判，其中客户服务和合同谈判需要与客户进行信息交互。

2. 资源管理子系统

资源管理子系统的主要职能是管理内部资源和外部资源，其中内部资源管理包括员工管理、内部财力物力管理；外部资源管理包括公共资源管理、支持商服务管理（如管理咨询公司、IT 公司、第三方物流服务、银行等）等。

3. 信息门户模块

企业信息门户是一个企业信息化表现层平台，是面向企业内部和外部的统一应用入口。它的本质特点是集成企业内外资源，为自己的员工、客户和合作伙伴提供个性化的综合服务。

4. 采购管理子系统

采购管理子系统主要负责与上游供应商之间的交互业务，该模块设计的目的在于向采购人员提供一整套快速准确的采购数据，向合适的供应商适时适量地下达采购请求，使商品能在出货之前准时入库，避免缺货和过多库存的情况发生。

5. 任务管理子系统

任务管理子系统的主要职能是负责物流任务的设计、分解、组合、控制及监督等工作。该子系统下设立任务执行和任务监督两个模块，从事对具体事务的处理。

6. 协同管理所子系统

协同管理所子系统的主要职能是协调 4PL 中的物流作业或者成员企业之间的矛盾和冲突。

7. 财务管理子系统

财务管理子系统的主要职能是预算与管理 4PL 中物流作业的物流成本以及分配企业利润，包括各项费用，如仓储费用，运输费用，装卸费用，行政费用，与客户应收、应付款项的结算，与物流服务供应商、各类合作公司的利润分配。

8. 优化评价子系统

第四方物流的优化方案主要包括物流路径的优化和物流供应商的评价选择，根据客户

的实际需求产生若干个备选运输路线,设计最优的供应链解决方案,降低运输的空驶率和运输成本,为4PL的最高决策者进行战略决策提供支持。图3-12所示为第四方物流管理系统层次结构,图3-13所示为客户服务业务流程图。

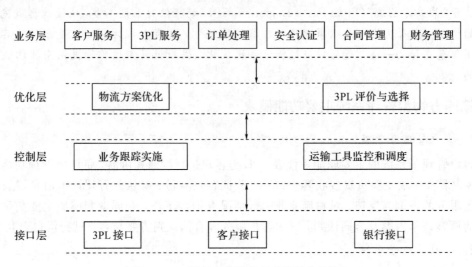

图3-12　第四方物流管理系统层次结构

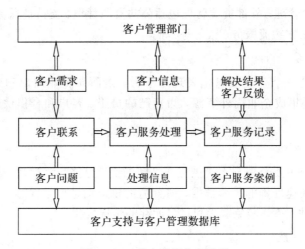

图3-13　客户服务业务流程

三、电子商务下的第四方物流

第四方物流的概念是安德森咨询公司提出并注册的,许多服务商都对第四方物流心驰神往。第四方物流是指集成商利用分包商来控制与管理客户公司的点到点式供应链运作,它不仅控制和管理特定的物流服务,而且对整个物流过程提出策划方案,并通过电子商务将这个过程集成起来。要成为第四方物流主体,必须要具备能够整合社会物流资源、能够对整个物流过程提供策划方案、能够利用电子商务进行集成的能力。所以,并非所有企业都可以作为第四方物流的主体。要成为第四方物流主体必须满足以下条件:

（1）本身不是生产方和购买方;

（2）有良好的信息共享平台,能在物流参与者之间实现信息共享;

（3）有足够的供应链管理能力；

（4）有区域化甚至全球化的地域覆盖能力和支持能力。

物流的竞争很大程度上体现在覆盖的网点及其支持力度上，所以区域覆盖和支持能力体现了第四方物流主体的核心竞争力。按照这四个条件分析，当前具备足够条件发展为第四方物流主体的主要集中在第三方物流服务提供商、IT服务提供商、供应链管理咨询公司三种组织。

第四方物流具有如下优势：

（1）它对整个供应链及物流系统进行整合规划。第三方物流的优势在于运输、储存、包装、装卸、配送、流通加工等实际的物流业务操作能力，在综合技能、集成技术、战略规划、区域及全球拓展能力等方面存在明显的局限性，特别是缺乏对整个供应链及物流系统进行整合规划的能力。而第四方物流的核心竞争力就在于对整个供应链及物流系统进行整合规划的能力，也是降低客户企业物流成本的根本所在。

（2）它具有对供应链服务商进行资源整合的优势。第四方物流作为有领导力量的物流服务提供商，可以通过其影响整个供应链的能力，整合最优秀的第三方物流服务商、管理咨询服务商、信息技术服务商和电子商务服务商等，为客户企业提供个性化、多样化的供应链解决方案，为其创造超额价值。

（3）它具有信息及服务网络优势。第四方物流公司的运作主要依靠信息与网络，其强大的信息技术支持能力和广泛的服务网络覆盖支持能力是客户企业开拓国内外市场、降低物流成本所极为看重的，也是取得客户的信赖，获得大额长期订单的优势所在。

（4）它具有人才优势。第四方物流公司拥有大量高素质国际化的物流和供应链管理专业人才和团队，可以为客户企业提供全面而卓越的供应链管理与运作，提供个性化、多样化的供应链解决方案，在解决物流实际业务的同时实施与公司战略相适应的物流发展战略。

（5）发展第四方物流可以减少物流资本投入、降低资金占用。通过第四方物流，企业可以大大减少在物流设施（如仓库、配送中心、车队、物流服务网点等）方面的资本投入，降低资金占用，提高资金周转速度，减少投资风险。

（6）降低库存管理及仓储成本。第四方物流公司通过其卓越的供应链管理和运作能力可以实现供应链"零库存"的目标，为供应链上的所有企业降低仓储成本。同时，第四方物流大大提高了客户企业的库存管理水平，从而降低库存管理成本。

（7）发展第四方物流还可以改善物流服务质量，提升企业形象。

◈ **补充阅读**

黑科技：未来物流长啥样？答案全在这了！

在2016云栖大会上，菜鸟网络2015年组建的E.T.物流实验室第一次携旗下研发产品公开亮相，展出了包含虚拟增强技术、仓库机器人、智能配送机器人、智能园区巡检等产品，这些产品都是极具科技前瞻性的前沿研发，或许有一天，彻底颠覆物流行业的产品就是它们。

小G和大家已经是老熟人了，这次云栖大会，我们也第一次把小G搬上展台，向公众展示这个"机器网红"。

2015 年中国全年产生的包裹量超过 200 亿件，根据目前的增长速度，这个数字很快会突破 1000 亿，如果仍然按照传统的人工方式去搬运是不现实的，而机器人最先普及的地方便应是仓储和末端领域。

小 G 是一台可以在陆地上行走的机器人，身高 1 米左右，大概能装 10～20 个包裹。只要通过手机向小 G 发出服务需求，它便会规划最优配送路径，将物品送到指定位置，用户可通过电子扫描签收。

强大的算法让小 G 拥有像人类一样思考的能力，它会观察周边的复杂环境，并在系统中建立自己所看到的多维世界。走在路上，小 G 也能动态识别环境的变化，不仅能识别路上的行人、车辆，还可以自己乘坐电梯，甚至能够感知到电梯的拥挤程度，当然它是绝对不会跟人抢电梯的。

小 G 执行任务的背后，是研发团队突破了自主感知、智能识别、运动规划等多项关键技术，实现智能化的末端配送。小 G 不仅是中国自主研发的机器人，也是全球物流行业最先进的机器人之一。

目前，这款机器人正在阿里巴巴位于杭州西溪湿地的总部熟悉环境，届时，数台菜鸟智能配送机器人将协同运作，在数十万平方米的阿里巴巴园区为上万名员工提供智能包裹投递服务。

随着 AR\VR 技术的兴起，菜鸟网络也开始探索虚拟现实、虚拟增强技术在物流行业应用的可能性。通过 AR 技术，我们可实现数据管理实时关注，智能仓内拣选，智能仓内导航等前沿功能。

现在，仓内的工作人员需要结合仓内各类规则将商品进行井然有序的安排，在商品不断入库出库的流程中，工作人员需要不断地进行快速识别、核对、查找、检查、确认等工作，而且每一步操作都需要完整无误，需要工作人员注意力时刻高度集中。

通过 AR 助力物流，所有人为的视觉判断可以完全交给智能系统，工作人员只需要跟着指令一步步像游戏一样完成任务。即使是一个毫无经验的新手，也可以迅速学会操作流程，大大节省了培训时间，提升了操作效率和操作准确性。

菜鸟小鹭无人机智能安防巡检系统是业界首款物流专用的智能空中巡检系统，由 E.T.物流实验室联合北京航空航天大学机器人所自主研发，目的是为了解决物流园区安防巡检人工强度大，巡检效率低，安防巡检标准差异等问题。

为了保障安全，物流园区需要不间断有人巡检。以一个中型物流园区为例，即便快速行走，也需要 30 分钟左右完成一次，而是人工巡检耗时长、强度大、成本高，且发现问题不能够第一时间处理和处置。

菜鸟小鹭的整套系统由无人机系统和智能监控平台两部分组成。无人机系统实现对飞机的无人操控，能够在预先设定的安防巡检任务路径上完成自主起飞、巡航、降落等动作。智能监控平台对实时处理巡检过程中无人机回传的监控视频，对园区车辆违章行驶、人员违规行为、物品遗撒等异常事件进行识别和报警，并及时反馈至无人机运营监管中心的监管人员，第一时间通知园区值班人员快速处理园区异常事件。

从菜鸟物流园区试用的反馈结果来看，菜鸟小鹭无人机智能安防巡检系统能够将园区巡检从原来人工巡检一次 2 小时缩减到现在无人机巡检一圈 10 分钟以内，不仅将巡检成本降低了 30％，还能大大提升巡检的效率。

AGV 系统由中央控制的几百台机器人同时工作，通过高效的排班和指派算法优化这些机器人之间的协同，系统能实现人需要机器人的时候就有空闲的机器人，机器人把拣选车拖到站的时候就有人接力工作，实现机器人之间、机器人和人之间的无缝对接。

据悉，菜鸟的 AGV 系统是依照中国国情量身定做，跟行业中已有的模式存在显著不同，AGV 会拖拣选车进行跨区的运输，而不是拖货架到人，能够极大地减少无效运输。另外，菜鸟的 AGV 系统对仓库本身的改造小，可适用的范围广，一个传统的人运作的物流仓库只需要做很小的改动就可以实现自动化。总的来说，菜鸟 AGV 系统找到了效率、成本和广泛应用场景之间的一个平衡点。

通过 AGV 系统，单仓人均每天处理订单数预计能提高 100％。

天机一号是菜鸟自主研发的针对商品重量、尺寸、图片以及 3D 模型的智能采集设备，通过标准化电子秤、彩色和红外线深度相机完成数据采集和建模。

在物流领域，通过天机一号给商品建立了一套准确的物理属性数据，给业务计划和履行提供了有力保障。

天机一号技术不仅解决了当前人工采集商品在尺寸和重量上的效率低、准确性不足的问题，未来还可以在商品的智能识别和拣选做更多扩展，进一步通过商品数据配合自动化设备，实现物流各链路作业的数据化和智能化。

【基础练习】

一、选择题

1. 电子商务的组成要素必须包括两个，分别是（　　　）。

A. 计算机技术　　　　B. 电子方式　　　　C. 商务活动　　　　D. 交易

2. 以下哪种电子商务的交易模式利润来源于相对低廉的信息成本带来的各种费用的下降，以及供应链和价值链整合的收益。（　　　）

A. B2C 模式　　　　B. B2B 模式　　　　C. B2G 模式　　　　D. C2G 模式

3. 在下列商品中，最适合运用电子商务方式进行销售的是（　　　）。

A. 音乐　　　　　　B. 家用电器　　　　C. 服装　　　　　　D. 鲜花

二、思考题

1. 电子商务物流系统合理化的途径是什么？
2. 简述电子商务对物流产生的影响。
3. 简述物流在电子商务中的地位和作用。
4. 现代物流与电子商务物流的关系如何？
5. 谈谈建立电子商务物流系统的目标。

【实践练习】

第四方物流管理系统的分析与设计

实训目的：通过对第四方物流管理系统的分析和设计，利用第四方物流管理系统帮助企业降低成本，实现资源的有效整合，依靠第三方供应商和现代信息化技术，为客户提供独特的物流供应链解决方案。

实训内容：系统需求分析、系统总体设计。

实训要求：了解目前国内和国际上物流管理系统的现状，例如爱递吉、路歌，设计系统的功能定位，包括车队客户端功能、供货商客户端功能、系统管理平台功能。

实训课时：6 课时。

实训步骤：

1. 分组，以 5～7 个人为一组进行开展讨论分析。

2. 各组首先对系统需求进行分析，包括用户需求分析、系统功能需求分析、业务逻辑需求分析，画出系统的功能模块图和数据流图。

3. 系统总体设计，包括系统架构设计、系统功能设计、数据库设计。

4. 各组派出代表进行分析，成员进行补充。

第四章 物流信息系统的规划与开发方法

 学习目标

知识目标：

(1) 熟悉物流信息系统的规划方法；

(2) 梳理物流信息系统规划的步骤。

技术目标：

(1) 会根据实情制定相应的物流信息系统；

(2) 会应用物流信息系统的规划方法。

职业能力目标：

(1) 培养良好的职业道德，树立服务质量高于效率的理念；

(2) 树立物流企业信息化的观念，提高企业信息化程度。

◆ **物流聚焦**

物流企业花了巨资在信息化上，为啥还有这么多痛点没解决？(一)

面对经济全球化，作为世界制造工厂的中国企业，为提升自身竞争力，纷纷进行信息化建设和升级改造，很多企业除花巨资实施 ERP 系统之外，又实施了 MES 系统和 WMS 系统，耗费了大量的时间和金钱，但依然感到物流上线不顺畅，究竟问题出在何方？

为满足各类企业应对不同的变化，包括生产计划、物料需求计划、采购预测、供应商交付、来料检验、仓储与配送、生产排程(细分计划)、物料齐套、补给策略及路径等，急需一套全新的生产物料管理系统，对整个生产物料供应及补给体系进行全程管控，做到按需生产、精益生产，从而大幅度降低库存水平并提高库存资金周转率。

此次，在生产物流领域富有 JIT/VMI 实操和管理经验的"锐捷物流"，与业界领先的 WMS 提供商"富勒科技"强强结合，在深刻理解企业在生产物流管理难点的基础上，集合众多行业资深专家，推出了针对制造企业特别是有复杂上线物流模式企业的一整套信息化解决方案——PLS(Production Logistics System)。

从现场人员的感受我们可以意识到，目前企业物料上线的信息化管理确实存在不小的问题，让我们系统性地分析一下这些问题产生的原因。

大部分生产制造企业的生产经理普遍感觉身心疲惫，手机 24 小时开机，需要协调的问题不断，常常被物料上线原因导致的停线追责，由此引发我们进行深层次的探究，生产制造企业的物料上线管理到底痛在何处？

1. 生产计划能不能真的锁定?

大部分企业都运行了 ERP 系统, 计划部门也制定了月度、周、三天、日生产计划, 但所有的计划都避免不了来自方方面面的意外导致的问题, 如市场某畅销产品不能满足供货、某关键供应商的物料不能保障供应、某产品的模具出现了故障、某新品的试制必须满足集团的考核进度、必须插入试制生产计划……凡此种种, 生产可是牵一发动全身, 一个计划的调整, 全身的每个细胞都要跟着动, 可是我们的系统却不是联动的, 一个环节想不到, 一堆的问题就会找上门, 计划、采购、生产、物流等部门负责人的神经都快绷断了。

2. 生产的产品品种能不能减少一点?

原来一个产品包打天下, 一招鲜吃遍天, 产品上线从头跑到尾, 都在掌控之中, 现在怎么了? A 产品干不了几百台, 要干 B 产品了, B 产品还要区分高配和低配, 一个颜色生产不会超过 50 台, 这些还没完全适应过来, 又要切换其他产品了。每个产品的变化, 物料清单、配送工位、上线顺序都要跟着不停地变化, 我们的调度系统啥时才能变成超级无敌变形金刚。

3. 我们的供应商能不能给力一点?

一款产品上千种物料已是很正常了, 几百个产品品种下来就得上万种物料才能满足生产, 为了防止主供应商掉链子, 还要配备 B、C 厂家保供。为了防止供应商断料, 我们制定了严格的供应商停线索赔机制, 但是总会有不给力的供应商供不上物料。好像他们也有倒不完的苦水: 我们没法及时看到你们生产计划的调整, 我们不知道你们的实时库存情况, 你们产品升级要早一点通知我们……再多的理由, 缺一个零部件, 生产线就跑不下去, 停线的责任总得有人抗。

4. 原材料的仓库为什么不能与供应商和物料配送达到无缝衔接?

原材料仓库被四面墙拦住了, 供应商不知道已有的库存还能满足多少天的生产、生产计划调整后还有多少物料需要紧急调拨到位, 无计可施只能派个有经验的现场主管到客户工厂仓库去蹲点, 在前线拿到的第一手资料是最准确可靠的, 但这个人工成本可是一笔不小的支出。

对于配送上线人员来说, 给我的物料最好是按生产计划、批次排序、周转容器按部就班排好的, 而对仓管人员来说, 出库单要什么我下架出库什么, 至于怎么排序那就不关仓储人员的事情了, 仓储和配送好像有断不完的官司。

5. 物流的上线配送工作啥时才能变得有条不紊?

物料的上线工作是一个复杂的系统工程, 若干条生产线, 几百个生产工位, 成千上万种物料, 料车、料架、周转箱、流利式货架、AGV 小车等各式各样的中转器具, 全靠几十或上百个配送员根据经验安排, 总有粗心的配送员放错了批量、选错了容器、跟不上产线节奏, 为什么没有一个专门的系统能把每一个物料按照排产、器具、工位、生产节奏有序地管理起来呢?

所谓痛则不通, 通则不痛。

物料上线管理暴露出的问题从源头生产计划开始, 衍生到原料采购、供应商管理、原物料仓储出货、原物料上周转器具、配送上工位等各个环节, 各环节没有有效打通照顾到彼此, 也没有通过系统统筹有效地管控起来。

第一节　信息系统规划的相关概念

信息系统规划（Information System Planning，ISP）是信息系统实践中的主要问题。信息系统的建设是个投资巨大、历时很长的工程项目，规划不好不仅造成自身损失，由此而引起企业运行的间接损失更为巨大。假如一个操作可能损失几万元，那么一个设计错误能损失几十万元，一个计划的错误就能损失几百万元，而一个规划错误的损失则能达到千万元，甚至上亿元。规划的重要性不言而喻，所以，我们应克服"重硬偏软"的片面性，把物流信息系统的规划摆到重要的战略位置上。

一、信息系统规划的概念

信息系统规划是将组织目标、支持组织目标所必需的信息、提供这些必需信息的信息系统，以及这些信息系统的实施等诸要素集成的信息系统方案，是面向组织中信息系统发展远景的系统开发计划。信息系统的规划是系统生命周期中的第一个阶段，也是系统开发过程的第一步，其质量直接影响着系统开发的成败。

二、信息系统发展的阶段论

把计算机应用到一个单位的管理中，一般要经历从初级到成熟的成长过程。诺兰（Nolan）总结了这一规律，于1973年首次提出了信息系统发展的阶段理论，这一理论被称为诺兰阶段模型。到1980年，诺兰进一步完善了该模型，把信息系统的成长过程划分为6个不同的阶段，如图4-1所示。

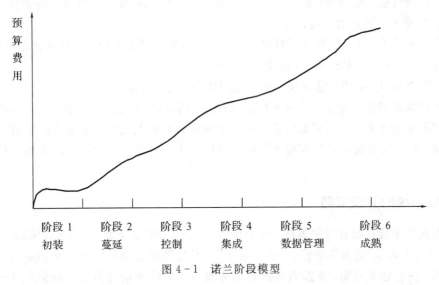

图4-1　诺兰阶段模型

第1阶段：初装。初装阶段指单位购置第一台计算机并初步开发管理应用程序。该阶段，计算机的作用被初步认识，个别人具有了初步使用计算机的能力。一般情况下，"初装"阶段发生在单位的财务部门。

第2阶段：蔓延。随着计算机应用初见成效，信息系统从少数部门扩散到多数部门，并开发了大量应用程序，使单位的事物处理效率有了提高，这便是所谓的"蔓延"阶段。显然，在该阶段中，数据处理能力发展的最为迅速，但同时出现了许多有待解决的问题，如数据冗余性、不一致性、难以共享等等。可见，此阶段只有一小部分计算机的应用收到了实际效果。

第3阶段：控制。管理部门了解到计算机数量超出控制，计算机预算每年以30%～40%或更高的比例增长，而投资的收益却不理想。同时，随着应用经验的丰富，应用项目不断积累，客观上也要求加强组织协调，于是就出现了由企业领导和职能部门负责人参加的领导小组，对整个企业的系统建设进行统筹规划，特别是利用数据库技术解决数据共享问题。这时，严格的控制阶段便代替了蔓延阶段。诺兰认为，第三阶段将是实现从以计算机管理为主到以数据管理为主的转换的关键时期，一般发展较慢。

第4阶段：集成。所谓集成，就是在控制的基础上，对子系统中的硬件进行重新连接，建立集中式的数据库及能够充分利用和管理各种信息的系统。由于重新装备大量设备，此阶段预算费用又一次迅速增长。

第5阶段：数据管理。诺兰认为，"集成"之后，会进入"数据管理"阶段。但在20世纪80年代，由于美国尚处在第4阶段，因而诺兰没能对该阶段进行详细的描述。

第6阶段：成熟。一般认为，"成熟"的信息系统可以满足单位中各管理层次（高、中、低）的要求，从而真正实现信息资源的管理。

诺兰阶段模型还指明了信息系统发展过程中的6种增长要素，它们分别是：

（1）计算机硬软资源。从早期的磁带向最新的分布式计算机发展。

（2）应用方式。从批处理方式到联机方式。

（3）计划控制。从短期、随机的计划到长期的、战略的计划。

（4）管理信息系统（Management Information System，MIS）在组织中的地位。从附属于别的部门发展为独立的部门。

（5）领导模式。一开始技术领导是主要的，随着用户和上层管理人员越来越了解MIS，上层管理部门开始与MIS部门一起决定发展战略。

（6）用户意识。从作业管理级的用户发展到中、上层管理级。

诺兰的阶段模型总结了发达国家信息系统发展的经验和规律。一般认为，该模型中的各阶段都是不能跳跃的，因而无论是在确定开发管理系统的策略，还是在制定管理信息系统规划时，都应先明确本单位当前处于哪一阶段，从而根据该阶段的特征来指导信息系统的建设。

三、信息系统的开发策略

开发信息系统一般有两种策略，分别是"自上而下"和"自下而上"的开发策略。

（1）"自上而下"的开发策略。"自上而下"的开发策略强调从整体上协调和规划，由全面到局部，由长远到近期，从探索合理的信息流出发来设计信息系统。由于这种开发策略要求具有很强的逻辑性，因而难度较大，但这是一种更重要的策略，是信息系统的发展走向集成和成熟的要求。

优点：这种开发策略有很强的逻辑性，是从整体上协调和规划，由全面到局部，由长远到近期，从探索合理的信息流出发来设计信息系统。

缺点：实施难度较大。

（2）"自下而上"的开发策略。"自下而上"的开发策略是从现行系统的业务状况出发，先实现一个个具体的功能，逐步由低级到高级建立信息系统。因为任何一个信息系统的基本功能都是数据处理，所以"自下而上"开发首先从研制各项数据处理应用开始，然后根据需要逐步增加有关管理控制方面的功能。一些组织在初装和蔓延阶段，各种条件（设备、资金、人力）尚不完备，常常采用这种开发策略。

优点：可以避免大规模可能出现的运行中协调的危险。

缺点：没有想象的那样完全周密，由于缺乏从整个系统出发考虑问题，随着系统的进展，往往要做许多重大的修改，甚至重新规划、设计。

通常，"自下而上"的策略用于小型系统的设计，适用于对开发工作缺乏经验的情况。在实践中，对于大型系统往往把这两种方法结合起来使用，即先自上而下地做好信息系统的战略规划，然后自下而上地逐步实现各系统的应用开发。这是建设信息系统的正确策略，物流信息系统的建设也不例外。

四、信息系统战略规划的作用

信息系统战略规划是一个组织的战略规划的重要组成部分，是关于信息系统长远发展的规划。由于建设信息系统是一项耗资大、历时长、技术复杂且涉及面广的系统工程，所以在着手开发之前，必须认真制定有充分根据的信息系统的战略规划。这项工作的好坏往往是信息系统成败的关键。

制定信息系统战略规划的作用在于：

（1）合理分配和利用信息资源（信息、信息技术和信息生产者），以节省信息系统的投资。

（2）通过制定规划，找出存在的问题，更正确地识别出为实现企业目标信息系统必须完成的任务，促进信息系统的应用，带来更多的经济效益。例如，存在产品质量问题的某些企业在企业战略规划中应确定的战略是：建立全面质量管理控制规程。由此导出的信息系统战略为：建立新产品的全面质量管理控制数据库系统。

（3）指导信息系统的开发，用规划作为将来考核系统开发工作的标准。

◆ ■ 补充阅读

花巨资在生产物流信息化上，为啥企业还有这么多痛点没解决？（二）

实例分析篇——ERP/MES 与 WMS 之间的那些坎

实例 1：最小包装送料

一些物料由于器具包装、运输、拣选效率等原因，需要使用标准包装，在配送时只能按照最小包装送料，这就容易出现需求数小于最小包装数倍数，造成实际多送，形成线边库存积压。ERP 不允许多于需求数过账，而 WMS 管理实物和实际库位才能体现其核心价值，这就造成两系统间业务逻辑冲突。

实例 2：批量、时序配送，器具单元化配送

大部分企业为了更好地进行上线配送工作，会根据不同零部件的特点设计不同种类的

器具。而企业的 ERP/MES 系统没有对这些器具进行有效管理，只是把生产计划/作业计划/需求计划交给 WMS 或仓库，让他们来进行处理。

这些器具还需根据企业的生产特点对不同物料进行不同方式装载，如 A 物料需要区分颜色根据生产顺序装载，一个器具上有多个同种类不同料号的 A 物料；B 物料需要 2 小时批次量配送；C 物料需要 20 套一同配送等。

实例 3：增加了 AGV 小车和 SPS 模式配送

一些企业为了提高效率，减少人工成本，引进了 AGV 小车，推行 SPS 配送模式。SPS 配送模式要求零部件在拣选时：

(1) 不同零部件分成多组，按套分多组拣选。

(2) 按生产顺序拣选和送料，避免造成错装和通道阻塞。

新产品、新人、成品型号切换速度快，都容易造成错配、漏配。

实例 4：进行供应商分配时一些特殊要求

大部分 ERP/MES 发布要料需求时，是没有供应商信息的，但却认为 WMS 管理库存应该由 WMS 完善供应商信息，这就需要 WMS 按照一定标准进行供应商分配。除供应商比例标准外，还有一致性标准：

(1) 成套件一致性，还有左右件等要求是一个供应商的，如汽车用空调套件、左右大灯等。

(2) 订单一致性，要求同一个生产订单同一种物料使用同一家供应商的，如汽车轮胎、一些为避免色差的颜色件等。

实例 5：设计频繁变更导致的需求

生产企业往往都会有设计变更，有一种变更是物料号不变但其状态变了或版本进行了升级，依照库存控制管理原则，新老状态的物料需要进行如下特别控制。

(1) 按数量控制，如老状态物料只使用 1000 套就需切换新状态。

(2) 按日期控制，如老状态物料只允许 XX 日之前使用等。

实例 6：3PL 带来了管理模式的改变

一些生产企业为了更好地控制成本，获得更好的仓储配送服务，引进了专业的 3PL。3PL 不仅带来管理上的变化，在仓库使用上也有许多改变，如 3PL 自己的仓库和企业的仓库混合使用。3PL 自己的仓库可以定位作为企业周转仓使用，也可以定位供应商直送仓。3PL 的个性化需求有：

(1) 3PL＝供应商＋仓库：供应商、3PL、工厂，更高层次的数据共享；有独立的计划需求系统，进行供应商库存分析，以及库存周转率、简单成本分析等。

(2) 多模式补货策略：具备 VMI—RDC 联动协同支持；需求主动补货策略，安全库存补货策略等。

(3) 全过程、可视化、可追溯配送过程管理功能。

(4) 多级需求预测、报警、报缺：可按月/周计划进行多级预测；分日期段报警报缺。

仓库作为实物配送的起始环节，企业管理者往往都要求仓库部门去解决以上问题。WMS 作为仓库信息化承担者，只好高唱"为什么受伤的总是我"。

第二节　物流信息系统规划

一、物流信息系统规划的原因

规划，一般是指对较长时期的活动进行总体的、全面的计划。战略问题是关于一个组织自下而上发展的全局性、关键性和长期性的问题。企业战略规划是对企业在较长时期内关于发展方向、目标方面的计划。

物流信息系统的战略规划是关于物流信息系统的长远发展规划，也称为总体规划，通常包括主要发展目标、发展重点、实现目标的途径和措施等。物流信息系统的战略规划既可以看成是企业战略规划下的一个专门性规划，也可以看成是企业战略规划的一个重要组成部分，它应与企业组织的战略规划协调一致。也就是说，不论物流信息系统的战略规划是作为企业战略规划的一部分，还是一个专门性的规划，都应当与企业战略规划有机配合。

物流信息系统规划是建立物流信息系统的第一阶段，是系统开发的基础准备和总体部署阶段。通过对企业的初步调查和客观分析，以整个系统为研究对象，审查系统的目标与需求，估计系统实现后的效果，确定系统的总目标和主要功能，即从总体上把握系统的目标和功能框架，继而分析论证总体方案的可行性，为后继的开发工作打好基础。因此，物流信息系统的规划在整个物流系统的开发过程中具有举足轻重的地位，必须引起高度重视。

在还未明确系统是做什么的情况下，就开始急于进行功能和模块设计，是造成系统开发失败的主要原因之一。现在已经有越来越多的企业认识到物流信息系统信息化建设的重要性，并开始进行物流信息化建设，然而由于物流信息系统的建设是一个投资较大、历时较长的工程项目，所以在进行物流信息系统建设之前，一定要充分做好规划与设计工作。因为规划与设计工作做得好不好，不仅直接影响物流信息系统建设的成败，而且也与企业的经营效益息息相关。

系统规划是项目开发的依据，是系统分析的依据，是编制工作计划的依据，是筹集资源及分配资源的依据，是评审系统的依据，是协调各部门工作的依据。系统规划的目的是根据物流企业的需求和现状，论证系统建设的可行性。如果可行，还要确定系统的目标范围、功能结构、开发进度、投资规模、参加人员和组织保证，以及制定实施规划和方案等。

二、物流信息系统规划的主要内容

物流信息系统规划是物流信息系统生命周期的开始，是信息系统概念的形成时期。这一阶段的主要目标是根据组织的目标与战略制定出组织中业务流程改革与创新和信息系统建设的长期发展方案，决定信息系统在整个生命周期的发展方向、规模和发展进程。物流信息系统规划一般既包括3~5年的长期规划，也包括1~2年的短期计划。长期规划部分指出了总的发展方向，而短期计划部分则为作业和资金工作的具体责任提供依据。一般说来，物流信息系统规划包含的主要内容有：

（1）物流信息系统的目标、约束与结构。系统规划应该根据组织的战略目标、组织的业务流程与创新需求以及组织的内外约束条件，来确定系统的总目标、发展战略规划，以及系统的总体结构类型及子系统的构成。其中，信息系统的总目标为信息系统的发展方向提供准则，而发展战略规划是完成工作的衡量标准。

（2）对目前组织业务流程与现有信息系统的功能、应用环境和应用现状，当前人员状况，经费情况，满足现实要求的情况等多方面进行评价。了解当前的能力状况，制定改革业务流程和建设信息系统的政策、目标和战略。

（3）对影响计划的信息技术的发展作预测。信息系统战略规划无疑要受当前和未来信息技术发展的影响，因而，计算机及其各项技术的影响应得到必要的重视，并在战略规划中有所反映。另外，对信息网络、数据库、软件的可用性、方法论的变化、周围环境的变化以及它们对信息系统产生的影响也在考虑的因素之中。

（4）发展规划阶段安排。这是对本次规划第一个发展阶段中有关项目实施计划的安排原则的确定和具体安排，主要包括硬件设备的采购时间表、应用项目的开发时间表、软件维护与转换工作时间表、人力资源的需求计划以及人员培训时间安排和资金需求等。

物流信息系统规划并不是一经制定再也不能改变的。事实上，各种因素的变化都可能随时影响整个规划的适应性，因而物流信息系统规划总要不断做修改以适应变化的需要。

三、物流信息系统规划的原则

1. 完整性原则

物流的不同层次通过信息流紧密地结合起来，在物流系统中，存在对物流信息进行采集、传输、存储、处理、显示和分析的信息系统。因此，物流信息管理系统应该具有功能的完整性，即根据物流企业管理的实际需要制定的系统能全面、完整地覆盖物流管理的信息化要求。建立信息系统必须要有系统规划，因为它是系统开发最重要的环节，有良好的规划，就可以按照数据处理系统分析和设计，持续到实现系统。因此，物流信息管理要保证系统开发的完整性和可持续性，制定出相应的管理规范，例如开发文档的管理规范、数据格式规范、报表文件规范。

2. 可靠性原则

系统在正常情况下是可靠运行的，实际就是要求系统的准确性和稳定性。系统的准确性依赖于物流信息的准确性和及时性，物流信息必须精确、及时地反映企业当前的状况和定期活动，以衡量顾客订货和存货水平。信息精确性的含义既包含了信息本身由书面信息转化为电子信息时的准确性，同时也包含了信息系统上所显示的存量信息与实际存货的一致性。信息的及时性要求一种活动发生时与该活动在信息系统内可见时的时间耽搁应尽可能地小，并要求及时更新系统内的信息。系统稳定性除了依赖于系统的准确性，还依赖于系统所存储信息必须具有容易而持之以恒的可得性。一个可靠的物流管理系统要能在正常情况下达到系统设计的预期精度要求，不管输入的数据多么复杂，只要是在系统设计要求范围内，都能输出可靠结果。非正常情况下的可靠性，指系统在软、硬件环境发生故障的情况下做出应对措施。因此，物流信息系统必须能处理异常情况，依托系统来突出问题和机会,管理者通过信息系统能够集中精力关注最重要的情况,以便及时做出相应的危机公关决策。

3. 经济性原则

企业是营利性组织,追逐经济利益是其活动的最终目的,所以每一次投入都会考虑产出。因此,在系统的投入中也要做到投入最小、收益最大,这就要求软件的开发费用必须在保证质量的情况下尽量地压缩。一个经济实用的物流信息系统必须层次结构分明,以满足不同层次的部门和人员的需要,还要尽可能是不同类型的信息。一个完善的物流信息系统,要有以下层次:

(1) 数据层:将收集、加工的物流信息以数据库的形式加以存储。

(2) 业务层:对合同、票据、报表等业务表现方式进行日常处理。

(3) 应用层:仓库作业计划、最优路线选择、控制与评价模型的建立,根据信息检测物流系统的状况。

(4) 计划层:建立各种物流系统分析模型,辅助高管人员制定物流战略计划。

此外,物流信息系统必须是友善和易于操作的,这一方面是为了使管理者便于使用和操作,同时也可以提升工作效率。系统界面要求提供的物流信息要有正确的结构和顺序,能有效地向决策者提供所有相关的信息,避免管理者过于复杂的操作与使用。系统投入运行后,还必须保持较低的运行维护费用,减少不必要的管理费用。

四、物流信息系统规划的步骤

物流信息系统规划一般包括以下一些步骤,如图 4-2 所示。

第 1 步,规划基本问题的确定,应包括规划的年限、规划的方法。这一步需要是确定集中式还是分散式的规划,以及是进取还是保守的规划。

第 2 步,收集初始信息,包括从各级机构、与本企业相似的企业、本企业内部各种信息系统委员会、各种文件以及书籍和杂志中收集信息。

第 3 步,现存状态的评价和识别计划约束,包括目标、系统开发方法、计划、现存硬件及其质量、信息部门人员、运行和控制、资金、安全措施、人员经验、手续和标准、中期和长期优先顺序、外部和内部关系、现存的设备、现存软件及其质量,以及企业员工的思想和道德状况。

第 4 步,设置目标,这实际上应由总经理和计算机委员会来设置,应包括服务的质量和范围、政策、组织以及人员等。这里的目标不仅包括信息系统的目标,而且应考虑整个企业的发展目标。

第 5 步,准备规划矩阵,它是信息系统规划内容之间相互关系所组成的矩阵,这些矩阵列出后,实际上就确定了各项内容以及实现它们的优先顺序。

第 6 步、第 7 步、第 8 步和第 9 步,识别上面所列出的各种活动是一次性工程项目的活动,还是一种重复性的活动。由于资源有限,不可能所有项目同时进行,只有选择一些好处最大的项目先进行,同时要正确选择工程类项目和日常重复类项目的比例,正确选择大风险项目和小风险项目的比例。

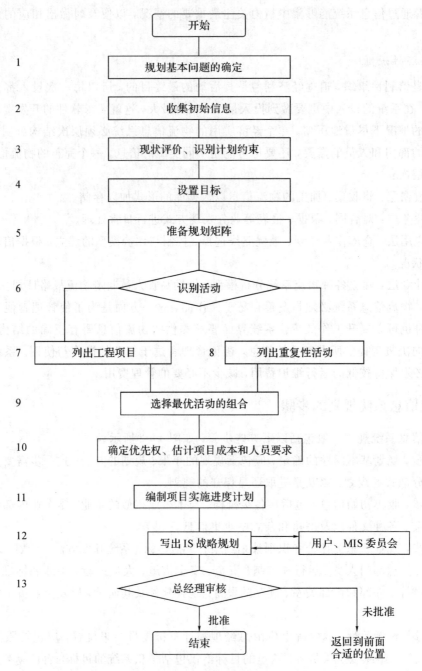

图 4-2 物流信息系统规划步骤

第 10 步，确定项目的优先权，并估计项目的成本费用和人员需求。

第 11 步，编制项目的实施进度计划。

第 12 步，把战略长期规划书写成文。在此过程中还要不断与用户、信息系统工作人员以及信息系统委员会的领导交换意见。

第 13 步，总经理批准，规划才能生效，并宣告战略规划任务的完成；如果未获批准，只能重新进行规划。

第三节 物流信息系统规划的主要方法

用于信息系统规划的方法有很多，主要有关键成功因素法、战略目标集转化法和企业系统规划法，其他还有企业信息分析与集成技术（BIAIT）、产出/方法分析（E/MA）、投资回收法（ROI）、征费法（Charge Out）、零线预算法、阶石法等，这些方法在规划中所起的作用是不同的。由 B. Bowman、G. B. Davis 等人研制的信息系统计划工作的三阶段模型，阐明了广义战略规划的制定活动以及各活动的顺序与可选用的技术和方法，如图 4-3 所示。

该模型有助于人们了解规划问题的本质并选择适当的规划阶段，可减少规划方法使用不当造成的混乱，对信息系统规划给予实质性的指导。

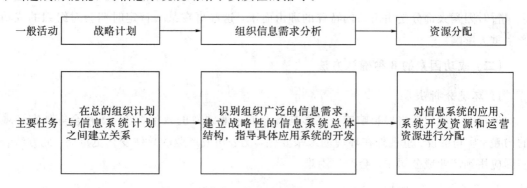

图 4-3 信息系统战略规划的三阶段模型

一、关键成功因素法

所谓关键成功因素，是指对企业成功起关键作用的因素领域，这些因素领域的状态决定着企业的运营状况。关键成功因素是企业绝对不能出差错的地方，这些领域是企业决策者经常关注的领域，对于企业在这些领域的表现，必须不断加以衡量并用信息表现出来，这些信息称为关键信息或重要信息。

关键成功因素法是以关键因素作为依据来确定系统信息需求的一种信息系统总体规划的方法。在现行系统中，总存在着多个变量影响系统目标的实现，其中若干个因素是关键的和主要的成功变量。通过对关键成功因素的识别，找出实现目标所需的关键信息集合，从而确定系统开发的优先顺序。

把关键成功因素的重要性置于企业其他所有目标、策略和目的之上，寻求管理决策阶层所需的信息层级，并指出管理者应特别注意的范围。若能掌握少数几项重要因素（一般关键成功因素有 5~9 个），便能确保相当的竞争力。如果企业想要持续成长，就必须对这些少数的关键领域加以管理，否则将无法达到预期的目标。

（一）关键成功因素的主要来源

1. 个别产业的结构

不同产业因产业本身特质及结构不同，有着不同的关键成功因素，这些因素决定于产业本身的经营特性，该产业内的每一个企业都必须注意这些因素。

2. 竞争策略、产业中的地位及地理位置

企业的产业地位是由过去的历史与现在竞争策略所决定的,在产业中每一个公司因其竞争地位的不同,其关键成功因素也会有所不同。对于由一家大公司主导的产业而言,领导厂商的行动常为产业内小公司带来重大的问题,所以对小公司而言,大公司竞争者的策略可能就是其生存和竞争的关键成功因素。

3. 环境因素

外在因素的变动会影响每个公司的关键成功因素。如在市场需求波动较大时,存货控制肯定会被高阶主管视为关键成功因素之一。

4. 暂时因素

暂时因素大部分是由组织内特殊的理由而来,这些事在某一特定时期会对组织的成功产生重大影响。

(二)成功因素的8种确认方法

1. 环境分析法

这里的环境包括将要影响或正在影响产业或企业绩效的政治、经济、社会等外在环境的力量。换句话说,重视外在环境的未来变化,比公司或产业的总体变化更重要。此方法若实际应用到产业或公司中,会产生困难。

2. 产业结构分析法

应用 Porter 所提出的产业结构分析架构,作为此项分析的基础。此架构由五个要素构成,分别是进入壁垒、买方实力、卖方实力、替代威胁及现有竞争者。这五个要素在对企业所处的产业结构进行分析的基础上,以"价值链"作为工具,提炼并形成了三种基本的竞争战略——成本领先(Cost-Leadship)战略、差别化(Differentiation)战略和集聚(Focus)战略,以实现两种竞争优势——低成本优势和差别化优势。每一个要素间关系的评估可供分析客观数据,以确认及检验产业的关键成功因素。产业结构分析的另一个优点是,此架构提供了一个完整的分类,还可以图形的方式找出产业结构要素及其主要关系。

3. 产业/企业专家法

向产业专家、企业专家或具有知识与经验的专家请教,除可获得专家累积的智慧外,还可获得客观数据中无法获得的信息。但此法因缺乏客观的数据,可能会导致实证或验证上的困难。

4. 竞争分析法

分析公司在产业中应该如何竞争,以了解公司面临的竞争环境和态势,研究焦点的集中可以提供更详细的资料,并且深度分析具有更好的验证性,但对于其成功的解释会受到限制。

5. 产业领导厂商分析法

产业领导厂商的行为模式,可当作产业关键成功因素重要的信息来源。因此,对于领导厂商进行分析,有助于确认关键成功因素,但对于其成功的解释仍会受到限制。

6．企业本体分析法

此项技术针对特定企业,对某些结构方面进行分析,如优劣势评估、资源组合、优势稽核及策略能力评估等。透过各功能的扫描,确实有助于关键成功因素的确认,但要耗费大量时间且数据相当有限。

7．突发因素分析法

此项技术亦是针对特定企业,透过对企业相当熟悉的专家协助予以确认。此方法虽然较主观,却常能揭露一些其他传统客观技术无法察觉到的关键成功因素,且不受功能的限制,甚至可以获得一些短期的关键成功因素,遗憾的是难以验证这些短期的关键成功因素。

8．市场策略对获利影响的分析法(PIMS Results)

针对特定企业,以 PIMS(Profit Impact of Market Strategy)研究报告的结果进行分析。此技术的主要优点是它的实验性基础,而缺点在于"一般性的本质",即无法指出这些数据是否可直接应用于某一公司或某一产业,也无法得知这些因素的相对重要性。

(三)关键成功因素法的步骤

(1)了解企业目标。

(2)识别关键成功因素。

(3)识别性能指标和测量标准。

(4)定义数据字典。

以上四个步骤可以用一个图表示,如图 4-4 所示。

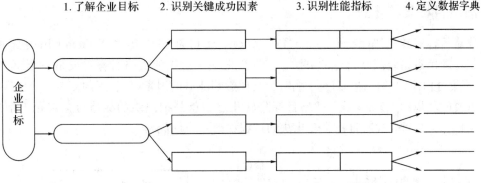

图 4-4 关键成功因素法

关键成功因素就是要识别联系于系统目标的主要数据类型及其关系。识别关键成功因素所用的工具是树枝因果图。例如:某企业有一个目标是提高产品竞争力,可以用树枝图画出影响它的各种因素,以及影响这些因素的子因素,如图 4-5 所示。

如何评价这些因素中哪些因素是关键成功因素,不同的企业评价标准是不同的。对于一个习惯于高层人员个人决策的企业,主要由高层人员个人在此图中选择;对于习惯于群体决策的企业,可以用德尔菲法或其他方法把不同人设想的关键因素综合起来。德尔菲法也称专家调查法,本质上是一种反馈匿名函询法。它的大致流程是:在对所要预测的问题征得专家的意见之后,进行整理、归纳、统计,再匿名反馈给各专家,再次征求意见,再集中，再反馈，直至得到一致的意见。关键成功因素法在高层应用，一般效果较好。

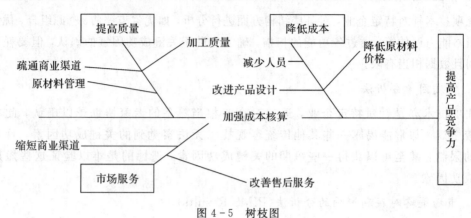

图 4-5　树枝图

关键成功因素法的优点是：能够使开发的系统具有很强的针对性，能够较快取得收益。应用关键成功因素法需要注意的是，当关键成功因素解决后，又会出现新的关键成功因素，此时必须再重新开发系统。关键成功因素法的缺点是：它在应用于较低层的管理时，由于不容易找到相应目标的关键成功因子及其关键指标，所以效率可能会比较低。

关键成功因素法设计的目的是：为管理者提供一个结构化的方法，帮助企业确定其关键成功因素和信息需求。关键成功因素法通过与管理者特别是高层管理者的交流，根据企业战略决定的企业目标，识别出与这些目标成功相关的关键因子及其关键性能指标。关键成功因素法能够直观地引导高层管理者分析企业战略与信息化战略和企业流程之间的关系。

二、战略目标集转化法

战略目标集转化法（Strategy Set Transition，SST）是 1978 年由 William King 提出的一种确定管理信息系统战略目标的方法。该方法把整个组织的战略目标看成是一个"信息集合"，该集合由组织的使命、目标、战略和其他影响战略的因素（如管理的复杂性、改革习惯以及重要的环境约束）等组成。战略目标集转化过程就是把组织的战略目标转化为信息系统战略目标的过程。战略目标集转化法的过程如图 4-6 所示。

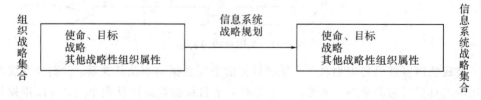

图 4-6　战略目标集转化法过程

战略目标集转化法的实施步骤如下：

第一步是识别组织的战略集，先考察一下该组织是否有成文的战略式长期计划，如果没有，就要去构造这种战略集合。构造战略集合可以采用以下步骤：描绘出组织各类人员结构，如卖主、经理、雇员、供应商、顾客、贷款人、政府代理人、地区社团及竞争者等；识别每类人员的目标；对于每类人员，识别其使命及战略。

第二步是将组织战略集转化成信息系统战略，信息系统战略应包括系统目标、约束，以及设计原则等。这个转化的过程包括对应组织战略集的每个元素识别其对应的信息系统战略约束，然后提出整个信息系统的结构。最后，选出一个方案给总经理。下面是某企业的战略目标集转化示例，如图 4－7 所示。

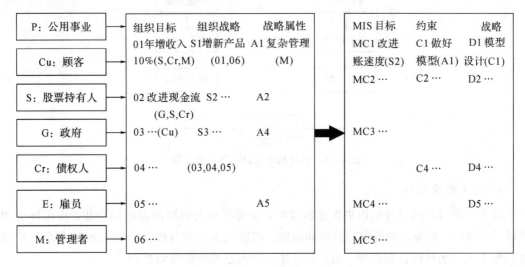

图 4－7　某企业战略目标集转化

由图 4－7 我们可以看出，该企业的目标集是由不同群体引出的。例如：组织目标 01 由股票持有者 S、债权人 Cr 以及管理者 M 引出；组织战略 S1 由目标 01 和 06 引出，以此类推，就可以列出信息系统的目标、约束以及设计战略。

三、企业系统规划法

企业系统规划法（Business System Planning，BSP）是为指导企业信息开发而建立起的一种结构化方法。20 世纪 70 年代初，IBM 公司使用企业系统规划法进行企业内部信息系统开发。此后，该方法在管理信息系统开发中得到了广泛的应用。企业系统规划法帮助企业进行规划，确定企业信息系统建设的信息需求，以满足企业长期发展的需要。

企业系统规划法要求：信息系统应支持企业的目标；信息系统应表达并满足企业中各个管理层次（战略计划、管理控制和操作控制）的信息需求；信息系统应向整个企业提供一致的信息；信息系统应在企业管理体制和组织机构发生变化时保持一定的稳定性和工作能力；信息系统的战略规划应由总体信息系统中的子系统开始实现。

根据以上基本要求，企业系统规划法的实施是一个将企业战略映射为信息系统战略的转换过程。了解企业的战略成为企业系统规划法的重要内容。为保证信息系统向整个企业提供一致的信息，应采用"自顶向下"的系统规划方法，将信息作为一种资源统一管理，而不是由某些局部来控制。为实现未来信息系统对管理体制和组织机构变化的独立性，企业系统规划法采用了"企业过程"的概念。企业过程是企业的一组基本逻辑活动和决策区域，它依赖于企业的产品和服务，但独立于企业的机构。这样，对企业系统的规划是从企业过程入手，而不是企业的组织体系和具体管理职能。一般来说，只要企业的产品和服务不发生变化，企业过程就基本不会改变。

企业系统规划法由四个主要步骤组成，分别是定义企业目标、定义企业过程、进行数据分析、定义信息系统的结构，如图4-8所示。

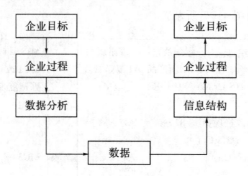

图4-8　企业系统规划法的主要步骤

1. 定义企业目标

定义企业目标的任务是识别企业的战略，主要工作是对当前组织的功能、应用环境和现状进行评价，从而识别组织的目标和战略。该阶段的根本目的是保证管理信息系统的战略与整个组织的战略目标协调一致，其具体内容与系统战略规划类同。

2. 定义企业过程

企业过程是企业管理工作中一组逻辑上相关的决策和活动，它们服务于企业的资源管理工作，定义企业过程就是对这些决策和活动进行识别和确定。通过定义企业过程，可更深入了解企业目标的完成过程，并为数据类的定义和信息系统的结构定义提供基础依据。以企业过程为基础所构建的信息系统具有较强的适应性，它能在很大程度上独立于企业组织机构的变化。

(1) 定义企业过程的依据。

一般来说，一个组织或部门的决策往往与某类资源属性有关，并形成对其他资源的支配，这种资源被称为"关键资源"。关键资源一般具有垂直穿越各管理层次和平行穿越各职能部门的特点。因此，关键资源是识别企业过程、构建系统结构的重要基础。比如，在企业中，产品/服务往往用来定义关键资源。

利用关键资源识别企业过程，往往是通过关键资源及其支持性资源的生命周期4个阶段来实现的。这4个阶段是：

第1阶段：需求、计划、度量和控制，即决定需要多少产品和资源，并获取它们的计划及确定计划要求、度量和控制；

第2阶段：获取和实现，即开发产品或服务，或获取开发过程中所需的资源；

第3阶段：经营管理，即组织、加工修改或维护有关支持性资源，对产品/服务进行存储或服务；

第4阶段：回收或分配，即产品或服务价值的实现，支持性资源使用结束。

(2) 定义企业过程的步骤。

对企业过程的识别需借助三类主要资源：计划和控制资源、产品服务资源和支持性资源。其中,通过对这一资源生命周期的分析,能够得出相应的企业过程。定义企业过程的步骤如图 4-9 所示。

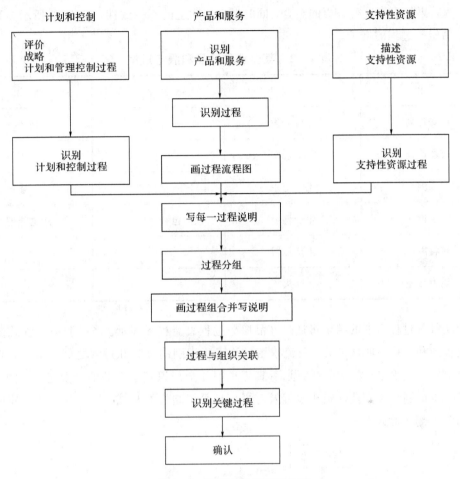

图 4-9　定义企业过程的步骤

① 计划和控制过程。在企业管理过程中,计划是制定各种任务、目标、策略和控制等并用以指导具体的活动,以达到计划所规定的目的。计划和控制过程以所收集的有关计划、关键成功因素和相应的度量标准等信息,识别相应的企业过程。表 4-1 所示为某企业识别计划和控制过程的例子。

表 4-1　某企业的计划和控制过程

战略规划	管理控制
经济预测	市场和产品预测
组织计划	资金计划
目标开发	操作计划
产品系列设计	预算

② 产品和服务过程。产品服务过程的首要工作是识别企业的产品和服务，然后识别与之相关的过程。一般是按照服务生命周期，从需求阶段开始分析。开始阶段可多定义一些过程，然后再对它们进行必要的组合，同时调整层次上的不一致性。表 4-2 所示为某企业识别产品服务过程的例子。

表 4-2　某企业的产品和服务过程

需求	获取	经营	回收
市场计划	设计开发	库存控制	销售
市场研究	产品说明	接受	订货服务
预测	工程记录	质量控制	运输
定价	生产调度	包装存储	运输管理
材料需求	生产运行		
能力计划	购买		

产品服务过程识别的结果可通过产品服务过程总流程图表示。产品服务过程总流程图包括流程图和过程说明两部分。总流程图描绘了所识别的过程和过程之间的联系，它可对于已经识别的过程进行检验，判断是否真正理解并全部识别了有关的企业过程。同时，它还是进一步识别有关支持性资源过程及定义信息系统结构的基础。某企业产品服务过程的流程如图 4-10 所示。

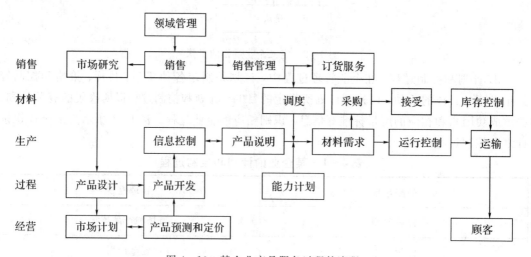

图 4-10　某企业产品服务过程的流程

过程流程图虽然说明了所识别的过程和过程之间的联系，但是并没有描述所识别过程的具体内容。过程说明用于进一步描述产品服务过程流程图中有关过程和详细内容。过程说明可采用表格或文字描述的形式，如对图 4-10 中的"采购"过程，可作如下说明。

采购过程：

供货者的评价和选择：寻找、评价和选择满足材料需求、包装需求和送货需求，并且在价格上又具有竞争力的供货人；

订货：与选定的供货人签订订单，购买有关的材料和设备；

接收和检查：检查数量和质量，接收或退回所购材料和设备，并记录有关的活动。

③ 支持性资源过程。在企业系统规划中，支持性资源是企业实现其目标的消耗品和使用物。基本的支持性资源有材料、资金、设备和人员四种类型，此外还有一些如市场、厂商及文字材料等辅助性资源。

与产品服务过程的识别相同，支持性资源过程的识别也是从其四个生命周期入手，按阶段进行过程识别。表4-3所示是一个支持性资源过程识别的例子。

表4-3　支持性资源过程

资　源	生 命 周 期			
	需求	获取	经营	回收
资　金	财务计划 成本控制	资金获得 接　受	银行业务 财务会计	会议支付
人　事	人事计划 工资管理	招　聘 调　动	报酬福利 职业发展	解聘退休
材　料	生产需求	采　购 接　受	库存控制	订货控制 运　输
设　备	设备计划	设备购买	设备维护	设备报废

④ 过程归并和分析。过程归并和分析工作主要是对已经从计划控制、产品和服务、支持性资源中识别的过程进行组合，以消除在层次上的不一致性，归并共性的过程。

最后的工作是识别企业的关键过程，目的是确定需要对哪些部门做更详细的研究。战略规划和管理控制往往包含关键过程。企业过程定义是企业系统规划法的首要工作，是以后各项工作的基础，其根本作用在于了解信息系统能在哪些方面支持企业，这也是企业系统规划法的研究目标。

3. 进行数据分析

进行数据分析是对企业过程所产生、控制和使用的与企业过程逻辑相关的数据集合进行分析，其目的在于明确各个企业过程产生和使用什么数据，各个企业过程之间当前和潜在的数据共享，从而帮助企业制定数据政策。进行数据分析有识别数据类、定义数据类和过程关联三个步骤。

(1) 识别数据类。

可将数据分为存档类、事务类、计划类和统计类四种。其中，存档类数据用于记录资源的状况，支持经营管理活动，一般仅和一个资源直接相关；事务类数据反映由于分配和获取活动所引起的存档类型数据的变化；计划类数据是规划未来活动的数据，主要包括战略计划、预测、预算模型及操作日程等；统计类数据是对以上各类数据的统计和综合，用于对企业进行度量和控制。

数据类的初步识别可通过构造企业资源/数据类矩阵完成。表4-4所示为一个企业资源/数据类矩阵示例。构造的过程可针对每一种企业资源找到其相应的数据类，当所有的数据类被识别出来后，根据层次性和一致性对它们进行综合和分解，最后得出数量适当的数据类。数据类的最后确定需按产品服务生命周期对每个使用数据过程构造一系列的输入—处理—输出数据类，如图4-11所示。

表4-4 资源/数据类矩阵

企业资源＼数据类	产品	顾客	设备	材料	……	资金	人事
存档	产品 成品 零件	客户	设备 机器负荷 工艺规程	材料费用 付款单		财政 会计 分类	雇员 工资 技能
事物	订货	运输		采购 订货		收款 付款	
计划	产品 计划	销售区域 市场计划	设备计划 能力计划	材料需求 生产安排表		预算	人员 计划
统计综合	产品 需求	销售历史	工作进程 设备利用率	外部需求		财政统计	生产率赢利 记录

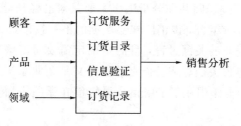

图4-11 输入—处理—输出数据类

（2）定义数据类。

定义数据类是对已经识别出的数据类的具体结构、内容及有关属性作详细的说明。可以认为，数据类定义是对数据类别过程的总结和检验，同时它也是建立系统总体结构的基础。定义的方法一般采用文字描述，也可采用其他形式的描述方法。

（3）过程关联。

所谓过程关联就是建立数据类与数据使用过程的关系。它是在所识别和定义的数据类的基础上，将数据和它的生成、使用过程相联系。表4-5所示为一个过程数据矩阵U/C的例子。

过程数据矩阵又称为 U/C(User/Create)矩阵,它是将数据类和相应的企业过程安排在一个矩阵中,用字母 C 和 U 表示哪个过程产生该数据,哪个过程使用该数据。在矩阵中,

表 4-5 一个物流系统过程数据矩阵(U/C)的例子

过程＼数据类	计划	财务	产品	零件数据	材料单	供应商	原料库存	设备	过程工作	机器负荷	代购材料	日常工作	顾客	销售区域	订货	成本	雇员
企业计划	C	U	U					U					U			U	
组织分析	U																
评价控制	U	U															
财务计划	C	U							U								
资本获取		C															
研究			U														
预测	U		U											U			
设计开发		C	C	U									U				
产品维护		U	C	C	U								U				
采购					C												
接受					U	U											
库存控制							C	C	U								
工序设计		U							C			U					
调度		U			U				U	C	U				U		
能力计划					U				U	C	U	U					
材料需求		U		U	U							C			U		
运行									U	U	U	C					
区域管理		U													U		
销售		U												C	U		
贸易管理														U	U		
订货服务		U											U			C	
运输		U						U							U		
会计	U				U											U	
成本					U											C	

首先按关键资源的生命周期顺序排列过程，即计划过程、度量和控制过程、直接涉及产品的过程，最后是管理支持资源的过程；然后根据过程中产生的顺序将数据类排在另一维上，即计划过程产生的数据、其他过程产生的数据；最后在适当的行列交叉处填上 C 或 U。

4．定义信息系统的结构

信息系统的总体结构定义是企业系统规划法的最后一项工作。该工作的主要目的是划分出信息系统的子系统，通过子系统的划分，表达出所分析过程之间的联系，以及数据对过程的支持。信息系统的总体结构定义有三项具体的工作内容：确定主系统、表示数据流向和识别子系统。

（1）确定主系统。

确定主系统的目的是划分出系统总体结构的基本框架，具体做法是以过程数据矩阵为依据，从矩阵的左上角开始，通过调整某些行和列，尽量将字母 C 排列在从左上角到右下角的对角线上。需要说明的是，在原始的过程数据矩阵中，由于过程和数据是按相关资源的生命周期顺序排列的，所以大部分字母 C 基本上已经位于对角线上。经过这样处理后，得到了字母 C 的适当排列，从而将企业过程和数据依据其管理的资源而划分成若干组，并用方框将这些组分开来，如表 4 - 6 所示。这些方框代表逻辑子系统的组合以及对特定数据类的产生和维护责任。

（2）表示数据流向。

落在系统方框以外的字母 U 表示对数据流的应用，用箭头表示数据从一个方框流向另一个方框，得到相应的数据流向图，如表 4 - 6 所示。得到数据流向图后，就可以去掉字母 C 和 U，重新安排坐标轴，并给每个方框命名，最后就得到一个完整的信息系统的总体结构图，如图 4 - 12 所示。

（3）识别子系统。

总体结构图为管理信息系统子系统的识别提供了良好的基础和框架。一般认为，由于过程是按企业活动的逻辑关系划分的，所以过程提供了合理的子系统的边界，可将一个过程组成一个子系统，该子系统为其他过程提供支持。另外，一个过程也可由多个子系统支持。划分子系统时，已有的系统不应对新系统的规模和边界产生影响。

根据数据类的产生和使用特点，可将子系统分为如下几类：

① 产生数据类但不使用其他数据类的子系统。为确定这类子系统，可将数据过程数据组合矩阵中的每个 C 考虑为一个子系统，这类子系统具有独立性。

② 使用其他数据类来产生一个数据类的子系统。所有非第一类子系统所属的 C 均属于该类。

③ 使用数据类但不产生数据类的子系统。在过程数据组合矩阵中，方框中在行上没有 C 的就是这子系统，它一般是支持度量和控制过程的子系统。

④ 方框以外的那些 U，通常不单独构成子系统，但它们是子系统的一部分。

当所有子系统被识别后，应当给予功能上的描述。子系统的识别最终明确了系统结构，并提供了确定系统开发优先级的对象和企业未来信息支持的概貌。系统总体结构可帮助企业检查出产生数据的过程和结构，以确定数据政策和管理责任。

表 4 - 6　过程数据组合

过程 ＼ 数据类	计划	财务	产品	零件数据	材料单	供应商	原料库存	成品库存	设备	过程工作	机器负荷	代购材料	日常工作	顾客	销售区域	订货	成本	雇员
企业计划	C	U	U						U					U			U	U
组织分析	U																	
评价控制	U	U																
财务计划	C	U							U									U
资本获取		C																
研　究			U												U			
预　测	U		U											U	U			
设计开发			C	C	U									U				
产品维护			C	C	U													
采　购						C												
接　受						U	U											
库存控制							C	C	U									
工序设计			U							C			U					
调　度			U			U				U	C	U				U		
能力计划						U				U	C	U	U					
材料需求			U		U	U						C				U		
运　行										U	U	U	C					
区域管理			U													U		
销　售			U												C	U		
贸易管理															U	U		
订货服务			U											U		C		
运　输			U						U							U		
会　计		U				U											U	U
成本计划						U											C	
预算会计	U	C														U		
人事计划		U																
招聘发展																	U	U
赔　偿		U																U

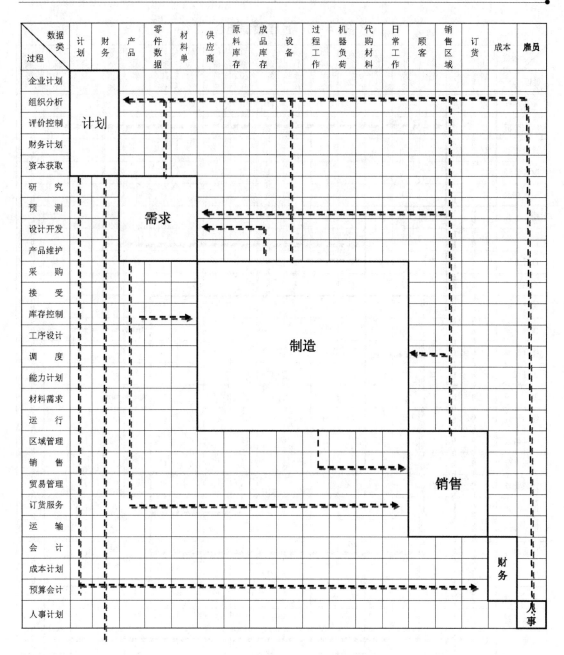

图 4-12　信息系统的总体结构图

第四节　物流信息系统的开发方法

一、生命周期法

结构化系统开发方法（Structured System Development Methodologies），即生命周期

法，是最常用的管理信息系统开发方法。它是用系统工程的方法，以用户至上为原则，以结构化、模块化的方式，自顶向下地对系统进行分析与设计。用结构化系统开发方法开发一个系统，将整个开发过程分为 5 个首尾相连的阶段，即系统开发的生命周期(Life Cycle)，包括系统调研、系统分析、系统设计、系统实施与运行、系统维护与评价。生命周期法实际上就是从系统提出请求开始，进行调查、分析、设计、实施、运行和维护的整个过程。生命周期法强调系统整体性和全局性，严格区分各个阶段，一步一步地进行分析设计，及时总结、反馈和纠正，避免混乱状态。

1. 系统调研阶段

系统分析员要对现行系统进行调查研究，弄清系统组织结构业务情况、资源、系统的界限和存在问题，然后确定新系统的目标，进行可行性研究并提出可行性研究的书面报告。

用户需求调研涉及用户和系统分析人员两方。为了使用户需求调研工作顺利进行，必须事先制定一个调研计划，以便双方有关人员特别是用户方面的人员安排好工作时间。由表 4-7 可知，调研计划包含了调研内容、接待部门和人员、调研成果 3 方面内容。

表 4-7　调研计划

调研内容	接待部门和人员	调研成果
了解公司概况和发展目标；了解公司组织结构	公司总经理；人力资源部负责人	公司概况；组织结构图；人员分工表
了解公司信息技术应用现状	信息中心负责人	硬件现状报告；软件应用现状报告；网络应用现状报告
了解公司库存管理现状	计划部门负责人	公司库存管理现状报告
了解公司部件库存管理业务	零部件仓库管理员；计划部门负责人	零部件仓库业务流程图；入库单；出库单；零部件台账；库存报表；其他单据资料
了解成品库存管理业务	成品仓库管理员；计划部门负责人	成品仓库业务流程图；出库单；入库单；零部件台账；库存报表；其他单据资料
到各相关业务部门调研	生产、采购、销售、财务等部门负责人	生产与库存；采购与库存；销售与库存；财务与库存等相关业务流程
对收集到的资料进行分析	计划部门负责人	相应报告的编写
细化零部件库存业务图；细化成品库业务图	零部件、成品库存管理员	相应报告的编写
调研报告的鉴定评审	总经理、总工程师、专家、部门负责人、库管员	提交调研报告并经公司确认

制定好详细周全的调研计划后，就着手确定使用什么样的调研方法和工具开展调研，以及收集哪些方面的信息资料和如何绘制各种业务流程图等。

经常采取的调研方法主要有表格调查法、座谈调查法、查阅资料法和现场观察法 4 种。同时，还要使用相应的调研工具，如统计表格、图形等。

（1）表格调查法。对于那些结构性强、指标含义明确并且有具体内容的调查，应使用表格调查法。一般可利用目标调查表、组织机构调查表、任务调查表、文件类信息调查表、报表数据调查表、计算机资源调查表、计算机应用项目调查表等表格来配合调查。

（2）座谈调查法。这是一种通过调查人员与被调查人员进行面对面的有目的的谈话获取所需资料的调查方法，一般有按纲问答法和自由畅谈法两种。

（3）查阅资料法。该方法就是查阅企业各种各样定性和定量的文件。

（4）现场观察法。这是一种深入现场直接对调查对象的情况进行观察、记录，从而取得第一手资料的调查方法。采用这种方法可以提高信息的可靠性。观察可以分为对人的行为的观察和对行为的客观事物的观察。

2．系统分析阶段

在拥有详细资料的基础上，认真分析用户的需求，确定新系统的逻辑功能，并通过一系列图标工具表达出来，最后编写系统分析说明书。

3．系统设计阶段

此阶段将根据系统分析阶段确定的各种功能要求及数据流程图转化为具体的物理系统。

4．系统实施与运行阶段

系统实施与运行阶段包括程序设计及测试、系统的转换及运行、设备的安装与调试、人员培训工作。

5．系统维护与评价

维护可保证系统正常运行。系统评价是对新系统进行技术、运行和经济效益的综合评价。

生命周期法强调用户参与系统的开发；按照系统的观点，自顶向下地完成开发工作；按照工程的观点分层次安排开发计划；充分考虑新系统适应系统变化的情况等观点。

二、原型法

原型法（Prototyping）是一种实用的开发方法，其基本思想是假定系统的使用者是缺乏计算机技术知识背景的，因而开发者和使用者在讨论系统的构成问题时存在着许多障碍。在这种情况下，开发者和用户的合作无疑是非常困难的。因此，一个解决方法就是开发者根据用户提出的基本需求，投入少量人力和物力，尽快建立一个原始模型，使用户可及早运行，看到模型的概貌和使用效果，并提出改进方案，开发人员进一步修改完善，如此循环更迭，直到形成一个用户满意的模型为止。

从原型法的基本设想中可以看到，它要求在获得系统的一组基本的用户需求后，快速实现新系统的一个"原型"，用户、开发人员及其他有关人员在试用原型的过程中，通过反复评价和反复修改原型系统，从而使用户的需求日益明确。同时，从原型到模型的形成，周期短、见效快，对环境变化的适应能力较强。

（一）原型法开发步骤

1. 确定用户的基本要求

在这一阶段，开发者的任务是设计出若干基本的、关键的问题向用户询问，从而得到用户对信息系统的基本要求，然后对系统给出初步的定义。

用户的基本要求是指对系统各种功能的要求，对数据结构、菜单和屏幕界面、报表内容和格式等的要求。这一步的关键在于设计者能否抓住问题的本质，建立起简明的系统模型。

2. 开发初始模型

根据用户的初始需求，开发一个可以应用的原型系统。

一般原型系统只有数十个屏幕画面和少量试验数据，通常只是单机上的系统，从系统的工作效率上来看也是很不完善的，但其目的主要是描述开发者所理解的用户的基本需求，所以对系统的工作效率、界面完美程度并不做过多的要求。

3. 使用和评价原型

请用户使用原型系统，让他们实际体验使用系统的感觉，并列出所有不满意的地方。用户可以发现该系统和所设想的系统之间的差别，从而给开发者提供更完善的思路。

这一步的目的是让用户发现原型系统中存在的问题，并不断修改原型系统直到出现下列两种情况之一为止：

（1）用户认定按原型开发的系统不是他们所希望的系统，或者开发者认为用户提出的要求按目前的条件无法实现，从而终止开发工作。

（2）除了规模和效率等几个可以改善的问题外，用户对原型系统已经满意。

4. 修改和完善

根据修改意见进行修改后得到新的原型系统，然后再进行使用和评价，这样经过有限次的循环往复，逐步提高和改善，直到形成一个用户满意的系统。

在信息系统开发中，一般以上循环过程不多于 4～5 次，原型法的开发步骤如图 4-13 所示。

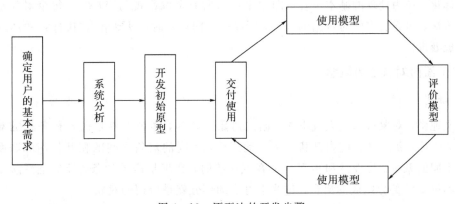

图 4-13 原型法的开发步骤

使用原型法成功的关键有以下几点：

（1）有适合的硬件设备和网络设施；

（2）有功能很强的系统构筑工具；

（3）有可以控制的数据；

（4）系统开发者有足够丰富的计算机知识；

（5）用户对于管理方面的知识丰富，同时对系统开发感兴趣，能够投身到反复的讨论中。

（二）原型法的适用范围

作为一种具体的开发方法，原型法不是万能的，而是有一定适用范围和局限性的，主要表现在以下几个方面。

（1）对于一个大型的系统，如果不经过系统分析来进行整体性划分，想要直接用原型来一个一个地模拟是很困难的。

（2）对于大量运算的、逻辑性较强的模块程序，原型法很难构造出模型来供人评价，因为这类问题不是三言两语可以说清楚的。

（3）对于一个批处理系统，大部分是内部处理过程，用原型方法有一定的困难。

三、面向对象法

（一）面向对象法的基本思想

面向对象（Object Oriented，OO）方法学认为，客观是由各种各样的对象组成的，每种对象都有各自的内部状态和运动规律，不同的对象之间的相互作用和联系就构成了各种不同的系统。当我们设计和实现一个客观系统时，如能在满足需求的条件下，把系统设计成由一些不可变的部分组成的最小集合，那这个设计就是最好的。它把握了事物的本质，因而不再会被周围环境的变化以及用户没完没了的变化需求所左右。这些不可变的部分就是所谓的对象。

面向对象法是一种认识方法学，它既提供了从一般到特殊的演绎手段，又提供了从特殊到一般的归纳形式。面向对象的系统开发方法是以事物为中心来考虑计算机的处理体系。这里指的事物不仅是基于信息隐蔽和抽象数据类型等概念，还把事物的形象、功能和意义一体化，作为处理的基本单位，即把系统内所有资源都视为"对象"，每个对象都封装数据和方法，而方法实施对数据的处理，所以在面向对象时，只要给出"执行它"的信息，便可以完成处理。

（二）面向对象法的概念

1. 对象

广义地讲，对象可以是人或事物。面向对象法认为，客观世界是由各种各样的对象组成的，每种对象都有各自的内部状态和运动规律，不同的对象之间的相互作用和联系就构成各种不同的系统。当设计和实现一个客观系统时，在满足需求的条件下，把系统设计成由一些不可变的部分组成的集合，这些不可变的部分就是所谓的对象。

2. 对象的特征

对象是面向对象法的主体，对象的基本特征包括：

（1）抽象性。对象是能够被抽象地表示出来的，抽象是对象世界的简明表示。抽象地表示对象时，强调描述对象的主要方面，忽略对象的不重要方面。用模型表达对象是对象抽象性的表现。

（2）封装性。面向对象法中，对象是被严格模块化的、一个个独立存在的实体。对一个个对象来说，从外部可以了解它的功能，但其内部细节是"隐蔽"的，并不受外界干扰。所以，对象之间的相互依赖性很小，可以独立地被其他各个系统所选用，这就是所谓的封装性。封装了的对象满足软件工程的一切要求，而且可以直接被面向对象的程序设计语言所接受。

（3）继承性。由于对象之间是有一定联系的，每个对象在整体结构中都有自身的位置，不同位置的对象在属性关系上的共同性构成了对象之间的联系，在面向对象的方法中被称为继承性，即子模块继承了父模块的属性。

（4）多态性。对象的多态性特征表现在各对象之间互操作、消息传递等方面。对象的多态性使不同的对象能够作相同的操作，对不同的对象发送相同的消息。所以，对象的多态性增强了软件的灵活性、重用性和可理解性。

3．面向对象法的结构和特征

以对象为主体开发信息系统的方法就是面对对象法。面向对象法的结构和特征主要包括以下四点：

（1）任何客观事物都是由客观事物中的多个被抽象出的对象组成，对象通过某种组合形成一定的结构，构成复杂的事物。

（2）对象由属性和方法组成。属性是对对象信息特征的反映，如特点、值和状态等；方法是用来定义的操作过程。

（3）对象之间的联系主要通过传递消息来实现，传递消息的方式是通过消息模式和方法所定义的操作过程来完成。

（4）可按属性将对象进行归类。类有一定的结构，类上可以有超类，类下可以有子类。超类、类和子类构成了对象或类之间的层次结构，它们之间的关系是靠继承维系的。

（三）面向对象法的开发过程

1．系统调查和需求分析

系统调查和需求分析就是对系统面临的具体管理问题以及用户对系统开发的需求进行调查研究，明确系统目标和功能。

2．问题分析和求解

问题分析和求解时识别出对象及其行为、结构、属性和方法等，这个阶段通常被称为面向对象分析，简称 OOA。

3．归纳

归纳是对第一阶段分析的结果作进一步的抽象、归类，以范式的形式将它们确定下来。这个阶段通常被称为面向对象设计，简称 OOD。

4. 程序实现

用面向对象的流程设计语言将上一步整理得到的范式直接映射(直接用程序设计语言来取代)为应用软件,一般称之为面向对象的程序,即 OOP。

四、计算机辅助软件工程法

计算机辅助软件工程(Computer Aided Software Engineering,CASE)是在 20 世纪 80 年代后期提出并发展起来的。确切地说,CASE 方法并不是一种信息系统开发方法,但这并不影响 CASE 方法在信息系统开发中的重要地位。CASE 方法的重要性主要表现在其对信息系统的开发方法和开发过程的支持作用上。

(一) CASE 的基本思想

CASE 的出现主要是为了解决"软件危机"问题,"软件危机"一直以来就是制约软件发展的瓶颈问题。导致"软件危机"的主要原因是传统的软件开发要靠"人"进行集约型的作业生产,而"人"的主观因素所造成的错误是不可避免的。"软件工程"研究的根本问题是如何降低成本,高效率地生产高质量的软件,以克服"软件危机"所遇到的困难。因此,软件工程从它诞生起就面临着如何组织"人"进行大规模作业,以及如何逐步用其他方法代替"人"的作业这两大课题。前者主要研究软件开发方法和项目管理方法,后者就是软件工程自动化工具,即 CASE 工具。

CASE 的关键是集成一系列可协调的软件工具组,进而形成整体的软件开发支持环境,并与项目管理工具和软件开发方法相结合,实现对环境的支撑与优化。具体地说,CASE 是一组工具和方法集合,可以辅助软件在开发生命周期各个阶段进行工作。广义地说,CASE 是辅助软件开发的任何计算机技术,它有两个主要的含义:在软件开发和维护过程中提供计算机辅助支持;在软件开发和维护中引入工程化方法。

CASE 既涉及学术研究领域,又涉及产业领域。从学术研究角度讲,CASE 是多年来在软件开发管理、软件开发方法、软件开发环境和软件工具等方面研究和发展的产物。CASE 把软件开发技术、软件工具和软件开发方法集成到一个统一而一致的框架中,并且吸收 CAD(计算机辅助设计)、软件工程、操作系统、数据库、网络和许多其他计算机领域的原理和技术。因此,CASE 领域是一个应用、集成和综合的领域。从产业角度讲,CASE 是种类繁多的软件开发和系统集成的产品及软件工具的集合。其中,软件工具不是对任何软件开发方法的取代,而是对方法的辅助,它旨在提高软件开发的效率,增强软件产品的质量。

(二) CASE 工具介绍

CASE 不是一个工具或几个工具,而是由覆盖信息系统开发过程各个阶段的一组工具组成的,它们完成软件工程各个阶段的开发任务,并能自动利用前一阶段产生的结果来保证最终产品的质量。CASE 还包括一个信息中心库,它使得彼此孤立的工具开始有了信息交换的环境支持。CASE 工具与系统开发阶段相对应。当前 CASE 主要有以下工具:

（1）需求分析阶段的 CASE 工具：带分析功能的结构化图形工具箱，如 DFD 图形工具、实体关系图（E-R 图）等；面向对象模型化工具和分析工具、原型化工具、共享信息资源中心库等。

（2）程序设计与实现阶段的 CASE 工具：Jackson 程序结构图、N-S 图、PAD 图等结构化图形工具，源代码生成工具，源代码分析工具，测试数据生成工具，测试覆盖率分析工具，异常结果差错工具等。

（3）测试阶段的 CASE 工具：测试环境模拟工具、集成测试支持工具等。

（4）维护阶段的 CASE 工具：现存系统评价工具、分析和重新设计工具、移植工具、重新结构化工具和逆向软件工程工具等。

（三）CASE 工具的分类

CASE 领域发展很快，出现了各种各样的 CASE 工具。如何对 CASE 工具进行分类呢？有必要确定一个分类模式来评估和比较不同的工具。分类既有助于人们在一个统一的概念基础上理解 CASE 工具，也有助于向 CASE 工具潜在的用户解释这一领域。

表 4-8 列出了许多不同类型的 CASE 工具，并给出了每类工具的 CASE 系统实例。

表 4-8 CASE 工具的功能分类

工具类型	实　　例
管理工具	PERT 工具、评估工具
编辑工具	正文编辑器、图形编辑器、字处理器
配置管理工具	版本管理系统、软件开发管理工具
原型工具	高级语言、用户界面生成器
方法支持工具	设计编辑器、数据字典、代码生成器
语言处理工具	编译器、翻译器
程序分析工具	交叉引用生成器、静态分析器、动态分析器
测试工具	测试数据生成器、文件比较器
调试工具	交互式调试系统
文档工具	页面布局程序、图像编辑器

（四）CASE 工具的特点

（1）一般 CASE 工具只能在特定的一个或几个操作系统环境中运行；同时，不同的 CASE 工具所能支持的系统规模也有大有小。

（2）CASE 工具是在系统开发周期的不同阶段产生的，根据 CASE 工具所支持的不同开发阶段分为上游 CASE 工具和下游 CASE 工具。上游 CASE 工具主要针对系统分析、设计阶段，下游 CASE 工具主要针对系统实施、维护阶段。当前，CASE 工具正朝着集成化方向发展，但尚未成熟，这就使得大多数情况下仍不得不分别选择各个阶段的开发工具。

（3）每种开发方法都有相应的 CASE 工具支持，CASE 的环境应用必须依赖于具体的开发方法，一个具体的 CASE 工具能且只能支持一种开发方法。CASE 工具的选择和开发方法的选择密切相关。

（4）CASE 方法只是一种辅助的开发方法，为开发人员进行系统开发提供支持，如可以方便、快速地生成开发过程的各种图表、程序和说明性文档等。但是，CASE 方法本身并不能作为一种独立的开发方法。

（五）CASE 工具的选择

尽管市场上的 CASE 工具种类繁多，但至今还没有一个 CASE 工具可以提供全套服务，系统开发过程离完全自动化的目标还有相当远的距离。

选择合适的 CASE 工具是增强信息系统开发过程自动化程度的一个重要手段，进行选择时应该综合考虑系统的规模、开发人员的情况、开发方法及 CASE 工具本身的特性等。通常，我们要对以下 4 个因素加以考虑：

（1）CASE 工具要针对确定的开发方法。

（2）程序及开发工具要能支持 DBMS。

（3）所有工具结合起来能支持整个软件生存期，特别是可维护性软件。

（4）尽可能选择开放性好、有用户好评、性能价格比高的软件。

当前，成熟的 CASE 工作平台或系统产品在市场上还不多见，并且大多价格昂贵，要达到普及尚需一段时间。所以，可行的 CASE 软件还需严格执行一些管理信息系统开发中不能代替的必要工作，如标准化管理、文档管理、设计数据字典和过程管理等。

◆ 案例分析

神龙公司物流系统

神龙公司是东风汽车公司和法国雪铁龙汽车公司合资兴建的大型轿车生产企业。1992年 5 月 18 日，神龙公司在武汉市成立。神龙公司下设生产装备部、产品工程部、制造工程部、质量管理部、采购部、市场营销部、财务部、组织系统部、人事部、公共关系部共十个职能部门和武汉、襄樊两个工厂，现有职工 4789 人。截至 1999 年底，完成投资 100.58 亿元，四大生产工艺、八个生产分厂全部建成投产，目前已经形成了年产 15 万辆整车和 20万台发动机的生产能力。

神龙富康轿车的总装配线在武汉，但是装配所需要的部件和零件则来自襄樊、武汉以及全国各地供应商，包括来自法国的进口件。例如装配所需要的车桥、发动机、变速箱等是从襄樊运过来的，再加上在武汉生产的车身、车厢，以及从全国各地包括从法国购进的一些进口零部件分别上线进行装配，最后装成一台完整的汽车，生产出来的神龙轿车又要分销到全国各个城市各个地方。神龙公司在全国设立了 20 个商务代表处，构成了全国的分销网络。神龙公司制定了售后服务的 12 条承诺。像神龙公司这样，一车涉及全国，甚至整个世界，是一种典型的物流系统，而且是一种典型的大物流系统。

首先，从职能上看，它是由大范围的购进物流系统、企业内部的生产物流系统以及末端产品(汽车)在全国范围内的分销物流系统构成的。这每个系统可以成为神龙公司大物流系统的子系统。每个子系统往下又可以分成更小的子系统。例如，购进子系统按空间又可以分成襄樊购进子系统、武汉购进子系统、国内其他地区购进子系统以及法国购进子系统等，每个子系统再往下又可以按功能分成更小的子系统，例如包装、装卸、运输、储存、加工、信息处理子系统等。这些功能子系统还可以按时间、按作业班组等往下再分……这样最后分到什么地方为止呢？一直可以分到最基本单元(作业班组、人、车、机械、工序)为止。这样，就构成一个既相互区别又相互联系、共同协调合作的等级层次结构，一个能圆满地完成整个物流任务的有机结合体，这个有机结合体就是一个物流系统。

【思考】　现代物流是组织网络和信息网络的无缝链接，通过此案例说说你的看法。

【基础练习】

一、填空题

1. 具体的物流信息可以分为以下几类：_____。
2. 综合物流信息系统所包括的信息管理子系统有：_____。

二、选择题

1. 物流系统所具有的独特的系统性质是(　　　)。

A. 整体性　　　　　B. 智能性　　　　　C. 可分性

D. 目的性　　　　　E. 多目标性

2. 物流信息系统规划的原则是(　　　)。

A. 完整性原则　　　　　　　　　B. 可靠性原则

C. 经济性原则　　　　　　　　　D. 可行性原则

3. 综合物流信息系统的总体规划基本上分为四个步骤，它们分别是(　　　)。

A. 定义管理目标　　　　　　　　B. 定义管理功能

C. 定义数据分类　　　　　　　　D. 定义信息结构

E. 定义数据标准

三、思考题

1. 简述物流信息系统的生命周期所要经历的阶段以及各阶段的主要目标和任务。
2. 物流信息系统规划有哪些方法？BSP方法的基本工作步骤有哪些？
3. 系统结构化开发方法主要包括哪几个步骤？
4. 物流系统规划的主要内容和步骤是什么？
5. 比较原型法和面向对象开发法的优缺点和适用场合。

【实践练习】

物流信息系统规划方法

实训目的：通过对物流信息系统的学习，了解物流信息系统的一般开发方法和原则。

实训内容：生命周期法、原型法、面向对象的开发方法。

实训要求：能够根据物流企业的实际情况采用合适的系统开发方法。

实训课时：4 课时。

实训步骤：

1. 分组，以 5～6 个人为一组进行讨论分析。

2. 各组依据物流企业内外情况规划系统流程图。

3. 绘制功能之间关系的连线图。

4. 各组派出代表进行分析，其他成员进行补充。

第五章　物流信息系统的分析

 学习目标

知识目标：

(1) 掌握物流信息系统分析的主要内容；

(2) 掌握物流信息系统初步调查和详细调查的方法；

(3) 掌握物流信息系统逻辑模型的建立。

技术目标：

(1) 能根据初步调查进行物流信息系统可行性分析；

(2) 能展开物流信息系统的详细调查，并绘制组织结构图、业务流程图、数据流程图；

(3) 能分析设计系统逻辑模型，绘制功能结构图。

职业能力目标：

(1) 培养物流信息系统分析能力，成为物流企业与软件服务企业之间的桥梁；

(2) 掌握物流信息系统可行性报告、系统分析报告等文档的撰写；

(3) 能独立展开常见、简单物流信息系统的分析。

◆ **物流聚焦**

现代物流中心信息系统分析

物流中心作为物资集散地，为制造商、分销商、第三方物流商提供储存保管、集散转运、流通加工、商品配送等物流服务功能。进行业务流程分析后，可以根据用户需求建立物流中心信息系统的功能架构。

1. 用户需求分析

用户对物流中心信息系统的需求包括物流业务的信息化、及时化、网络化和智能化。

(1) 信息化。使用标准化的条码技术进行商品录入，再借助数据库、电子数据交换技术(EDI)建立仓储、保管等各类基本数据库；应用射频技术(RFID)进行物流追踪和货架识别；采用便携式数据终端(PDT)随时把客户产品清单、发票、发运标签等数据传到计算机管理系统；应用 GPS、GIS(地理信息系统)技术进行运输车辆的导航、实时定位和跟踪调度。

(2) 及时化(Just In Time, JIT)生产就是在必需的时间生产必需数量的必需产品。及时化生产是精益生产的两大支柱之一。实现及时化生产的三个要素是节拍时间、单件流和看板拉动。在一个以客户为中心，需求灵活多变的生产系统中，生产是由客户需求"拉动"的，而不是按照预测来安排。看板(Kanban)拉动是当某个工序使用掉材料或产品时，前工序就会及时地、以必需的数量生产或补充被用掉的材料或产品。看板是传递信号、控制生产或库存的工具，它可以是一张纸质（或塑料）的卡片，记录着材料名称和代号、数量、存储位置等信息，也可以是周转箱或推车等容器、地板的框线或方格、信号灯等。实现看板拉动的六项原则：

后工序在必需的时候，仅按必需的数量从前工序领取必需的物品，如果没有看板，不能进行领取；

看板必须附在实物上；

持续改进，减少看板的数量，看板的数量就表示材料或产品的最大库存；

看板必须适应小幅度的需求变化，也就是能够通过看板对生产或库存进行微调整；

没有收到看板时，不能进行任何生产或补货，前工序仅按被领走的数量生产或补充被后工序领走的物品；

不合格品不能送到后工序。

（3）网络化。能通过电子订货系统（EOS）与供应商、下游客户实时联系，实现对物流服务商的组织网络化，从而简化物流交易流程。

（4）智能化。物流作业过程中存在大量的运筹和决策，如库存水平的确定、搬运路线的选择、自动分拣机的运行等问题。物流智能化要求物流中心建立如下模型：

车辆路线模型：用于解决多个配送点的费用成本问题，包括使用车辆、线路等；

网络物流模型：用于解决有效的分配货物路径问题；

分配集合模型：根据各要素相似点把同一层上的要素分组，用于解决物流服务范围问题；

设施定位模型：用于确定物流中心应在何地设置一个或多个公共设施或辅助设施等问题。

2．物流中心系统功能结构与子系统划分

为了实现以上信息化、网络化和智能化需求，物流中心的信息系统划分为销售管理、采购管理、仓库管理、财务管理、物流分析和决策支持六个子系统。

（1）销售管理子系统。该系统的主要功能是进行业务订单的处理，包括客户管理、业务分析与预测、销售价格管理、应收款及退货处理等模块，同时负责建立相互之间的数据接口，实现有关联动查询。

（2）采购管理子系统。该系统包括供应商管理、采购决策、存货控制、采购价格管理、应付账款管理等，同时与客户管理系统建立功能连接。

（3）仓库管理子系统。该系统包括储存管理、进出货管理、机械设备管理、分拣处理、流通加工、配送、货物追踪、运输调度等。

（4）财务管理子系统。对销售管理子系统和采购管理子系统传来的应付、应收账款进行会计操作，同时对物流中心的整个业务与资金进行平衡、测算和分析，并编制财务报表。

（5）物流分析子系统。通过各运筹决策模型实现对物流业务的分析，提供一体化物流运作方案，实现与网络伙伴的协同资源规划（CRP）。

（6）决策支持子系统。结合内外部信息，编制各类分析、建议报告，作为管理人员决策的依据。

物流中心作为保证流通而建立的综合性、调解供需的地区性机构，对于提高商品周转率、降低资金占用有着重要意义，而建立功能结构合理的信息系统是实现该目标的关键手段。本章我们将学习如何明确用户对物流信息系统的需求，并在可行性分析的基础上，通过详细调查提出软件系统的逻辑模型。

第一节 物流信息系统初步调查与可行性研究

物流信息系统分析的主要任务是定义用户需求，确定新系统的逻辑功能和目标，建立逻辑模型，为系统物理设计提供依据。系统分析比较常用的是结构化分析方法，首先要对现行物流系统展开初步调查，发现新系统开发的必要性和可能性，再从技术、经济、社会影响等角度进行可行性研究，并撰写可行性研究报告。

一、物流信息系统初步调查

（一）系统初步调查的目的

初步调查是为物流信息系统的可行性研究进行调查工作，一般由系统分析员、业务骨干和有关部门领导组成的调查小组负责。初步调查的目的是了解企业对物流信息系统的需求，依据企业资金、人员、设备等资源条件，提出物流信息系统总目标以及子系统的目标。

◆ 补充阅读

TCL集团销售公司的物流信息需求

TCL集团下的销售公司在全国有300多家营销网点，负责各网点之间的仓储、配送等相关物流运作。在运作中，公司发现一些关键性问题，如分段管理的供应链、较高的库存水平、有限的数据收集，形成各节点之间多次重复操作。在此情况下，公司提出了迫切要求，使用一体化的物流信息系统，重新设计预测、计划、订单、补货流程。

（二）系统初步调查的内容

初步调查阶段主要调查企业的概况及总体信息需求，主要内容包括：

（1）企业概况：企业规模、经营状况、组织结构、发展战略、管理水平，以及对外业务往来关系，用于确定系统边界、外部环境与接口。

（2）现行系统运行情况：现行系统分析着重于系统结构划分的合理性、业务流程的科学性、数据收集的准确性和便捷性，以及存在的主要问题、产生原因及解决方法。

（3）企业资源状况：人员信息技术应用能力、资金来源、计算机设备、原始数据积累、管理基础等。

（4）企业管理层对新系统开发的态度、支持程度，对新、旧系统的观点，以及对信息的需求。

（三）系统初步调查的原则

系统调查包括初步调查和详细调查，各类调查可能进行多次。两种调查的目的、内容和方法不同,详细程度也不同。初步调查不需要很深入,但由于物流活动涉及面广、信息量大,工作量一般比较大,涉及的部门包括业务、数据、信息、管理等。因此,进行初步调查时必须遵循一定的原则,实事求是,保证调查结果的客观性、全面性和正确性。

1. 自上向下全面展开

物流信息系统的调查工作应具有系统观点,自上而下全面展开。首先从物流管理的顶层开始,直到理清所有的操作流程,这样结构化的调查可以防止因组织结构庞大而毫无章法、顾此失彼。

2. 先分析后改进

企业每个部门和每项工作都有其当下存在的道理和理由,因而调查时首先弄清楚业务流程、部门职能以及它们之间的逻辑关系,再根据新系统的需求分析在新环境下有无优化的可能,这样实事求是的调查有助于了解客观情况。

3. 标准化方法

对于大型企业和系统的调查,一般由多个系统分析员完成,建议采取标准化方法,按照一定的规范展开工作。对于调查使用的表格、图例、问卷等制定统一的标准格式,以便更好地沟通、协调和归档整理。

4. 点面结合

如果是开发整个物流信息系统,则需要展开全面详细的调查工作。如果近期只是开发某个部门的子系统,最好采用点面结合的方案,这就要求理清整体和局部的关系,以及局部具体的物流业务流程。例如,开发一个配送中心的物流信息系统,首先展开全面调查,包括计划、采购、质量管理、销售、财务等部门,然后重点分析配送中心的业务流程,包括商品的采购、入库、分拣、配送、出库等环节。

此外,调查过程中需要用户参与,相关业务部门的管理人员、业务人员与系统分析人员一起参与调查,发现问题并寻求解决办法。物流信息系统的初步调查是概括性的,不必过于细致,调查方法主要包括查阅资料、座谈会、调查问卷、实地观察等。最后,根据调查记录及相关资料汇总,形成调查结果、初步调查分析报告、有关问题的评估和建议,接下来就可以进行可行性研究了。

二、可行性研究

可行性是指在现有资源和条件下,物流信息系统开发的可能性和必要性。物流信息系统开发是一项投资大、周期长、风险大的 IT 项目,在系统开发之前进行可行性研究,对于保证资源的合理利用、降低投资风险是十分必要的。这就要求高层管理人员具备相关知识,了解系统开发的全过程,配合开发人员,开发出高效、适用的系统。

(一)可行性研究的内容

可行性研究主要从技术、经济和管理三个方面论证物流信息系统开发的必要性和可行性。

1. 技术可行性

技术上的可行性是根据系统目标衡量所需的技术条件是否配备,如硬件、软件以及技术人员的数量和水平等。硬件方面主要包括计算机的内存容量、功能、联网能力，安全保护措施，输入输出设备，外存储器和数据通信设备的配置、功能、效率等。软件方面包括操作系统、编译系统、数据库管理系统，应用软件考虑是否有现成的软件包或者是否有能力自行编制相关程序。

目前来讲，开发物流信息系统需要的硬件技术应该可以满足，市场上可以购买到需要的硬件设备，如网络设备、计算机服务器、条码扫描器等。技术上的限制主要是由于资金不足导致的。开发大型物流信息系统的软件技术目前也基本成熟，辅助开发工具较多。主要的技术限制条件是项目开发技术和项目管理能力。研究技术可行性，应重点考虑企业的技术人才配备。

2．经济可行性

经济可行性主要通过对系统进行"成本效益"分析，即判断新系统带来的经济效益是否超过成本投入来评估。成本估算包括新系统的开发、运行和维护费用，还要考虑新旧系统转换阶段带来的无形成本。系统收益主要考虑两个方面，即直接收益与间接收益。直接收益包括降低库存、加快资金周转率、减少流动资金占用、节省人力成本、增加产量等；间接收益如提高企业管理水平和竞争力、提高物流处理能力和准确性、提高工作效率、减轻劳动强度。在进行成本收益分析时，尽量做到定量和定性相结合，处理好宏观效益与微观效益、直接效益与间接效益、短期效益与长期效益之间的关系。

3．管理可行性

管理上的可行性包括以下几个方面：

（1）企业管理层是否支持新系统开发以及对系统开发的态度和这是项目成败的关键；各业务部门领导、业务人员对新系统开发的态度和积极性。

（2）现行系统能否提供准确、完备的原始基础数据。

（3）评价新系统运行的可能性以及运行后可能发生的变化。例如，如何对各部门人员展开系统用户培训，如何解决新系统与现行管理机制、管理方法之间的矛盾，如何提高员工整体素质等。

（二）可行性研究的步骤

可行性研究的具体步骤因系统规模、范围和开发策略不同而有所不同，但主要步骤如下：

（1）系统分析人员对现行系统进行初步调查；

（2）撰写系统用户需求书面材料；

（3）对新系统进行可行性分析；

（4）撰写系统可行性分析报告；

（5）对可行性分析报告进行评审；

（6）如果项目可行，则制定初步的项目开发计划，予以立项，外包项目签署合同。

专家组成评审组，对可行性研究报告及相关资料进行评审，如果通过，就进入下一阶段，即系统分析阶段；如果认为信息系统开发是必要的，但条件尚不充分，则应缩小项目范围或降低某方面目标，重新修改可行性报告，重新组织评审；否则，暂停开发。

（三）可行性报告的编写

系统可行性分析要形成一套完整的文档报告，该报告是系统分析过程中的重要文件，是系统分析的重要依据。可行性研究报告主要包括新系统的目标、需求和约束,现行系统的描述及主要问题,系统的投资收益分析,系统可选方案比较,可行性研究的有关结论等。

(1)引言:系统摘要,说明系统的名称、目标和功能;系统开发的背景,说明系统开发组织、用户以及与其他系统或机构的联系。

(2)现行系统分析:组织结构、管理机制、现行系统状况、可利用的资源及约束、存在的主要问题及薄弱环节。

(3)新系统方案:新系统的目标、功能、结构、软硬件配置、开发进度安排等,以及实施后对组织结构、管理模式的影响。

(4)可行性研究:技术、经济、管理的可行性。

(5)其他可供选择的方案:重点说明相比较下已选方案的优劣势及选择理由。

(6)结论意见:对提出的新系统方案做出是否可行的结论,包括五种可能性。

① 可立即开始进行。

② 要增加资源才能开始(如增加投资、人力、时间等)。

③ 需要推迟到某些条件具备后才能开始进行,如组织结构的调整、管理工作的改进。

④ 需要对目标或项目范围进行适当修改。

⑤ 不能或者没有必要进行,例如技术、经济或管理上条件不成熟。

可行性报告反映了系统分析人员对系统开发的看法,但报告仍需提交到正式会议上进行研讨。参会人员除了用户单位的领导、管理人员、系统分析员外,还应尽可能邀请一些外部专家,预计可能出现的各种问题,做出合理判断。一旦可行性报告予以通过,就成为一份正式文件,其确定的项目目标和范围将成为下一阶段工作的依据。

◆ 补充阅读

自动化仓库管理信息系统的目标

一个完善的自动化仓库管理信息系统应具备处理各类信息的能力。为了实现高效、精确的作业,并使管理者更直观地掌控作业过程,信息系统在商品入库时应能显示作业轨迹,在库存管理时能显示货位和货品情况。

据此可知,自动化仓库管理信息系统的目标包括:

(1)完成信息处理,即对入库、出库、货位等信息的处理,可分为在线和离线信息处理;

(2)作业正确性检查,即对货品是否到位、货品与托盘是否对应等进行检查;

(3)最优化处理和支持决策,即对最佳库存量、库存位置进行决策支持;

(4)面向作业,即能响应作业需求、显示动态作业过程和更新数据等,以便了解作业过程,及时排除错误。

第二节　物流信息系统的详细调查

经过系统初步调查确定了物流信息系统的边界,进行系统可行性分析形成了可行性研究报告,但仅利用这些资料来开发物流信息系统仍是不够的,还需要开展详细调查。只有在详细调查的基础上分析用户需求，并采用恰当的分析方法，才可能开发出适合的物流信息系统。

详细调查的目的在于研究和了解现行物流信息系统，即了解现行系统是如何支持企业展开业务的。因为新系统的开发建立在现行系统基础之上，所以必须对现行系统进行全面、充分的分析。另外，必须充分了解用户需求，所以详细调查必须围绕企业内部物流活动涉及的所有信息流。信息在企业内部和供应链上流动，所以调查还应涉及企业的生产、经营、管理等各方面。

详细调查的内容涉及六大方面：组织结构与功能分析；系统需求调查；业务处理流程；数据及数据流程；系统运营环境分析；可用资源与限制条件；现行系统存在的问题及改进意见。

一、物流组织结构与功能分析

物流组织结构与功能分析主要涉及三部分：组织结构、业务功能、业务过程与组织结构之间关系。其中，组织结构分析通过绘制组织结构图完成，业务功能分析用一张表罗列组织内部各项管理业务功能，业务过程与组织机构关系通过组织/业务矩阵体现。

（一）物流组织结构

对企业进行调查时，最先接触到的就是组织结构，即一个企业的内部职能划分与部门之间的关系。企业组织结构是企业分工协作和领导隶属关系有序结合的总体，必须符合经营管理和分工的需要。

1. 典型的物流管理组织结构

最典型的三种物流管理组织结构包括顾问式、直线式和矩阵式。

顾问式结构是一种物流整体功能最弱的组织结构，在这种结构中，物流部门负责物流活动的规划、指导、协调，充当咨询顾问的角色。物流具体运作仍由原部门负责，如订单管理、运输、仓储可能由生产部门、营销部门负责，也可能由物流部门负责，但主要起协调辅助作用。顾问式结构是分权型的，缺点在于物流部门对具体物流活动没有管理权。物流活动仍分散在各个部门，容易出现强调局部利益、权责不明、沟通效率低的现象，协调比较困难。

直线式结构将物流当作一种职能，成立专门的物流部门，对企业内所有物流活动进行管理，强调集权。直线式结构对物流部门经理要求较高，既要对物流活动进行规划、指导，又要负责具体的物流运作，如采购、运输、仓储等。直线式结构的优点在于对物流活动的统筹规划，有大局观，能达到整体最优的结果；缺点在于物流经理需要处理的事情太多，由于精力有限，不利于抓住重点和提高管理效率，适用于规模小、业务内容简单的企业。

矩阵式结构将物流过程看作一个项目，这种情况下，物流活动仍由原来所属各部门垂直管理，而完整的物流过程由物流部门在水平层次上作为一个项目负责。矩阵式结构中，负责物流活动的员工需要同时向职能经理和物流经理负责，优点是有利于发挥各部门、各专业人员的业务优势，人员利用效率高，灵活性强，适用于物流业务较为稳定的组织机构，能有效地将纵向集中指挥和横向协调结合在一起。

2. 组织结构图

组织结构图是一种反映组织内部隶属关系的树状结构图，能够充分体现企业内部业务组织情况，也能局部反映企业内部的信息流和业务流。在绘制组织结构图时应该注意，排除与系统无任何联系的部门，有关部门一定要反映全面、准确。对于过于复杂的组织结构可以分层绘制。

虽然对于一个企业的物流活动来说没有唯一理想的组织结构，但我们还是能从优秀的组织架构中得到启发。第一，通过组织结构图我们可以发现企业内部职能部门之间是如何联系的，以及如何协调物流活动；第二，跨行业物流活动的共性使不同组织结构图仍存在一定的相似之处。

罗门哈斯公司是一个特殊化学品制造商，业务遍及全球。该公司有 16 个生产厂，30 个仓库，400 多名物流员工，采用多种运输模式将产品运送到世界各地。1996 年，该公司重组了组织架构，将所有物流功能置于供应链和物流主管控制之下，如图 5-1 所示。

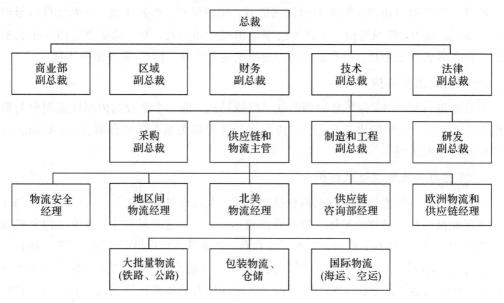

图 5-1　罗门哈斯公司组织结构图

（二）物流功能分析

组织结构图反映了组织内部的上下级关系，但没有反映出主要业务，这为后续的系统分析工作带来困难。同时，随着组织规模扩大以及市场变化，组织的业务范围会越来越广，功能日益细化，由原来单一业务派生出很多新业务。组织内有些业务由不同的部门和人员交叉管理，工作性质将发生变化。当这种变化达到一定程度时，组织结构不得不随之发生变化，必须设立新的部门才能完成特定业务。例如，采购、销售部门都涉及客户管理工作，但随着市场需要就会产生专门的客服部门，负责组织的所有客户关系管理工作。鉴于此，如果能从物流管理的功能出发，对所有业务功能有一个整体了解，就能保持其与组织结构的独立性，也可以对交叉或重复管理的业务流程进行重新设计。例如，将图 5-2 所示的物流企业组织结构图中的仓储功能展开为图 5-3 所示的仓储功能分析图。

仓储管理的主要业务功能是存仓管理、出仓管理、借货管理、货主变更、收费管理，还有日常出入库登记、费用核算、盘点库存货物、查询打印报告等。通过业务功能分析，可以将企业内各项物流业务理顺，继而进行下一步的业务流程分析。

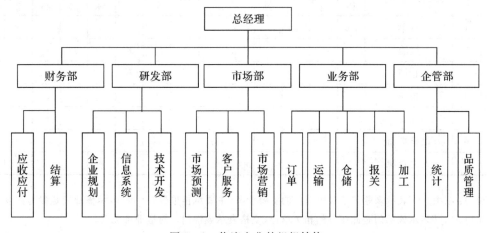

图 5-2　物流企业的组织结构

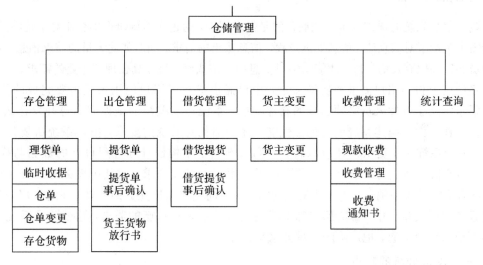

图 5-3　仓储功能分析图

（三）组织/业务矩阵

组织结构图更多体现的是管理关系，而部门之间的信息联系却没有充分体现出来，也没有反映各职能部门之间的业务关系。在组织结构图的基础上，利用组织/业务矩阵（如表5-1所示）将其与业务功能对应起来，可为后续的业务流程分析、数据流程分析奠定良好的基础。

表 5-1 中，横向表示各组织部门名称，纵向表示业务过程，两者交汇栏填写部门在执行业务过程中的作用。这种作用可以分为四种：该项业务是部门的主要业务，即主持单位；该部门是参与业务的辅助单位；该部门是此业务的相关单位；该部门与此业务无关。

表 5-1　组织/业务矩阵

功能	序号	部门\业务	计划科	质量科	结算	应收付	统计	规划	技术	客服部	运输部	人事科	仓储部	加工部	订单部	仓库
功能与业务	1	订单			√					×	×				*	×
	2	运输	*	√							*					×
	3	仓储	√							×	×					*
	4	报关									*		√	√		
	5	加工	×	×	×					*	×			*	√	√
	6	设备更新		*			√	√	√	×						
	7	人力资源										*				

说明：图中"*"表示该业务是对应部门的主要业务(主要承担单位)；"×"表示该部门是参与此业务的辅助单位；"√"表示该部门是此业务的相关单位；空格表示该部门与对应业务无关。

二、系统需求调查

物流信息系统的详细分析首先展开的是需求调查，通过实地调研得到企业对系统的需求，这些需求包括了对信息流、信息处理过程、信息输出的需求。面对如此大量的需求信息，系统分析员必须采取有效的手段，才能从大量信息中理清头绪，最终真正理解企业的需求。

系统需求包括用户需求和功能需求，用户需求描述了用户使用系统需要完成的任务，功能需求定义了开发人员必须实现的软件功能。系统需求关注的是你究竟想开发什么，所要做的工作是深入描述系统的功能和性能，逐步细化对系统的要求，描述系统所要处理的数据，并给系统开发提供一种可以转化为数据设计、结构设计和过程设计的数据与模型。可见，物流信息系统的需求分析必须全面了解用户的各项需求，对其中模糊的部分予以澄清，然后决定是否采纳；对于无法实现的需求，要向用户做出充分的解释。在绝大部分物流信息系统的开发过程中，最终用户都不能完全清楚地表达自己的需求，这就要求系统分析员不断地与用户沟通，把风险降到最低水平。

（一）需求分析的特点

物流信息系统的需求分析是一项重要工作，也是一项很困难的工作。需求分析具有如下特点：

1. 用户与系统开发人员沟通困难

系统需求分析阶段是面向用户的，主要分析用户的业务活动，明确在用户的业务环境中系统应该"做什么"。但刚开始时，系统开发人员和用户双方都很难得到满意的反馈，因为系统开发人员对用户业务活动不熟悉，短时间内难以了解清楚，而用户也不熟悉 IT 行业的技术性语言，所以交流时存在一定的障碍。

2. 用户需求动态变化

对于一个大而复杂的物流信息系统，用户很难精确地提出功能和性能需求。一开始的用户需求一定是大概、模糊的，只有经过长时间的反复确认才能逐步明朗，有时到了系统设计、实施阶段才能完全明确，这就会带来一些项目变更，导致成本增加、进度拖延，双方容易产生争议。

3. 系统变更的代价非线性增长

需求分析是系统开发的基础，假设在该阶段发现一个错误，解决它需要一小时的时间，到设计、实施、维护阶段解决，就要花费几十甚至上百倍时间。因此，对于大型复杂系统而言，必须做好需求分析工作，对用户需求及现实环境展开详细调查，进行项目可行性的进一步论证。

（二）需求调研的步骤和方法

1. 需求调研的步骤

物流信息系统的需求调研步骤如下：

（1）确定用户的系统开发目标，明确项目范围，然后确定需要调研的部门和人员，以及需要了解的业务，在基本范围内展开调研。

（2）以部门职责为基础，厘清现有业务、数据来源去向，以及要填写的文档报表等。

（3）以业务为主线，分析每个环节的流程关系、涉及部门、输入输出项。

（4）以数据为主线，分析数据采集方式、数据流向，以及数据之间的内在联系。

（5）确定每项业务、数据与新系统之间的关系，是衔接还是替换。

（6）是否有新技术可以改进现有业务流程，用户提出的需求按现有技术能否实现。

2. 需求调研的方法

调研是获得物流信息系统开发信息的重要方法，系统分析员必须掌握多种调查方法和工具，还要具备与人沟通的技巧和经验。常用的方法有：

（1）查阅资料。阅读企业的大量业务资料，如企业概况、业务介绍等。这是系统的方法，可以弥补系统分析人员相关专业知识不足的问题。

（2）座谈会。邀请相关部门人员，了解跨部门的业务处理流程，围绕系统目标提出具体问题。这是系统调查中最常见、有效的方法之一。

（3）调查表。发放调查问卷或调查表，如部门功能调查表、业务流程调查表等，让用户填写。调查表要求目标明确、项目清楚，通过匿名的方式更可能获得更真实的想法，效率也比较高。

（4）实地观察。到工作现场实地观摩，跟踪业务处理。开发人员有选择地参与某些核心业务流程的操作，了解数据的产生、传递、加工、存储过程，发现现有系统存在的问题。

（5）取样调查。走访企业的领导人员，让各层管理者谈谈对物流信息系统的需求和建议。

（6）重点调查。系统分析人员对重点业务部门展开调查。

三、业务处理流程

根据物流功能分析的结果，详细调查每一个业务处理过程。按照业务活动中信息的流动，弄清楚各环节的业务处理内容、处理顺序以及每个环节的信息需求，并绘制业务流程图。

四、数据及数据流程

从业务流程中抽象出信息的流动、加工和存储过程，并绘制数据流程图。企业的各种计划和报表都是信息载体，凡是与业务有关的所有信息载体都要全面收集，了解其产生的部门、用途、包含的数据项及各类数据项的类型、长度、含义等，以进行信息统计分析。在数据流程图的基础之上，再通过数据字典、数据存储情况进一步分析流程图中数据和信息的属性，同时用决策树、判定表、结构化语言去描述流程图中的各个处理逻辑。

五、系统运营环境分析

系统运营环境分析涉及现行系统的管理水平、原始数据的精确度、规章制度的齐备性、各级领导对新系统开发的态度，用户单位能否抽调出精通本企业业务、了解存在问题并热心改革的员工。

六、可用资源与限制条件

系统可用的资源包括人力、物力、资金、设施、设备等。例如，要详细了解现有计算机的型号、功能、配置、操作系统、数据库、目前使用情况等。限制条件包括系统在人员、资金、设备、业务处理方式、信息系统建设、有关政策方面的规定和限制条件。

七、现行系统存在的问题及改进意见

调查过程中要注意收集用户的各种意见和要求，找出现行系统运行过程中存在的问题，并分析其产生的原因。现行系统的薄弱环节将成为新系统需要解决的主要问题。

第三节　物流业务流程分析

组织结构图描述了企业的部门划分和部门间关系，功能分析图反映了各部门的主要业务功能，这些都是关于物流信息系统运行背景的一个综合性描述。它们只反映了系统的总体情况而不能反映细节，下一步的业务流程分析（Business Process Analysis，BPA）就是要弄清各个业务流程具体是如何进行的。

业务流程分析可以帮助我们了解业务的具体处理过程，发现现有业务流程中的不合理部分，进而在设计新的物流信息系统时，通过业务流程重组（Business Process Reengineering，BPR），构建更高效的系统。恰当的业务流程分析将会为后续系统开发过程带来很多便利。

一、业务流程分析的内容

业务流程分析的目的是了解各个业务流程的具体过程，明确部门间的业务关系，并用业务流程图（Transaction Flow Diagram，TFD）表示出来，为进一步的业务流程优化提供依据。绘制业务流程图的过程也就是系统分析员全面了解业务处理概况的过程。

业务流程分析的具体内容包括以下五个方面：

（1）详细了解各业务环节的任务、工作内容、工作对象和工作方式。

（2）与其他机构、部门之间的信息关联，如输入报表、产生的单证、输出报表等。

（3）异常情况的处理，如临时性需求、发现错误、紧急情况的处理等。

（4）有无冗余、无用的处理过程。

（5）有无适合用计算机代替人工的业务流程。

二、业务流程分析的步骤

业务流程分析是要将企业的业务活动过程描述出来，并进行优化，主要步骤如下：

（1）绘制各部门的业务流程图。

（2）与各部门人员讨论业务流程图是否符合实际情况。

（3）分析业务流程中存在的问题，判断有无不合理环节。

（4）与各部门人员讨论，提出改进方案。

（5）将新业务流程图提交决策者，以便确定合理的、切合实际的业务流程。

三、业务流程图

业务流程分析将业务功能细化，利用详细调查的资料将业务处理过程中每一个步骤用流程图的形式描绘出来。在绘制业务流程图的过程中，发现问题并分析不足，优化业务处理过程。所以说，绘制业务流程图是业务流程分析的重要步骤。

（一）业务流程图的定义

业务流程图利用一些规定的符号来表示业务处理过程，是一种表明系统内各单位和人员之间的业务关系、作业顺序和信息流动的流程图现实业务流程中的一些弊病很难凭空指出，而通过业务流程图可以细致分析流程的合理性和存在问题，进而做出修改。业务流程可能发生在一个部门，也可能跨部门、跨企业，具体视情况而定。当业务流程比较复杂时，可以使用多层图来表示，把下层图作为上层图的进一步细化逐步展开。

有关业务流程图的画法，目前还不太统一，但只是一些图形符号的使用有所不同，在准确描述业务流程方面是一致的。业务流程图是一种尽可能形象、简单反映业务处理过程的方法，由于它简单明了，所以非常易于阅读和理解，但不足之处在于对一些专业性较强的业务环节缺乏足够的表现手段，比较适合对事务性业务流程的描述。

（二）业务流程图的基本图形符号

业务流程图的基本图形符号非常简单，一共有 4 个，如图 5-4 所示，有关图形符号的解释可以用文字填写在图形内。这 4 个符号代表的含义与物流信息系统最基本的处理功能一一对应。其中，圆圈表示系统内主体，代表系统内与业务流程执行相关的部门或人员；正方形表示系统外实体，代表与业务流程相关联的外部组织、部门或人员；箭头表示数据流向，代表业务数据的流动方向；下方波浪线的方框表示数据、报表和单据。系统分析员一般按照这个绘图规范完成业务流程调查的文档制作工作。业务流程图的绘制一般采用自上而下的方法，首先画出上层的业务流程图，然后对每一部分进行分解，画出详细的流程图。

系统内实体　　　　系统外实体　　　　数据流向　　　　数据、报表、单据

图 5-4　业务流程图的基本符号

（三）业务流程图绘制实例

业务流程图的绘制并无严格规定，只需要按照业务的实际处理步骤绘制即可。下面给出几个业务流程图进行示范。

1．采购入库

采购入库业务流程描述如下：采购员将入库单交给检验员，检验员将不合格的入库单退回给采购员；合格的入库单交保管员并记入库存台账，统计员根据库存台账填写月报表交主管部门审阅。图5－5所示为采购入库业务对应的业务流程图。

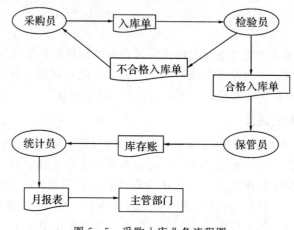

图5－5　采购入库业务流程图

2．车间领料

车间领料业务流程描述如下：车间将填写好的领料单交给仓库要求领料，库长根据用料计划审批领料单，未批准的领料单退回车间；已批准的领料单送到仓库保管员处，由他查阅库存台账，如果账上有货则通知车间前来领料，否则将缺货通知传递给采购人员。图5－6所示为车间领料业务对应的业务流程图。

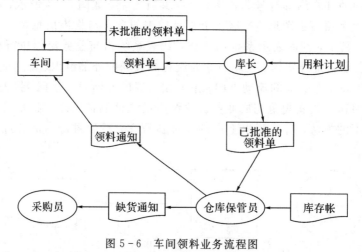

图5－6　车间领料业务流程图

3．缺货采购

缺货采购业务流程描述如下：采购员从仓库收到缺货通知单后，查阅订货合同，若已订货，向供货单位发出催货请求；否则，填写订货单交给供货单位，供货单位发出货物后，立即向采购员发出取货通知。图 5-7 所示为缺货采购业务对应的业务流程图。

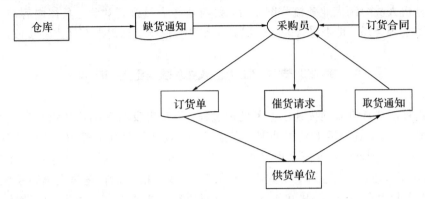

图 5-7　缺货采购业务流程图

四、表格分配图

有些业务流程涉及多个部门，需要将某种单据或报告分发给多个主体，这种情况就需要用到表格分配图来描述业务。表格分配图可以帮助系统分析员确定这些报告单据都与哪些部门相关。

图 5-8 所示为采购业务的表格分配图，其中，每一列表示一个部门，箭头表示复制单据的流向，每张单据上标有用于区分的号码。采购单 1~4 表示采购单一式四份，第一份交给供货方；第二份交给仓库，用于准备待收货；第三份交给财务部门，用于进行应付款处理；第四份留在采购部门存档。

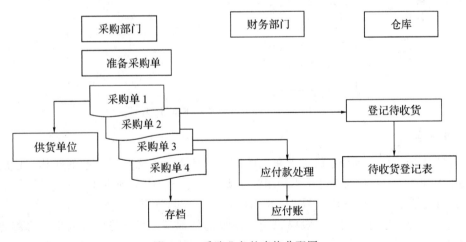

图 5-8　采购业务的表格分配图

五、业务流程分析的注意事项

业务流程分析的注意事项如下：

（1）对每一项业务弄清其输入、处理、存储、输出的要求，搜集相应资料；

（2）理顺各部门、岗位、业务流程之间的关系；

（3）除去不必要的环节，对重复环节进行合并，对新环节进行增补；

（4）确定哪些是新信息系统需要处理的环节。

系统分析人员绘制完业务流程图以后，要与业务人员进行讨论，具体内容包括系统的业务流程图是否合理、是否符合现实情况，以及根据企业信息需求有无进一步改进方案等。

第四节　物流数据流程分析

业务流程图非常直观地描述了业务处理过程，但没有反映伴随业务流程产生的数据是如何流转的。所以，还需要对数据处理进行描述，工具就是数据流程图。数据流程图（Data Flow Diagram，DFD）是一种便于用户理解的系统数据流程的图形表示，它摆脱了物理内容（组织结构、工作场所、信息载体、物质、材料等），能够精确地在逻辑上描述系统的功能、输入、输出和数据存储等，是描述系统逻辑模型的最主要的工具，也是今后设计功能结构和数据库系统的基础。数据流程图可以通过几个特定符号综合反映出信息在系统中的使用、加工处理、传递和存储情况，是结构化系统分析最基本的工具。

一、数据流程图的基本图形符号

数据流程图由 4 种基本图形符号组成，分别是外部实体、处理逻辑、数据流和数据存储，如图 5-9 所示。

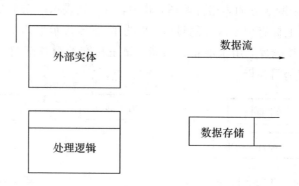

图 5-9　数据流程图基本符号

1. 外部实体

外部实体是指在系统外，独立于系统而存在，但又和系统有所关联的实体。它是数据的外部来源和去向，可以是某个人员、组织、某一信息系统或某种事物。确定了系统的外部实体，就确定了系统与外界的分界线，从而确定了系统的范围。

在进行数据流程分析时，一般要识别出系统的外部项，即系统的数据来源和终点。在绘制数据流程图时，有时候为了方便不绘制出外部实体，只绘制出外部实体的数据流。当数据流程图是多层级时，有些要素在某层中是外部项，在上一层就是内部项。系统分析的主要任务之一就是定义系统边界，外部项就是系统边界外的环境因素。

2. 处理逻辑

处理逻辑完成对数据的某项加工或处理，如对客户的订单进行核对、打印、计算应付金额。一个处理逻辑可能只是一步简单的处理步骤，也可能包括多个环节，因而编号要反映出扩展的层次。如处理逻辑"1"扩展的处理功能为 1.1、1.2、1.3、…，处理逻辑"2"扩展的处理功能为 2.1、2.2、2.3、…，以此类推。一项处理过程可能有一个或多个输入数据流，也可以有一个或多个输出数据流，需要在图形符号中填入处理逻辑的过程和编号。

3. 数据流

数据流是系统内数据流动的反映，用来说明数据流动的方向。数据流是处理逻辑的输入或输出，是模拟系统中数据传递过程的工具。在数据流程图中，数据流用一个箭头表示，箭头指向数据流动的方向，箭线上面注明数据流的名称。

4. 数据存储

数据存储表示数据保存的地方，但不考虑存储物理介质和技术环节，仅是一种逻辑描述。系统从数据存储中提取数据，又将处理完的数据返回数据存储。与数据流不同的是，数据存储本身不产生任何操作，它仅响应存储和访问数据的要求。

二、数据流程图的特点和作用

数据流程图的特点是抽象性和概括性，不考虑物理因素（如组织结构、存储介质、处理方法、技术手段等），只是抽象地反映数据的流动、加工、存储和利用过程，抽象地表示各任务之间的关系和顺序，从信息处理的角度把一个复杂的实际系统抽象成一个逻辑模型。数据流程图把系统对各种业务的处理联系起来，形成一个总体，具有很强的概括性。

数据流程图的作用表现在：

（1）抽象地表示了业务处理过程。

（2）数据流程图是自顶而下分析信息处理流程的工具，其抽象性便于后期设计计算机化的业务处理过程。

（3）根据数据存储，进行数据分析、数据建模，向数据库设计过渡。

（4）一个处理逻辑对应一个功能单元，表达功能单元的处理方法后，向设计程序过渡。

绘制数据流程图的过程是对业务流程进行分析和抽象的过程。数据流程图是系统开发人员与用户进行沟通的语言和桥梁，将业务流程分析中掌握的数据处理过程绘制成一套完整的数据流程图，是设计物流信息系统的基础。在绘制过程中，可以核对相应的数据、报表与模型等。

数据流程图的绘制采用"自顶而下、逐层分解"的结构化分析方法。该方法与我们的认知规律一致，先看到森林，再看到树木，从概括到具体。逐层分解就是对处理过程进行分解，分解成更详细的数据流程图。

三、数据流程图绘制的基本步骤

数据流程图应该反映系统的逻辑功能，熟练掌握数据流程图的画法，对系统分析员来说至关重要。概括来说，数据流程图的绘制步骤基本如下：

（1）确定外部实体，把整个业务过程当成一个系统，分析系统的数据来源和流向。

（2）确定来自外部实体的输入数据流和流向外部实体的输出数据流，做出顶层的数据流程图，包含概括性的数据处理过程。

（3）自顶而下，逐层分解，如果上层的数据流程图不够详细，需要对数据处理过程进一步调查分析，分解成若干环节，每个环节构成一个处理逻辑，再确定其输入和输出数据流，用箭线连接起来，并为各图层的构成要素（外部实体、数据逻辑、数据存储）进行命名、编号。当底层的数据流程图逻辑清晰、简单、明确时，分解结束。

（4）与用户进行交流，在用户理解数据流程图涵义的基础上，征求其意见并进行修改。

例如，图5-10所示为仓储管理的顶层数据流程图，外部实体为"客户"，处理逻辑为P1"业务处理"，系统输入数据流为"出入库请求"，输出数据流为"回执"，数据存储为D1"库存账目"；整个业务流程可以进一步展开，将P1"业务处理"分解为三个环节"业务分类"、"入库处理"和"出库处理"，如图5-11所示。

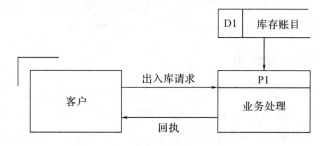

图 5-10　仓储管理顶层数据流程图

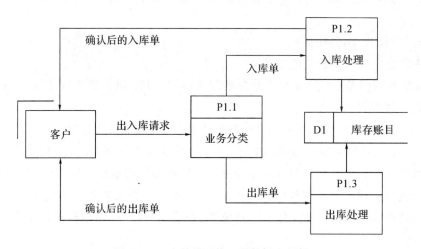

图 5-11　仓储管理第二层数据流程图

四、数据流程图绘制实例

针对下述业务流程，给出数据流程图绘制实例。

1. 订货出库

订货业务流程描述如下：用户将订货单交给某企业业务经理，经检验后，不合格订单让用户重新填写，合格订单交给仓库做出库处理；仓库查阅库存台账。若有货，则向用户开票发货，否则，通知传递给采购员订购。图5-12所示为订货出库业务对应的数据流程图。

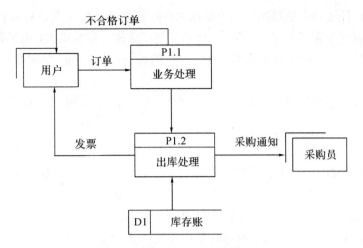

图 5-12　订货出库业务的数据流程图

2. 车间领料

这里拿上一节业务流程图绘制实例中的第二个例子来说明。

车间领料业务流程描述如下：车间将填写好的领料单交给仓库要求领料，库长根据用料计划审批领料单，未批准的领料单退回车间，已批准的领料单送到仓库保管员处，由他查阅库存台账；如果账上有货，则通知车间前来领料，否则将缺货通知传递给采购人员。图5-13 所示为车间领料业务对应的数据流程图。

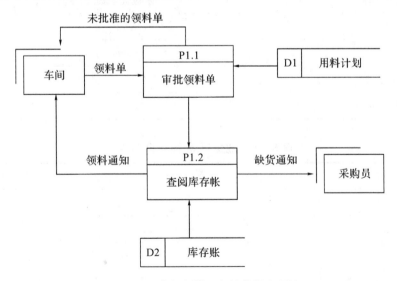

图 5-13　车间领料业务的数据流程图

五、数据字典

用数据流程图来表示系统逻辑模型直观形象，但缺乏细节描述，没有准确完整地定义图中各个元素。数据字典就是在数据流程图的基础上，进一步定义和描述所有外部实体、处理逻辑、数据项、数据结构、数据存储的工具。数据流程图和数据字典相互配合，就可以从图形和文字两个方面对系统的逻辑模型进行完整的描述。

数据字典的任务是对数据流程图中出现的所有元素都作为一个条目加以解释，使得每个图形符号都有一个确切的定义。因此，建立数据字典的工作量很大，也很繁琐，但却是一项必不可少的任务。数据字典是系统结构化分析的另一重要工具，是对数据流程图的补充和注释。

下面介绍数据字典包括的六大项目：数据项、数据结构、数据流、数据存储、处理逻辑和外部实体。

1. 数据项

数据项又称数据元素，数据流程图中的每一个数据结构都是由数据项组成的，它是具有独立逻辑含义的最小数据单位。对于数据项的描述包括以下内容：

(1) 数据项的名称，要尽量反映该数据项的含义，便于记忆和理解；

(2) 数据项编码，对于系统中所有数据项都应该统一编号，方便查找；

(3) 数据项类型，说明该数据项取值是字符型还是数值型；

(4) 数据项长度，说明组成该数据项的字符位数；

(5) 数据项的取值范围，数据项可能是什么值以及每个值的含义。

表 5 - 2 和表 5 - 3 所示分别为数据项"供应商名称"、"订单编号"的定义。

表 5 - 2　数据项条目—供应商名称

名　称	内　容
数据项名称	供应商名称
数据项编号	102
别名	sname
类型及长度	字符型，32 位
数据类型	字符型

表 5 - 3　数据项条目—订单编号

名　称	内　容
数据项名称	订单编号
数据项编号	103
别名	bno
类型及长度	字符型，10 位
有关编码说明	
第 1～8 位	订货日期
第 9～10 位	订单顺序号
数据类型	数值型

2. 数据结构

数据结构由若干个数据项组成，描述了数据项之间的关系。一个数据结构可以由若干个数据项组成，也可以由若干个数据结构组成，还可以由若干个数据项和数据结构组成。对于数据结构的描述，应该包括以下内容：

(1) 数据结构的名称；

(2) 数据结构的编号；

(3) 数据结构的简要描述；

(4) 数据结构的组成。

表5-4和表5-5所示分别为数据结构"供应商基本信息表"、"入库单"的定义。

表 5-4　数据结构条目—供应商基本信息表

名　　称	内　　容
数据结构名称	供应商基本信息表
数据结构编号	202
简要说明	供应商的基本信息
组成	供应商编号
	供应商名称
	供应商提供商品编号
	厂址
	退货方式

表 5-5　数据结构条目—入库单

名　　称	内　　容
数据结构名称	入库单
数据结构编号	203
简要说明	入库商品汇总统计表
组成	供应商编号
	供应商提供商品编号
	商品名称
	入库数量
	入库时间

3. 数据流

数据流表明系统中数据的逻辑流向，该数据可以是数据项或数据结构。对数据流的定义包括：

（1）数据流的名称和编号；

（2）数据流的简要说明；

（3）数据流的来源；

（4）数据流的去向；

（5）数据流的组成；

（6）数据流的流通量，即单位时间内的数据传输次数。

表5-6所示为数据流"发货单"的示例。

表5-6　数据流条目—发货单

名　称	内　容
数据流名称	发货单
数据流编号	301
简要说明	供应商向超市采购人员开出的发货单
数据流来源	外部项"供应商"
数据流去向	处理逻辑"查点验收"
数据流组成	商品名称、数量
流通量	100份/天

4. 数据存储

数据流是动态的，数据存储是数据流动的暂停或永久保存。在数据字典中，数据存储条目只描述数据的逻辑存储结构，而不涉及它的物流组织，描述内容包括数据存储的编号、名称、简述、组成、关键字、相关的处理、输入数据流、输出数据流。其中，重点是数据存储的组成，要说明业务数据的逻辑结构，如库存账目数据存储的存放出库单、入库单、库存账目。数据存储定义如表5-7所示。

表5-7　数据存储条目—入库单

名　称	内　容
数据存储名称	入库单
编号	D1
组成	入库单数据结构
来源	客户外部实体
频率	200张/小时
去向	入库处理
关键字	入库单号
备注	一笔业务对应一张单据号，可包含的商品数量不定

5. 处理逻辑

在数据字典中，对数据流程图中最底层的处理逻辑加以说明，其内容包括处理逻辑的名称及编号、功能简述、输入数据流、输出数据流和备注。详细的内部处理逻辑需要借助其他工具作进一步描述。表 5-8 所示为处理逻辑条目"入库处理"的示例。

表 5-8　数据逻辑条目—入库处理

名　　称	内　　容
处理逻辑名称	入库处理
编号	D1
功能简述	客户办理入库手续时进行处理，核对各项数据
输入数据流	入库单
处理	验货、输入入库单、打印、统计
输出数据流	核对正确的入库单
备注	

6. 外部实体

外部实体是信息系统数据的来源和去向。在数据字典中，对外部实体的描述包括外部实体的名称、编号、简要说明、外部实体输入数据流和外部实体输出数据流。表 5-9 所示为外部实体"客户"的定义。

表 5-9　外部实体条目—客户

名　　称	内　　容
外部实体名称	客户
编号	W1
输入数据流	入库单、出库单
输出数据流	结算单据
备注	大量的大客户，采用月底结算；9：00-11：00是业务高峰

数据流程图的建立方式可以是手工，也可以利用计算机工具。手工方式是将各类条目按格式写在卡片或纸上，并分类建立一览表。计算机方式是用软件进行管理，查询、修改都非常方便。数据字典实际上是"关于系统数据的数据库"，在系统分析过程中，可以通过名称来查询数据的定义，也可以按照要求列出各种表，以满足系统分析员的需求。数据字典可以确保数据在系统中的完整性和统一性。例如，可以通过检查各类条目的规定格式发现如下问题：是否存在未指明来源和去向的数据流，是否存在未指明所属数据存储或数据流的数据项，处理逻辑与输入的数据项是否匹配，是否存在没有输入或输出的数据存储等。

数据字典必须由专人负责管理，数据管理员的职责就是维护和管理数据字典，保证数据字典内容的完整性和一致性。任何人，包括系统分析员、设计员和程序员，都不能随意修改数据字典的内容。关于数据字典的任何修订和变化，都要及时通知相关人员。

六、处理逻辑说明

数据字典对数据流程图的每个处理逻辑都进行了说明，但这种说明是概括性的，只描述了其功能组成，并不详细。处理逻辑作为系统开发人员结构化分析的依据，应该用更专门的工具对其内部处理过程展开描述，对数据流程图作必要补充。数据流程图、数据字典和处理逻辑说明构成了系统的逻辑模型。

（一）处理逻辑的描述工具

处理逻辑的描述工具主要有结构化语言、决策树和决策表。

1. 结构化语言

结构化语言是用来描述逻辑功能的规范化语言，它介于自然语言和高级语言之间。与自然语言相比，结构化语言只用了有限的词汇和语句；与高级语言相比，结构化语言没有严格的语法规定。

结构化语言有以下三种语句：

（1）祈使语句。祈使语句是指要做什么，由动词加上名词组成，明确指出要执行的动作。祈使语句应该尽量简单、明了。

（2）判断语句。判断语句的用法类似于程序设计中的条件语句，一般形式如下：

如果条件 A   if condition A

则 语句 1   then statement1

否则 语句 2   else statement2

在判断语句中，语句 1 和语句 2 可以是祈使语句，也可以是判断语句或循环语句，从而形成各种嵌套结构，也允许出现多重嵌套。在多重嵌套的情况下，相同层次的保留字应上下对齐，下一层次应后退两格，以保证层次清楚。

例如，描述某商店在销售中的折扣政策，折扣条件有三个，即顾客是否是 VIP、最近三个月有无欠账记录、消费是否大于 1000 元。

如果 顾客是 VIP

则   如果该顾客在最近三个月内无欠账记录

   则   折扣为 8 折

   否则 如果该顾客消费满 1000 元

      则   折扣为 8.5 折

      否则 折扣为 9.5 折

      否则 折扣为 0

（3）循环语句。循环语句是指在某种条件下连续执行相同的动作，直到条件不成立为止。

例如，给员工发工资时，系统不仅要计算每个人的工资，还要计算所有员工的工资总和，循环语句如下：

核对每位员工

计算该员工的工资

将该员工的工资加到工资总和中

在该循环语句中,"计算员工的工资"已经定义。

2. 决策树

决策树用来描述功能模块的逻辑处理过程,其基本思路和结构化语言是一样的,它是结构化语言的另一种表现形式。如果仍用结构化语言表达,可能要使用多个判断语句,这样就会比较复杂。在这种情况下,决策树会更加适合。

决策树是用"二叉树"来表示不同条件下的不同处理方式,比用语言的方式更加直观。如图 5 - 14 所示,左边为树根,从左向右依次排列各种条件,树可以产生很多分枝,各分枝最右端为不同条件下的决策结果。

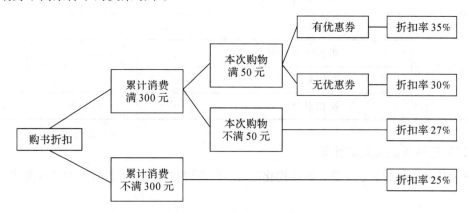

图 5 - 14　购书折扣的决策树

3. 决策表

在很多软件应用场合,需要用一个模块去计算多种条件的复合,并根据条件选择适当的结果。决策表能够把所有的条件组合充分地表现出来。当条件的个数比较多,每个条件的取值有若干个,并相应动作也很多的情况下,决策表比决策树更有效。

决策表分为 4 部分,左上部分为条件说明,右上部分为各种条件的组合,左下部分为所有的行动方案,右下部分为各条件组合下对应的行动方案。表 5 - 10 所示为购书折扣处理的决策表。

表 5 - 10　购书折扣处理的决策表

	判定规则号	1	2	3	4	5	6	7	8
条件	累积消费满 300 元	Y	Y	Y	Y	N	N	N	N
	本次购物满 50 元	Y	Y	N	N	Y	Y	N	N
	本次消费有优惠券	Y	N	Y	N	Y	N	Y	N
操作	折扣率为 35%	√							
	折扣率为 30%		√						
	折扣率为 27%			√	√				
	折扣率为 25%					√	√	√	√

表 5-10 中条件栏是可能发生的各种情况，操作栏是各种行动方案，表中的"√"表示对应列的条件组合下应当采取的行动方案，合并与简化后的结果如表 5-11 所示。

表 5-11 购书折扣处理的决策表

判定规则号		1	2	3	4
条件	累积消费满 300 元	Y	Y	Y	N
	本次购物满 50 元	Y	Y	N	—
	本次消费有优惠券	Y	N	—	—
操作	折扣率为 35%	√			
	折扣率为 30%		√		
	折扣率为 27%			√	
	折扣率为 25%				√

（二）三种表达工具的比较

三种处理逻辑的表达工具，即结构化语言、决策树和决策表，其特点和比较如表 5-12 所示。

表 5-12 三种处理逻辑表达工具的比较

	结构化语言	决策树	决策表
直观性	一般	很好	一般
用户检查	不便	方便	不便
逻辑检查	好	一般	差
可修改性	好	一般	差
机器可读性	好	差	好
机器可编程	一般	不好	好

一般而言，结构化语言比较适用于表达既有顺序过程又有判断过程或循环过程的组合；决策表适用于含有 5～6 个条件的复杂组合；决策树适用于行动数在 10～15 的一般复杂程度决策。三种工具在某些情况下可以相互转换。

第五节 物流信息系统逻辑模型与系统分析报告

系统分析的任务是在充分认识原系统的基础上，通过详细调查、系统优化分析，最后完成新系统的逻辑方案设计，并撰写系统分析报告。

一、物流信息系统逻辑模型

所谓"逻辑"，是与物理相对而言的。物流信息系统的逻辑模型一般是从信息处理的角度出发，指出系统应该完成的功能和任务，而不管这些功能和任务用什么方法和技术来实现。换言之，物流信息系统的逻辑模型回答的是"物流信息系统要做什么"，而不是"物流信息系统要怎么做"。

（一）新系统逻辑模型的提出

在原系统基础上提出新系统逻辑模型，应对原系统进行分析，找出原系统业务流程和数据流程的不足，并提出改进方法，给出新系统所要采用的信息处理方案，使新系统目标适应组织的管理需求和战略目标。

对原系统的分析包括：功能分析、子系统划分、业务流程分析、数据流程分析、数据属性分析、数据存储分析、数据查询要求分析、数据输入输出分析等。数据属性分析、数据存储分析、数据查询要求分析和数据输入输出分析可以在系统设计阶段进行。

数据流程的分析和优化是系统分析的重点，分析原有的数据处理过程，发现哪些过程可以删除或合并、哪些过程可以改进或优化、哪些过程存在冗余信息处理，再根据计算机信息处理的需求进行优化，绘制新的数据流程图，确定新的数据流程图中人与机器的分工，即哪些工作可以由计算机自动完成、哪些必须由人工执行。

分析原系统的不足后，根据新的信息技术、开发技术和用户对新系统的需求，结合业务流程再造的结果，提出新的逻辑方案。新系统逻辑模型包括新系统的业务处理流程、数据处理流程、数据存储组织和合理的系统功能层次。

（二）新系统逻辑模型的建立

逻辑模型是系统分析的最终成果，也是今后进行系统设计和实施的依据。新系统的逻辑模型主要包括：

（1）新系统的目标。根据详细调查的结果，对可行性分析报告中的系统目标进行再次考量，对项目的可行性和必要性进行再次分析，并根据系统建设的环境和条件来修正系统目标，使系统目标适应组织的管理需求和战略目标。

（2）新系统的业务流程。企业经过业务流程优化后，提出新的业务流程、新系统的人机交互界面，并绘制出新系统的业务流程图。

（3）新系统的数据流程。企业经过数据流程优化后，提出新的数据流程、新系统的人机交互界面，并绘制出新系统的数据流程图。

（4）各子系统的划分。把整个系统划分成若干子系统可以大大简化设计工作，因为划分以后，只要子系统之间的接口关系明确，每一个子系统的设计、调试基本上可以互不干扰。各个具体的业务处理过程，可根据实际情况建立管理模型和管理方法。

新系统的逻辑模型是系统开发者和用户共同确认的新系统处理模式以及共同努力的方向。与现行系统相比，新系统可能只是在某几个处理中引进了新技术、改进了若干数据流程、改变了某些数据存储的组织方式。但建议在开发过程中，对原系统进行的变更应该更切实可行，尽可能循序渐进，不要企图一次做太多改变，否则会因牵涉面太广出现预想不到的困难，造成组织中震荡过猛，形成不必要的阻力。

二、系统分析报告

系统分析阶段的最终成果是系统分析报告，又称为系统说明书。一份好的系统分析报告不仅能够展示系统调查的结果，还能反映系统分析的结果——新系统的逻辑模型。系统分析报告一经用户认可接受，就成为了具有约束力的指导性文件，成为下一阶段系统设计工作的依据和今后系统验收的检验标准。一份完整的系统分析说明书应包括下述内容：

1．系统概述

概述部分主要介绍物流信息系统的背景和摘要，主要包括：

(1) 系统的名称、目标和主要功能。

(2) 系统开发的背景、用户、开发者，以及本系统与其他系统或机构之间的关系。

(3) 参考资料和专门术语说明。

2．现行系统概况

(1) 现行系统调查说明，包括对现行系统的主要功能、组织结构、业务流程和数据流程进行的分析，找出系统存在的主要问题和薄弱环节。

(2) 系统需求说明，全面了解组织中各层次人员对新系统的信息需求。

3．新系统逻辑设计

(1) 新系统的目标与功能。确定新系统的需求、功能、性能等对主要处理过程用决策工具进行描述；另外，对各主要环节的业务处理量、处理方式和技术手段等都做一个简明扼要的说明。

(2) 系统逻辑模型。各个层次的数据流程图、数据字典和处理逻辑说明。

(3) 出错处理要求。

(4) 其他特性要求。例如，系统的输入/输出格式、启动和退出等。

(5) 遗留问题。根据目前条件，暂时不能满足的一些用户要求和设想，并提出今后的解决措施和途径。

4．实施计划

(1) 工作任务的分解。根据资源及其他条件确定各个子系统开发的先后顺序，并在此基础上分解工作任务，落实到具体组织或个人。

(2) 时间进度安排。给出各项工作的预计开始时间和结束时间，以及先后顺序，可以用甘特图或网络图来安排进度。

(3) 预算。逐项列出项目所需要的劳务以及经费预算，包括各项工作所需的人力、办公费、差旅费、资料费等。

(4) 培训计划。新系统使用单位人员的培训计划，包括培训内容、时间安排、教材等。

5．附录

附录包括组织结构图、业务流程图、数据流程图、数据字典、处理逻辑说明等。通常来说，系统分析阶段提供的系统分析报告通常有三个作用：第一，描述新系统的逻辑模型，作为开发人员进行系统设计和实施的基础；第二，作为用户和开发人员之间的协议或合同，为双方的交流和监督提供基础;第三,作为系统验收和评价的依据。

因此,系统分析报告是系统开发过程中的一份重要文档,必须要求完整、一致、精确、简明易懂,并且易于维护。

◈ **案例分析**

北京 EMS 物流中心的组织结构和功能分析

北京 EMS 物流中心是国内最大的邮政特快专递国际互换处理中心。物流中心现有员工 200 多人,设有综合办公室、车队、1 个分拣中心(负责邮件中转)、8 个外地分点(负责北京的揽收与投递),还设有客服中心、仓储、业务、财务等部门,主要经营特快专递、同城速递、普邮、代收货款、国内长途货运、电子商务递送等业务,公司仅快递就可达 10 万件/月,且业务量在不断增长。

在北京邮政物流局的统筹规划下,物流中心建成了 100 多个分点,业务类型进一步多元化,是一个典型的集仓储、物流、配送为一体的综合性商务配送组织。物流中心的信息系统包括订单管理、仓储管理、业务管理、生产管理、财务管理、决策分析、互联网访问、系统管理、主控制台九大功能。

(1)订单管理。由客服部门使用,主要负责订单的接受、分拣、出口、合拢,以及客户信息反馈等。该功能可以接受电话、传真等各种来源的订单,并通过统一的数据接口对订单进行处理,然后通过网络将订单的投递信息反馈给客户。

(2)仓储管理。仓储管理包括仓库的设定、产品档案的建立、购入、退库、售出、盘盈、盘亏及借入借出结算、接受提货要求并进行简单包装加工,提供库存列表、流水分析、汇总、供应商货物销售情况反馈等。

(3)业务管理。归由物流中心业务及生产监控部门使用,主要功能包括对业务进行建档、对各分点业务投递情况进行统计,并向客户进行信息反馈。该功能还生成揽收日报、投递日报、各分户账、公司整体运作监控等。

(4)生产管理。这是管理物流信息的主要部分,包括分拣中心管理、分点管理及远程数据交换三部分。分拣中心是各分点邮件的中转交换场所,它实现了一个内部的邮件进出管理环境,主要包括中心揽收的邮件,分点转投邮件及各种退件的进口、出口、合拢,中心自己的监控、信息反馈等。分点管理除了管理各分点邮件的进口、出口及合拢外,还实现了邮件最终投递到户及与之发生的交款、交费、投递监控及信息反馈等。数据交换则能保证整个公司范围内生产数据的共享和一致性。

(5)财务管理。财务管理主要提供财务决策的相关数据,建立应收、实收账款,并对应收和实收进行核对,同时对收据进行管理;建立员工揽收工作量、投递工作量、取件工作量的绩效和提成分析,向客户对账及结算等。

(6)决策分析。通过灵活的图表等形式向企业领导提供公司揽收与投递的横向与纵向分析。

(7)互联网访问。互联网访问包括远程客户的下单与查单;对公司人事、库存、销售情况进行信息发布,以供公司相关人员进行远程查询。

(8)系统管理。完成系统相关信息的维护和设置。例如,职工档案管理、职工权限管理、公司组织管理、客户档案管理、供应商档案管理等。

(9) 主控制台。接收外地分点的生产数据；监控外地分点的拨号连接；进行系统操作的日志记录与分析。该功能与数据交换功能（属于生产管理部分）一起实现了分布数据的集中分享。

【思考】 请结合本章知识，针对北京 EMS 物流中心的业务流程，分析其物流信息系统功能划分的合理性。

【基础练习】

一、名词解释

1. 物流信息系统分析　　2. 业务流程分析　　3. 数据流程分析　　4. 数据字典

二、多项选择题

1. 物流信息系统分析的步骤包括(　　)。

A. 可行性研究　　　　　　　　B. 详细调研

C. 新系统逻辑模型的建立　　　D. 系统分析报告的提出

2. 物流信息系统分析的首要任务是(　　)。

A. 正确评价当前系统　　　　　B. 弄清用户的要求

C. 彻底了解管理方法　　　　　D. 使用户接受分析人员的观点

3. 详细调研的主要内容包括(　　)。

A. 现行系统目标　　　　　　　B. 组织结构

C. 业务流程　　　　　　　　　D. 数据流程

4. 数据字典的内容有(　　)。

A. 数据结构　　　　　　　　　B. 数据项

C. 数据流　　　　　　　　　　D. 处理逻辑

三、思考题

1. 什么是物流信息系统的需求分析？说明需求分析的重要性。

2. 什么是物流信息系统的逻辑模型？它与物流模型的区别是什么？

3. 系统分析报告的主要内容有哪些？

4. 物流信息系统详细调查主要包括哪些内容？

【实践练习】

物流信息系统调研

项目任务：选择一家企业进行走访，记录它们的规模和采用的物流信息系统。

调研内容：该项目主要通过调研的形式展开，结合网络搜索来完成，主要让学生理解物流信息系统的概念，通过调研企业的组织结构、业务流程、数据流程和功能模型来展开对物流信息系统的分析，进一步提出未来改进或拓展的方向。

注意事项：

1. 调研企业要具有一定的代表性，在分组的项目安排中要予以体现。调研的内容尽量具体，注意材料的真实性、可靠性和时效性。

2. 教师在学生调研过程中要进行指导，比如应该侧重哪些方面的内容、调研报告的写作风格等。

3. 参加项目的同学尽量分配合理，并在调研前进行必要的培训。强调尊重被调研企业的知情权和隐私，体现大学生素质。

4. 对每个小组的调查成果可以适当灵活地予以体现，形式上不一定局限于调查报告，也可以是小论文、调研报告、PPT 等形式。

第六章　物流信息系统的设计

 学习目标

知识目标：

（1）熟悉系统设计的主要任务；

（2）熟悉子系统划分原则及平台设计；

（3）掌握模块设计；

（4）掌握物流信息系统数据库设计；

（5）掌握物流信息系统代码设计；

（6）熟悉物流信息系统的输入/输出设计；

（7）熟悉物流信息系统功能模块处理过程设计。

技术目标：

（1）会判断模块的耦合类型及内聚类型；

（2）会分解数据库表；

（3）会设计代码；

（4）会写物流信息系统设计报告。

职业能力目标：

（1）培养良好的职业道德；

（2）培养团队合作精神。

◆ **物流聚焦**

物流公司决胜千里的攻城狮——信息系统大揭秘

关于物流系统，市场上目前有两种常见的声音：第一种宣称系统是企业的核心竞争力，物流企业的竞争未来主要是系统的竞争，物流企业是科技企业；第二种则认为业务才是核心，系统支持只是辅助手段而已，有很多免费的系统可以使用。

两种声音都没有错，不过是说话的群体不同。持第一种观点的人是行业的领导者或者是新模式的创新者，前者为了提高公司的竞争壁垒，后者则是为了让资本看起来更性感。持第二种观点的人，则是行业的小公司，业务模式比较简单，客户群体单一。

1. 物流系统的发展过程

根据企业业务的发展阶段，随着业务体量、客户需求多元化，会经历单一系统、多系统、系统群三个阶段，如表 6-1 所示。

表 6-1　物流公司系统发展阶段

阶段	业务规模	系　　统	主要功能
单一系统	小于 1 个亿	TMS 系统	运单系统、结算系统
多系统	1 亿~10 亿	营运业务系统＋辅助系统	订单流转、运输监控、结算、报表
系统群	10 亿以上	核心业务系统群＋辅助系统群	订单系统、运输系统、结算系统、预测及智能调度

2. 典型物流公司的系统

(1) 顺丰的营运核心系统阿修罗。

顺丰的阿修罗系统是一个系统集合平台，集合了运单管理、运力管理、运输质量管理、财务结算等众多系统，类似搭积木的方式，如图 6-1 所示。

图 6-1　顺丰的阿修罗系统

(2) 德邦的物流系统。

自 2012 年起，德邦与 IBM、埃森哲、德勤等建立合作关系，就信息系统进行持续开发、升级及维护等相关工作开展深度合作。近年来，德邦采用直接购买、合作开发和独立开发相结合的方式，成功地搭建了营运系统、决策支撑系统、客户系统、智能支撑系统四大系统板块，如图 6-2 所示。

2013 年上线的 FOSS，已经为德邦服务了 4 年半的时间，已经到了更新换代的时候，目前德邦已经开始在分拆 FOSS 功能模块，未来也是朝着模块化设计。目前的结算功能已经由新上线的 CUBC 系统替代，不过其核心的 TMS 运输管理系统还没有成型。

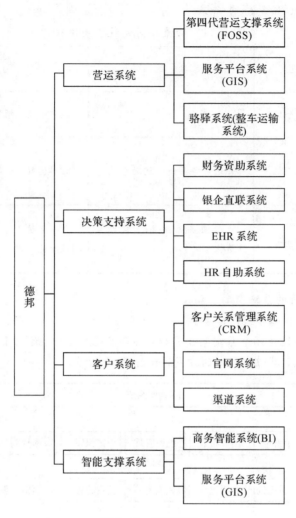

图 6-2　德邦系统

（3）安能的物流系统。

安能的核心业务系统经历了外包、自主开发 1.0、自主开发 2.0 三个阶段，目前已建成以鲁班系统、天龙系统为核心，大零担平台、TMS、电商平台、冷链系统、WMS 系统、金融平台系统为辅的系统架构。

3. 典型物流公司系统的几大看点

（1）哪些物流公司是科技公司。

都说物流公司是披着物流外衣的科技公司，通过各家年报披露的数据可以发现，百世是典型的科技公司，顺丰、德邦、安能在技术上的投入也非常大。相对来说，快递公司中的"通达系"科技含量相对较低。

（2）从系统设计逻辑看出企业管理风格。

德邦系统的强校验、流程闭环体现了强管控逻辑；而安能的鲁班系统则是灵活性较强，体现了加盟制企业的业务特点。

（3）系统名字体现了公司的企业文化。

百世的系统是字母加数字的组合，体现了西方文化的风格；顺丰的阿修罗和即将面世的舒华都是佛教的神，体现了王卫的佛教信仰；德邦的系统则是比较活泼，松鼠、骆驿、悟空体现了德邦的年轻朝气；壹米滴答的银河、商桥的如来等则体现了新模式企业家创业的伟大梦想。

第一节　物流信息系统设计概述

系统设计是物流信息系统开发过程中的重要阶段之一。系统分析阶段是解决物流信息系统"干什么"的问题，最终给出了系统分析报告，建立了物流信息系统的逻辑模型；而系统设计阶段则是解决物流信息系统"怎么干"的问题，最终成果是要给出系统的实施方案，建立物流信息系统的物理模型。

一、物流信息系统设计的内容

系统设计又称为物理设计，是开发物流信息系统的第三个阶段。具体来说，系统设计通常可分为三个阶段进行，首先是总体设计，其任务是设计系统的框架和概貌，并向用户单位和领导部门作详细报告并得到认可，随后在此基础上进行物流信息系统的详细设计，最后编写系统设计报告。

1. 总体设计

总体设计包括系统模块结构设计和计算机物理系统配置方案设计。系统模块结构设计的任务是划分子系统，然后确定子系统的模块结构，并绘制出模块结构图。而计算机物理系统具体配置方案的设计，要解决计算机软硬件系统的配置、通信网络系统的配置，以及机房设备的配置等问题。

2. 详细设计

在总体设计基础上，第二步进行的是详细设计，主要包括数据库设计、代码设计、输入/输出设计、界面设计、功能模块处理过程设计等。

3. 编写系统设计说明书

系统设计阶段的结果是系统设计说明书，它主要由模块结构图、模块说明书和其他详细设计的内容组成。

在整个系统设计阶段，总体设计与详细设计并无明显的界限，常常是相互联系、相互交错的。总体设计是详细设计的前提和先导，详细设计是总体设计的细化和说明，两者合在一起形成了系统设计的整体。

二、物流信息系统设计的原则

在进行物流信息系统设计时，应遵循以下原则：

1. 简单性

在达到预定目标且具备所需功能的前提下，系统应尽量简单，这样可以减少处理费用，提高系统效益，便于实现和管理。

2. 灵活性

为了维持较长的信息系统生命周期，要求系统具有很好的环境适应性。为此，信息系统应具有较好的开放性和结构的可变性。在信息系统设计中，应尽量采用模块化结构，提高数据、程序模块的独立性，这样既便于模块的修改，又便于增加新的内容，提高信息系统适应环境变化的能力。

3. 一致性和完整性

一致性是指系统中的信息编码、采集、信息通信等数据不能有二义性。完整性是指系统作为一个统一的整体而存在，系统功能应尽量完整。

4. 可靠性

可靠性是指系统硬件和软件在运行过程中抵抗异常情况的干扰及保证系统正常工作的能力。一个成功的信息系统必须具有较高的可靠性，如安全保密性、检错及纠错能力、抗病毒能力等。

5. 经济性

经济性是指在满足系统需求的前提下，尽量节约成本。一方面，在硬件投资上不能盲目追求技术上的先进，而应以满足应用需要为前提；另一方面，信息系统设计中应尽量避免不必要的复杂化，各模块应尽量简洁，以便缩短处理流程、减少处理费用。

第二节　物流信息系统总体结构设计

一、物流信息系统的子系统划分

物流信息系统的子系统划分多采用结构化的方法，自顶向下将整个系统划分为若干个子系统，子系统再划分为子系统（或模块），然后再自上而下地逐步设计。在进行子系统划分时，一般遵循以下原则：

1. 子系统要有相对独立性

子系统的划分必须使得子系统的内部功能、信息等方面的凝聚性较好。在实际工作中，应尽量减少各种不必要的数据调用和控制联系，并将联系比较密切、功能近似的模块相对集中，便于以后对信息的搜索、查询、调试和调用。

2. 子系统之间的数据依赖性尽量小

子系统之间的联系要尽量减少，接口简单、明确。因此，在划分子系统时，应将联系较多的成分都划入子系统内部，便于未来的调试、维护等工作。

3. 子系统的划分应使数据冗余最小

数据冗余的增加会引起相关的功能数据分布在各个不同的子系统中，大量的原始数据需要调用，大量的中间结果需要保存和传递，大量计算工作将要重复进行，从而使得程序结构紊乱。数据冗余不但会给软件编制工作带来很大的困难，而且系统的工作效率也大大降低了。

4. 子系统的设置应考虑今后管理发展的需要

物流信息系统的开发受到时代环境、技术条件、经济条件的限约，所开发出来的信息系统未必能满足企业今后发展的需要。因此，在新系统的开发过程中，应考虑系统今后功能扩充、升级的需要。

5. 子系统的划分应便于系统分阶段实现

信息系统的开发是一项系统工程，它的实现一般都需要分期分步进行。另外，子系统的划分还必须兼顾组织机构的要求，以便系统实现后能够符合现有的情况和习惯，使得系统实施能够更好地进行。

二、物流信息系统的模块设计

(一) 模块化概念

模块化设计，简单地说就是程序的编写不是开始就逐条录入计算机语句和指令，而是首先用主程序、子程序、子过程等框架把软件的主要结构和流程描述出来，并定义和调试好各个框架之间的输入、输出连接关系。逐步求精的结果是得到一系列以功能块为单位的算法描述。以功能块为单位进行程序设计，实现其求解算法的方法称为模块化。模块化的目的是为了降低程序的复杂度，使程序设计、调试和维护等操作简单化。

(二)模块结构图

模块结构图是用于描述系统模块结构的图形工具，它不仅描述了系统的子系统结构与分层的模块结构，还清楚地表示了每个模块的功能，直观地反映了模块内部联系和模块间联系等特性。模块结构图的基本符号如图 6-3 所示。

模块　　　调用　　　数据　　　控制信息

图 6-3　模块结构图的基本符号

1. 模块

在系统设计阶段要将一个系统分解成若干彼此独立且又具有一定联系，能够完成某项特定任务的组成部分，这些组成部分就称为功能模块，简称模块。一个模块的规模可大可小，它可以是一个程序，也可以是程序中的一个程序段或一个函数、过程或子程序。模块是模块结构图中最基本、最主要的元素。模块具有输入输出、逻辑功能、内部数据、运行程序四大属性，还有一些附加属性，如模块的名称、编号等。

（1）输入输出。模块的输入来源和输出去向都是同一个调用者，即一个模块从调用者那里取得输入，进行加工后再把输出返回调用者。

（2）逻辑功能。逻辑功能是指模块把输入转换成输出所做的工作。

（3）内部数据。内部数据是指仅被该模块自身引用的数据。

（4）运行程序。运行程序是指用来实现模块功能的程序。

2. 调用

在模块结构图中，用连接两个模块的箭头表示调用，箭头总是由调用模块指向被调用模块,但被调用模块执行后又返回调用模块。模块调用可分成三种调用关系:直接调用、选择调用和循环调用,如图6-4所示。

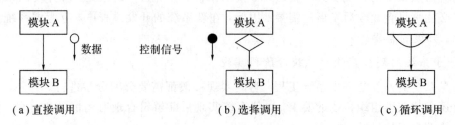

图6-4 模块间的调用关系

3. 数据

当一个模块调用另一个模块时,调用模块可以把数据传送到被调用模块进行处理,而被调用模块又可以将处理的结果送回调用模块。在模块之间传送的数据,使用与调用箭头平行的带空心圆的箭头表示,并在旁边标上数据名,如图6-4(a)所示。

4. 控制信息

为了指示程序下一步的执行,模块间有时还必须传送某些控制信息,如数据输入完成后的结束标志,文件读到末尾产生的文件结束标志等。在模块结构图中,用带实心圆的箭头表示控制信息,如图6-4(b)所示。

5. 实例

在绘制模块结构图时,通常将输入、输出模块分别绘制在左、右两边,计算或其他模块放在中间。为了便于理解系统的整个结构,尽量将整个模块结构图画在一张纸上。在图中,模块结构图的层数称为深度,一个层次上的模块总数称为宽度,深度和宽度反映了系统的大小和复杂程度。图6-5所示为一个计算报表的模块结构图。

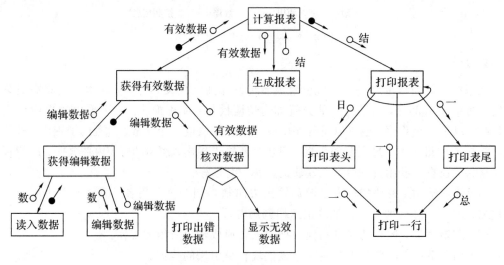

图6-5 "计算报表"模块结构图

(三)模块分解的原则和依据

在结构化设计中,模块分解的原则为"耦合小,内聚大"。耦合表示模块之间的联系程度，内聚表示模块内部成分之间的联系程度。紧密耦合表示模块之间联系非常强，松散耦合表示模块之间联系比较弱，非耦合则表示模块之间无任何联系，是完全独立的。一般来说，在系统中各模块的内聚越大，则模块间的耦合越小，但这种关系并不是绝对的。

1. 模块的耦合方式

（1）数据耦合。如果两个模块之间的通信信息是若干数据项，则这种耦合方式称为数据耦合。例如在图6-6中，为了计算实发工资，"计算工资"模块必须把工资总额和扣款数据传输给"计算实发工资"模块，而"计算实发工资"模块在算出实发工资后又送回到"计算工资"模块。

（2）控制耦合。如果两个模块之间传输的信息是控制信息，则该耦合称为控制耦合。传送的控制信息可分成两类，一类是判定参数，调用模块通过该判定参数控制被调用模块的工作方式，若判定参数出错则导致被调用模块按另一种方式工作；另一种是地址参数，调用模块直接转向被调用模块内部的某一些地址，这时若改动一个模块则必将影响另一模块，因为控制耦合方式的耦合程度较高，应尽量避免采用地址参数的方式。

（3）非法耦合。两个模块之间不经过调用关系，彼此直接使用或修改对方的数据，则称为非法耦合。这是最糟糕的耦合方式，在结构化设计时决不允许出现这种情况。

两个模块之间的三种耦合方式及其性能比较如图6-7所示。

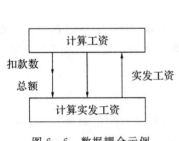

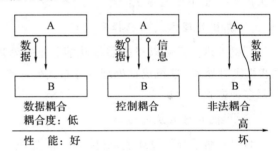

图6-6 数据耦合示例　　　　　　图6-7 模块的耦合方式及其性能比较

2. 模块的内聚方式

（1）巧合内聚。巧合内聚是指模块各成分之间毫无联系，整个模块如同一盘散沙，不易修改或维护。

（2）逻辑内聚。逻辑内聚是指模块各成分的逻辑功能是相似的。逻辑内聚的内聚程度稍强于巧合内聚，但仍不利于修改和维护。

（3）时间内聚。若干个关系不大的功能，由于它们几乎是在相同的时间内执行的，因而把它们放在一起构成一个模块。

（4）过程内聚。过程内聚是由一段公共的处理过程组合成的模块。

（5）通信内聚。通信内聚是指模块中各成分引用或产生共同的数据。

（6）顺序内聚。顺序内聚是指模块中各成分有顺序关系，某一成分的输出是另一成分的输入。

（7）功能内聚。功能内聚表示模块中各成分的联系是功能性的，即一个模块执行一个功能，且完成该功能所必需的全部成分都包含在模块中。

模块内部的七种内聚方式及其性能比较如图6-8所示。

内聚度：低   高

图 6-8　模块的内聚方式及其性能比较

三、物流信息系统的平台设计

物流信息系统的平台设计包括按物流信息系统的目标系统平台、计算机处理方式的选择和设计、计算机网络系统的设计、数据库管理系统的选择、软硬件的选择等。

1. 按物流信息系统的目标选择系统平台

一般地，单项业务系统和常用的各类 PC，以数据库管理系统作为平台；综合业务管理系统，以计算机网络系统作为平台，如 Novell 网络和关系型数据管理系统；集成管理系统，由 OA、CAD、CAM、MIS 和 DSS 等综合而成的一个有机整体，综合性更强，规模更大，系统平台也更复杂，涉及异型机、异种网络、异种库之间的信息传递和交换，在信息处理模式上常采用 C/S 或 B/S 模式。

2. 计算机处理方式的选择和设计

计算机处理方式可以根据系统功能、业务处理特点、性能/价格比等因素，选择批处理、联机实时处理、联机成批处理及分布式处理等方式。在一个物流信息系统中，也可以综合使用多种方式。

3. 计算机网络系统的设计

计算机网络系统的设计主要包括中、小型机方案与微机网络方案的选择，网络互联结构及通信介质的选择，局域网拓扑结构的设计，网络应用模式及网络操作系统的选型，网络协议的选择，网络管理以及远程用户等工作。

4. 数据库管理系统的选择

选择数据库管理系统时应从以下几个方面予以考虑：

(1) 构造数据库的难易程度。需要分析数据库管理系统有没有范式的要求，即是否必须按照系统所规定的数据模型分析现实世界，建立相应的模型；数据库管理语句是否符合国际标准，符合国际标准便于系统的维护、开发、移植；有没有面向用户的易用的开发工具；所支持的数据库容量，数据库的容量特性决定了数据库管理系统的使用范围。

(2) 程序开发的难易程度。需要考虑有无计算机辅助软件工程工具 CASE——计算机辅助软件工程工具可以帮助开发者根据软件工程的方法提供各开发阶段的维护、编码环境，便于复杂软件的开发、维护；有无第四代语言的开发平台——第四代语言具有非过程语言的设计方法，用户不需编写复杂的过程性代码，易学、易懂、易维护；有无面向对象的设计平台——面向对象的设计思想十分接近人类的逻辑思维方式，便于开发和维护；对多媒体数据类型的支持——多媒体数据需求是今后发展的趋势，支持多媒体数据类型的数据库管理系统必将减少应用程序的开发和维护工作。

（3）数据库管理系统的性能。需要考虑性能评估（响应时间、数据单位时间吞吐量）、性能监控（内外存使用情况、系统输入/输出速率、SQL语句的执行、数据库元组控制）、性能管理（参数设定与调整）。

（4）对分布式应用的支持。需要考虑数据透明与网络透明程度。数据透明是指用户在应用中不需指出数据在网络中的什么节点上，数据库管理系统可以自动搜索网络，提取所需数据；网络透明是指用户在应用中无需指出网络所采用的协议。数据库管理系统自动将数据包转换成相应的协议数据。

（5）并行处理能力。支持多CPU模式的系统（SMP，CLUSTER，MPP），负载的分配形式，并行处理的颗粒度、范围。

（6）可移植性和可扩展性。可移植性指垂直扩展和水平扩展能力。垂直扩展要求新平台能够支持低版本的平台，数据库客户机/服务器机制支持集中式管理模式，这样可以保证用户以前的投资和系统；水平扩展要求满足硬件上的扩展，支持从单CPU模式转换成多CPU并行机模式（SMP，CLUSTER，MPP）。

（7）数据完整性约束。数据完整性指数据的正确性和一致性保护，包括实体完整性、参照完整性、复杂的事务规则。

（8）并发控制功能。对于分布式数据库管理系统，并发控制功能是必不可少的，因为它面临的是多任务分布环境，可能会有多个用户点在同一时刻对同一数据进行读写操作，为了保证数据的一致性，需要由数据库管理系统的并发控制功能来完成。评价并发控制的标准应从三个方面加以考虑：保证查询结果一致性方法、数据锁的颗粒度（数据锁的控制范围，表、页、元组等）、数据锁的升级管理功能。

（9）容错能力。异常情况下对数据的容错处理。评价标准：硬件的容错，有无磁盘镜像处理功能软件的容错，有无软件方法。

（10）安全性控制。安全性控制包括安全保密的程度（账户管理、用户权限、网络安全控制、数据约束）。

（11）支持多种文字处理能力。支持多种文字处理能力是指数据库描述语言的多种文字处理能力（表名、域名、数据）和数据库开发工具对多种文字的支持能力。

（12）数据恢复的能力。当突然停电、出现硬件故障、软件失效、病毒或严重错误操作时，系统应提供恢复数据库的功能，如定期转存、恢复备份、回滚等，使系统有能力将数据库恢复到损坏前的状态。

常见的数据库管理系统有：SYBASE、DB2、ORACLE、MySQL、ACCESS、Visual Foxpro、MS SQL Server、Informix、PostgreSQL。

5．软硬件的选择

计算机软硬件的选择，对物流信息系统的功能有很大的影响。一般地，应根据系统需要和资源约束进行计算机软硬件的选择。硬件选择的原则主要是选择技术上成熟可靠的标准系列机型，以及处理速度快、数据存储容量大、具有良好的兼容性、具有可扩充性与可维修性、有良好的性能/价格比、厂家或供应商的技术服务与售后服务好、操作方便、在一定时间保持一定先进性的硬件等。软件的选择包括操作系统、数据库管理系统、汉字系统、设计语言、应用软件等。

第三节　物流信息系统数据库设计

一、数据库设计概述

数据库设计（Database Design）是指对于一个给定的应用环境，构造最优的数据库模式，建立数据库及其应用系统，使之能够有效地存储数据，满足各种用户的应用需求（信息要求和处理要求）。在数据库领域内，常常把使用数据库的各类系统统称为数据库应用系统。

数据库设计的内容包括需求分析、概念结构设计、逻辑结构设计、物理结构设计、数据库的实施和数据库的运行和维护。

1．需求分析

调查和分析用户的业务活动和数据的使用情况，厘清所用数据的种类、范围、数量以及它们在业务活动中交流的情况，确定用户对数据库系统的使用要求和各种约束条件等，形成用户需求规约。

需求分析是在用户调查的基础上，通过分析，逐步明确用户对系统的需求，包括数据需求和围绕这些数据的业务处理需求。在需求分析中，通过自顶向下逐步分解的方法分析系统，分析的结果通过数据流程图（DFD）进行图形化描述。

2．概念结构设计

对用户要求描述的现实世界（可能是一个工厂、一个商场或者一个学校等），通过对其中数据的分类、聚集和概括建立抽象的概念，即数据模型。这个概念模型应反映现实世界各部门的信息结构、信息流动情况、信息间的互相制约关系以及各部门对信息储存、查询和加工的要求等。所建立的模型应避开数据库在计算机上的具体实现细节，用一种抽象的形式表示出来。

以扩充的实体—联系模型（E-R模型）方法为例，第一步先明确现实世界各部门所含的各种实体及其属性、实体间的联系以及对信息的制约条件等，从而给出各部门内所用信息的局部描述（在数据库中称为用户的局部视图）；第二步再将前面得到的多个用户的局部视图集成为一个全局视图，即用户要描述的现实世界的概念数据模型。

3．逻辑结构设计

逻辑结构设计的主要工作是将现实世界的概念数据模型设计成数据库的一种逻辑模式，即适应于某种特定数据库管理系统所支持的逻辑数据模式。与此同时，可能还需为各种数据处理应用领域产生相应的逻辑子模式。这一步设计的结果就是所谓"逻辑数据库"。

4．物理结构设计

根据特定数据库管理系统所提供的多种存储结构和存取方法等依赖于具体计算机结构的各项物理设计措施，对具体的应用任务选定最合适的物理存储结构（包括文件类型、索引结构和数据的存放次序与位逻辑等）、存取方法和存取路径等。这一步设计的结果就是所谓"物理数据库"。

5. 数据库的实施

在上述设计的基础上,收集数据并具体建立一个数据库,运行一些典型的应用任务来验证数据库设计的正确性和合理性。该阶段的主要任务包括定义数据库结构、组织数据入库、编制与调试应用程序、数据库试运行。

6. 数据库的运行与维护

在数据库系统正式投入运行的过程中,必须不断对其进行调整与修改。该阶段主要任务包括数据库的转储和恢复,数据库的安全性及完整性控制,数据库性能的监督、分析和改进,数据库的重组织和重构造。

二、概念结构设计

在需求分析阶段后,便可进行数据库的概念结构设计。概念结构设计可借助 E-R 模型进行分析。E-R 模型的基本符号有三个:用长方形表示实体、用菱形表示联系、用椭圆形表示属性。以超市 POS 管理系统为例,通过对超市管理工作的业务流程及数据流程分析进行需求分析,设计出如下数据项及数据结构:

(1)员工信息:数据项有员工编号、姓名、性别、职务、口令、权限级别、身份证号、所属部门编号等。

(2)部门信息:数据项有部门编号、部门名称等。

(3)供应商信息:数据项有供应商编号、供应商名称、地址、邮政编码、电话号码、税号、银行账号、开户银行、联系人、备注等。

(4)会员信息:数据项有会员编号、姓名、身份证号、消费总金额、积分等。

(5)入库信息:数据项有入库编号、入库日期、商品编号、计量单位、入库价格、销售价格、数量、总金额、供应商编号、业务编号等。

(6)商品信息:数据项有商品编号、所属类别、数量、单价、商品名称等。

(7)销售出货单主信息:数据项有销售日期、总金额、是否现金、是否会员、会员编号、收银台编号等。

(8)销售出货单子信息:数据项有商品编号、数量、单价、折扣比例、金额等。

根据前述需求分析,设计如图 6-9 至图 6-16 所示的 E-R 图。

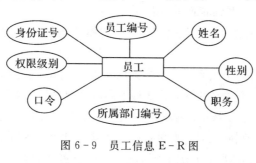

图 6-9　员工信息 E-R 图

图 6-10　部门信息 E-R 图

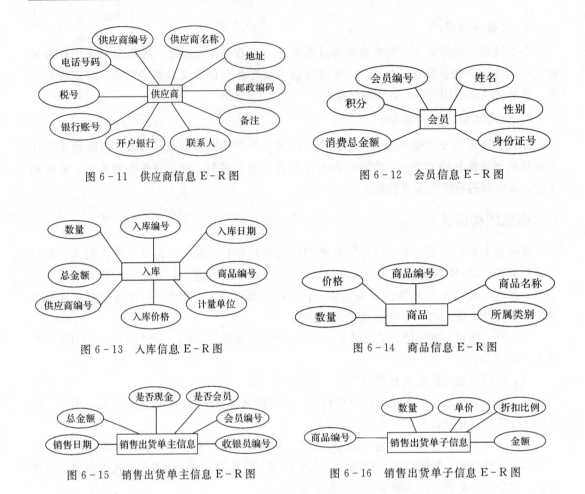

图 6-11　供应商信息 E-R 图

图 6-12　会员信息 E-R 图

图 6-13　入库信息 E-R 图

图 6-14　商品信息 E-R 图

图 6-15　销售出货单主信息 E-R 图

图 6-16　销售出货单子信息 E-R 图

三、逻辑结构设计

逻辑结构设计的过程是将概念结构转换为现有 DBMS 支持的关系、网状或层次模型中的某一种数据模型。下面以关系数据模型为例进行说明。

（一）E-R 图向关系数据模型的转换

E-R 图向关系数据模型的转换原则如下：

（1）一个实体型转换为一个关系模型，实体的属性就是关系的属性，实体的键就是关系的键。

（2）一个联系转换为一个关系模式，与该联系相连的每个实体型的键以及联系的属性都转换为关系的属性。这个关系的键分为 3 种不同的情况：若联系为 1∶1，则相连的每个实体型的键均是该关系模式的候选键；若联系为 1∶n，则联系对应的关系模式的键取 n 端实体型的键；若联系为 m∶n，则联系对应的关系模式的键为参加联系的诸实体型的键的组合。

（3）一些特殊联系的处理可分为两种情况：当一个实体的存在是依赖于另一个实体的存在时，两个实体之间的联系便代表了两个实体间的一种所有关系；当联系定义在同一个同型实体上时，联系转化为一个关系模式，与该联系相连的实体型的键以及联系的属性转换为关系模式的属性。

(二)举例

如前所述的超市 POS 管理系统，根据 E-R 图向关系模型转换的原则及关系数据库规范化理论，得到以下关系模型：

(1)员工信息（员工编号、姓名、性别、职务、口令、权限级别、身份证号、所属部门编号），如表 6-2 所示。

(2)商品信息（商品编号、所属类别、数量、单价、商品名称），如表 6-3 所示。

(3)部门信息（部门编号、部门名称），如表 6-4 所示。

(4)供应商信息（供应商编号、供应商名称、地址、邮政编码、电话号码、税号、银行账号、开户银行、联系人、备注），如表 6-5 所示。

(5)会员信息（会员编号、姓名、身份证号、消费总金额、积分），如表 6-6 所示。

(6)入库信息（入库编号、入库日期、商品编号、计量单位、入库价格、销售价格、数量、总金额、供应商编号、业务编号），如表 6-7 所示。

(7)库存信息（库存信息编号、商品编号、库存量），如表 6-8 所示。

(8)销售出货单主信息（销售单编号、销售日期、总金额、是否现金、是否会员、会员编号、收银台编号），如表 6-9 所示。

(9)销售出货单子信息（销售单编号、商品编号、数量、单价、折扣比例、金额），如表 6-10 所示。

表 6-2 员工信息表

字段名	数据类型	长度	说明	描述
ygbh	Char	8	不空，主键	员工编号
xm	Char	8	不空	姓名
xb	Char	2	不空，"男"、"女"	性别
zw	Char	10	不空	职务
kl	Varchar	20	不空	口令
qxjb	Char	1	不空	权限级别
sfzh	Char	18	不空，唯一约束	身份证号
ssbmbh	Char	4	不空，外键	所属部门编号

表 6-3 商品信息表

字段名	数据类型	长度	说明	描述
spbh	Char	8	不空，主键	商品编号
spmc	Varchar	20	不空	商品名称
sslb	Char	8	不空	所属类别
jg	Money	8	不空	价格
sl	Int	4	不空	数量

表 6 - 4 部门信息表

字段名	数据类型	长度	说明	描述
bmbh	Char	8	不空，主键	部门编号
bmmc	Char	4	不空	部门名称

表 6 - 5 供应商信息表

字段名	数据类型	长度	说明	描述
gysbh	Char	8	不空，主键	供应商编号
gysmc	Char	8	不空	供应商名称
dz	Varchar	20	不空	地址
yzbm	Char	6	不空	邮政编码
dhhm	Varchar	15	不空	电话号码
sh	Varchar	3	不空	税号
yhzh	Varchar	20	不空	银行账号
khyh	Char	8	不空	开户银行
lxr	Char	8	不空	联系人
bz	Text	16	不空	备注

表 6 - 6 会员信息表

字段名	数据类型	长度	说明	描述
hybh	Char	8	不空，主键	会员编号
xm	Char	6	不空	姓名
xb	Char	2	不空，"男"、"女"	性别
sfzh	Varchar	20	不空	身份证号
xfzje	Money	8	不空	消费总金额
jf	Int	4	不空	积分

表 6 - 7 入库信息表

字段名	数据类型	长度	说明	描述
rkbh	Char	8	不空，主键	入库编号
rkrq	Datetime	8	不空	入库日期
spbh	Char	8	不空，外键	商品编号

续表

字段名	数据类型	长度	说明	描述
jldw	Char	2	不空	计量单位
rkjg	Money	8	不空	入库价格
xsjg	Money	8	不空	销售价格
sl	Int	4	不空	数量
zje	Money	8	不空	总金额
gysbh	Char	8	不空，外键	供应商编号
ywybh	Char	8	不空，外键	业务员编号

表 6-8　库存信息表

字段名	数据类型	长度	说明	描述
kcxxbh	Char	8	不空，主键	库存信息编号
spbh	Char	8	不空，外键	商品编号
kcl	Int	4	不空	库存量

表 6-9　销售出货单主信息表

字段名	数据类型	长度	说明	描述
xsdbh	char	8	不空，主键	销售单编号
xsrq	datetime	8	不空	销售日期
zje	Money	8	不空	总金额
sfxj	Char	2	不空	是否现金
sfhy	Char	2	可为空	是否会员
hybh	Char	8	不空，外键	会员编号
syybh	Char	8	不空，外键	收银台编号

表 6-10　销售出货单子信息表

字段名	数据类型	长度	说明	描述
xsdbh	Char	8	不空，主键	销售单编号
spbh	Char	8	不空，外键	商品编号
sl	Int	4	不空	数量
dj	Money	8	不空	单价
zkbl	Char	10	不空	折扣比例
je	Money	8	不空	金额

四、物理结构设计

物理结构设计，即数据模型在设备上选定合适的存储结构和存取方法，以获得数据的最佳存取效率。数据库的物理设计通常分为两步，第一步，确定数据库的物理结构；第二步，评价物理结构。

1. 确定数据库的物理结构

（1）确定数据的存储结构。确定数据库存储结构时要综合考虑存取时间、存储空间利用率和维护代价三方面的因素，这三个方面常常是相互矛盾的。例如，消除一切冗余数据虽然能够节约存储空间，但往往会导致检索代价的增加，因而必须进行权衡，选择一个折中方案。

（2）设计数据的存取路径。在关系数据库中，选择存取路径主要是确定如何建立索引。例如，应把哪些域作为次码建立次索引，建立单码索引还是组合索引，建立多少个合适，是否建立聚集索引等。

（3）确定数据的存放位置。为了提高系统性能，数据应该根据应用情况将易变部分与稳定部分、经常存取部分和存取频率较低部分分开存放。

（4）确定系统配置。DBMS 产品一般都提供了一些存储分配参数，供设计人员和 DBA 对数据库进行物理优化。初始情况下，系统都为这些变量赋予了合理的缺省值，但是这些值不一定适合每一种应用环境，在进行物理设计时，需要重新对这些变量赋值以改善系统的性能。

2. 评价物理结构

数据库物理设计过程中需要对时间效率、空间效率、维护代价和各种用户要求进行权衡，其结果可以产生多种方案，数据库设计人员必须对这些方案进行细致的评价，并从中选择一个较优的方案作为数据库的物理结构。

评价物理数据库的方法完全依赖于所选用的 DBMS，主要是从定量估算各种方案的存储空间、存取时间和维护代价入手，对估算结果进行权衡、比较，选择一个较优的合理的物理结构；如果该结构不符合用户需求，则需要修改设计。

五、数据库的实施

根据前期设计，数据库实施主要包括以下工作：定义数据库结构、数据装载、编制与调试应用程序及数据库试运行。

1. 定义数据库结构

定义数据库结构就是选择合适的 DBMS，利用所选 DBMS 提供的数据定义语言（DDL）来严格描述数据库结构。如，利用 T－SQL 语言编写员工信息表，代码如下：

```
Create table yg
    (ygbh char(8) not null
        cnstraint Pk_fno primary key,
    xm char(8) not null,
    xb char(2) check CK_yg xb in('男','女') not null,
```

```
        zw char(8) not null,
        kl varchar(20) not null,
        qxjb char(4) not null,
        sfzh varchar(18) not null,
        ssbmbh char(8) not null
        constraint FK_ano foreign key references bm(bmbh)
    )
```

2. 数据装载

当数据库结构建立好后，就可以向数据库中装载数据。可以通过人工或是计算机辅助数据入库的方法来进行数据载入。

3. 编制与调试应用程序

当数据库结构建立好后，可以开始编制与调试应用程序。数据库应用程序设计应与数据设计并行进行。调试应用程序时，由于数据入库尚未完成，可先使用模拟数据。

4. 数据库试运行

应用程序调试完成后，并且已有一小部分数据入库，就可以开始数据库的试运行，包括功能测试和性能测试。如果测试结果不符合设计目标，则需要返回物理设计阶段，调整物理结构，修改参数，有时甚至需要返回逻辑设计阶段，调整逻辑结构。重新设计物理结构甚至逻辑结构，会导致数据重新入库。由于数据入库工作量相当大，所以可采用分期输入数据的方法进行。同时，在试运行阶段，系统还不稳定，软硬件故障随时都可能发生，操作人员对新系统还不熟悉，误操作也不可避免，因而需要做好数据库的转储和恢复工作，尽量减少对数据库的破坏。

第四节　物流信息系统代码设计

代码设计是物流信息系统设计阶段的又一重要任务。例如在物流管理中，物流条码是供应链中用以标识物流领域中具体实物的一种特殊代码，是整个供应链过程包括生产厂家、配销业、运输业、消费者等环节的共享数据；它贯穿整个贸易过程，并通过物流条码数据的采集、反馈，提高整个物流系统的经济效益。目前现存的条码码制多种多样，但国际上通用的和公认的物流条码码制只有三种：ITF-14 条码、UCC/EAN-128 条码及 EAN-13 条码。

尽管我国十分重视代码标准工作，也已制定了一系列的代码标准，如《信息处理交换用七位编码字符集》(GB1988—1980)、《全国物资统一分类与代码》等，但仍有许多方面还没有实现编码的统一标准。而且在企业内部也不可避免地会遇到自己研究编码的问题，这种在企业内部研究的编码称为企业内码。内码在信息系统的建设中起着十分重要的作用，它是企业内部进行信息交换的标识。

一、代码的作用

代码是指代表事物名称、属性和状态的符号，它具有以下作用：

(1)鉴别。鉴别是代码最基本的特性，任何代码都必须具备这种基本特性。在一个信息分类编码标准中，一个代码只能唯一地表示一个分类对象，而一个分类对象只能有唯一的代码。

（2）分类。如果按分类对象的属性进行分类，并分别赋予其不同类别的代码，则代码可以作为分类对象类别的标识。

（3）排序与索引。如果按分类对象产生的时间、所占空间或其他方面的顺序关系进行分类，并赋予其不同的代码，则代码可以作为排序和索引的标识。

（4）专用含义。当客观上需要采用一些专用符号时，代码可提供一定的专门含义，如数学运算的程序、分类对象的技术参数及性能指标等。

二、代码设计的原则

在进行代码设计时，应遵循以下原则：

（1）唯一性。一个对象可能有多个名称，也可按不同的方式对它进行描述，如果不加标识，则无法准确区分对象。因此，代码作为标识符，应能唯一标识它所代表的对象。

（2）合理性。代码结构应与相应的分类体系相对应，应该能够正确地将所标识的对象归类于正确的体系结构中。

（3）可扩充性。应留有充分的余地，以备将来不断扩充的需要。

（4）简单性。结构尽可能简单，尽可能短，以减少各种差错。

（5）适用性。代码尽可能反映对象的特点，以帮助记忆，便于填写。

（6）规范性。行业、国家或国际的有关编码标准是代码设计的重要依据，已有标准的必须要遵循，在一个代码体系中，代码结构、类型和编写格式必须统一。

（7）系统性。有一定的分组规则，从而在整个系统中具有通用性。

（8）设计的代码在逻辑上必须满足用户需要，在结构上应当与处理的方法相一致。

三、代码的种类

对物流信息进行整理分类的关键是选择一个好的编码系统。根据所用代码符号数量的多少，可将物流信息划分为少位的和多位的。每个代码可以是简单的，也可以是复合的。常用的代码设计种类有以下几种：

1. 顺序码

顺序码又称系列码，它是一种用连续数字代表编码对象的码。如对一个班的学生进行编号，可以编成：01，02，03，…，99。顺序码的优点是短而简单，记录的定位方法简单，易于管理；但这种码没有逻辑基础，本身不能说明任何信息特征，此外，新加的代码只能列在最后，删除则造成空码。通常，顺序码作为其他码分类中细分类的一种补充手段。采用顺序码时，一定估准某类事物的可能容量并预测未来的扩展，否则会出现空间不足或空间浪费的不合理现象，危及代码体系，如某类事物增加时无码可编或有的码段空间无法利用而资源闲置。

2. 区间码

区间码是把数据项分成若干组，每个区间代表一个组，码中数字的值和位置都代表一定意义。典型的例子是邮政编码，我国的邮政编码采用四级六位数编码结构，前两位数字表示省(直辖市、自治区),第三位数字表示邮区,第四位数字表示县(市),最后两位数字表示投递局(所),如图 6 - 17 所示。

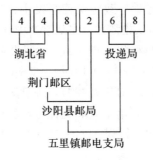

图 6 - 17　邮政编码结构

客户代码、供应商代码和物料代码在分层分类的过程中也会采用区间码,例如供应商编码可以在前两位借用邮政编码标识供应商的地理分布。区间码的优点是信息处理比较可靠,排序、分类、检索等操作易于进行。这种码的长度与它分类属性的数量有关,有时可能造成很长的码。

3.十进位码

当待编码的项目表中有多种特征时,通常都使用十进位码。因为这些特征在进行数据处理时常常需要加以区分,每种特征都固定赋予若干位十进位码,所分配的号码数量总是10 的倍数,十进位码的优点是编码、排序、分组都比较简单。

4.助记码

助记码就是将编码对象的名称、规格等作为代码的一部分,以帮助记忆。例如,TVC20 指 20 寸彩色电视机,清华大学网址中的 tsinghua 等。

四、代码的校验

代码的正确性直接影响计算机处理的质量,特别是将代码手工输入计算机时,出错的可能性更大。检验代码常用两种方法:

(1)事先在计算机中建立一个"代码字典",然后将输入的代码与字典中的内容进行比较,若不一致则说明输入的代码有错。

(2)设检验位,即在原有代码基础上另外加上一个校验位,使其成为代码的一个组成部分,检验值通过事先规定的数学方法计算而来。当代码被输入后,计算机会以同样的数学方法按输入的代码计算出校验值,并将它与输入的校验值进行比较,以证实是否有错。通过设检验位的方法可以发现以下几种错误:

① 错字,如 1234 写成 1224;

② 易位,如 1234 写成 1324;

③ 二次易位,如 1234 写成 1423。

产生检验值的算法有许多种,如奇偶检验、CRC(循环冗余码)、海明检验码等。

1.奇偶检验

为了能检测和纠正内存错误,首先出现的是内存"奇偶校验"。内存中最小的单位是比特，也称为"位"，位只有两种状态，分别以 1 和 0 来标示，每 8 个连续的比特叫做一个字节（byte）。不带奇偶校验的内存每个字节只有 8 位，如果其中某一位存储了错误的值，就会导致其存储的相应数据发生变化，进而导致应用程序发生错误。而奇偶校验就是在每一字节（8 位）之外又增加了一位，作为错误检测位。在某字节中存储数据之后，在其 8 个位上存储的数据是固定的，因为位只能有两种状态即 1 或 0，假设存储的数据用位标示为 1、1、1、0、0、1、0、1，那么把每个位相加（1+1+1+0+0+1+0+1=5），结果是奇数。对于偶校验，校验位就定义为 1，反之则为 0；对于奇校验，则相反。当 CPU 读取存储的数据时，它会再次把前 8 位中存储的数据相加，计算结果是否与校验位相一致，从而一定程度上能检测出内存错误。奇偶校验只能检测出错误而无法对其进行修正，而且奇偶校验无法检测出发生概率相当低的双位错误。

2. CRC

CRC 的基本原理是：在 K 位信息码后再拼接 R 位的校验码，整个编码长度为 N 位，因而这种编码也叫（N，K）码。对于一个给定的（N，K）码，可以证明存在一个最高次幂为 N－K＝R 的多项式 G(X)。根据 G(X) 可以生成 K 位信息的校验码，而 G(X) 叫做这个 CRC 码的生成多项式。校验码的具体生成过程为：假设要发送的信息用多项式 C(X) 表示，将 C(X) 左移 R 位（可表示成 $C(X) * 2^R$），这样 C(X) 的右边就会空出 R 位，这就是校验码的位置。用 $C(X) * 2^R$ 除以生成多项式 G(X) 得到的余数就是校验码。其中，CRC 校验码位数＝生成多项式位数－1。

生成步骤：

(1) 将 X 的最高次幂为 R 的生成多项式 G(X) 转换成对应的 R＋1 位二进制数。

(2) 将信息码左移 R 位，相当于对应的信息多项式 $C(X) * 2^R$。

(3) 用生成多项式（二进制数）对信息码做除法，得到 R 位的余数（注意：这里的二进制做除法得到的余数其实是模 2 除法得到的余数，并不等于其对应十进制数做除法得到的余数）。

(4) 将余数拼到信息码左移后空出的位置，得到完整的 CRC 码。

举例：

假设使用的生成多项式是 G(X)＝X3＋X＋1。4 位的原始报文为 1010，求编码后的报文。

解：

将生成多项式 G(X)＝X3＋X＋1 转换成对应的二进制除数 1011；

此题生成多项式有 4 位（R＋1）（注意：4 位的生成多项式计算所得的校验码为 3 位，R 为校验码位数），要把原始报文 C(X) 左移 3（R）位变成 1010 000；

用生成多项式对应的二进制数对左移 3 位后的原始报文进行模 2 除（高位对齐），相当于按位异或：

```
1 0 1 0 0 0 0
1 0 1 1
—————————————————————
0 0 0 1 0 0 0
0 0 0 1 0 1 1
—————————————————————
0 0 0 0 0 1 1
```

得到的余位 011，所以最终编码为：1010 011。

3. 海明检验码

海明检验码由 Richard Hamming 于 1950 年提出且目前还被广泛采用的一种很有效的校验方法。该检验码只要增加少数几个校验位，就能检测出二位同时出错，亦能检测出一位出错并能自动恢复该出错位的正确值，后者被称为自动纠错。它的实现原理是在 K 个数据位之外加上 R 个校验位，从而形成一个 K＋R 位的新的码字，使新的码字的码距比较均匀地拉大。把数据的每一个二进制位分配在几个不同的偶校验位的组合中，当某一位出错后，就会引起相关的几个校验位的值发生变化，这不但可以发现出错，还能指出是哪一位出错，为进一步自动纠错提供了依据。

第五节　物流信息系统的输入/输出设计

系统输入输出(I/O)设计是一个在系统设计中很容易被忽视的环节，也是一个重要的环节，它对于用户和今后系统使用的方便和安全可靠性来说都是十分重要的。

一、输入设计

输入界面是信息系统与用户之间交互的纽带，其设计任务是根据具体业务要求，确定适当的输入形式，使信息系统获取管理工作中产生的正确信息。输入设计的目的是提高输入效率，减少输入错误。

(一) 输入设计的原则

(1) 控制输入量。在输入时，只需要输入基本的信息，而其他可通过计算、统计、检索得到的信息则由系统自动产生。

(2) 减少输入延迟。输入数据的速度往往成为提高信息系统运行效率的瓶颈，为减少延迟，可采用批量输入、周转文件等方式。

(3) 采用多种校验方法和验证技术避免额外步骤。在输入设计时，应尽量避免不必要的输入步骤，当步骤不能省略时应仔细验证现有步骤是否完备、高效。

(4) 简化输入过程。输入设计在为用户提供纠错和输入校验的同时，必须保证输入过程简单易用，不能因为查错、纠错而使输入复杂化，增加用户负担。

(二) 输入设计的内容

(1) 确定输入数据内容。确定输入数据项名称、数据内容、精度、数值范围等。

(2) 确定输入设备。输入设计首先要确定输入设备的类型和输入介质，目前常用的输入设备有键盘、磁盘输入装置、光电阅读器、终端输入。

(3) 确定数据的输入方式。数据的输入方式与数据产生地点、发生时间、处理的紧急程度有关。如果产生地点远离计算机机房且产生时间随机，又要求立即处理，则应采用联机终端输入；对于数据产生后不必立即处理的，可以采用脱机输入。

(4) 确定输入数据的记录格式。记录格式是输入和计算机之间的界面，其对输入的准确性、效率、校验等都有重要影响。因此，输入数据的记录格式必须简单、符合习惯、清楚。

(5) 输入数据正确性校验。对输入数据进行必要的校验是保证输入正确性和减少差错的重要工作。常用校对方式有视觉校验、分批汇总检验、控制总数校验、数据类型校验、格式校验、逻辑校验、界限校验、记录统计校验、代码自身校验等。

(三) 输入设计的评价

对于输入设计的评价，可以从以下几方面进行：

(1) 输入界面是否明晰、美观、大方。

(2) 是否便于填写、符合工作习惯。

(3) 是否便于操作。

(4) 是否有保证输入数据正确性的校验措施。

二、输出设计

输出设计的任务是使物流信息系统输出满足用户需求的信息。输出设计的目的是为了正确及时地反映和组成用于管理各部门需要的信息。信息能否满足用户需要，直接关系到系统的使用效果和系统的成功与否。

(一) 输出设计的内容

(1) 输出信息使用情况。信息的使用者、使用目的、信息量、输出周期、有效期、保管方法和输出份数。

(2) 输出信息内容。输出项目、精度、信息形式(文字、数字)。

(3) 输出格式。输出格式包括表格、报告、图形等，究竟采用哪种输出形式，应根据系统分析和管理业务的要求而定。

(4) 输出设备和介质。输出设备有打印机、显示器等；输出介质有磁盘、磁带、纸张(普通、专用)等。

(二) 输出设计的方式

在系统设计阶段，设计人员应给出系统输出的说明，这个说明既是将来编程人员在软件开发中进行实际输出设计的依据，也是用户评价系统实用性的依据。因此，设计人员要能选择合适的输出方式，并清楚地表达出来。输出主要有两种方式：报表生成器、图形。

1. 报表生成器

报表工具是系统中用得最多的信息输出工具，它帮助用户展现自己输入的数据，更多的时候是将数据库中的数据以客户想要的方式展现出来。目前主流的报表工具有如下几种：

(1) SVF(Super Visual Formade)。SVF 一款沉淀了 20 年经验的报表开发工具，2012年末进入中国市场，在表样设计、打印控制等方面有一定的优势。

(2) 水晶报表(Crystal Report)。国内市场报表工具的鼻祖是水晶报表，从 1988 年开始开发，1993 年随着微软的 VB 一起发行，随着 VB 的流行，它几乎在一夜之间成为报表软件业的标准。由于水土不服，本来一大批以前用 Crystal Report 的用户迅速转向了 J Report，使得 J Report 迅速发展起来了。

(3) J Report。2000 年初，作为水晶报表工具的 java 版本 J Report 面世。

(4) Style Report。几乎也是在 2000 年，采取创新方式学习 Crystal Report 的 Style Report 进入市场，时间虽然比 J Report 稍稍晚几个月，但有一段时间内热度超过了前两者，此后专注于企业级报表应用，优点是报表展现精美、功能强大。

（5）润乾。润乾报表是打破洋报表三足鼎立局势的主要代表之一，有极强的数学理论作为后盾，用户需要有较强的数学功底，才能够较快上手。

（6）Fine Report。Fine Report 是打破洋报表三足鼎立局势的又一主要代表，优点是非常注重产品细节和简易性，也非常关注用户需求，但是过于细致的开发使得有些功能略显多余。

（7）Fly Report。Fly Report 更加注重用户需求，更加易用，用实惠的价格享用高品质的报表软件。

（8）易客报表（Excel Report）。Excel Report 是拥有众多网友用户的快乐报表工具厂商，它特推出的 JAVA 平台报表工具，功能强大、操作简易是其主要特点。提供丰富的图表，支持 B/S、C/S 二次开发，实现无缝集成到业务系统中。

（9）Active Reports。Active Reports 是亚洲销量第一的报表工具，是一款历史悠久的报表工具，在当年市场上相对于水晶报表，它的版权更为宽松，部署使用时无需支付控件版权费用，所以深受开发者们的青睐。从早期支持 VB 的 Active Report 2.0 的 COM 版到现在完全采用 .NET 开发的 Active Report 7.0，可在于各种管理信息系统、ERP 系统、进销存软件、财务软件等应用程序中生成各种报表，十多年来一直荣获应用程序的最佳报表生成工具软件。

2. 图形

就目前的计算机技术来说，将系统的各类统计分析结构用图形方式输出已经是一件很容易办到的事，大多数的软件编程工作都提供了作图工具或图形函数等，如 Basic 语言、C 语言等，利用这些工具就可以产生出系统所需的图形。但是如果用这些工具绘图，则要求开发者具有一定的技术基础，并且开发工作量较大。

（三）输出设计的评价

对于输出设计的评价，可以从以下几方面进行：

（1）能否为用户提供及时、准确、全面的信息服务；

（2）是否便于阅读和理解，以及是否符合用户的习惯；

（3）是否充分考虑和利用了输出设备的功能；

（4）是否为今后的发展预留了一定的余地。

第六节　物流信息系统功能模块处理过程设计

一、系统功能模块处理过程设计的任务

系统功能模块处理过程设计是通过处理流程图描述信息在计算机存储介质之间的流动、转换和存储情况，以便为程序框图设计提供详细的输入输出数据。由于不要求处理流程图提供详细的处理细节，所以它的设计可以粗略一些，也可以详细一些。一般对应于处理流程图中的一个处理，可用一个程序实现。通过处理流程图，可以清楚地了解信息在处理时的传递和存储情况。

二、常用的设计工具

1. IPO 图

IPO(Input Process Output)图是由 IBM 公司发起并逐渐完善起来的一种工具。在由系统分析阶段产生的数据流程图转换和优化形成系统模块结构图的过程中，产生大量的模块，开发者应为每个模块写一份说明。IPO 图就是用来表述每个模块的输入、输出和数据加工的重要工具。

IPO 图的主体是算法说明部分，该部分可采用结构化语言、决策表、决策树，也可用N－S图、问题分析图和过程设计语言等工具进行描述，要准确而简明地描述模块执行的细节。在 IPO 图中，输入、输出数据来源于数据词典。局部数据项是指个别模块内部使用的数据，与系统的其他部分无关，仅由本模块定义、存贮和使用。注释是对本模块有关问题作必要的说明。

开发人员不仅可以利用 IPO 图进行模块设计，而且还可以利用它评价总体设计。用户和管理人员可利用 IPO 图编写、修改和维护程序。因此，IPO 图是系统设计阶段的一种重要文档资料。

2. 控制流程图

控制流程图(Control Flow Graph，CFG)又称框图，是经常使用的程序细节描述工具。框图包括三种基本成分："矩形框"表示处理步骤，"菱形框"表示判断，"箭头"表示控制流。框图的特点是清晰易懂，便于初学者掌握。在结构化程序设计出现之前，框图一直可用箭头实现向程序任何位置的转移(即 GOTO 语句)，往往不能引导设计人员用结构化方法进行详细设计。由于箭头的使用不当会使框图非常难懂，而且无法维护，所以框图的使用有减少的趋势。

3. 问题分析图

问题分析图(Problem Analysis Diagram，PAD)，是一算法描述工具，也是详细设计(软件设计)中常用的图形工具，它是一种由左往右展开的二维树型结构。PAD 图的控制流程为自上而下，从左到右地执行，它有三种基本成分，如图 6－18 所示。

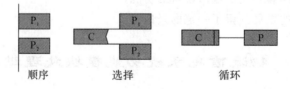

图 6－18　PAD 基本成分

PAD 主要优点在于：
(1) 结构清晰，层次分明，图形标准化，而且易读；
(2) 强制设计人员使用 SP 方法，因而提高了产品质量；
(3) 支持逐步求精的设计思想；
(4) 容易将 PAD 图转换为高级语言源程序；
(5) 通过机械的"走树"可以从 PAD 直接产生程序，该过程便于用计算机自动实现。

4. 过程设计语言

过程设计语言(Process Design Language，PDL)是一个笼统的名字，有许多种不同的过程设计语言。PDL 用于描述模块中算法和加工的具体细节，以便在开发人员之间比较精确地进行交流。

PDL 具有如下特点：

(1) 关键字的固定语法，它提供了结构化控制结构、数据说明和模块化的特点。为了使结构清晰和可读性好，通常在所有可能嵌套使用的控制结构的头和尾都有关键字，例如 if …fi(或 endif)等。

(2) 自然语言的自由语法，它描述处理特点。

(3) 数据说明的手段，应该既包括简单的数据结构(例如纯量和数组)，又包括复杂的数据结构(例如链表或层次的数据结构)。

(4) 模块定义和调用的技术，应该提供各种接口描述模式。

PDL 作为一种设计工具有如下优点：

(1) 可以作为注释直接插入源程序中间，这样做能促使维护人员在修改程序代码的同时也相应地修改 PDL 注释，因而有助于保持文档和程序的一致性，提高了文档的质量。

(2) 可以使用普通的正文编辑程序或文字处理系统，很方便地完成 PDL 的书写和编辑工作。

(3) 已经有自动处理程序存在，而且可以自动由 PDL 生成程序代码。

PDL 的缺点：不如图形工具形象直观，描述复杂的条件组合与动作间的对应关系时，不如判定表清晰简单。

第七节　物流信息系统设计报告

系统设计阶段的最终结果是系统设计说明书，系统设计说明书是下一步系统实施的基础。从系统调查、系统分析到系统设计是信息系统开发的主要工作，这 3 个阶段的工作量几乎占了总开发量的 70%，而且这 3 个阶段所用的工作图表较多，涉及面广且较为复杂。

物流信息系统设计报告主要包含四大部分：引言、系统总体技术方案、系统详细设计方案以及本方案附加说明。

1. 引言

(1) 摘要。

(2) 背景。

(3) 专门术语定义。

(4) 参考和引用资料。

2. 系统总体技术方案

(1) 硬件、软件和运行环境方面的限制。

(2) 系统保密和安全的限制，国家安全保密条例和系统的安全保密设计。

(3) 有关部门业务人员所需数据来源及分布。

(4) 系统总体布局、数据布局、硬件配置和软件平台。

(5) 网络设计。

(6) 系统模块结构设计。

……

3. 系统详细设计方案

(1) 编码设计。

(2) 输入设计。

(3) 输出设计。

(4) 数据库设计。

……

4. 本方案附加说明

附前面未说明的事项。

◈ 案例分析

中外运空运发展股份有限公司：物流运输可视化服务平台

一、企业简介

1950 年，中国对外贸易运输总公司成立，其前身是中国海外运输公司和中国陆运公司。公司成立之后即开始承办航空、邮运业务，这也是中国航空货运业务的初期萌芽阶段。1987 年，中国对外贸易运输总公司成立中国航空货运代理公司，从事航空货运代理业务，这是中外运空运发展股份有限公司的前身。

随着中国改革开放的深入发展，20 世纪 90 年代迎来了中国外运空运业务的突飞猛进大发展。中国外运先后与四家国际知名快件公司成立了合营公司。自 1997 年至 1999 年，中国外运完成了华北、华东、东北、西南、西北、华南六大空运区域公司的组建。当年，中外运空运发展股份有限公司成立，作为中央企业中国外运长航集团旗下的专业空运公司、中国外运股份有限公司的控股子公司，注册资本 90 548.172 万元。公司于 2000 年在上海证交所上市，股票代码 600270，简称"外运发展"，是国内航空货运代理行业第一家上市公司，截止至 2016 年 12 月 31 日市值 149.77 亿元。

二、实施背景

1. "部标"要求推动技术变革

2011 年 4 月 11 日由交通运输部、公安部、安全监管总局、工业和信息化部联合下发了《关于加强道路运输车辆动态监管工作的通知》（交运发〔2011〕80 号），通知要求所有运输管理机构必须执行《道路运输车辆卫星定位系统车载终端技术要求》(JT/T794—2011)和《道路运输车辆卫星定位系统平台技术要求》(JT/T796—2011)两项行业标准。从事道路运输车辆动态监控的企业监控平台及各级交通运输部门监管平台所属单位，需通过检测机构进行系统平台检测。由于 GPS"部标"要求的产生，无论是开发 GPS 设备硬件还是开发应用软件，都会面临国家交通部发布的道路运输车辆卫星定位系统部标认证标准对原有 GPS 系统产生的技术变革。

2. 行业发展对"一站式"服务的客观需求

随着信息技术在物流领域的不断深入，作为交通运输业务管理、车辆轨迹跟踪的主要途径和手段，GPS 系统和 TMS 系统的自身发展已经比较完善，行业内也不乏各种提供相关服务的平台。但这些平台基本都是以单一服务为主，导致用户不得不将完整的物流信息链条分割为运输管理部分和运输轨迹跟踪等多个部分，然后再通过额外的定制开发将这些信息重新拼接起来组成完整的物流信息链，无形中增加了企业物流信息系统管理和运营的成本。

3. 企业内部的客观需要

外运发展作为一家拥有全国性经营网络的上市物流公司，自身就拥有大量的运输业务。随着用户对运输管理、轨迹跟踪需求的不断提升，仅仅依靠公司原有的 GPS 平台已经无法满足用户对供应链提出的"实时、透明、在线"的要求，将运输业务与轨迹跟踪有效地结合起来已成为公司物流信息管理系统发展的必然趋势。

三、实施情况

1. 情况概述

物流运输可视化的概念是首先将运输业务和运输轨迹跟踪相结合，再通过可视化门户系统、手机 APP 等渠道将信息传递并展示给最终用户，同时可以满足承运方（车队、司机）在运作过程中对系统交互性的需求。由于在前期进行需求调研时用户否定了市场上已有的所有平台和产品，所以外运发展无从借鉴，只能通过自主研发出一个全新的物流可视化服务产品来满足用户的需求。在这个过程中，外运发展通过深入行业了解情况，了解到物流运输可视化并不是某一家用户的特殊需求，而是随着信息技术进步与行业发展，物流行业对自身业务管理能力的提升已成为普遍愿望。

2. 建设内容

(1) 以"实时、透明、在线"为平台功能建设的总原则。

整个可视化系统包含基础管理、承运商管理、客户管理、订单管理、运输管理、司机 APP、客户 Portal、车辆与终端监控、运输基础数据管理、车辆轨迹管理、运单执行跟踪及报警、电子锁控制及状态查询、外部系统集成共 13 个一级模块、70 个二级模块，提供了客户端接入、门户接入、手机接入等多种接入方式，实现跨境进口运输业务、跨境出口运输业务、国内运输业务、终端派送业务的物流信息全生命周期管理和监控。满足了专业领域客户对于全程供应链物流信息提出的"实时、透明、在线"的要求，并将运输和仓储管理的可视化作为营造企业核心竞争力的关键举措之一。

(2) 依托物联网，将技术和经验转化为服务交付能力。

外运发展充分利用自身多年深耕物流信息系统建设领域的优势，并结合对物流行业的理解和对物联网、互联网及通信技术的透彻把握，建设了能够适应市场新需求的物流运输可视化服务平台。该平台除了包含运输管理外，还涵盖了车辆与终端监控、运输基础数据管理、车辆轨迹管理、运单执行跟踪及报警、电子锁控制及状态查询等物流可视化业务的主要管理和操作功能，使物流可视化服务能力进一步得到提升。

(3) 五层式系统架构。

i. 应用层：可视化门户系统（PORTAL）、订单管理系统（OMS）、运输管理系统（TMS）、运力管控系统（GPS）、车队移动系统（APP）、司机移动系统（APP）六个应用子系统。

可视化门户系统（PORTAL）：在线下单、运单查询、运单跟踪、运单轨迹、运输执行车辆报警信息查询等功能模块。

订单管理系统（OMS）：客户档案的维护，客户运单（即物流订单）的录入导入，以及订单的查询、维护、处理等功能模块。

运输管理系统（TMS）：运输线路、路由节点设置、承运商管理、车辆资源管理、运输任务调度管理（包括物流公司统一调度或者承运商自主调度）以及回单管理。

运力管控系统（GPS）：通信服务器以及运力管控应用系统。其中，运力管控应用系统包括运力监控中心、车辆轨迹、线路、电子围栏、电子锁控制以及其他相关的车辆报警信息等功能模块。

车队移动系统（APP）：车队任务接收、任务调度、任务执行跟踪等功能模块。

司机移动系统（APP）：指令接收、指令接受、指令拒绝、执行过程反馈、电子回单等功能模块。

ii．通信协议层：通信协议以及通信数据报文格式，是应用层与应用服务层的纽带。通信协议支持 Socket、HTTP、SOAP 等通信协议，采用 XML、JSON 等数据格式。

iii．应用服务层：业务系统应用服务（订单管理和运输管理）和运力管控系统（GPS）的应用服务。

业务系统应用服务：基础应用服务、用户账户权限应用服务、订单业务应用服务、运输管理应用服务以及可视化门户应用服务等。

运力管控应用服务：GPS 通信服务、定位服务、报警服务、应用（线路、电子围栏、电子锁等）服务、地图服务等。

iv．数据存储层：业务系统（OMS 和 TMS）数据库以及运力管控数据库。

v．平台接口服务层：与用户订单系统（OMS）、业务信息展示平台进行 EDI 对接等。

与用户订单系统（OMS）对接：OMS 系统下发运单信息，运输可视化平台接收运单信息。

与业务信息展示平台对接：运输可视化平台实时上报运单可视化数据（运单号、HTM 号、子运单号、车牌号、经度、纬度等信息），用户业务信息展示平台接收运单可视化数据。

3．平台的主要技术特点

（1）"混合云"结构。

外运发展物流可视化平台采用了基于 SAAS 结构的公有云与企业私有云结合的混合结构，并采用了基于云端的存储设备。使系统具备了低成本、高可靠性、快速部署、简易维护的特性。

（2）支持多协议的标准接口通信产品。

外运发展使用了已有的成熟产品来执行项目中所有的接口通信任务，该产品在外运发展生产环境中已被广泛采用，并经长期使用验证该产品具备良好的稳定性和可靠性。该产品已经实现了对 Socket、Soap、HTTP 等协议的支持。同时，该产品具备完善的监控功能，能够实现数据通信成功与否的实时监控，并同时缓存日志信息，为通信服务的稳定可靠运行提供必要的保证。

（3）符合"部标"的 GPS 设备。

在对车载、手持便携及开闭传感器等相关配套硬件设备的选择上，外运发展物流可视化平台支持符合"部标"相关标准(JT/T794—2011、JT/T796—2011)的产品，为产品的合法化使用及无障碍升级提供了基础。

4. 解决的主要问题及方式方法

(1) 解决了业务信息与运输轨迹信息对接与联动的问题。

在传统的可视化应用场景中，由于业务信息和运输轨迹信息分别来自不同的软件或系统，致使用户在使用时需要先从业务系统中取得业务数据，再根据取得的业务信息到 GPS 系统中进行查询相应的运输轨迹信息。这样不仅操作繁杂而且人工操作也更容易出现误差，尤其是当 GPS 系统出现车辆运输状态的报警信息时，用户仅能立即获知是哪一辆车在运输途中出现了异常情况，然后再根据车辆信息到业务系统中反查问题车辆对应的运输业务，这些中间操作所消耗掉的时间往往令企业错失应对问题的最佳时机，从而被迫承担不必要的安全风险和经济损失。

外运发展打造的物流运输可视化服务平台完全摒弃了业务信息分项、单独管理的模式，将企业的业务管理作为平台服务的基本面，通过将运输业务系统和 GPS 运输轨迹跟踪系统有效整合，很好地解决了业务单证、货物、车辆、司机、轨迹等运输业务关键信息的绑定和联动问题。在外运发展的物流运输可视化服务平台中，一旦发生运输状态预警，用户会在第一时间得知是哪一票业务，货主是谁，货物是什么，收货人是谁，哪一位司机驾驶的哪一辆车在什么时间、什么地点发生了什么情况，免去了用户二次甚至是多次查询才能获得完整相关信息所消耗的时间成本，使用户可以立即着手对运输异常情况进行有针对性的处置，减少甚至避免可能发生的业务风险。

(2) "一体化"服务理念有效降低用户的再开发成本。

受制于传统可视化应用场景中信息来源比较分散的客观特性，用户若要将可视化信息完整展示出来则需要通过再次开发将相关信息汇集到一个展示系统中。众所周知，各个系统之间由于关注点不同，其信息构成与数据结构即使是通过 EDI 对接的方式也很难轻易匹配和关联，为了满足业务管理需要，企业必将为此付出高额的对接、定制与研发费用。而外运发展"一体化"物流运输可视化服务平台不仅自身具备了运输业务管理、车辆与终端监控、运输基础数据管理、车辆轨迹管理、运单执行跟踪及报警、电子锁控制及状态查询等物流运输可视化业务的主要管理功能，免去用户为了关联各方信息所产生的研发成本，还在平台设计之初就充分考虑到了用户对业务信息展示的需要，通过专门的功能模块对汇聚后的数据进行多层面的呈现，免去了用户在数据整合及关联、呈现等方面投入的再次开发成本。

四、实施效果

1. 经济效益

(1) 直接效益。

在直接经济效益方面，外运发展物流运输可视化服务平台的"一体化"特性一方面可以有效地帮助用户节省数据整合、关联和呈现的定制开发与再开发成本，另一方面由于减少了业务管理中所涉及的系统数量，还可以帮助企业降低系统运维所投入的人工成本。

(2) 间接效益。

在间接经济效益方面，外运发展物流运输可视化服务平台在业务执行过程中可以第一时间提供完整的运输任务预警信息，帮助用户在第一时间掌握业务异常情况，使用户可以在最短的时间内对异常情况做出应对，从而帮助用户规避潜在的安全风险和不必要的经济损失。

2. 社会效益

（1）为物流运输可视化发展提供了新的思路。

物流运输可视化服务作为物联网范畴的核心板块之一，是国家大力倡导并给予政策扶持的。我国目前在 GPS 定位技术、GPS 设备的研发和制造水平上已经步入国际先进行列，完全可以满足运输轨迹跟踪的市场需要，各种运输管理系统更是琳琅满目。但放眼市场，能够直接满足企业对运输全程可视化管理需求的平台却少之又少，其根本原因在于市场上的 GPS、TMS 产品商大部分是信息科技型企业，物流管理经验相对薄弱。外运发展着眼于企业对物流管理的真实需要，通过"一体化"物流运输可视化服务平台将企业的业务和运输轨迹等可视化信息无缝衔接在了一起，不仅完整地实现了企业自身的业务发展需求，还为物流运输可视化服务领域提供了一个全新的发展思路。

（2）改进运输可视化服务模式，满足社会需要。

外运发展通过将"部标"GPS 跟踪定位设备、无线传感技术与运输管理有机地结合在一起，使业务单证、运力和货物信息运输轨迹无缝衔接，再通过图形等相关面向对象的直观展现方式人性化地展现给最终用户，改进了传统运输可视化服务在面向最终用户时存在的多系统、多窗口的落后模式，在满足用户使用需求、提升用户使用感受的同时，还帮助企业降低了系统管理和运维的成本。

五、未来规划

1. 立足物联网，拥抱互联网

外运发展物流运输可视化服务平台将以物联网服务为基础，引入互联网概念，利用公有云资源将现有物流运输可视化服务平台模块化、SAAS 化，使其最终发展成为一个面向社会提供服务的公共物流运输可视化服务平台。当平台完成向 SAAS 架构的转型，用户就可以免去以往系统部署、实施、运维的设备成本和人工成本，只需要在平台上注册一个企业账号即可通过平台实现在物流运输可视化上的业务需求。不仅如此，用户还可根据自身对业务管理的侧重点不同，仅选择适合自身业务管理需要的功能模块使用，最大限度地帮助企业节省成本。

2. 引入传感技术，提供多元化服务

未来，外运发展物流运输可视化服务平台还将引入针对车辆运行状态监控、燃油监控、温度监控等与物流运输可视化相关的传感技术，将传感器所检测的数据与物流业务信息和运输轨迹信息结合起来，不仅使平台能够满足用户更为精细化的可视化服务需求，还要令平台能够满足生鲜冷链、医药试剂、化工产品等特殊领域对货物运输环境的监控及管理需求。

【思考】

1. 结合企业背景，分析中外运物流运输可视化服务平台的必要性及可行性。

2. 阐述物流运输可视化服务平台的架构及特点。

3. 物流运输可视化服务平台主要解决了哪些问题？平台在实际运行中，取得了哪些效果？

4. 试分析物流运输可视化服务平台在企业中的战略价值。

【基础练习】

一、判断题

1. 系统分析阶段是解决物流信息系统"怎么干"的问题，而系统设计阶段则是解决物流信息系统"干什么"的问题。（　　）

2. 数据库设计属于总体设计。（　　）

3. 在信息系统设计中，应尽量采用模块化结构，提高数据、程序模块的独立性。（　　）

4. 物流信息系统的子系统的划分多采用结构化的方法，自底向上将整个系统划分为若干个子系统。（　　）

5. 一个模块的规模可大可小，它可以是一个程序，也可以是程序中的一个程序段或一个函数、过程或子程序。（　　）

二、填空题

1. _____是指系统硬件和软件在运行过程中抵抗异常情况的干扰及保证系统正常工作的能力。

2. 模块调用可分成三种调用关系：_____、_____和_____。

3. 在结构化设计中，模块分解的原则为_____。

4. 物流信息系统的平台设计包括计算机处理方式、_____、_____、_____和_____等。

5. 数据库实施主要包括以下工作：_____、_____、编制与调试应用程序及数据库试运行。

6. 输出设计的方式主要有两种：_____和_____。

三、选择题

1. 下列（　　）的性能最好。

A. 数据耦合　　　B. 功能耦合　　　C. 非法耦合　　　D. 控制耦合

2. （　　）是由一段公共的处理过程组合成的模块。

A. 时间内聚　　　B. 过程内聚　　　C. 通信内聚　　　D. 逻辑内聚

3. （　　）把数据项分成若干组，每个区间代表一个组，码中数字的值和位置都代表一定意义。

A. 顺序码　　　B. 区间码　　　C. 十进位码　　　D. 助记码

4. （　　）是能检测出二位同时出错，亦能检测出一位出错并能自动恢复该出错位正确值的有效检验方法。

A. 奇偶检验　　　B. CRC　　　C. 海明检验码　　　D. 加权取余法

5. （　　）是详细设计中常用的图形工具，它是一种由左往右展开的二维树型结构。

A. IPO　　　B. CFG　　　C. PAD　　　D. PDL

6. （　　）是用来表述每个模块的输入、输出和数据加工的重要工具。

A. IPO　　　B. CFG　　　C. PAD　　　D. PDL

四、思考题

1. 什么是模块，其耦合方式和内聚方式包括哪些？
2. 简述数据库设计的内容。
3. 简述 E - R 图向关系数据模型的转换原则。
4. 确定数据库的物理结构包括哪些方面？
5. 简述 CRC 的基本原理。

【实践练习】

1. 请调查某一物流公司的库存管理，进行需求分析，并按照数据库设计步骤，进行概念结构设计及逻辑结构设计。
2. 请根据代码设计原则及步骤，设计供应商代码、商品代码。

第七章　物流信息系统的开发与实施

 学习目标

知识目标：

（1）熟悉物流信息系统实施阶段的任务与特点；

（2）了解程序设计的方法；

（3）掌握系统测试的目的、类型、方法及技术；

（4）掌握系统转换的方式及优缺点；

（5）熟悉系统维护的内容和类型。

技术目标：

（1）能够运用白盒测试和黑盒测试的技术，进行测试用例设计；

（2）能够运用测试方法及排错方法进行程序改错。

职业能力目标：

（1）培养良好的职业道德；

（2）培养团队合作精神。

◆ **物流聚焦**

盘点物流业的十大黑科技

一、智能传送分拨系统

这是一款产自 Intralox 公司的智能传送分拨系统，当时一段不到 1 分钟的视频没几天就传遍了整个互联网。

据悉，此传送带没有使用导轨或复杂的机械控制，而是采用了一种小型、全向的由电脑控制的轮子，可以独立改变项目的方向、路线、位置和速度，使其具有更加灵活的移动能力，分类、合并、调整都不在话下！

就是这样的技术，真叫人大呼过瘾！

二、奔驰无人驾驶物流车

在无人驾驶和智能出行的概念上，玩得不亦乐乎的奔驰又推出了令人惊讶的产品！近日，奔驰发布了最新的 Vision Van 概念物流车。

这款 Vision Van 概念物流车已经极简到连方向盘、踏板及中控台都没有，所有的操作完全依靠司机座位左边的操纵杆完成。

当进行包裹配送时，车辆顶部的无人机会预先设定地址；随后，车厢内的自动运输架就会将包裹运送到车顶的无人机上进行派送。

三、菜鸟首款智能配送机器人小 G

这是一款由菜鸟旗下 E.T.物流实验室研发的首款末端配送机器人，小 G 身高 1 米左右，每次配送大概能装 10～20 个包裹。

用户只要通过手机向小 G 发出服务需求，它就会与 TMS(运输管理系统)对接并规划最优配送路径，将物品送到指定位置，用户可通过电子扫描签收。

在配送过程中，小 G 采用了激光与视觉并行的 SLAM 方案，能够观察周边的复杂环境，并在系统中建立自己的多维世界模型。

运用自适应粒子滤波算法，小 G 能够对动态实体进行准确的轨迹预测，避让行人与车辆；同时，小 G 还能自己乘坐电梯，感知电梯的拥挤程度，选择性地乘坐。

四、德国智能停车系统

来自德国 Serva 公司研发的 Serva Transpor 智能停车系统将 AGV 叉车和智能停车系统完美结合，实现了停车场空间的充分利用。

在汽车被放置指定位置之后，该系统的扫描系统会自动判断这辆汽车的轴距和总长度，而后自动调整叉车尺寸，将汽车举起，放入停车场内部。

通过自动排列系统，Serva Transpor 一下子解决了停车效率和空间分配的问题，对于旨在提升停放效率的公共停车场来说，无疑是一件好事。

倘若将这一系统应用于物流园区，想必将会大大提升运营效率。

五、菜鸟——AR 智慧物流系统

只要带上 AR 眼镜，打开操作系统，就可以接到源源不断的订单。此外，工作人员还可以直观地看到商品的质量、体积等各种信息，从而进行快速分类。

系统会指导工作人员按照最优路线行走，迅速找到货架上的商品，并进行合作扫描等操作；之后，AR 眼镜还能帮助工作人员迅速地完成质量检测、包装等工作；在所有动作完成后，直接点击出库，货物在仓库的流程就完成了。工作人员全程不需动脑，像玩游戏一样便可完成全部工作。

不仅如此，在货品离开仓库以后，快递员还可以利用这套技术快速轻松地完成包裹分类，并结合自身服务区域与消费者喜好进行科学配送。

六、京东无人配送机器人

这款京东无人车是国内首辆无人配送车，它可以对目的地进行自主路径规划，寻找最短路径并规避拥堵路段，就算遇到十字路口，也可以识别红绿灯并做出相应行驶决策。

此外，京东还推出了无人机送货，可以载重从 10 公斤到 15 公斤不等的货物，并按照规划的既定航线自助飞行，具备自动装卸货功能。同时，无人机的飞行距离约为 5 公里到 10 公里，货物送到后可按指令自动返航。

七、苏宁自动化存储设备

苏宁拥有高密度自动存储系统，据说苏宁云仓的商品存储量可达 2000 万件以上。

八、申通快递分拣机器人

申通的这款机器人平台，只需配备 2000 平方米的仓库和 10 个入口、350 个机器人就可以同时作业，据说 1 小时可以分拣 18000 个快件。

更厉害的是，这些机器人自动充电 5 分钟就可以奔跑 4 个小时！

九、海康威视智能泊车机器人

海康威视智能泊车机器人是全球首个机器人智能停车应用案例，采用了成熟的视觉 & 惯性双导航技术实现自主定位，定位精度误差小于 5 mm，可完成 2000 kg 汽车的升举、搬运、旋转、下放，保证在 2 分钟之内帮你稳稳地停好车！

十、德国移动仓库机器人 TORU

德国 Magazino 公司打造的 TORU 移动仓库机器人，不仅能运输货物，还能直接从货架上分拣物品，这大幅减少了工作人员在仓库内的走动，并减轻了员工在分拣货物上的工作负担。

另外，TORU 机器人还很擅长处理涉及多种货物的订单。在流畅的识物、壁障过程中，TORU 不需要大型控制臂的辅助，也不需要特别的指引灯和反射光指示方向，可谓它的两大优势。

第一节　物流信息系统实施概述

物流信息系统的实施是指将系统设计阶段的结果在计算机上实现，把原来纸面上的、类似于设计图式的新系统方案转换成可执行的应用软件系统。系统实施是继系统规划、系统分析、系统设计之后的又一重要阶段，需要进行系统的物理方案配置、硬件安装、程序设计、系统编码、程序调试、系统验收、人员培训、系统转换等一系列活动。物流信息系统实施效果的好坏将直接影响物流信息系统开发的成功与否。

一、系统实施的主要任务

系统实施是新系统开发工作的最后一个阶段，这个阶段的主要任务有 4 个：硬件准备、软件准备、人员培训、数据准备。

1. 硬件准备

按总体设计方案购置和安装计算机网络系统，具体包括计算机主机、输入/输出设备、存储设备、辅助设备和通信设备等。

◆ 补充阅读

软件定义网络

软件定义网络（Software Defined Network，SDN）起源于 2006 年斯坦福大学的 Clean Slate 研究课题。2009 年，Mckeown 教授正式提出了 SDN 概念。利用分层的思想，SDN 将数据与控制分离开。在控制层，包括具有逻辑中心化和可编程的控制器，可掌握全局网络信息，方便运营商和科研人员管理配置网络和部署新协议等。在数据层，包括哑（Dumb）交换机（与传统的二层交换机不同，专指用于转发数据的设备）。交换机仅提供简单的数据转发功能，可以快速处理匹配的数据包，适应流量日益增长的需求。两层之间采用开放的统一接口（如 Open Flow 等）进行交互。控制器通过标准接口向交换机下发统一标准规则，交换机仅需按照这些规则执行相应的动作即可。因此，SDN 技术能够有效降低设备负载，协助网络运营商更好地控制基础设施，降低整体运营成本，成为最具前途的网络技术之一。

因此，SDN 被 MIT 列为"改变世界的十大创新技术之一"。

2. 软件准备

软件准备包括系统软件、数据库管理系统以及一些应用程序，特别是要建立数据库系统、程序设计和调试。

◈ 补充阅读

软件架构与 Layers 架构模式

软件架构(Software Architecture)是一系列相关的抽象模式，用于指导大型软件系统各个方面的设计。软件架构是一个系统的草图，它描述的对象是直接构成系统的抽象组件。各个组件之间的连接则明确和相对细致地描述组件之间的通信。根据 Linda Rising 的《Pattern Almanac》一书，已知的架构模式有七十多种，其中较为经典的包括 Layers、Bridge、Facade、Interpreter、Mediator 等。本书只介绍 Layers 架构模式。

在收集到用户对软件的要求之后，架构设计就开始了。架构设计的一个主要目的，就是把系统划分成为很多"板块"。划分的方式通常有两种，一种是横向的划分，一种是纵向划分。

横向划分将系统按照商业目的划分。比如，一个书店的管理系统可以划分成为进货、销售、库存管理、员工管理等。

纵向划分则不同，它按照抽象层次的高低，将系统划分成"层"，或叫 Layer。比如，一个公司的内网管理系统通常可以划分成为下面的几个 Layer：

(1) 网页，也就是用户界面，负责显示数据、接受用户输入；

(2) 领域层，包括 JavaBean 或者 COM 对象、B2B 服务等，封装了必要的商业逻辑，负责根据商业逻辑决定显示什么数据，以及如何根据用户输入的数据进行计算；

(3) 数据库，负责存储数据，按照查询要求提供所存储的数据；

(4) 操作系统层，比如 Windows NT 或者 Solaris 等；

(5) 硬件层，比如 SUN E450 服务器等。

有人把这种 Layer 叫做 Tier，但是 Tier 多带有物理含义。不同的 Tier 往往位于不同的计算机上，由网络连接起来，而 Layer 是纯粹逻辑的概念，与物理划分无关。

Layers 架构模式的好处是：任何一层的变化都可以很好地局限于这一层，而不会影响到其他各层；更容易容纳新的技术和变化，Layers 架构模式容许任何一层变更所使用的技术。

3. 人员培训

培训是至关重要的实施活动，人员培训主要是指对用户的培训，用户包括主管人员和业务人员。这些人员多数来自现行系统，精通业务，但往往缺乏计算机知识。为保证系统调试和运行顺利进行，应根据他们的基础，提前进行培训，使他们适应并逐步熟悉新的操作环境。信息系统人员，如用户顾问，应当确保终端用户接受过如何运行新业务系统的培训，否则就会导致实施过程的失败。

4. 数据准备

数据的收集、整理和录入是一项繁琐、劳动量大的工作。一般来说，确定数据库物理模型之后，就应进行数据的整理和录入，这样既分散了工作量，又可以为系统调试提供真实的数据。

二、系统实施的特点

与系统分析、系统设计阶段相比，系统实施的特点是工作量大，投入的人力、物力多。因此，系统的实施是一个艰难且费时的过程。但是，对于确保任何新系统的成功开发来说，系统实施又是至关重要的。即使是一个设计良好的系统，如果没有正确的实施，也会导致失败。若在实施过程中进行项目管理，对保证整个系统的成功开发是有很大帮助的。

第二节　系统实施环境的建立

一、计算机系统的选择

计算机系统由硬件(子)系统和软件(子)系统组成，前者是借助电、磁、光、机械等原理构成的各种物理部件的有机组合，是系统赖以工作的实体；后者是各种程序和文件，用于指挥全系统按指定的要求进行工作。

硬件系统主要由中央处理器、存储器、输入输出、控制系统和各种外部设备组成。中央处理器是对信息进行高速运算处理的主要部件，其处理速度可达每秒几亿次以上的操作。存储器用于存储程序、数据和文件，常由快速的主存储器(容量可达数百兆字节，甚至数 G 字节)和慢速海量辅助存储器(容量可达数十 G 或数百 G 以上)组成。各种输入输出外部设备是人机间的信息转换器，由输入/输出控制系统管理外部设备与主存储器(中央处理器)之间的信息交换。

软件分为系统软件、支撑软件和应用软件。系统软件由操作系统、实用程序、编译程序等组成。操作系统实施对各种软硬件资源的管理控制。实用程序是为方便用户所设，如文本编辑等。编译程序的功能是把用户用汇编语言或某种高级语言所编写的程序，翻译成机器可执行的机器语言程序。支撑软件有接口软件、工具软件、环境数据库等，它能支持用机的环境，提供软件研制工具。支撑软件也可认为是系统软件的一部分。应用软件是用户按其需要自行编写的专用程序，它借助系统软件和支撑软件来运行，是软件系统的最外层。

在配置计算机系统时，首先要能够满足物流信息系统的基本要求，此外还应考虑计算机系统是否具有合理的性价比、系统是否具有良好的扩充性、能否得到来自供应商的售后服务和技术支持等。

二、计算机网络系统的选择

计算机网络系统就是利用通信设备和线路将地理位置不同、功能独立的多个计算机系统互联起来，以功能完善的网络软件实现网络中资源共享和信息传递的系统。通过计算机的互联，实现计算机之间的通信，从而实现计算机系统之间的信息、软件和设备资源的共享以及协同工作等功能，其本质特征在于提供计算机之间的各类资源的高度共享，实现便捷地交流信息和交换思想。

构成计算机网络系统的要素：

（1）计算机系统：工作站（终端设备，或称客户机，通常是 PC 机）、网络服务器（通常都是高性能计算机）。

（2）网络通信设备（网络交换设备、互联设备和传输设备）：网卡、网线、集线器（HUB）、交换机、路由器等。

（3）网络外部设备：如高性能打印机、大容量硬盘等。

（4）网络软件：网络操作系统，如 Unix、NetWare、Windows NT 等；客户连接软件（包括基于 DOS、Windows、Unix 操作系统的等）；网络管理软件等。

在进行计算机网络系统实施时，根据所开发的物流信息系统需要的网络环境进行各要素配置。

三、软件的安装

软件安装是为计算机系统装入应用系统开发和运行的软件环境。从底层到高层要安装操作系统、网络管理系统、文字处理系统、数据库管理系统、程序设计语言系统和开发应用工具软件等。安装软件时要注意软件的版本要符合机器的型号与配置，注重软件之间的相互支持与兼容性。

第三节　程序设计与系统测试

程序设计是给出解决特定问题程序的过程，是软件构造活动中的重要组成部分。程序设计往往以某种程序设计语言为工具，给出这种语言下的程序。程序设计主要依据系统设计阶段的 HIPO（Hierarchy Plus Input-Process-Output）图以及数据库结构和编程码设计。在系统实施阶段，编程是核心工作。

一、程序设计

(一) 程序设计原则

什么是好程序？20 世纪 50 年代，由于计算机内存小、速度慢，人们通常把程序的长度和执行速度放在很重要的位置；但是，随着硬件技术的飞速发展，这一观点正逐渐改变。一般情况下认为，一个好的程序应遵循以下原则：

（1）能工作。这是最基本的一条，一个根本不能够工作的程序称不上好程序。

（2）调试代价低。也就是说，在调试上花费的时间少。

（3）易于维护。由于信息系统需求的不确定性，系统需求可能会随着环境的变化而不断变化，因而必须对系统功能进行完善和调整，为此，有必要对程序进行补充或修改。此外，由于计算机软硬件的更新换代也需要对程序进行相应的升级。程序维护的工作量相当大，一个不易维护的程序，其寿命也不长。

（4）具有可靠性。程序应具有较好的容错能力，不仅正常情况下能工作，而且在意外情况下也应便于处理，不致产生意外的操作，从而造成严重损失。

（5）易于理解。程序不仅要逻辑正确，计算机能够执行，而且应当层次清楚，便于阅读。一个不易理解的程序将会给程序维护工作带来困难。

（6）效率高。程序的效率是指程序能否有效地利用计算机资源。随着硬件价格大幅度下降，性能也不断完善和提高，程序的效率已不像以前那样举足轻重了；相反，程序设计人员的工作效率则日益重要。提高程序设计人员的工作效率，不仅能降低软件开发成本，而且可以明显降低程序的出错率，进而减轻维护人员的工作负担。此外，程序的效率与可维护性及可理解性通常是相矛盾的，在实际编程过程中，人们往往宁可牺牲一定的时间和空间，也要尽量提高系统的可理解性和可维护性，片面追求程序的运行效率反而不利于程序设计质量的全面提高。

（二）程序设计方法

常见的程序设计方法有：结构化程序设计、面向对象程序设计、速成原型式程序设计及可视化编程技术。

1. 结构化程序设计

（1）产生。

结构化程序设计由迪克斯特拉（E. W. dijkstra）在 1969 年提出，它以模块化设计为中心，将待开发的软件系统划分为若干个相互独立的模块，这样使完成每一个模块的工作变得单纯而明确，为设计一些较大的软件打下了良好的基础。

（2）基本结构。

在具体编程中，结构化程序设计方法采用 3 种基本的逻辑结构来编写程序：顺序结构、循环结构和选择结构，如图 7-1 所示。

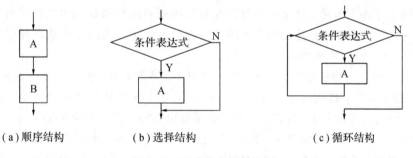

（a）顺序结构　　　　（b）选择结构　　　　　　　　（c）循环结构

图 7-1　三种基本控制结构

① 顺序结构。顺序结构表示程序中的各操作是按照它们出现的先后顺序执行的。

② 选择结构。选择结构表示程序的处理步骤出现了分支，它需要根据某一特定的条件选择其中的一个分支执行。选择结构有单选择、双选择和多选择三种形式。

③ 循环结构。循环结构表示程序反复执行某个或某些操作，直到某条件为假（或为真）时才可终止循环。在循环结构中最主要的是在什么情况下执行循环，哪些操作需要循环执行。循环结构的基本形式有两种：当型循环和直到型循环。

当型循环：表示先判断条件，当满足给定的条件时执行循环体，并且在循环终端处流程自动返回到循环入口；如果条件不满足，则退出循环体直接到达流程出口处。因为是"当条件满足时执行循环"，即先判断后执行，所以称为当型循环。

直到型循环：表示从结构入口处直接执行循环体，在循环终端处判断条件，如果条件不满足，返回入口处继续执行循环体，直到条件为真时再退出循环到达流程出口处，即先执行后判断。因为是"直到条件为真时为止"，所以称为直到型循环。

（3）基本思想。

① 采用自顶向下、逐步求精的程序设计方法。在一个程序模块内，先从该模块功能描述出发，一层层地逐步细化，直到最后分解、细化成语句为止。

② 使用三种基本控制结构构造程序。任何程序都可由顺序、选择、循环三种基本控制结构构造。用顺序方式对过程分解，确定各部分的执行顺序；用选择方式对过程分解，确定某个部分的执行条件；用循环方式对过程分解，确定某个部分进行重复的开始和结束的条件。对处理过程仍然模糊的部分反复使用前述分解方法，最终可将所有细节确定下来。

（4）设计语言。

主要的结构化程序设计语言有 C、FORTRAN、PASCAL、Ada、BASIC 等。

（5）适用情况。

结构化程序设计又称为面向过程的程序设计。在面向过程程序设计中，问题被看作一系列需要完成的任务，函数（在此泛指例程、函数、过程）用于完成这些任务，解决问题的焦点集中于函数。其中，函数是面向过程的，即它关注如何根据规定的条件完成指定的任务。

（6）特点。

结构化程序中的任意基本结构都具有唯一入口和唯一出口，并且程序不会出现死循环，在程序的静态形式与动态执行流程之间具有良好的对应关系。

（7）优点。

由于模块相互独立，在设计其中一个模块时，不会受到其他模块的牵连，因而可将原来较为复杂的问题化简为一系列简单模块的设计。模块的独立性还为扩充已有的系统、建立新系统带来了不少方便，这是因为可以充分利用现有的模块作积木式的扩展。按照结构化程序设计的观点，任何算法功能都可以通过由程序模块组成的三种基本程序结构的组合（顺序结构、选择结构和循环结构）来实现。

结构化程序设计的基本思想是采用"自顶向下、逐步求精"的程序设计方法和"单入口单出口"的控制结构。自顶向下、逐步求精的程序设计方法从问题本身开始，经过逐步细化，将解决问题的步骤分解为由基本程序结构模块组成的结构化程序框图；"单入口单出口"的思想认为，一个复杂的程序，如果它仅是由顺序、选择和循环三种基本程序结构通过组合、嵌套构成，那么这个新构造的程序一定是一个单入口单出口的程序。据此就很容易编写出结构良好、易于调试的程序。结构化程序设计的优点在于：整体思路清楚，目标明确；设计工作中阶段性非常强，有利于系统开发的总体管理和控制；在系统分析时可以诊断出原系统中存在的问题和结构上的缺陷。

（8）缺点。

结构化程序设计的缺点在于：用户要求难以在系统分析阶段准确定义，致使系统在交付使用时会产生许多问题；用系统开发每个阶段的成果来进行控制，不能适应事物变化的要求；系统的开发周期长。

2. 面向对象程序设计

（1）产生。

1967 年挪威计算中心的 Kisten Nygaard 和 Ole Johan Dahl 开发了 Simula67 语言，它提供了比子程序更高一级的抽象和封装，引入了数据抽象和类的概念，它被认为是第一个面向对象语言。"对象"和"对象的属性"这样的概念可以追溯到 20 世纪 50 年代初，它们首先出现于关于人工智能的早期著作中，但是出现了面向对象语言之后，面向对象思想才得到了迅速的发展。汇编语言出现后，程序员就避免了直接使用 0-1，而是利用符号来表示机器指令，从而更方便地编写程序；当程序规模继续增长的时候，出现了 Fortran、C、Pascal等高级语言，这些高级语言使得编写复杂的程序变得容易，程序员们可以更好地对付日益增加复杂性的编程工作。但是，如果软件系统达到一定规模，即使应用结构化程序设计方法，局势仍将变得不可控制。作为一种降低复杂性的工具，面向对象语言产生了，面向对象程序设计也随之产生。如今，面向对象程序设计已成为软件产业的主体技术。

（2）基本概念。

面向对象方法以客观世界中的对象为中心，其分析和设计思想符合人们的思维方式，分析和设计的结果与客观世界中的实际比较接近，容易被人们所接受。面向对象方法主要包括对象、类、继承、消息、多态性等基本概念。

① 对象。在现实世界中，每个实体都是对象，如学生、汽车、电视机和空调等都是现实世界中的对象。每个对象都有它的属性和操作，如电视机有颜色、音量、亮度、灰度和频道等属性，可以有切换频道、增大/减低音量等操作。电视机的属性值表示了电视机所处的状态，而这些属性值只能通过其提供的操作来改变。电视机的各组成部分，如显像管、印刷板和开关等都封装在电视机机箱中，人们不知道也不关心电视机是如何实现这些操作的。

在面向对象程序设计方法中，一个对象是一个独立存在的实体，每个对象都有各自的属性和行为。例如书是一个对象，它的属性可以有书名、作者、出版社、出版年份和定价等属性。其中，书名、出版年份和定价是数据；作者和出版社可以是对象，他们还可有自己的属性。每个对象都有它自己的属性值，表示该对象的状态。对象中的属性只能通过该对象所提供的操作来存取或修改。操作也称为方法或服务，它规定了对象的行为，表示对象所能提供的服务。封装是一种信息隐蔽技术，用户只能看见对象封装界面上的信息，对象的内部实现对用户是隐蔽的。封装的目的是使对象的使用者和生产者分离，使对象的定义和实现分开。一个对象通常可由对象名、属性和操作三部分组成。

② 类。类是一组具有相同属性和相同操作的对象的集合。一个类中的每个对象都是这个类的一个实例。在分析和设计时，通常把注意力集中在类上，而不是具体的对象，同时也不必为每个对象逐个定义，只需对类做出定义，而对类的属性的不同赋值即可得到该类的对象实例。

③ 继承。继承是类间的一种基本关系，是在某个类的层次关联中不同的类共享属性和操作的一种机制。换句话说，对于相关对象在进行合并分类后，有可能出现共享某些性质，通过抽象后使多种相关对象表现为一定的组织层次，低层次的对象继承其高层次对象的特性，这便是对象的继承。在层次关联中，一个父类可以有多个子类，这些子类都是父类的特例，父类描述了这些子类的公共属性和操作。一个子类可以继承它的父类（或祖先类）中的属性和操作，这些属性和操作在子类中不必定义，同时子类中还可以定义自己的属性和操作。例如："多边形"类是"矩形"类的父类，"多边形"类可以有"顶点数"和"顶点坐标"等属性，有"移动"、"旋转"、"求周长"和"求面积"等操作；而"矩形"类可定义"长"和"宽"等属性。

上面的讨论中一个子类只有唯一的一个父类，这种继承称为单一继承。一个子类也可以有多个父类，它可以从多个父类中继承特性，这种继承称为多重继承，例如，"水陆两用交通工具"类既可继承"陆上交通工具"类的属性，又可继承"水上交通工具"类的特性。

④ 消息。消息是对象间通信的手段，一个对象通过向另一对象发送消息来请求其服

务。一个消息通常包括接收对象名、调用的操作名和适当的参数。消息只告诉接收对象需要完成什么操作，但并不指示接收者怎样完成操作。消息完全由接收者解释，接收者独立决定采用什么方法来完成所需的操作。

⑤ 多态性。多态性是指同一个操作作用于不同的对象上可以有不同的解释，并产生不同的执行结果。例如，"画"操作作用在"矩形"对象上则在屏幕上画一个矩形，作用在"圆"对象上则在屏幕上画一个圆。也就是说，相同操作的消息发送给不同的对象时，每个对象将根据自己所属类中定义的这个操作去执行，从而产生不同的结果。图 7-2 所示是一个类、对象和继承的例子。

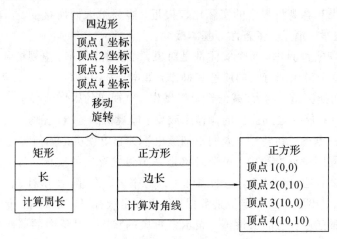

图 7-2 类、对象和继承实例

3. 速成原型式程序设计

速成原型式设计方法在程序设计阶段的具体实施步骤如下：

(1) 将 HIPO(Hierarchy plus Input-Process-Output)图中类似带有普遍性的功能模块集中起来，例如菜单模块、报表模块、查询模块、统计分析和图形模块等，这些模块几乎是每个子系统都必不可少的。

(2) 寻找有无相应可用的软件工具，如果有，用这些工具生成这些程序模型原型；如果没有，则可以考虑开发一个能够适合各子系统情况的通用模块。如果 HIPO 图中有一些特定的处理功能和模型，而这些功能和模型又是现有工具不可能生成出来的，则考虑再编制一段程序加进去。这样，利用现有的工具和原型方法可以很快地开发出所需的程序。

4. 可视化编程技术

虽然面向对象程序设计提高了程序的可靠性、可重用性、可扩充性和可维护性，但应用软件为了适应 Windows 界面环境，使用户界面的开发工作变得越来越复杂，有关这部分的代码所占比重也越来越大。因此，Microsoft 公司推出 Visual Basic 以后，可视化编程技术受到极大的欢迎，编程人员不再受 Windows 编程的困扰，能够所见即所得地设计标准的 Windows 界面。

可视化编程技术的主要思想是用图形工具和可重用部件来交互地编制程序。它把现有的或新建的模块代码封装在标准接口的封包中，作为可视化编程编辑工具中的一个对象，用图符来表示和控制。可视化编程技术中的封包可能由某种语言的一个语句、功能模块或数据库程序组成，由此获得的是高度的平台独立性和可移植性。在可视化编程环境中，用户还可以自己构造可视控制部件，或引用其他环境构造的、符合封包接口规范的可视控制部件，增加了编程的效率和灵活性。

可视化编程一般基于事件驱动的原理。用户界面中包含各种类型的可视控制部件，如按钮、列表框和滚动条等，每个可视控制部件对应多个事件和事件驱动程序。发生于可视控制部件上的事件触发对应的事件驱动程序，完成各种操作。编程人员可以在可视化编程工具的帮助下，利用鼠标建立、复制、缩放、移动或清除各种已提供的控件，然后再利用该可视化编程工具提供的语言编写每个控件对应的事件程序，最后可以用解释方式运行来测试程序。这样，通过一系列的交互设计就能很快地完成一个应用项目的编程工作。

另外，一般可视化编程工具还有应用专家或应用向导提供模板，按照步骤对使用者进行交互式指导，让用户定制自己的应用，然后就可以生成应用程序的框架代码，随后用户可在适当的地方添加或修改以适应自己的需求。

(三) 软件开发工具

目前，市场上能够提供系统选用的编程工具十分丰富，在计算机软件技术发展过程中，软件工具是发展最快的领域之一。它们不仅在数量和功能上突飞猛进，而且在内涵的拓展上也日新月异，为开发系统提供了越来越多、越来越方便的实用手段。为了满足信息系统开发的要求，选用适当的编程工具成为系统开发质量和效率的保证。

一般比较流行的软件工具可分为 6 类，具体介绍如下：

1. 常用编程语言类

常用编程语言是指由传统编程工具发展而来的一类程序设计语言，管理领域中比较常用的有 C 语言、C++语言、COBOL 语言、PL/1 语言、PROLOG 语言以及 OPS 语言等。由于这类编程语言提供的是程序设计全集的基本集合，因而没有很强的针对性，适应范围比较广，原则上任何功能模块都可以用这类编程语言来实现。正是由于它们适应范围广，所以也使得程序设计人员在编程时的复杂程度增加，从而使程序设计的工作量变得较大。

随着计算机应用的深入发展，管理信息系统的程序规模日益增大，采用的程序设计语言也逐渐发生变化，选择适合于管理信息系统的程序设计语言应该考虑的方面有：语言的结构化机制与数据管理能力；语言可提供的交互功能；有较丰富的软件工具；开发人员的熟练程度；软件可移植性要求；系统用户的要求。

2. 数据库管理系统类

数据库管理系统是信息系统数据存放的中心和整个系统数据传递和交换的枢纽，对信息系统而言是至关重要的。目前，数据库软件工具产品可以分为两大类，一类是在大型机上运行的数据库管理系统，另一类是在微机上运行的数据库管理系统。

大型机上运行的大型数据库管理系统规模较大，功能也比较齐全，目前比较典型的系统有 Oracle、Sybase、Ingres、Informax 和 DB2 等，这类系统比较适合大型综合类系统的开发。

目前在微机上运行的数据库管理系统，其典型的代表是 xBASE 系列、FoxPro 的各种版本和 Microsoft Access 等。这种数据库系统以微机和关系数据库为基础，提供了一系列围绕数据库的各种操作、数据处理和程序设计的命令集。简单易学、方便实用是这类数据库的最大特点。

3. 程序生成工具类

程序生成工具也称为第四代程序生成语言(4th Generation Language，4GL)，是一种基于常用数据处理功能和程序之间的对应关系的自动编程工具。曾经流行的程序生成工具有：应用系统建造工具(Application Builder，AB)、屏幕生成工具、报表生成工具以及综合程序生成工具等，它们的一个显著特点就是必须针对几类常见的程序设计语言。目前，这类工具的一个发展趋势就是向功能的大型综合化、生成程序模块语言的专一化方向发展。

4. 系统开发工具类

系统开发工具是在程序生成工具的基础上进一步发展而来的，因而它不但具有 4GL 的功能和特点，同时更加综合化、图形化，给程序设计人员带来了更多的便利。目前这类工具主要有两类：专用开发工具类和综合开发工具类。

(1) 专用开发工具类，就是指对应用领域和待开发功能针对性都较强的一类系统开发工具。这一类工具主要有：专门用于开发查询模块用的 SQL、专门用于开发数据处理模块用的 SDK(Structured Development Kits)、专门用于人工智能和符号处理的 Prolog for Windows 以及专门用于开发产生式规则知识处理系统的 OPS(Operation Process System)等。这类工具的显著特点是针对性比较强，可以帮助用户开发出相对深入的信息处理模块。

(2) 综合开发工具类，就是针对开发一般应用系统和数据处理功能的一类系统开发工具，其特点就是可以最大限度地适用于一般应用系统的开发和生成。常见的综合开发工具有：FoxPro、VB(Visual BASIC)、Visual C++、CASE 和 Team Enterprise Developer 等。虽然这类开发工具不能帮助程序设计人员生成一个完全可用的系统，但可在一定程度上帮助开发人员生成应用系统中的大部分常见处理功能；而对于那些特殊的处理模块还是需要程序设计人员手工编制，才能最后实现整个系统。

5. 客户/服务器工具类

客户/服务器工具是迄今软件工具发展中出现的比较新的开发工具，这一类工具的基本思想和概念主要继承了人类处理问题的"专业化分工协作"的思想。

客户/服务器工具解决问题的基本思路就是在原有开发工具的基础上，将原有工具改变为一个既可以被其他工具所调用，又可调用其他工具的"公共模块"。在这一思想的指导下，系统开发的工作过程就可以不受一种语言、一类开发工具的限制，而是能够综合发挥各类工具的长处，更快、更好地完成系统开发工作。另外，在整个系统结构方面，客户/服务器工具产生了前台和后台的作业方式，特别是在网络上可以大大减轻网络传输的压力，提高系统的运行效率。所以，客户/服务器工具被广泛地应用于开发工具、程序设计和网络系统的开发等各个方面。

市场上常见的客户/服务器工具有：Visual FoxPro、VB、VC++，Excel、Powerpoint、Borland International 公司的 Delphi Client/Server、Powersoft 公司的 Power Build Enterprise和Sysmantec 公司的 Team Enterprise Developer 等。这类开发工具最显著的特点就是相互之间调用的随意性。

6. 面向对象编程工具类

面向对象编程工具主要是指与面向对象(Object Oriented，OO)相对应的编程工具。这是一类针对性比较强且很有潜力的系统开发工具，其最明显的特点是在运用这类工具时，与整个 OO 方法紧密结合。如果没有这类工具，OO 方法的特点将受到极大的影响；反之，没有 OO 方法，该类工具也将失去应有的作用。目前 OO 编程工具主要有：C＋＋和 Visual C＋＋、Smalltalk 等。

另外，随着网络技术的不断普及，越来越多的企业在其内联网（Intranet）中采用了 Internet 协议，HTML、Java 和其他开发工具也已得到广泛的应用。

◆ **补充阅读**

2018 年最具就业前景的 7 大编程语言

从图 7-3 可以看出，排名前三的编程语言是 Java、Python 和 JavaScript。Java 这个老牌编程语言，许多大企业的开发都离不开它，尽管今年一直呈现下滑趋势，但丝毫不影响它的霸主地位。Python 在数据分析、数据挖掘方面也大有发挥之处，再加上人工智能大量依赖数据，数据相关岗位人才的稀缺，Python 进入前三在意料之中。互联网行业的发展前景从目前来看仍然十分乐观，几乎所有现代的 HTML 页面都使用 JavaScript，因而 JavaScript 位列第三也是实至名归。

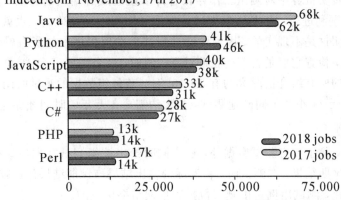

图 7-3　2018 年最具就业前景的 7 大编程语言

还有一些虽然没进入前七的语言，但在 2017 年已十分普及，并稳步增长：

（1）Swift：2014 年苹果发布的 iOS 和 MacOS 编程语言 Swift，名列第 14 位。这可能部分是因为许多工作发布要求"iOS"的经验，而没有特别点出所需具备的编程语言技能。自从 IEEE Spectrum 和 Stackify 发布以来，Swift 就越来越流行。

（2）R：R 排在名单上的第 11 位，预计未来几年，其排名将上升。然而，它却是今年 Stack Overflow 调查中"最不受欢迎"的语言，未来其增长可能是由于大数据分析工作的增长。

（3）Rust：虽然 Rust 在名单中并不是名列前茅，但根据 Google Trends 的数据分析，它一直在稳步增长。

（四）系统环境的调试

当开发的物流信息系统所需的软件与硬件安装完后，就需要对系统的整个软件和硬件环境进行测试，重点测试系统主机、外设（输入输出及存储设备）、网络系统和软件四个方面。测试的内容包括软硬件运行情况与性能指标测试，多用户联机通信的效率测试和软件与硬件的匹配测试等。

系统环境还包括机房环境(包括机房的温度、湿度、无尘化、防静电等)、电力供应(包括备用电源、不间断电源 UPS 等)、安全设施等因素。在系统实施时,要充分考虑与系统运行相关的各种环境因素,这样才能为系统日后的正常运行奠定基础。

二、系统测试

在完成程序设计后,经程序员编码调试后就为新系统的运行初步奠定了基础。因为未测试之前的各阶段中都可能在新系统中遗留下许多错误和缺陷,如果不及时找出这些错误和缺陷并将其改正,这个系统将不能正常使用,甚至会导致巨大的损失。要了解将要投入运行的新系统是否能正确无误地工作,必须实行系统测试。系统测试是一项很艰苦的工作,其工作量约占软件开发总工作量的 40% 以上,特别对一些关系到人生命安全的系统,其测试成本可能相当于其他阶段总成本的 3~5 倍。

(一)系统测试的基本概念

1. 测试的目的

测试的目的是尽可多地发现新系统中的错误和缺陷。明确测试的目的是一件非常重要的工作,因为在现实世界中对测试工作存在着许多模糊或者错误的看法,这些看法严重影响着测试工作的顺利进行。有人认为测试是为了证明程序是正确的,也就是说,程序不再有错误,事实证明这是不现实的。因为要通过测试来发现程序中的所有错误就要穷举所有可能的输入数据,检查它们是否产生正确结果。例如,一个需要三个 16 位字长整型输入的程序,输入数据的所有组合情况大约有 3×10^{14} 种,若每组数据的测试时间为 1 ms,那么即使一年 365 天每天 24 小时不间断地测试,也大约需要 1 万年的时间才能完成。

2. 测试用例

要进行测试,除了要有测试数据外,还应同时给出该组测试数据应该得到怎样的输出结果,可称它为预期结果。在测试时,将实际的输出结果与预期结果作比较,若不同则表示出现了错误。因此,测试用例是由测试数据和预期结果构成的。

为了发现程序中的错误,应竭力设计能暴露错误的测试用例。一个好的测试用例极有可能发现迄今为止尚未发现的错误;一次成功的测试能够发现至今为止尚未发现的错误。

3. 测试原则

测试阶段应注意以下 8 项基本原则:

(1)确定预期输出结果是测试用例必不可少的一部分。如果只有测试数据而无预期结果,那么就不易判断测试结果是否正确。

(2)程序员应避免测试自己的程序,程序设计机构不应测试自己的程序。这是因为程序中的错误往往是由于程序员对问题说明的误解,由他来测试自己的程序就不易找出因这种误解而产生的错误。此外,开发系统是一项建设性的工作,而测试是一项破坏性的工作,这对开发人员或小组来说,在心理上是难以容忍的。为了证明自己的程序没有错误或错误很少,他们往往不会选择容易发现错误的测试用例,而选择容易通过的测试用例。当然,这并不意味着程序员都不能测试自己的程序,如模块测试通常就是由程序员自己测试的。

（3）彻底检查每个测试结果。如果不仔细检查测试结果，有些已经测试出来的错误也可能被遗漏掉。

（4）对非法的和非预期的输入数据也要像合法的和预期的输入数据一样编写测试用例。例如，判断输入的三个数据是否构成等腰三角形、等边三角形及不等边三角形的程序。测试这个程序时，不仅要选"5，5，6"和"7，7，7"这样合理数据作为测试用例，而且还要选用"1，2，3"和"1，2，4"这样不合理的输入数据，以便证实程序不会把这些不可能构成三角形的边长错误地认为这是"不等边三角形"。

（5）检查程序是否做了应做的事仅是成功的一半，另一半是看程序是否做了不该做的事。

（6）除了真正没有用的程序外，一定不要丢弃测试用例，因为在改正错误或程序维护后还要进行重新测试。

（7）在规划测试时，不要设想程序中不会出现错误。

（8）程序模块经测试后，遗留的错误数目往往与已发现的错误数目成比例。实践证明，程序中的大量错误仅与少量的程序模块有关，因而当模块 A 找出的错误比模块 B 多得多时，很可能模块 A 遗留的错误仍比模块 B 遗留的错误多。

4．测试方法

测试的关键是测试用例的设计，其方法可分成两类，即白盒测试和黑盒测试，具体如下：

（1）白盒测试是把程序看成一只透明的盒子，测试者完全了解程序的结构和处理过程。白盒测试根据程序的内部逻辑来设计测试用例，检查程序中的逻辑通路是否都按预定的要求正确地工作。

（2）黑盒测试是把程序看成一只黑盒子，测试者完全不了解（或不考虑）程序的结构和处理过程。黑盒测试根据规格说明书规定的功能来设计测试用例，检查程序的功能是否符合规格说明的要求。

（二）系统测试的类型

系统测试可分为 4 种类型，即模块测试、联合测试、验收测试和系统测试。

1．模块测试

模块测试是对一个模块进行测试，根据模块的功能说明，检验模块是否有错误。这种测试在各模块编程后进行。模块测试通常采用白盒测试。

模块测试一般由编程人员自己进行，具体测试内容如下：

（1）模块界面：调用参数数目、顺序和类型。

（2）内部数据结构：如初始值对不对，变量名称是否一致，共用数据是否有误。

（3）独立路径：是否存在不正确的计算、不正确的循环及判断控制。

（4）错误处理：预测错误的产生及后处理，看是否和运行一致。

（5）边界条件：对数据大小界限和判断条件的边界进行跟踪运行。

2．联合测试

联合测试即通常所说的联调，它是对由各模块组装而成的程序进行测试，主要检查模块间的接口和通信，可以发现总体设计中的错误。因为各个模块单独执行可能无误，但组合起来相互产生影响，可能会出现意想不到的错误。联合测试方法一般有两种，即根据模块结构图由上到下或由下到上进行测试。联合测试通常采用黑盒测试。

3. 验收测试

验收测试检验系统说明书的各项功能与性能是否与用户的需求一致，它是以需求规格说明书作为依据的测试。验收测试通常采用黑盒测试。

验收测试的方法一般是列出一张清单，左边是需求的功能，右边是发现的错误或缺陷。常见的验收测试有α测试和β测试。α测试是在开发者的现场由客户来实施的，被测试的系统是在开发者从用户的角度进行常规设置的环境下运行的；β测试是在一个或多个客户的现场由该软件的最终用户实施的。与α测试不同的是，β测试时开发者通常是不在场的。α测试和β测试除了进一步发现程序中的错误外，还能发现使用上的问题。

4. 系统测试

系统测试是对整个系统的测试，将硬件、软件和操作人员看做一个整体，检验它是否有不符合系统说明书的地方。这种测试可以发现系统分析和设计中的错误。例如，安全测试用于测试安全措施是否完善，能不能保证系统不受非法侵入。

（三）白盒测试的测试用例设计

白盒测试是根据程序的内部逻辑来设计测试用例的，常用的技术是逻辑覆盖，即考察用测试数据运行被测程序时对程序逻辑的覆盖程度。主要的覆盖标准有 5 种：语句覆盖、判断覆盖、条件覆盖、条件组合覆盖和路径覆盖。

1. 语句覆盖

一般来讲，程序的某次运行并不一定执行其中的所有语句，所以如果某个含有错误的语句在测试中并没有被执行，这个错误便不可能被发现。为了提高发现错误的可能性，应在测试中执行程序的每一个语句。语句覆盖法就是要选择这样的测试用例，使程序中的每个语句至少能执行一次。

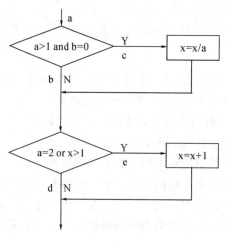

图 7 - 4　程序流程图

图 7-4 所示为一个程序流程图，其源程序如下：

```
PROCEDURE N(Var a, b, x: REAL)
    BEGIN
    IF (a > 1) and (b = 0)
```

```
        THEN x：＝ x / a
    IF（a ＝ 2）or（x ＞ 1）
        THEN x：＝ x ＋ 1
  END；
```

若选择测试用例为 a＝2，b＝0，x＝3，则程序通过路径 ace，程序中的每个语句都执行了一次，达到了语句覆盖的要求。如果程序中第一个条件语句中的 and 错误地写为 or，或者第二个条件语句中 x＞1 写为 x＞0，那么这个测试用例就不能发现这些错误。由此可见，语句覆盖发现错误的能力较弱。

2. 判断覆盖

判断覆盖是指设计测试用例使程序中每个判断取"真"和取"假"值的每一个分支至少通过一次。

在上面的例子中，若取测试用例为 a＝3，b＝0，x＝1 和 a＝2，b＝1，x＝3，则可以分别执行路径 acd 和 abe，使得两个判断语句的 4 个分支都得到覆盖。既然每个分支都执行了，当然程序中的每个语句也都被执行了。可见，判断覆盖比语句覆盖更严格一些。但是，判断覆盖还是存在缺陷。例如，当程序沿路径 abd 执行时，x 的值应保持不变；若发生了这方面的错误，上面的测试用例就发现不了。

3. 条件覆盖

条件覆盖是指执行足够的测试用例，使判断中的每个条件获得各种可能的结果。

图 7-4 所示的程序有 4 个条件：

a＞1，b＝0，a＝2，x＞1

为满足条件覆盖的要求，需要执行足够多的例子，使得第一个判断条件有：

a＞1，a≤1，b＝0，b≠0

等各种结果出现，第二个判断条件有：

a＝2，a≠2，x＞1，x≤1

等各种结果出现，设计以下两个测试用例可以满足要求：

a＝2，b＝0，x＝4 和 a＝1，b＝1，x＝1

一般说来，条件覆盖比判断覆盖要求更严格，因为判断覆盖的对象是每个判断结果，而条件覆盖考虑的是每个判断中的条件。但是，由于条件覆盖分别考虑每个条件而不管同一判断中诸条件的组合情况，因而测试用例有可能满足条件覆盖的要求，但不满足判断覆盖的要求。不难验证，a＝1，b＝0，x＝3 和 a＝2，b＝1，x＝1 测试用例就属于这种情况。

4. 条件组合覆盖

条件组合覆盖是指设计测试用例时，要使得判断中每个条件的所有可能取值至少出现一次，并且每个判断本身的判定结果也至少出现一次。上述例子中，两个判断分别包括两个条件（条件 1：a＞1，b＝0；条件 2：a＝2，x＞1）。对于条件 1 来说，包含两个子条件，即子条件 1 为 a＞1 和子条件 2 为 b＝0，这两个子条件取"真""假"的排列组合共有四种，如表7-1 中的（1）～（4）；同样，对于条件 2 来说，其子条件也有四种排列，如表 7-1 中的（5）～（8）。

表 7 - 1 条件组合排列

条件 1：a>1, b=0 子条件①a>1, ②b=0 分别取值的排列组合	条件 2：a=2, x>1 子条件 ①a=2, ①x>1 分别取值的排列组合
(1) a>1, b=0	(5) a=2, x>1
(2) a>1, b≠0	(6) a=2, x≤1
(3) a≤1, b=0	(7) a≠2, x>1
(4) a≤1, b≠0	(8) a≠2, x≤1

为了满足(1)~(8)条件组合覆盖，用下面的 4 个测试用例即可满足要求。

(1) a=2, b=0, x=4 使(1)和(5)两种情况出现。

(2) a=2, b=1, x=1 使(2)和(6)两种情况出现。

(3) a=1, b=0, x=2 使(3)和(7)两种情况出现。

(4) a=1, b=1, x=1 使(4)和(8)两种情况出现。

条件组合覆盖综合了判断覆盖和条件覆盖的要求，因而优于单纯的判断覆盖或条件覆盖。但是，上面的 4 个测试用例虽然满足了条件组合覆盖的要求，却没有覆盖路径 acd。

5. 路径覆盖

设计测试用例时，应使它覆盖程序中所有可能的路径。在上面的例子中，有 4 条可能的路径，下面的测试用例可以满足路径覆盖的要求。

(1) a=2, b=0, x=3；(沿路径 ace)。

(2) a=1, b=0, x=1；(沿路径 abd)。

(3) a=2, b=1, x=1；(沿路径 abe)。

(4) a=3, b=0, x=1；(沿路径 acd)。

路径覆盖的测试功能很强，但对于实际问题，一个不太复杂的程序，其路径数可能相当庞大而且又不可能完全覆盖。

（四）黑盒测试的测试用例设计

黑盒测试是根据规格说明所规定的功能来设计测试用例，它不考虑程序的内部结构和处理过程。常用的黑盒测试技术有等价类划分、边界值分析、错误猜测和因果图等。

1. 等价类划分

前面已经讲过，我们不能穷举所有可能的输入数据来进行测试，所以只能选取少量有代表性的输入数据来查找尽可能多的程序错误。

要了解如何进行等价类划分，首先要了解两个概念，即有效的输入数据和无效的输入数据。有效的输入数据是指符合规格说明要求的、合理的输入数据，它主要用来检验程序是否实现了规格说明中的功能；无效的输入数据是指不符合规格说明要求的、不合理或非法的输入数据，它主要用来检验程序是否做了规格说明以外的事。

如果把所有可能的输入数据(有效的和无效的)划分成若干个等价类，那么我们就可以合理做出假定：如果等价类中的一个输入数据能检测出一个错误，那么等价类中的其他输入数据也能检测出同一个错误；反之，如果一个输入数据不能检测出某一个错误，那么等价类中其他输入数据也不能发现这一错误（除非这个等价类的某个子集还属于另一等价类）。在确定输入数据等价类时，常常还要分析输出数据等价类，以便根据输出数据等价类导出相应的输入数据等价类。

（1）确定等价类。

根据程序的功能说明，对每一个输入条件（通常是说明中的一句话或一个短语）确定若干个有效等价类和若干个无效等价类，可使用表格形式分别写出输入条件、有效等价类和无效等价类。

在确定等价类时，可考虑下列规则：

① 如果某个条件规定了值的范围，那么可确定一个有效等价类（输入值在此范围内）和两个无效等价类（输入值小于最小值或大于最大值）。例如，规定考试成绩在 $0\sim100$ 之间，则有效等价类为 $0\leqslant$ 成绩 $\leqslant100$，无效等价类为成绩 <0 和成绩 >100。

② 如果某个输入条件规定了值的个数，那么可确定一个有效等价类和两个无效等价类。例如，规定每个运动员的参赛项目数为 $1\sim3$ 项，则有效等价类为 $1\leqslant$ 项目数 $\leqslant3$，无效等价类为项目数 <1 和项目数 >3。

③ 如果某个输入条件规定了一个输入值的集合（即离散值），而且程序对不同的输入值做不同的处理，那么每个允许的值确定为一个有效等价类，另外还有一个无效等价类（任意一个不允许的输入值）。例如，规定考试成绩为优、良、中、及格和不及格，则可确定 5 个有效等价类和 1 个无效等价类。

④ 如果某个输入条件规定了输入数据必须遵循的规则（如标识符的第一个字符必须是字母），那么可以确定一个有效等价类（符合此规则）和若干个无效等价类（从各种不同的角度违反该规则）。

⑤ 如果某个输入条件规定输入数据是整型，那么可以确定 3 个有效等价类（正整数、零、负整数）和 1 个无效等价类（非整数）。

⑥ 如果某个输入条件规定处理的对象是表格，那么可确定一个有效等价类（表有一项或多项）和一个无效等价类（空表）。

以上只是列举了一些规则，实际的情况往往千变万化，在遇到具体问题时，可参照上述规则的思想来划分等价类。

（2）设计测试用例。

利用等价类设计测试用例的步骤如下：

①为每个有效等价类和无效等价类编号。

②设计一个新的测试用例，以尽可能多地覆盖尚未被覆盖的有效等价类；重复这一步，直至所有的有效等价类都被覆盖为止。

③为每个无效等价类设计一个新的测试用例。

测试时，当一个测试用例发现了一个错误时，往往就不再检查这个测试用例是否还可能发现其他错误。无效等价类都是测试非正常输入数据的情况，因而每个无效等价类都很有可能查出程序中的错误。所以，要为每个无效等价类设计一个新的测试用例。

2. 边界值分析

经验证明，程序往往在处理边缘情况时出现错误，因而检查边缘情况的测试效率是比较高的。边界条件是指相对于输入与输出等价类直接在其边界上，或稍高于其边界，或稍低于其边界的这些状态条件。例如，某个输入条件说明值的范围是 0～100，则可以选 0、100、−1、101 为测试用例。再如，一个输入文件可以有 1～128 个记录，则分别设计有 0 个、1 个、128 个、129 个记录的输入文件，等等。使用等价类划分方法设计测试用例时，原则上来讲，等价类中的任一输入数据都可作为该等价类的代表用作测试用例，而边界值分析则是专门挑选那些位于边界附近的值作为测试用例。下面列举一些用边界值分析方法设计的测试用例。

新记录：

（1）在文件第一个记录之前加一个记录。

（2）在文件最后一个记录之后加一个记录。

（3）插入的新记录对应实体是实际不可能存在的。

（4）记录的域不全。

处理业务：

（1）处理文件的第一个记录。

（2）处理文件的最后一个记录。

（3）处理中间的一个记录。

（4）处理同一程序刚建立的记录。

（5）连续处理相邻记录。

（6）试图处理一个不存在的记录。

（7）处理业务使某个数值超过常规（如学习成绩为负）。

（8）对某些关键数据输入错误的数据。

（9）同一业务处理过程中造成多重例外和出错。

记录删除：

（1）删去文件的第一个记录。

（2）删去文件的最后一个记录。

（3）试图删去不存在的记录。

（4）连续删去多个记录。

（5）删去一个记录，并试图处理这个记录。

试验逻辑：

（1）检查所有能产生最大值、最小值和平均值的计算。

（2）除式中除数为零。

（3）数据域放最小数或最大数。

（4）数据域填入允许值之外的数。

报告程序：

（1）负号是否全打印出来。

（2）全 9 是否打全。

（3）全 0 看高位压缩情况。

（4）交叉结算平衡结果是否有报告。

从以上用例可以看出，这种方法表面上看起来很简单，但许多程序的边界情况极其复杂，要找出适当的测试用例需要有一定的经验和创造性。如果使用得当，这种方法是相当有效的。

3．错误猜测

错误猜测是一种凭直觉和经验推测某些可能存在的错误，从而针对这些可能存在的错误设计测试用例的方法。这种方法没有机械的执行步骤，主要依靠直觉和经验。

例如测试一个排序子程序，可考虑以下情况：

（1）输入表为空。

（2）输入表只有一个元素。

（3）输入表的所有元素都相同。

（4）输入表已排好序。

4．因果图

边界值分析和等价类划分等方法都没有考虑输入条件的各种组合，在输入条件的组合情况数目相当大的情况下，应该用某种方法来选择输入条件的子集，再考虑它们的组合。因果图是一种帮助人们系统地选择一组高效测试用例的方法，其特点如下：

（1）考虑输入条件之间的组合关系。

（2）考虑输出条件对输入条件的依赖关系，即因果关系。

（3）测试用例发现错误的效率高。

（4）能检查出功能说明中的某些不一致或遗漏。

采用因果图设计测试用例的步骤如下：

（1）分割功能说明书。对于规模较大的程序来说，由于输入条件的组合数太大，所以难以使用因果图，但可以把它划分成若干部分，然后分别对每个部分使用因果图。例如，测试某语言的编译程序时，可以把该语言的每个语句作为一个部分。

（2）识别出"原因"和"结果"，并加以编号。"原因"是指输入条件的等价类，"结果"是指输出条件或系统变换，例如，更新主文件就是一种系统变换。每个原因或结果都对应于因果图中的一个节点。当原因或结果成立（或出现）时，相应的节点取值为1，否则为0。

（3）根据功能说明中规定的原因和结果之间的关系绘制出因果图（因果图请参考有关软件工程书籍），其基本符号有恒等、非、或、与。

（4）根据功能说明在因果图中加上约束条件，约束条件有互斥、包含、唯一、要求、屏蔽。

（5）根据因果图绘制出判定表。

（6）为判定表的每一列设计一个测试用例。

（五）排错

软件排错亦称调试，它与软件测试有关，但是所完成的任务并不相同。软件测试是可以事先计划并可明确检验的一种系统性处理过程，事先可以规定测试技术和工序，指定一系列的测试步骤。测试的目标是发现错误，成功的测试之后，就会进行排错。排错是确定错误的位置和性质并改正错误。排错的关键是找到错误的具体位置，一旦找到后，修正错误就相对容易得多。

1．排错步骤

在软件测试过程中暴露出一个错误之后，必须进一步诊断和改正程序中的错误。这种

排错过程,一般由以下几个步骤组成:

(1) 从错误的外部表现形式入手,确定程序中出错的位置;

(2) 研究有关部分程序,找出错误的内在原因;

(3) 修改设计和代码,以便排除这个错误;

(4) 重复进行暴露了这个错误的原始测试或某些有关测试,以便确认该错误是否被排除以及是否引入了新的错误;

(5) 如果所做的修正无效,则撤销这次改动,重复上述过程,直到找到一个有效的解决办法为止。

2. 排错方法

排错的方法有以下几种:

(1) 试探法。分析错误的外在表现形式,猜想程序故障的大概位置,采用一些简单的纠错技术获得可疑区域的有关信息,判断猜想是否正确,经过多次试探找到错误的根源。这种方法与个人经验有很大关系。

(2) 跟踪法。对于小型程序,可采用跟踪法。跟踪法分正向跟踪和反向跟踪。正向跟踪是沿着程序的控制流,从头开始跟踪,逐步检查中间结果,找到最先出错的地方。反向跟踪是从发现错误症状的地方开始回溯,人工沿着控制流往回追踪程序代码,直到确定错误根源。

(3) 对分查找法。若已知程序中的变量在中间某点的预期正确值,则可以用赋值语句把变量置成正确值,运行程序看输出结果是否正确。若输出结果没有问题,则说明程序错误在前半部分,否则在后半部分。然后对有错误的部分再用这种方法,逐步缩小排错的范围。

(4) 归纳法。从错误征兆的线索出发,分析这些线索之间的关系,确定错误的位置。首先要收集、整理程序运行的有关数据,分析出错的规律,在此基础上提出错误的假设。若假设能解释原始测试结果,说明假设得到证实;否则重新分析,提出新的假设,直到最终发现错误原因。

(5) 演绎法。分析已有的测试结果,设想所有可能的错误原因,排除不可能的、互相矛盾的原因。对余下的原因,按可能性的大小,逐个作为假设解释测试结果,直至找到错误原因。必要时,对列出的原因加以补充修正。

3. 测试与排错工具

(1) 静态分析工具。

一般来说,通过运行程序来发现错误的过程叫动态调试。而静态分析不需要运行被检查的程序,只要执行一个检查其他程序错误的程序,这个程序就是静态分析工具。它对程序的控制流和数据流进行分析,从而发现常见的错误。运行静态分析工具时,工具程序在它做完静态分析后能够产生一个分析报告,从分析报告中即可发现错误和错误的原因。

(2) 监视工具。

这类工具在程序的适当位置安插了一些"探测器",以对程序进行监视,它们可以产生带有统计数字的报告,以供分析、排错之用。

(3) 交互式排错工具。

许多分时系统中的工具软件具有一些标准排错功能。例如，允许程序员在终端上显示内存并设置断点，使程序执行到断点处暂停。

第四节　系统转换

系统的转换包括把旧系统的文件转换成新系统的文件，即数据的整理和录入，人员、设备、组织机构的改造和调整，以及有关资料档案的建立和移交。系统转换有三种方式，如图 7-5 所示。

（1）直接转换，即新系统直接替换旧系统。这是一种最省时、省力和省费用的方式，但有一定的风险，一般在较小的应用系统中采用。

（2）平等转换。新旧系统平行运行，经过一段时间的试运行，新系统才完全代替旧系统工作。这种方式耗费人力、物力和经费，一切业务处理均要设两套系统，但这种过渡方式可靠而平稳。

（3）分阶段转换。新旧系统同时运行，旧系统逐步减少工作内容，新系统逐步增加工作内容，经过一段时间后，新系统完全代替旧系统。

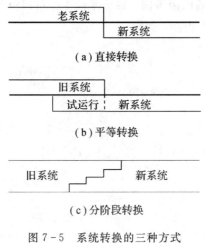

图 7-5　系统转换的三种方式

第五节　系统运行与维护

当新系统安装和转换完成后，该系统就进入了运行期。在运行和维护阶段，系统将由用户和技术专家双方评审，以确定它实现原始目标的情况如何，并决定是否需要修改。系统运行与维护就是对运行系统改变硬件、软件、文件的作业程序等情况进行校正错误、满足要求、改进处理效率的过程。

几十年来，系统维护的成本逐年增加。现在，在系统整个生命周期中，2/3 以上的经费用在维护上。从人力资源的分布来看，现在世界上 90% 的软件人员在从事系统的维护工作，开发新系统的人员仅占 10%。这些统计数据说明，系统维护任务是十分繁重的。

一、系统维护的内容

系统维护包括以下几个方面的内容：

（1）程序的维护。在系统维护阶段，会有一部分程序需要改动。根据运行记录，发现程序的错误，这时需要改正；或者随着用户对系统的熟悉，用户有更高的要求，部分程序需要改进；或者环境发生变化，部分程序需要修改。

（2）数据文件的维护。当业务发生了变化，需要建立新文件，或者对现有文件的结构进行修改，这就是数据文件维护。

（3）代码的维护。随着环境的变化，旧的代码不能适应新的要求，必须进行改造，制定新的代码或修改旧的代码体系。代码维护的困难主要是新代码的贯彻，所以各个部门要有专人负责代码管理。

（4）机器、设备的维护。该维护包括机器、设备的日常维护与管理。一旦发生小故障，要有专人进行修理，以保证系统的正常运行。

二、系统维护的类型

依据信息系统需要维护的原因不同，系统维护工作可以分为更正性维护、适应性维护、完善性维护、预防性维护 4 种类型，如图 7 - 6 所示。

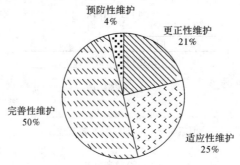

图 7 - 6　各类维护工作的比例

（1）更正性维护。

由于程序正确性证明尚未得到圆满的解决，系统测试又不可能找出程序中的所有错误，因而在交付使用的系统中都可能隐藏着某些尚未被发现的错误，而这些错误在某种使用环境下会暴露出来。更正性维护就是在使用过程中发现了隐藏的错误后，为了诊断和改正这些隐藏错误而更正系统的活动，其工作内容包括诊断问题与改正错误。

（2）适应性维护。

适应性维护是指为了适应外界环境的变化而增加或修改系统部分功能的维护工作。例如新的硬件系统问世、操作系统版本更新或应用范围扩大，为适应这些变化，信息系统需要进行维护。

（3）完善性维护。

用户在使用系统的过程中，随着业务的发展，常常希望扩充原有系统的功能，或者希望改进原有的功能或性能，以满足用户的新需求。完善性维护就是指为改善系统功能或应用户的需要而增加新的功能的维护工作。这类维护工作占总的维护工作的绝大部分。

（4）预防性维护。

预防性维护是主动性预防措施，即对一些使用寿命较长、目前尚能正常运行但可能发生变化的部分进行维护，以适应将来的修改或调整。例如，将专用报表功能改成通用报表生成功能，以适应将来报表格式的变化。

三、系统维护的管理

程序、文件和代码的局部修改都可能影响系统的其他部分，因而系统的修改必须通过一定的批准手续。通常对系统的修改应执行以下步骤：

（1）提出修改要求。操作人员或业务领导用书面形式向主管人员提出对某项工作的修改要求，这种修改要求不能直接向程序员提出。

（2）领导批准。系统主管人员进行一定调查后，根据系统的情况和工作人员的情况，考虑这种修改是否必要以及是否可行，并做出是否修改、何时修改的答复。

（3）分配任务。系统主管人员若认为需要进行修改，则向有关维护人员下达任务，说明修改的内容、要求和期限。

（4）验收成果。系统主管人员对修改部分进行验收。验收通过后，将修改的部分嵌入系统，取代旧的部分。

（5）登录修改情况。登记所做的修改，作为新的版本通报用户和操作人员，并指明新的功能和修改的地方。

四、与维护有关的问题

系统维护人员通常不是该系统的开发人员，这给系统维护带来很大困难，特别是有些系统在开发时没有遵循系统开发的准则，没有开发方法的支持，维护这样的系统就更加困难。下面列举一些与软件维护有关的问题。

（1）要维护一个系统，首先要理解它，而理解别人的程序通常是非常困难的，尤其是对软件配置（指各种文档）不齐的系统，理解起来更为困难。

（2）需要维护的系统往往缺少合格的文档，或者文档资料不齐，甚至没有文档。在系统维护中，合格的文档十分重要，它有助于维护人员理解被维护的系统。合格的文档不仅要完整、正确地反映开发过程各阶段的工作结果且容易理解，而且应与程序源代码一致；而不合格的文档会把维护人员对程序的理解引入歧途。

（3）在系统维护时，不要期望得到原来开发该系统的人员的帮助。开发人员开发完一个系统后，通常会去从事另一个系统的开发，甚至已调离开发单位。即使原先的开发人员还在，也可能因为相隔时间太久而遗忘了实际的细节。

（4）多数系统在设计时没有考虑今后的修改，给系统的修改带来困难，而且在修改系统时容易带来新的差错。对那些缺乏模块独立性和非结构化的程序来说，更是如此。

（5）系统软件维护通常不是一件吸引人的工作。从事维护工作常使维护人感到缺乏成就感，这也严重影响维护工作，从而导致维护质量不高。

可以看出，上述某些问题与被维护系统的质量密切相关，所以在开发系统时要认真写好各类文档，并且应注意提高系统的可维护性，这样可在很大程度上缓解系统维护的困难。

◈ 补充阅读

高昂的系统维护代价

系统维护的代价可分为有形的代价和无形的代价。有形的代价直接来自维护工作本身，维护工作可分为两部分，一部分为非生产性活动，主要是理解源程序代码的功能，解释数据结构、接口特点和性质限度等。这部分工作量和费用与系统的复杂程度（非结构化设计和缺少文档都会增加系统的复杂程度）、维护人员的经验水平以及对系统的熟悉程度密切相关；另一部分为生产性活动，主要是分析评价、修改设计和编写程序代码等，其工作量与系统开发的方式、方法、采用的开发环境有直接关系。因此，如果系统开发途径不好，且原来的开发人员不能参与维护工作，则维护工作量和费用将呈指数上升。例如，据 1976 年的报道，美国空军的飞行控制软件每条指令的开发成本是 75 美元，而维护成本大约是每条指令 4000 美元。统计表明，60%～70% 的软件费用花在维护方面。

另外，许多无形的代价来自维护所产生的效果和影响上。由于开发人员和其他开发资源越来越多地被束缚在系统维护工作中，开发的系统越多，维护的负担越重，这将导致开发人员完全没有时间和精力从事新系统的开发，从而耽误甚至丧失了开发良机。此外，合理的维护要求不能及时满足，将引起用户的不满；维护过程中引入新的错误，使系统可靠性下降等问题将带来很高的维护代价。

因此，系统维护工作并不仅仅是技术性工作，为了保证系统维护工作的质量，需要做大量的管理工作。系统投入运行后，事实上在一项具体的维护要求提出之前，系统维护工作就已经开始了。系统维护工作首先必须建立相应的组织，确定进行维护工作所应遵守的原则和规范化的过程，此外还应建立一套适用于具体系统维护过程的文档及管理措施，以及进行复审的标准。

◈ 案例分析

江西众帮物流有限公司：物流综合管理系统

一、公司简介

江西众帮物流有限公司（以下简称"众帮物流"）成立于 2010 年 5 月，注册资金 1000 万元，是一家专业提供货物仓储、装卸、分拨、配送等物流服务的公司。业务网络覆盖江西省 11 个地市及 80 多个县。公司总部设在南昌市小蓝工业园，园区占地面积 120 多亩，现有员工 200 多人，建成后将成为江西省规模最大、功能配套最齐全、信息化程度最高的物流园区之一。

众帮物流以公路运输为主，主要承接全省各地整车零担等货运业务，提供门到门、点到点的特色送货服务，承诺一票到底，货物货损、货丢按保价赔偿。公司现已配备了一支高素质、专业化且具备多年仓储、配送、运输操作经验的现代化物流队伍，可根据客户要求设计"个性化"物流配送方案，并提供全过程全方位全天候的综合物流服务。目前，公司已承接了多家大型零售商、采购商和知名产品制造商的货运配送业务，为其提供优质的物流服务。

众帮物流始终坚持"以人为本，创行业一流"的服务宗旨，秉承"您的嘱托，我的承诺"的经营理念，旨在以南昌为中心，业务覆盖全省，打造江西最大的一站式物流服务基地，做百年众帮。公司在货物包装、派送、发货、取货等各个环节均有规范的服务标准，通过提供联网运输、全过程跟踪的一条龙服务，为客户提供便利、快捷、安全，高效的服务。

二、企业管理模式

公司主要提供物流专线服务、第三方物流、仓储物流、省外落货、代收货款等业务。在互联网＋时代，公司不断改革创新，为客户提供门到门、点到点的特色服务，满足客户对于货物安全性、时效性以及代收货款回笼快且安全可靠的需求，还可以根据客户要求设计"个性化"物流方案，并提供全过程全方位全天候的综合物流服务。

众帮物流经过五年的不断改革创新发展，已经具备整合各类省内物流专线运输资源的实力。加入众帮：0加盟费，0店面租金，0风险，并可提供商户信用担保货贷。

三、信息系统介绍

2012年基于公司的快速发展，传统的手工操作已经无法满足快速发展的需求，公司与上海知名IT企业——诺构软件研发了公司第一套符合公司发展需求的物流综合管理系统。

第一套综合管理系统解决了公司手工开单、配载、财务核算的问题，但是随着企业的不断发展，这套系统依然存在不足之处。比如：运单制作过程中不清楚各类客户的价格体系，不能扫描入库，经营网点无法使用系统自行操作，车辆无法通过系统调度等。因此，2015年公司决定投入大量资本进行第二套物流系统的研发，此次与广州华远软件科技有限公司合作。与此公司合作，是因为华远一直致力于物流系统的研发，有比较成熟的系统。

新的系统于2016年3月份正式上线使用，新系统的操作说明如下：

（一）营运中心

总述：新系统可以通过PDA扫描出入库货物，减少货物短少的情况，同时节省员工操作时间。在系统中可以设定各类客户价格体系，只需要输入货物件数、方量、体积等参数即可自动换算出价格，节省了财务二次审核的操作，减少了企业人力成本。在车辆调度方面，可以通过系统动态地查阅每辆车的运行情况以及各类车型的价格体系，自动换算出车辆运输成本，为企业做好数据支撑。

1. 运单管理模块：运单管理为物流行业的第一环节，是系统的数据入口，运单的严谨性、准确性关系到整个系统数据的真实性。公司物流综合管理系统可以通过运单管理中的查询、新增、修改、审核、反审核、删除、详情、导出、设置外观等功能来实现物流业务的开单。

2. 配载中心：配载中心为发货流程的第二个环节，其业务为将完成开单的运单装车发运及打印货物交接清单。我们可以通过配载中心模块中的查询、新增、修改、审核、反审核、投保查询、详情、导出、设置外观等功能来实现车辆配载。

3. 车辆跟踪：车辆跟踪可查询或跟踪所有在途车辆的状态，跟踪记录可导出。我们可以通过车辆跟踪模块中的查询、跟踪等按钮来实现配载车辆的跟踪及跟踪信息记录。

4. 到达确认：到达确认模块为到货流程中的第一业务环节，即在系统中主要分为五个组成部分，即在途车辆、到达车辆查询、中途装卸货、所有在途车辆、到达运单查询。我们通过这五个功能分别对车辆及运单进行到达确认、取消到达以及卸货确认、取消卸货、中途装货、到达补单、取消补单等操作。

5. 送货签收：送货签收为到达确认后的业务，在开单时，选择交货方式为非自提要求的三类交货方式，我们可以在送货签收模块中，通过安排送货、取消送货、查询等操作来实现送货签收等业务。

6. **自提签收**：自提签收为到达确认后的业务，在开单时，选择交货方式为自提要求的交货方式，我们可以在送货签收模块中，通过单票提货、批量提货、取消提货、查询等操作来实现送货签收等业务。

7. **本地外发**：本地外发是本公司外包给其他物流公司的业务，其概念为始发网点收到非本公司干线运输的货物运输，也就是从始发地中转给其他物流公司，其操作简单易用，需在开单时选择本地外发。

8. **外发跟踪**：外发跟踪为本地外发与终端外发，可以跟踪外发车辆运单信息，签收外发运单业务、查看外发信息。

9. **终端外发**：终端外发为货物到达终端网点后外包给其他物流公司承运，与本地外发的区别在于货物由本公司干线运输以后再中转给其他物流公司承运。

10. **一键开单**：开单快捷键，点击一键开单可以直接进入开单界面。

11. **库存查询**：查询当前营业网点的运单库存信息，如查询库存状态(到货库存或发货库存)，选择查询条件(时间以及网点名称)。

12. **订单指令**：可以通过网络、微信、电话形式下单。

13. **短途配送**：同城不同网点配送至 A 网点，然后统一配车发货。

14. **异常处理**：异常模块是对运单进行异常管理查询记录以及各责任点处理运单的功能模块，用于处理货物异常，如货损、货差等。

15. **更改单据**：如运单出现错误，可以通过此模块进行信息修改。

(二) 财务中心

财务中心管理模块可以清晰地查阅每天的营业款回款情况、代收货款回款情况，每天的收银情况了如指掌，节省人工核对的人力成本，准确性也大大提升。同时，可以通过财务中心了解每日单据回收情况和资金调拨的情况。

1. **财务审核**：业务流程产生的费用结算完成之后由财务部审核，如运单审核、中转审核、短驳费审核等。

2. **应收账款**：货运物流业务流程结算完成后所产生的所有收入核算，现付、提付等。

3. **应付账款**：货运物流业务流程结算完成后所产生的所有支出费用核算，如中转成本、到付司机、应付司机等。

4. **资金账**：统计每天的资金明细，包含现金日记账、银行日记账；应收应付结算完成之后在资金账中汇总，也可以手动添加凭证，反审核、作废、取消凭证等都可以在模块中操作。

5. **运费异动**：运费异动为运费有变更的情况下发生的异常，操作运费异动后，不会影响开单原始金额。

6. **往来对账**：在往来对账模块中，公司与客户、承运商、司机对账，根据业务明细查询或结算已付或已收费用。

7. **单据管理**：单据管理模块设定托运单的单号管理，根据网点领用的单号，系统自动进行分配。

8. **凭证审核**：凭证审核是对所有资金账中的财务核算记录进行审核操作，凭证审核分为"单票审核"和"批量审核"。

（三）货款中心

独立于买卖双方交易外的第三方代卖方从买方收缴应收款项的有偿服务。通常是指：在合同约定的时限与佣金费率下，第三方物流商（3PL）为发货方承运、配送货物的同时，向收货方收缴款项转交发货方的附加值业务。代收货款属于财务结算，但又不同于其他财务核算，故独立模块结算。

1. 流程控制：为方便企业对代收货款的管理，系统建立了两套流程，企业可根据实际管理需求选择。

2. 货款收回：货款的产生是在运单模块中开单时，开单界面所填写的代收货款，业务把物流公司发货方收回货款称为货款收回，收款对方为收货方。

3. 货款汇出：货款的产生是在运单模块中开单时，开单界面所填写的代收货款，终端网点将货款汇给始发网点或总部，此业务为物流公司内部汇款。

4. 货款到账：货款的产生是在运单模块中开单时，开单界面所填写的代收货款。此业务为始发网点（或总部）确认收货网点汇款信息。

5. 货款发放：货款的产生是在运单模块中开单时，开单界面所填写的代收货款。此业务为始发网点或总部将代收货款通过现金或者网银汇给发货方。

6. 货款总表：货款总表可根据不同条件，查询所有代收货款业务状态，自动生成代收货款数据统计和分析报表。

7. 货款变更：货款的产生是在运单模块中开单时，开单界面所填写的代收货款。总部需要修改货款金额时在此模块中操作。

8. 货款恢复：货款的产生是在运单模块中开单时，开单界面所填写的代收货款。客户要求取消代收货款后，总部财务人员在此模块中恢复货款。

9. 解除挂失：此业务为发货人在处理货款挂失后，向物流公司处理解除挂失。

10. 货款挂失：发货客户向总部请求货款凭证挂失，进入此模块后，输入运单号即可。

11. 货款取消：发货客户向总部请求取消代收货款，进入此模块后，输入运单号即可。

（四）回单管理

签收回单是发货客户在物流公司托运货物后，物流公司将货物送达客户处，收货客户正常签收后，为客户提供原件签收单返还的服务。系统通过五种流程对回单进行管理。

1. 回单签收：此业务发生在运单模块中的开单界面时，发货方要求签回单。回单签收在终端网点操作，由收货方签字，物流公司将回单带给发货客户。

2. 回单寄回：此业务发生在运单模块中的开单界面时，发货方要求签回单。回单寄回在终端网点操作，将回单带到始发网点。

3. 回单接收：此业务发生运单模块中的开单界面时，发货方要求签回单。回单接收在发货（始发）网点操作，由始发网点确认回单信息。

4. 回单返厂：此业务发生在运单模块中的开单界面时，发货方要求签回单。回单返厂在发货（始发）网点操作，由始发网点确认回单信息后，始发网点将回单返给发货方。

5. 回单总表：回单总表可根据不同条件，查询所有回单业务状态，自动生产回单统计数据和分析报表。

（五）决策分析

根据运营中心、财务中心、货款中心、回单管理等主模块的业务信息发生的各类分析报表(单票毛利分析、单车毛利分析、现金日报表……)在展示数据的同时,系统运用仪表盘、趋势图、对比图等多样化形式展示数据;强大的统计分析函数实现累计、环比、排名等各种业务计算;切片切块多个不同分析维度灵活组合,多角度展示数据;高亮不同颜色表示分析不同指标;等等,让业务员精确地掌握业务发展趋势,让决策层快速掌握运营全局。

(六)车辆管理

车辆管理制度是为了使车辆管理统一化,合理有效地使用各类车辆,最大限度地节约成本,更有效地控制车辆的使用,最真实地反映车辆的实际情况,尽可能发挥最大的经济效益以及对车辆的保养和维修进行控制。

1. 车辆档案:车辆信息录入,关联运单及配载业务(方便配载)。

2. 司机档案:司机信息录入,和车辆档案一起关联运单及配载业务(方便配载)。

3. 油卡档案:车辆加油卡的详细记录。

4. 加油记录:车辆每次加油的信息。

5. 油卡充值:油卡的充值记录。

6. 轮胎管理:管理车辆轮胎详细记录。

7. 维修保养:车辆维修记录。

(七)客户管理

企业利用信息系统管理来协调企业与顾客间在服务上的交互,从而提升企业管理方式,向客户提供创新式的个性化的交互和服务过程,其最终目标是吸引新客户、保留老客户以及将已有客户转为忠实客户。

1. 关联客户:关联开单界面发货方信息自动填充(还可以启用价格体系)。

2. 客户联系人:客户联系方式关联开单界面发货方填充字段。

3. 价格体系:自动填充品名区各字段。

4. 收货客户:关联到开单界面的收货方的资料自动填充。

5. 承运公司:中转的公司信息。

6. 下级承运商:承运公司的下级承运公司信息。

(八)系统设置

1. 部门设置:可以自定义部门名称。

2. 运输线路:可以将公司现有线路录入系统。

3. 科目设置:可以对财务做账系统进行科目设置。

4. 城市维护:当城市信息发生变化时,可以及时更改信息。

5. 权限管理:可以根据各岗位实际使用权限的情况分配权限,避免权限混乱导致系统数据失真。

6. 用户管理:如人员发生异动,可以随时更改信息。

7. 日志管理:每天的操作情况都可以在日志管理中体现。

8. 打印模块:根据公司物流单据的实际情况进行打印设置。

四、系统存在的问题及下一步方案

当然在实际的系统运行过程中依然会存在一些操作问题,为此,应不断地发现问题,并且着手解决问题。其他的问题及解决方式如下:

1. 车辆无GPS接入端口:要求软件公司开发端口与公司现有GPS服务平台对接。

2. 网上下单、微信下单端口未完成：要求软件公司开发端口与公司网页和微信公众号平台对接。

3. 价格体系不能多样化设置：要求软件公司多设置可以选择的下拉界面，在操作系统时，公司客户根据客户类型进行价格选择。

五、信息化效益对比分析

在实行物流信息化的过程中，公司通过使用新的系统获取了很大的经济效益。

1. 节省人力成本

如开货运单，原先公司需要一个在现场的开单人员开出小票，再拿到录单中心录入信息。使用新的物流系统后，2个人的工作量一个人就可以轻松完成。

2. 节省客户的时间成本

客户在发货过程中，现场开单人员就可以开出单据并且打印单据给客户，节省客户两头跑的时间。

3. 规划了网点的操作

未使用新系统时，经常会发生网点的回款和总部的应收款对不上的情况。现在通过信息化，经营网点可以清楚地知道每日需要打给总部的营业款，同时经营网点也能清楚地知道每天自己的盈利情况。

4. 车辆灵活调度，运输成本一目了然

原先车辆调度只能通过人的脑子记忆，哪些车在出车、在哪里、费用是多少。现在通过新的系统，可以一目了然地知道每辆车的出车情况、油耗情况、运输费用情况。

5. 方便客户

服务部查询货物运行情况，能更加及时地为客户报备货物配载情况及异常情况。

6. 财务结算

未使用物流系统前，财务部需每天只做手工账和电子表，有了新的物流系统，只要每天在系统中导出数据即可查询每天的资金情况。

六、结语

物流网络化经营模式是现代化技术的历史产物，在时代的进步中不断地更新改进。这一技术对物流行业的发展具有重要的时代意义，顺应了这个时代人们对生产生活的需要，极大地提升了物流经营管理的效率，扩大了运营的规模，便利了人们的生活，降低了企业的成本，为企业带来了更大的经济效益。因此，在这个人民需求日益高涨的时代，发展物流网络化经营已经是大势所趋，是提升我国在物流行业综合实力的重要措施，也是推动我国物流业乃至整个社会经济发展的必要。

【思考】

1. 众帮物流为什么要开发新系统，原有物流综合管理系统存在哪些问题？

2. 根据案例中新系统模块的描述，请绘制出新系统的模块结构图。

【基础练习】

一、判断题

1. 硬件准备包括计算机主机、输入/输出设备、存储设备、辅助设备、通信设备、数据

库管理系统等。（　　　）

2. 软件定义网络 SDN 的控制层包括逻辑中心化和可编程的控制器、哑（dumb）交换机等。（　　　）

3. 软件架构（Software Architecture）是一系列相关的抽象模式，用于指导大型软件系统各个方面的设计。（　　　）

4. 在数据的传输中，收到的数据需要通过一个载体进行传输，多采用队列的方式。（　　　）

5. 支撑软件是软件系统的最外层。（　　　）

6. HIPO 描述某个特定模块内部的处理过程和输入/输出关系。（　　　）

7. 测试的目的是为了验证程序的正确性。（　　　）

8. 验收测试通常采用白盒测试。（　　　）

二、填空题

1. 计算机硬件系统主要由_____、_____、输入输出、控制系统和各种外部设备组成。

2. _____实施对各种软硬件资源的管理控制。

3. 常见的程序设计方法有：_____、_____、_____和_____。

4. 结构化程序设计的基本思想是采用_____的程序设计方法和_____的控制结构。

5. _____的主要思想是用图形工具和可重用部件来交互地编制程序。

6. 可视化编程一般基于_____原理。

7. _____是对由各模块组装而成的程序进行测试，主要检查模块间的接口和通信。

8. 在排错方法中，_____通过分析错误的外在表现形式来猜想程序故障的大概位置。

三、选择题

1. 以下不属于结构化程序语言的是（　　　）。

A. C　　　　　　　B. C++　　　　　　C. BASIC　　　　　　D. PASCAL

2. （　　　）是指同一个操作作用于不同的对象上可以有不同的解释，并产生不同的执行结果。

A. 抽象性　　　　B. 封装性　　　　　C. 继承性　　　　　D. 多态性

3. 在白盒测试的覆盖标准中，（　　　）覆盖能力最强。

A. 路径覆盖　　　B. 判断覆盖　　　　C. 条件覆盖　　　　D. 条件组合覆盖

4. 在系统维护工作中，（　　　）所占的比例最高。

A. 完善性维护　　B. 更正性维护　　　C. 适应性维护　　　D. 预防性维护

5. 以下不属于排错方法的是（　　　）。

A. 跟踪法　　　　B. 对分查找法　　　C. 归纳法　　　　　D. 错误猜测法

四、思考题

1. 简述结构化程序设计方法的基本思想。

2. 简述速成原型式的程序设计。

3. 测试的方法有哪些？简述每一种的含义。

4. 常用的黑盒测试技术有哪些？请举例说明这些技术的测试用例设计。

5. 测试与排错的区别是什么，如何进行排错？

6. 简述系统转换的方式及优缺点。

7. 如何对系统维护进行管理？

【实践练习】

1. 用 VB 编制贪吃蛇游戏：在窗体里的任意角落出现青蛙，游戏者通过 ↑ ↓ ← → 控制贪吃蛇，吃掉一个青蛙，蛇身长长一格，分数相应地增加。同时，在游戏界面设有两个按钮：开始和难度选择键。

2. 用 C 语言编制下列程序，并调试。

(1) 24 点问题：在屏幕上输入 1～10 范围内的 4 个整数（可以有重复），对它们进行加、减、乘、除四则运算后（可以任意加括号限定计算的优先级），寻找计算结果等于 24 的表达式。

(2) 选美比赛问题：一批选手参加比赛，比赛的规则是最后得分越高，名次越低；当半决赛结束时，要在现场按照选手的出场顺序宣布最后得分和最后名次，获得相同分数的选手具有相同的名次，名次连续编号，不用考虑同名次的选手人数。

例如：

选手序号：　1，2，3，4，5，6，7

选手得分：　5，3，4，7，3，5，6

输出名次为：3，1，2，5，1，3，4

第八章 物流信息系统的管理和评价

 学习目标

知识目标：

(1) 掌握物流信息系统开发项目的团队管理、任务管理和进度管理；

(2) 掌握物流信息系统运行管理的内容、组织结构和规章制度；

(3) 掌握物流信息系统开发各阶段的文档及主要内容；

(4) 掌握物流信息系统审计的基本内容以及评价指标体系的构成。

技术目标：

(1) 能使用甘特图、网络图等方法对物流信息系统项目的进度进行管理；

(2) 能按照一定格式撰写物流信息系统开发过程中的相关文档；

(3) 能对某一具体的物流信息系统实施评价。

职业能力目标：

(1) 培养团队管理和沟通能力；

(2) 能按照规章制度进行物流信息系统的日常运行维护；

(3) 能对物流信息系统开发过程中产生的各类文档进行分类、管理和维护。

◆ **物流聚焦**

青岛钢铁集团物流信息系统的运行维护和评价

青岛钢铁集团是青岛市十大企业集团之一，全国重点冶金企业，在全国 500 强企业中位居前列。企业先后通过 ISO9001、OHSAS18001 和 ISO14001 标准认证，连续多年来获得全国质量效益型企业称号和中国讲诚信、守合同、重质量模范企业称号。目前，青岛钢铁集团主要有焊接用钢盘条、汽车用弹簧扁钢、拉丝线材、优质碳素结构圆钢、建筑用线材与螺纹钢等 40 多个品种，100 多个规格的产品。

公司总经理杨总上任以后，发现青岛钢铁集团的信息管理手段较为落后，绝大部分信息管理方面的工作仍在用手工操作。即使有些单项业务使用了计算机，如生产经营日报的汇总打印，过程也比较形式化（实际上是管理人员手工将经营日报的各项数据计算出来以后，再录入计算机、打印而已）。杨总与高层领导们商量了以后，决定拨出专项金额用于企业物流信息系统的建设。

在经过科学的系统规划、系统分析后，公司成功完成了信息系统的实施。系统在交付使用以后，严格按照管理规范，责成各部门和业务人员利用系统执行具体的日常业务处理，记录系统的运行情况。公司信息中心负责系统的运行维护，包括硬件设备的更新升级、计算机病毒的检测清除、软件系统的修改完善、系统故障的排除等。

系统运行至今，运行维护工作一直没有间断，部分硬件设备已经被更新，部分软件功能也进行了修改和完善。例如，在系统应用之初，开具销售发票时只能针对一个合同，而不能对同一个客户的多笔合同开具发票。系统运行之后，销售部门提出，希望在开具发票时能够更加灵活地处理，不受单一合同的限制。为此，公司制定了软件修改计划，进行了软件功能的修改和完善。另外，在系统正常运行半年以后，青岛钢铁集团还组织部门人员和相关领域专家对已经实施的物流信息系统的工作情况、技术性能、经济效益进行了评价，并根据评价结果制定了下一步修改方案。

【思考】

结合案例，思考物流信息系统实施后的运行维护和评价工作有何重要意义。

第一节　物流信息系统开发的项目管理

物流信息系统的建设是一个较为大型的项目，完全达到预设目标的比例较少。在系统开发的过程中会出现很多意想不到的问题，其中80％的原因是由非技术因素导致的，只有20％是由技术因素导致的。在这里，非技术因素包括企业业务流程与组织结构、领导层观念、员工素质、项目管理问题等。在绝大多数情况下，项目的失败最终表现为费用超支和进度拖延。

物流信息系统开发的核心是软件开发，采用项目管理的方法可以保证开发工作有最大成功的可能性。物流信息系统开发项目具有一般项目的特征，也有其自身特点。为了使整个软件生命周期，即从规划、分析、设计、实施到测试、维护，都能按既定目标顺利进行，就必须对项目的成本、人员、进度、质量和风险进行管理。

一、系统开发的项目团队

物流信息系统的开发需要不同部门人员的参与，参加系统开发的项目团队成员包括企业高层领导、项目经理、系统分析员、系统设计员、程序设计员和企业管理人员，他们的具体任务分工如下。

1. 企业高层领导

企业要开发物流信息系统，高层领导的意见和态度是成败的关键。信息系统的开发必然涉及组织机构和业务流程的变动，这种变动常常带来权力和职责的重新分配，如果没有一把手的首肯，一般是无法推动下去的。另外，信息系统是组织的中枢神经系统，其目标必须与组织整体战略相一致，所以在系统规划、分析阶段，高层领导尤其需要把握好整体方向，切实地进行可行性和替代方案的比较分析。

2. 项目经理

项目经理是实际开发工作的领导和组织者，需要具有很强的组织、协调、沟通和控制能力，把握项目的进度、成本目标，让利益相关主体均得到一个满意的解决方案。项目经理的主要职责如下：

（1）制定项目计划，明确项目范围、目标，进行工作分解，估计各项任务的进度和成本。

（2）确定开发所用的技术和方法，并在项目实施过程中应用这些技术完成具体工作。

（3）有计划地分配各类资源，合理安排人员职责，处理资源短缺和人员流动等问题。

（4）把握利益相关主体需求，协调各方关系。

（5）控制项目范围的变更。随着开发活动的进展，客户可能提出系统功能需求的更改或增加，项目经理必须合理控制项目范围的随意变更和扩大。

（6）进行团队建设，激励每一位项目成员，公平地进行绩效评价。

3．系统分析员和设计员

系统分析员需要分析用户对物流信息系统的需求，并准确传达给系统设计员和其他开发人员。系统分析员应该具备丰富的相关业务领域知识，能够很好地与用户企业的业务人员展开交流，准确地表达实际的业务需求。系统设计员负责系统的总体设计、模块设计及各种具体的物流设计工作，应具备熟练的计算机专业知识，掌握信息系统的基础，熟悉系统实施和转换的一般技术方法。

4．程序设计员

程序设计员的主要任务是按照程序设计说明书编制、调试、修改程序，直到新系统投入运行。在系统交付使用以后，本企业的程序设计员还要担负系统的运行维护工作，负责程序的改进升级。程序设计员应该具有极强的逻辑思维能力，同时要掌握软件编程的知识基础、数据库技术和常用的程序设计语言。

5．企业管理人员

信息系统的开发需要系统开发人员和使用人员之间的相互配合。一方面，开发人员往往只精通信息技术，但对具体业务不是很了解，所以一般从技术角度考虑问题，在进行系统分析和设计时不容易准确理解系统的需求；另一方面，系统使用人员虽然对具体业务很熟悉，但是对信息技术不是很了解，可能会提出技术上难以实现的要求。所以，两者要相互配合，反复讨论，才能做好信息系统的开发工作。参与系统开发的业务和管理人员必须了解本部门工作的关键点和难点，更重要的是能够对未来信息系统的构成和新功能提出自己的意见。

总之，项目团队的所有成员都必须发挥自身特长，注重相互之间的沟通，合理分工合作，明确自己的责任，保证开发工作的顺利进行。

二、系统开发项目管理的过程

（一）物流信息系统开发项目管理的主要过程

1．项目论证

项目论证包括立项论证和技术方案论证。立项论证主要是从技术、经济、社会三方面对系统开发的必要性和可行性进行论证；技术方案论证是对系统的组成、结构、功能与方案进行论证评估。

2．编制物流信息系统项目的开发计划

物流信息系统开发计划主要包括任务的描述、分解，各任务进度、人员、资金和资源的

配置。

3. 项目实施及控制

对系统开发的进度和质量进行实时控制，关键性任务是管理的重点。如果项目实际开发情况与预期计划发生偏离，需分析偏离的程度和原因，并及时进行调整。

4. 开发项目评估

对物流信息系统项目开发的全过程进行分析，评估效率、监控程度和项目效益。

（二）物流信息系统项目管理的一般内容

（1）人员的组织与管理，主要涉及项目团队人员的构成优化。

（2）物流信息系统开发项目的计划，主要包括工作量、成本和开发时间的估计，并根据估计值制定控制标准。

（3）物流信息系统开发项目的度量，用量化的方法测评软件开发中的费用、生产率、进度、质量是否符合期望值，包括过程度量和产品度量两个方面。

（4）风险管理，预测未来可能出现的影响项目质量、进度、成本的各种潜在因素，并采取措施进行预防。

（5）物流信息系统软件质量保证，保证产品和服务满足消费者质量要求而进行的有计划、有组织的活动。

（6）物流信息系统软件过程能力评估，软件过程能力评估是对软件开发能力的高低进行衡量。

（7）物流信息系统软件配置管理，针对开发过程中人员、工具的配置和使用提出管理策略。

三、系统开发项目的任务管理

在实际的物流信息系统开发项目中，任务管理工作主要侧重在如下几个方面：

（1）分配任务并为各任务提供必要的资源，做到人、财、物各方面的保证。合理的资源分配是各阶段工作得以顺利进行的重要保障。在设备短缺或时间冲突时，一定要确定优先级顺序，保证各项工作能够按进度完成。

（2）明确各阶段任务结束的标准，监控各阶段工作的完成情况。将任务分配给各小组后，必须及时了解各小组的工作进展，控制项目进度。在任务不能按计划进行时，需要及时进行调整。

（3）各项任务完成之后，组织阶段性成果的验收。无论是系统的分析与设计，还是软件编程、硬件调试，在完成每一项任务后都需要进行鉴定验收，以确定是否保质保量地完成了任务。

四、系统开发项目的进度管理

在物流信息系统开发过程中会出现很多预料不到的情况，进而影响项目的进度。常见的项目进度风险源如下：

（1）客户的经营战略发生重大变化。

（2）系统使用人员提出新的需求。

（3）硬件、软件供应商不能及时交货，影响项目进度。

（4）因接受新项目而出现项目计划冲突。

（5）开发人员离开项目团队。

（6）项目开发成本过高，超出预算。

（7）项目规模不断攀升。

（8）采用的技术不成熟，出现困难。

（9）国家政策法规发生变化。

（10）行业市场发生变化。

（11）出现新的竞争对手。

（12）合作伙伴推出或遇到一时难以解决的问题。

（13）洪涝、火灾等不可抗力的影响。

在制定物流信息系统开发计划以及进行进度控制时，可以采用甘特图的方法。甘特图（Gantt Chart）是一种对项目活动进行进度计划和控制的图表，比较简单，易于使用。在甘特图中，一般横向表示时间，纵向列出工作。表 8-1 所示为某物流信息系统开发项目的甘特图。

表 8-1　某物流信息系统开发项目甘特图

计划工作项目	2000 年 5 月	2000 年 6 月	2000 年 7 月	2000 年 8 月	2000 年 9 月
需求分析与总体设计	■	■			
详细设计		■			
建立模拟开发环境		■	■		
事务操作模块开发			■	■	
统计、查询模块开发			■	■	
报表计算、打印模块开发			■	■	
编写程序说明书				■	
编写系统使用说明书				■	
编写系统维护说明书				■	
现场安装调试				■	■
系统验收					■

系统开发项目的各项任务是相互联系的，我们在做进度计划时，应该找到关键路径（耗时最长的一条路径），并对关键路径上的活动进行优化、改进，以此短项目总耗时。例如，一个物流信息系统开发项目包含 A、B、C、D 四项独立的任务，任务之间不存在先后关系，可以同时进行，但只有四项任务都完成后，整个项目才算终结；其中 A 任务的完成需要 27 天，B 任务需要 29 天，C 任务需要 34 天，D 任务需要 26 天；可以看出，C 任务所需要的时间最长，为 34 天，所以必须尽快启动 C 任务，并且努力在 34 天完成，避免总工期出现拖延；如果进一步优化 C 任务，减为 32 天，则整个项目总工期也减为 32 天。

第二节 物流信息系统的运行管理

物流信息系统的运行管理工作就是对物流信息系统的运行进行检测和控制，记录其运行状态，并进行必要的完善、修改和补充，使信息系统充分发挥其功能。物流信息系统进入使用阶段后的任务就是对系统进行管理和维护，如果缺乏科学的组织与管理，物流信息系统不仅不能为用户提供高质量的信息服务，而且自身也会陷入混乱，最终无法实现系统目标，并给企业带来人力、物力和财力上的巨大损失。

一、运行管理的内容

物流信息系统的运行管理是对系统开发工作的继续，主要包括日常运行管理、运行情况记录以及对系统运行情况的检查与评价。

（一）日常运行管理

物流信息系统在投入使用后，日常运行的管理工作是比较繁重的，主要包括以下几个方面。

1. 数据的收集

在物流信息系统中，数据的收集包括：

（1）数据库各种图表、单据中数据的录入和校验。客户通过图形界面可以方便地完成各种单证的输入，如订单信息的录入。货物在其流通过程中，具有共性的特征信息应该能够在上下游企业之间共享。根据物流信息系统开发中的供应链集成程度不同，这类数据收集具有不同的自动化水平。

（2）通过自动识别和采集技术（如条码技术、射频识别技术、GIS 技术、GPS 技术等）对物流活动中的信息进行实时准确的收集，这体现了物流活动中物流与信息流的集成。

数据收集伴随着物流活动的日常性工作，例如，在仓储管理中每天都需要对出入库作业进行数据录入和校验。业务数据常常分散在不同部门，只有工作人员协调一致，才能保证原始数据的完整性。系统主管人员应该努力使用各种方法，提高业务人员的技术水平和工作责任感，对他们的工作进行评价、指导和帮助，以提高数据收集的质量，为后面的信息处理和分析提供原材料。

2. 数据处理

常见的数据处理工作包括例行的数据更新、统计分析、报表生成、数据复制与保存、与外界定期数据交流等。这些工作一般来说都是按照一定的规则，定期或不定期地运行事先编制好的程序，这些程序可以通过图形界面的功能调用而得到执行。系统的工作规程应该在系统开发时已做好详细规定，操作人员经过严格的培训，清楚地了解各项流程和各种情况的处理方法。数据处理依赖于系统现有的各种资源，如系统功能和收集到的数据。另外，很多企业的后台都有数据仓库，物流信息系统中的很多数据（如产品销售量、销售地点、销售时间、客户信息等）都可以移植到数据仓库中，再利用联机分析处理（Online Analytical Processing，OLAP）技术和数据挖掘技术对数据仓库中的数据进行分析处理。这样的数据处理不再是服务于某个具体的业务交易，而是为企业长远性的战略计划提供决策支持。

3. 系统硬件的运行维护

物流信息系统应在任何情况下都能正常运行。为此，需要有一些硬件工作人员，负责计算机和网络的运行维护。系统硬件的运行维护工作包括设备的使用管理、备用品和配件的准备及使用、各种消耗性材料的使用及管理、电源及工作环境的管理等。此外，系统硬件维护工作还包括专职的硬件人员对系统设备日常的保养性维护和突发性故障维护。硬件人员应加强设备的保养及定期检修，做好检验记录和故障登记工作，按照软件要求更新设备，并做好应对突发性故障的有关准备。

4. 系统软件的运行维护

物流信息系统软件维护是在软件交付使用以后，为了改正错误或满足新的需要而进一步完善软件的工作。运行维护的目的是保证软件系统能持续地与用户环境、数据处理操作、政府或其他有关部门的需求保持协调一致。系统软件的维护包括正确性维护、适应性维护、完善性维护和预防性维护。此外，还应进行系统数据维护，一般由数据库管理员负责，保证数据库的安全性和完整性。

（二）系统运行情况记录

物流信息系统的运行情况记录对于系统管理和评价来说是非常重要和珍贵的资料。如果缺乏系统运行情况的基本数据，只停留在主观印象上，则无法对系统运行情况进行科学分析和合理判断，更难进一步提高物流信息系统的工作水平。系统管理人员应该从系统运行一开始就注意积累运行情况的记录。

1. 工作数量

工作数量主要包括开机的时间，每天/周/月收集数据、提供报表的数量，系统中积累的数据量，修改程序的数量，数据使用的频率，满足用户临时要求的数量等。这些数据反映了系统的负担及所提供信息服务的规模，也是反映系统功能的最基本的数据。

2. 工作效率

工作效率主要指系统为了完成所规定的任务，消耗的人力、物力和时间的情况。例如，用户提出一个临时的查询需求，系统需要花费多长时间才能给出所要的数据；系统在日常运行中所花费的人力是多少，消耗性材料的使用情况如何等。随着市场竞争的加剧和利润空间的压缩，任何新技术的采用都不可能不考虑经济效益。

3. 系统提供信息服务的质量

物流信息系统为用户提供各种信息服务，与其他服务一样，其质量高低直接决定了系统的成败。如果一个系统生成的报表不是用户所需要的，使用起来也不方便，那么这样的报表生成得再多再快也没有意义。另外，用户对于提供信息的方式是否满意，所提供信息的精确程度是否符合要求，信息提供得是否及时，临时提出的信息需求能否得到满足等，也都是属于信息服务的质量评价范围。物流信息系统必须在系统分析阶段充分掌握用户的信息需求，并在后期的系统维护中不断完善系统功能，以满足用户需求的增加和变化。

4. 系统的维护情况

物流信息系统中的数据、软件和硬件都有一定的更新、维护和检修的工作规程，这些工作都要有详细、及时的记载，包括维护工作的内容、情况、时间、执行人员等，这不仅是为了保证系统的安全和正常运行，还有利于系统的评价及进一步扩充。

5. 系统的故障情况

无论故障大小，都应该有所记录，记录内容包括故障发生时间、故障现象、故障发生时的工作环境、处理方法、处理结果、处理人员、善后措施、原因分析等。这里所说的故障不只是计算机本身的故障，还包括整个物流信息系统的故障。例如，由于数据收集不及时，年度报表的生成未能按期完成，这就是这个物流信息系统的故障，而不是计算机的故障；同样，收集来的原始数据有错，也不是计算机的故障。各种有关错误类型、数量的统计数据都是非常有用的资料。

在物流信息系统运行管理中，人们往往重视故障情况的记录，那些在正常情况下的运行数据很容易被忽视，但仅有故障记录是无法全面掌握系统运行情况的。例如，设备发生故障，需要考察它是在累计工作了多长时间后发生的故障，如果没有正常运行时的工作记录，则无法计算平均无故障时间。

（三）系统运行情况的检查与评价

1. 系统运行的安全检查

物流信息系统是物流企业的神经网络，如果系统安全出现问题，将会对企业的运营产生巨大影响。物流信息系统的安全是指为了防范意外、人为破坏或非法使用信息资源，而对物流信息系统运行所采取的保护措施。物流信息系统借助于互联网来传递物流信息，从而连接不同场所的物流业务活动，其不安全因素主要来自以下几个方面。

（1）物理部分：如机房不达标、设备缺乏保护措施、存在管理漏洞。

（2）软件部分：如操作系统不安全、数据库系统不安全、应用系统不安全。

（3）网络部分：如内网不安全、内外部连接不安全。

物流信息系统安全检查的目的是保证系统在有充分保护的环境中运行，由可靠的操作人员按规范使用计算机系统、网络系统、数据库系统和应用系统，系统符合安全标准。

为了保障物流信息系统的网络信息安全，可以采用各种现代化的网络信息安全技术，如身份识别技术、密钥技术、安全控制技术和安全防范技术。例如，通过对网络进实时监控可以有效地识别攻击及其他可疑行为（包括病毒、探测行为和未授权修改系统存取控制机制），并以反击手段对这些可疑行为做出响应。

2. 系统运行情况的审核和评价

物流信息系统在其运行过程中除了不断进行大量的管理和维护工作外，还应定期对系统的运行状况进行审核和评价。这项工作主要是在高层管理者的直接领导下，由系统分析员或专门的审计人员同各类开发人员及业务部门经理共同参与。审核与评价的目的是评估系统的技术能力、工作性能和系统的利用率，不仅对系统当前的性能进行总结和评价，还为系统的改进和扩展提供依据。

二、运行管理的组织和人员

（一）系统运行管理的组织

物流信息系统运行的首要问题是管理组织。目前，我国各企业中负责系统运行的大多是信息中心、计算机中心、信息处等信息管理职能部门。从信息系统在组织结构中的层级来看，常见的有两种形式，如图 8-1 所示。

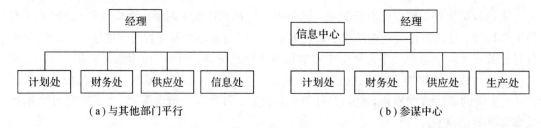

（a）与其他部门平行　　　　　　　（b）参谋中心

图 8-1　信息管理部门在组织中的层级

　　图 8-1(a)是一种将信息系统管理机构与其他部门平行看待并享有同等权利的组织方式。在这种组织方式下，尽管信息资源可以为这个企业共享，但信息管理部门的决策能力较弱，系统运行中的相关协调和决策工作将受到影响。图 8-1(b)是一种由高层直接领导，系统作为企业的信息中心和参谋中心而存在的组织方式。这种组织方式有利于集中管理、资源共享，能充分发挥系统的协调和决策支持作用，但容易造成脱离业务部门或服务较差的现象。

　　由于信息系统在企业中的作用越来越大，越来越多的企业设立了首席信息官一职(Chief Information Officer，CIO)。CIO 往往由企业的高层领导担任，地位如同副总经理，有的甚至更高。在国外，CIO 是一种职业或一个职位，体现的是对信息资源、信息技术的重视。CIO 负责的并不仅是服务性的、辅助性的工作，更多的是根据系统收集的信息动态制定和调整企业战略目标，并在实施过程中及时获得反馈。以 CIO 为首的信息管理部门有如下职责：

　　(1)进行物流信息系统规划。对物流信息系统实施和更新换代、系统的管理维护和使用、资金计划、人员安排和培训做出统一规划。

　　(2)负责信息处理的全过程。与企业领导及相关部门一起，确定合理、统一的信息流程。按照流程协调各个有关部门在信息处理方面的关系，同时负责对各个部门产生的信息进行收集、整理、加工和存储，确保信息的准确性和一致性。

　　(3)综合分析信息。对各方面的信息进行综合处理和统计分析，将结果提供给管理部门和决策层，并在系统中以适当的形式发布。

　　(4)进行信息标准化工作。与相关部门共同搞好系统运行中的基础工作，包括信息编码的标准化、规范化等。

　　(5)负责系统的运行和维护。作为日常技术性工作，负责检查系统数据录入情况、用户服务、软硬件维护、机房管理等，其中软件维护是最主要的工作。

　　由于目前计算机、网络、通信等各项技术的发展，客户/服务器体系结构的运用，信息系统在组织中层次架构最好是将图 8-1 中的两种方式结合起来，各尽其责。信息中心主任最好由组织中的副总经理兼任，这样更有利于加强信息资源管理。

（二）系统运行管理的人员配置

　　物流信息系统运行期间，企业信息管理部门内部人员主要分为 3 大类，如图 8-2 所示。

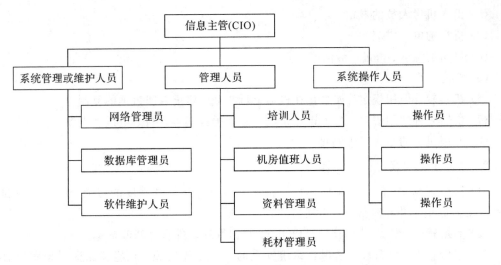

图 8-2 系统运行管理人员分类

第一类是系统管理或维护人员，包括网络管理员、数据库管理员、软件开发与维护人员。网络管理员负责硬件系统的维护、网络系统配置和调试；数据库管理员负责数据库的安全及完整性和一致性、数据字典的建立和维护、数据的备份和恢复；软件开发与维护人员负责接收用户提出的信息需求，开发相应的应用系统，并负责应用软件的运行维护工作。软件开发与维护人员包括了系统分析员、系统设计员、高级程序员及系统操作员等。

第二类是管理人员，包括培训人员、机房值班人员、资料管理员和耗材管理员。其中，培训人员负责全面的技术和管理培训工作，对于系统维护人员的培训主要依靠请专家进来和派骨干出去的方法，而操作人员的培训则主要依靠系统维护人员。

第三类是系统操作人员，这类人员的数量最大，除了少数在物流意义上的信息中心工作外，大多数在各具体业务部门工作。因此，信息系统管理部门的主要成员由前两类人员组成。

一般来说，在中小型企业或组织中，信息管理部门的人员较少，通常是一人身兼数职，而在大型企业中信息管理部门的人员构成比较复杂，分工较细。究竟人数多少为好，还需视管理需求和信息系统规模而定。

（三）系统运行管理制度的建立与实施

要保证物流信息系统的运行质量，就必须保证系统的工作环境和安全。因此，要建立和健全一整套信息系统管理体制，明确各类人员的职权和责任，规定用户权限，出现问题也能提供一套规则进行处理。当系统出现新的信息需求时，需要以何种程序向管理部门提出，作为信息管理部门又该如何处理这些信息需求，系统内部的各类人员该如何利用信息系统开展各项工作，这些都是运行管理制度需要解决的问题。最基本的运行管理制度包括机房管理制度、运行管理制度和运行日记制度。

1. 机房管理制度

机房要有一套严格的管理制度，制定正式行文并张贴出来。该制度主要包括以下几个方面：

（1）操作人员的操作行为，如开机、关机、登记运行日记、异常情况处理等。

（2）出入机房人员的规定。

（3）机房的电力供应。

（4）机房的温度、湿度、清洁度。

（5）机房安全防火。

（6）机器软件使用规定，如禁止在机器上玩游戏，禁止内部数据的复制等。

（7）机器硬件使用规定，如不得在带电状态下插拔机器部件、电线和电缆。

（8）专用机房的专人管理制度。

2. 运行管理制度

（1）操作规范。要使每一个操作计算机的人养成遵守管理制度的习惯，对运行中的异常情况要做好记录并及时报告，以便得到及时处理。

（2）数据管理。如禁止利用 PCTOOLS、数据管理软件直接修改数据。

（3）备份管理。数据备份是保证系统安全的一个重要措施，它能够保证系统发生故障后能恢复到最近的时间界面。一般情况下，重要的数据要每天备份，对数据做重要修改前系统也应该具有相应的备份功能，以便保证系统数据的绝对安全。

（4）人员管理。应制定机房的专人管理和专人负责制度、计算机使用人员的权限分配及使用制度等。

（5）组织管理。建立必要的信息系统管理组织，如信息处、信息中心、计算机中心等，并有专人负责。专职工作人员应有相应的行政权力，以行使管理职权。

3. 运行日记制度

系统运行日记主要为系统的运行情况提供历史资料，也可以为系统故障查找提供线索。因此，运行日记应当认真填写、妥善保存。运行日记的内容包括时间、操作人、运行情况、异常情况（包括发生时间、现象、处理人、处理过程、处理记录文件名和在场人员等）、值班人签字、负责人签字等。

第三节　物流信息系统的文档管理

物流信息系统的文档是系统开发过程的记录，是系统维护人员的指南，是开发人员与用户交流的工具。规范的文档意味着系统是按照工程化开发的，在质量上有保证。文档的缺失、不规范，可能导致原系统开发人员流失后，无法进行下一步开发、维护和升级，失去系统生命周期的延续性。所以，为了建立一个良好的物流信息系统，不仅要采用正确的系统开发方法，利用好各种现代化信息技术，还要做好各类文档的管理工作。

一、物流信息系统文档的类型

物流信息系统文档的类型可以有多种划分标准，以下介绍三种：

（1）按照产生频率分为一次性文档和非一次性文档。一次性文档是指在系统开发过程中只产生一次的文档，如系统分析说明书、系统设计说明书等；非一次性文档是指在系统开发过程中出现多次的文档，如需求变更申请书、维护修改建议书、信息系统运行日志等。

（2）按照信息系统生命周期的阶段不同，可分为系统规划阶段文档、系统分析阶段文档、系统设计阶段文档、系统实施阶段文档和系统运行与维护阶段文档，如表 8-2 所示。系统规划阶段文档包括可行性研究报告、系统开发计划书等；系统分析阶段文档如系统分析报告；系统设计阶段的文档如系统总体设计报告、系统详细设计报告等；系统实施阶段的文档如程序设计说明书、源程序备份文件、系统测试报告、用户使用手册等；系统运行与维护阶段的文档如系统运行日志、系统修改与维护报告等。

表 8-2　物流信息系统开发各阶段的文档

阶　　　段	文　　　档
系统规划阶段	可行性研究报告； 系统开发计划书
系统分析阶段	系统分析报告
系统设计阶段	系统总体设计报告； 系统详细设计报告
系统实施阶段	程序设计说明书； 源程序备份文件； 系统测试报告； 用户使用手册
系统运行与维护阶段	系统运行日志； 系统修改与维护报告

（3）按照文档服务目的不同，可以分为用户文档、开发文档与管理文档。用户文档主要是为用户服务的，如用户手册、操作手册等；开发文档主要是为开发人员服务的，如系统分析说明书、系统设计说明书等；管理文档主要是为项目管理人员服务的，如可行性研究报告、项目开发计划等。

二、物流信息系统的主要文档及其内容

物流信息系统开发过程中的主要文档包括系统开发立项报告、可行性研究报告、系统开发计划书、系统分析报告、系统设计报告、程序设计报告、系统测试计划与测试报告、系统使用与维护手册、系统评价报告、系统开发月报、系统开发总结报告等。

1. 系统开发立项报告

在信息系统正式开发之前，用户单位必须提出新系统的目标功能、费用、时间、对组织结构的影响等。如果是本单位自行开发或联合开发，这些内容形成的文档被称作"立项报告"，用于向上级申请经费；如果是委托开发，则以合同方式进行约定。立项报告包括如下内容：

（1）概述。概述现行系统的功能、业务流程及存在的问题等。

（2）新系统的目标。新系统的功能、开发意义、技术指标、安全性、运行环境等。

（3）经费预算和来源。

（4）项目进度安排和完成期限。

（5）验收标准和方法。

（6）移交的文档资料。

（7）可行性研究的组织队伍、机构及预算。

（8）其他有关需要说明的问题。

2．可行性研究报告

可行性研究报告中要说明待开发系统在技术、经济和社会因素上的可行性，对比分析各种可替代方案并说明选择拟实施方案的理由。可行性研究报告主要包括如下内容：

（1）概述。

（2）新系统的目标、要求和约束。

（3）可行性研究的基本准则。

（4）现行系统的描述以及存在的主要问题。

（5）新系统对现行系统的影响。

（6）投资和效益分析。

（7）其他可选方案及与同类方案的比较。

（8）有关建议。

3．系统开发计划书

可行性报告被批准后，在系统开发之前，需要拟定一份较为详细的系统开发计划，以保证系统开发工作按计划保质保量按时完成。在开发计划书中，应该说明各项任务的负责人员、开发进度、经费预算、所需的硬件和软件资源等。开发计划书应提供给项目管理人员，作为开发阶段评审的参考。对于项目计划的管理，可以采用 Microsoft Project 等软件。系统开发计划书的主要内容如下：

（1）概述。介绍系统开发的目标、基本方针、参与人员、工作阶段和内容等。

（2）开发计划。系统开发各阶段或子项目的任务描述、分工、负责人、进度、资源分配等。

（3）验收标准。每项工作完成后验收的标准（包括时间、成本、质量等）。

（4）协调方法。物流信息系统中各单位、阶段之间的衔接、协调方法、负责人、权限等。

4．系统分析报告

当物流信息系统的开发采用委托方式进行时，用户需求说明书就成为开发单位和用户之间的桥梁，同时也是系统设计的基础和依据。当采用自行开发或合作开发时，系统分析就是系统开发中最重要的工作，其工作成果是系统分析报告。系统分析工作的质量决定了新系统实施的成败。从信息系统生命周期的角度来看，用户需求说明书就是系统分析报告。系统分析报告的主要内容包括：

（1）概述。

（2）系统需求。

（3）新系统的目标和功能。

（4）新系统的逻辑模型。

（5）新系统的运行环境。

（6）新系统的验收标准与培训计划。

5. 系统设计报告

在系统分析的基础上，根据系统分析说明书进行新系统的物理设计，并完成系统报告的撰写。系统设计说明书主要包括以下内容：

（1）概述。

（2）总体结构。

（3）计算机系统配置。

（4）代码设计。

（5）数据库设计。

（6）输入与输出设计。

（7）计算机处理过程设计。

（8）接口及通信环境设计。

（9）安全和保密设计。

（10）数据准备。

（11）培训计划。

6. 程序设计报告

依据系统设计报告，进行程序设计工作。程序设计经调试通过以后，就应该完成程序设计报告，以便为系统调试和系统维护工作提供依据。有了程序设计报告，就可以避免因程序员的流动造成系统维护工作的困难。程序设计报告的主要内容如下：

（1）概述。

（2）程序结构图。

（3）程序控制图。

（4）算法。

（5）程序流程图。

（6）源程序。

（7）程序注释说明。

7. 系统测试计划与测试报告

为做好组装测试和确认测试，需要为如何组织测试制订计划。测试计划应包括测试的内容、进度、条件、人员、测试用例的选取原则、测试结果允许的偏差范围等。

测试工作完成以后，应提交测试计划执行情况的说明，对测试结果加以分析，并提出测试的结论意见。系统测试是系统实施阶段的重要工作。系统测试报告包括如下内容：

（1）概述。说明系统测试的目的。

（2）测试环境。有关软硬件、通信、数据库、人员等情况。

（3）测试内容。系统、子系统、模块的名称，性能技术指标等。

（4）测试方案。测试的方法、测试数据、测试步骤、测试中故障的解决方案等。

（5）测试结果。测试的实际情况、结果等。

（6）结论。系统功能评价、性能技术指标评价、结论。

8. 系统使用与维护手册

系统使用与维护手册是为用户准备的文档。有的系统比较大，将使用手册与维护手册分开。其中，系统使用手册(也叫操作手册)一般是面向业务人员的，他们是系统最终的用户。系统维护手册(也叫技术手册)是供具有一定信息技术专业知识的系统维护人员使用的。系统使用与维护手册的主要内容如下：

(1) 概述。说明系统功能、系统运行的软硬件环境、系统安装等内容。

(2) 使用说明。系统操作使用说明较为详细地说明操作的目的、过程、方式、输入和输出的数据等。最好将系统操作的界面放入说明书，便于使用者学习和操作。

(3) 问题解释。解释系统使用过程中可能出现的问题和解决方法，如非常规操作命令、系统恢复过程、意外情况、开发单位的联系方式等。

物流信息系统运行过程中，用户还需要记录运行日志。发现需要对系统修正、更改时，应将存在的问题、修改的考虑及修改的可能影响进行详细描述，写成维护修改建议书，提交审批。维护修改建议书也是系统运行维护期间的重要文档。

9. 系统评价报告

评价报告主要根据可行性研究报告、系统分析报告、系统设计报告所确定的新系统的目标、功能、性能、计划执行情况以及新系统实现后的经济效益和社会效益等予以评价。如果该物流信息系统的开发已作为立项的项目，还要请专家进行鉴定。系统评价报告主要包括以下内容：

(1) 概述。

(2) 系统构成。

(3) 系统达到设计目标的情况。

(4) 系统的可靠性、安全性、保密性、可维护性等。

(5) 系统的经济效益与社会效益的评价。

(6) 总结性评价。

有的项目聘请了相应的监理方与审计机构，那么还需要相应的系统监理报告和系统审计报告，这两种报告的内容大体与系统评价报告相同。

10. 系统开发月报与系统开发总结报告

物流信息系统项目的建设开始后，各项任务的负责人应该按月向管理部门提交相应的项目进展情况报告。报告应该包括进度计划与实际执行情况的比较、阶段性成果、遇到的问题与解决方案以及下个月的打算等。

在整个物流信息系统项目开发完成并且正式运行了一段时间以后，系统开发人员应该与项目实施计划对照，总结进度、成本、人力、资源利用的执行情况，从而对开发工作作出评价，总结经验教训，形成系统开发总结报告。系统开发总结报告包括以下内容：

(1) 概述。介绍信息系统的提出者、开发者和用户，系统开发的依据、目的和可行性分析等。

(2) 物流信息系统项目的完成情况。说明系统构成与主要功能、系统性能与技术指标、计划与实际进度对比、费用预算与实际费用的对比等。

(3) 系统评价。说明系统的主要特点、采用的技术方法与评价、系统工作效率与质量、存在的问题及原因、用户评价与反馈意见。

(4) 经验与教训。系统开发过程中的经验教训、对今后工作的建议、对外发表的论文。

总而言之，物流信息系统的文档是系统建设的重要组成部分，对系统开发的成功和日常维护起到保证和支持作用，对各阶段产生的文档应当按照国家软件开发规划进行填写并按照统一的格式进行编号。系统文档的多少和复杂程度与系统规模成正比，还因开发方法的不同而有所差异，用户可以根据实际情况确定物流信息系统开发的文档种类和内容。另外，文档要尽可能简单明了，便于阅读，并且尽量使用图、表进行描述。

三、物流信息系统文档的规范化管理

目前物流信息系统的文档管理尚没有一个统一的标准，在具体工作中也没有固定的文档规范化管理模式。但是，在一个物流信息系统开发项目的由始至终，必须有一个统一的内部准则，并予以严格执行。物流信息系统文档的规范化管理主要体现在文档书写规范、图表编号规则、文档目录编写标准和文档管理制度四个方面。

1. 文档书写规范

物流信息系统的文档资料涉及文本、图形、表格等多种类型，无论是哪种类型的文档都应该遵循统一的书写规范，包括符号的使用、图标的含义、程序中注释行的使用、注明文档书写人及书写日期等。例如，在程序的开始要用统一的格式，包含程序名称、程序功能、调用和被调用的程序、程序设计人等。

2. 图表编号规则

在物流信息系统的开发过程中会用到很多图表，对这些图表进行有规则的编号，可以便于图表的查找。图表的编号一般采用分类结构，通过有规则的编号，可以判断该图表处于系统开发周期的哪一个阶段，属于哪一个文档、文档中的哪一部分内容及第几张图表。比如，图表编号 2-1-08-02 对应的是系统分析阶段系统分析报告中数据字典的第二张图。

3. 文档目录编写标准

为了存档及未来使用的方便，应该编写文档目录。物流信息系统的文档目录中应包含文档编号、文档名称、格式或载体、份数、每份页数或件数、存储地点、存档时间、保管人等。文档编号一般为分类结构，可以采用同图表编号类似的编号规则。文档名称要书写完整规范。格式或载体是指原始单据或报表、磁盘文件、大型图表、光盘存档等。

4. 文档管理制度

为了更好地进行物流信息系统文档的管理，应该建立相应的文档管理制度。文档的管理制度需要根据组织实体的具体情况而定，主要包括建立文档的相关规范、文档借阅记录的登记制度、文档使用权限控制规则等。建立文档的相关规范是指文档书写规范、图表编号规则和文档目录编写标准等。文档的借阅应该进行详细的记录，并且需要考虑借阅人是否有使用权限。在文档中存在商业秘密或技术秘密的情况下，还应注意保密。

第四节　物流信息系统的审计与评价

一、物流信息系统的审计

(一) 信息系统审计的由来与概念

信息系统审计早期被称为计算机审计，早期的计算机应用比较简单，主要专注被审计单位的数据处理业务，还称不上信息系统审计。从财务报表审计的角度来看，这一阶段的主要业务内容是对交易金额和账户、报表余额进行检查，审查其真实性和准确性。

随着计算机应用范围的不断扩大，计算机对被审计单位的业务影响越来越大，计算机审计的内容也从单纯的对电子数据的处理延伸到对信息系统的可靠性、安全性、风险进行评价。此时，计算机审计这一概念已经不能反映这一业务的内部内涵，信息系统审计的概念随之而生。

在很多大型会计师事务所内部，信息系统审计部门已经成为一个独立的对外提供多种服务的部门。尤其是因特网和电子商务的兴起，更是为信息系统审计带来了无限商机。与信息安全相关的防火墙审计、安全诊断、信息技术认证等新型业务不断涌现。

信息系统的审计包括两层含义，第一层是对信息系统的开发过程进行审计，可以简称为信息系统开发审计；第二层是对信息系统支持的业务信息及数据进行审计，验证其正确性和真实性，简称为信息系统运行审计。

（二）物流信息系统审计的基本内容

信息系统审计的内容是根据审计目的来确定的，可以包括内部控制制度审计、应用程序审计、数据文件审计、处理系统综合审计和系统开发审计等。

1. 内部控制制度审计

为了使物流信息系统能够更加安全可靠地运行，严格的内部控制制度是十分必要的，它可以保证信息的正确性、完整性、及时性和有效性。物流信息系统的内部控制系统包括两个子系统：一个是一般控制系统，包括组织和操作控制、软硬件控制、安全控制和文件资料控制等；另一个是应用控制系统，包括输入控制、处理控制和输出控制。

内部控制制度的审计程序包括 4 个阶段：

（1）初步审核和评价阶段，即对控制的目标、构成系统的基本要素、主要环境控制措施、应用系统和应用项目的基本情况的了解。

（2）详细审核和评价阶段，即在初步审核的基础上确定控制领域、控制点、控制目标和必要的内部控制措施。

（3）符合性测试阶段，即对控制措施的实施情况及遵守情况进行测试，以便对内部控制制度的强弱和可靠性做出最后的结论。

（4）最后评价阶段。

2. 应用程序审计

计算机应用程序审计是信息系统审计的重要内容，这是因为企业业务处理的目的、原则和方法都体现在计算机程序里。企业是否遵守国家的方针政策，是否执行财经纪律和制度也往往会在应用程序中体现出来。所以，计算机应用程序的审计内容主要是检查计算机的程序控制功能是否可靠，处理经济业务的程序和方法是否准确。

对计算机程序的审计可以分为对程序直接进行检查和通过数据运行间接进行检查两种。对程序进行直接检查可以对源程序逐句审查，或借助流程图工具，用标准的图形、符号来反映程序的控制功能和数据处理逻辑。对程序进行间接检查是利用实际数据或模拟数据在程序上进行处理，然后将处理结果与正确结果进行比较。

3. 数据文件审计

数据文件包括由计算机打印出来的和存储在各种介质上的文件。存储在介质上的文件包括会计凭证、会计账簿和会计报表等，对这些文件的审计需要用信息技术进行测试。测试的内容主要包括信息系统数据安全控制的有效性、数据文件控制功能的可靠性和数据文件内容的真实性与准确性。

4. 处理系统综合审计

处理系统综合审计是对物流信息系统中的硬件功能、输入数据、程序和文件4个因素进行综合审计，以确定其可靠性和准确性。审计的主要程序是先对硬件功能进行检查，然后分别对输入数据的准确性、每个重要程序和文件的准确性进行测试，最后在此基础上对整个信息系统的处理功能进行综合评价。

5. 系统开发审计

系统开发审计是指对物流信息系统的开发过程进行审计。系统开发审计有两个方面，一是检查开发的方法和程序是否科学合理，是否受到恰当的控制；二是检查开发过程中产生的系统资料和凭证是否符合规范。

(三) 信息系统审计师和相关组织

1. 系统审计师

信息系统审计师的资格在国际上获得广泛认可。一般来讲，在发达国家的政府审计机关、国际知名的会计师事务所、大型企业、金融机构都有信息系统审计师在其中工作。取得信息系统审计师的资格要通过资格考试，并满足信息系统审计和控制协会所要求的其他条件。

信息系统审计师目前已经成为全球范围内比较抢手的高级人才，这些人才一般都具备全面的计算机软硬件知识，对网络和系统安全具有独特的敏感性，并且对财务会计和单位内部控制有着深刻的理解。随着信息技术在管理中的广泛运用，传统的审计技术受到巨大的挑战。国际会计公司、专业咨询公司和高级管理顾问都将控制风险特别是控制计算机环境风险和信息系统运行风险作为管理咨询和服务的重点。几乎所有的大型跨国公司，都因普遍使用大型管理信息系统而非常重视对信息系统安全和稳定性的控制，常常乐意高薪聘请信息系统审计师进行内部审计。

2. 系统审计的专业组织

随着信息技术在财务会计、管理领域应用程度的不断提高，信息系统审计业务也逐渐受到职业会计师行业的重视。在我国，信息系统审计业务的开展还处于探索阶段，而在国外，信息系统审计已经有了相当长期的发展，而且也产生了相应的专业组织和专业资格。

信息系统审计与控制协会(Information Systems Audit and Control Association, ISACA)成立于1969年，最初为EDP(电子数据处理)审计师联合会，总部在美国芝加哥。目前，该组织在世界100多个国家设有160多个分会，现有会员2万多人，它是从事信息系统审计专业人员的唯一国际性组织。信息系统审计师资格(Certified Information System Auditor, CISA)也是这一领域的唯一职业资格，会员被称为信息系统审计师，主要向用户提供与信息系统相关的服务。

我国的信息系统审计目前仍处于探索阶段，还没有形成一套成形的专业规范，也没有形成一支能够全面开展信息系统审计业务的人才队伍。目前，我国会计审计界所进行的一些计算机审计的探索和尝试以及开发的一些计算机审计软件，大部分都停留在对被审计对象的电子数据进行处理的阶段。无论是大型跨国公司，还是国内规模较大的企业，都在不断扩大信息技术在经营范围内的应用，传统的会计审计已经不能满足对这样的客户进行风险评估、内部控制测试与评价的需求，进而影响到我国会计师行业审计业务的质量。这一现状使我国的注册会计师行业在与国外大型会计公司竞争时处于不利地位。因此，发展我国自己的信息系统审计人才队伍已成为会计师行业的当务之急。

二、物流信息系统的评价

物流信息系统投入运行后，要在平时运行管理工作的基础上，定期对其运行状况进行评价。这项工作的目的在于通过对系统运行过程和绩效的审查，来检查系统是否达到了预期目标，是否充分利用了系统内各种资源，系统的管理工作是否完善，以及指出系统改进和扩展的方向等。

（一）物流信息系统评价的主要内容

对物流信息系统的评价主要从技术和经济两方面进行。

1. 技术上的评价

技术上的评价内容主要是物流信息系统的性能，具体内容如下：

（1）物流信息系统的总体水平，如系统的总体结构、地域与网络的规模、所采用技术的先进性等。

（2）系统功能的范围与层次，如功能的多少与难易程度或对应管理层次的高低等。

（3）信息资源开发与利用的范围与深度，如企业内部与外部信息的比例、外部信息的利用率等。

（4）系统的质量，如系统的可使用性、正确性、可扩展性、可维护性、通用性等。

（5）系统的安全性与保密性。

（6）系统文档的完备性。

2. 经济上的评价

在经济上的评价内容主要是物流信息系统的效果与效益，包括直接的和间接的两个方面。

（1）直接评价，包括系统的投资额、系统的运行费用、系统运行所带来的新增效益、投资回收期等。

（2）间接评价，包括对企业形象的改观，对员工素质的提高；各部门、人员间协作精神的加强；对企业体制与组织结构改革、管理流程优化起到的作用等。

物流信息系统在运行与维护过程中不断发生着变化，因而评价工作不是一次性的工作，应该定期或每当系统有较大改动后进行。系统的第一次评价一般安排在投入运行且进入稳定状态之后。通常，第一次评价的结论将作为系统验收的最主要依据。

物流信息系统评价工作由系统开发人员、系统管理与维护人员、系统用户、用户单位领导及外部专家共同参与。评价方式可以是鉴定或评审等，评价的结论以书面评价报告或评价意见等提出。评价结论也是系统的重要文档，应予以收存归档，统一保管。

（二）指标体系建立的原则

物流信息系统评价体系是指一套能够反映所评价信息系统总体目标，并具有内在联系，起互补作用的指标群体。一个合理、完善的指标体系，是对物流信息系统进行全面评价和分析的先决条件。信息系统与其他系统相比，既具有一般系统的共性又有其特性，在综合评价指标体系的构成原则上表现为以下几点。

1. 整体性原则

物流信息系统是一个完整的人机系统，系统各组成部分需要协同运作才能发挥作用，指标体系应能全面反映所评价系统的综合情况。从物流管理信息的采集、加工、传输，相应的业务部门到系统直接操作人员等各组成部分，都应该客观地加以观察。信息系统对管理产生的直接和间接效果，也必须加以全面考虑。

2. 可测性原则

物流信息系统的评价指标必须明确，数据资料应收集方便、计算简单。同时，指标体系内部及外部的同类指标之间要能够比较，同一指标具有历史可比性，这样才能从历史和现实的角度评价物流信息系统的现状和发展。

3. 动态性原则

在物流信息系统发展的不同时期，对于信息系统的不同类型，都应该能在评价指标体系中得到体现，根据需要可作相应的调整和改变。同时，指标设置要有重点，对于非重点指标可以适当设置得粗点，以简化评价过程。

4. 层次性原则

这里的层次包含多层含义。首先是指标结构自身的多重性，即一个指标由若干其他指标所决定而形成的树形结构，这将为衡量信息系统项目的效益和确定指标权重带来方便。其次，是信息系统所属部门的层次，各层子系统都应有相应的评价指标。再次，是系统技术特征的层次，接口指标应当一致，并且能够有效消除指标间的相关关系。各指标间应尽量避免明显的包容关系。对隐含的相关关系，要设法以适当的方法消除。

（三）物流信息系统的评价指标

根据物流信息系统的特点以及评价指标体系的构建原则，从系统性能指标、与直接经济效益有关的指标及与间接经济效益有关的指标三个方面提出物流信息系统的评价指标体系。

1. 系统性能指标

（1）人机交互的灵活性与方便性，主要体现在人机交互界面及系统的智能提示等方面。

（2）系统响应时间与信息处理速度满足管理业务需求的程度。

（3）输出信息的正确性与精确度，如系统的预测功能是否能准确工作，信息查询能否得到有效回应，统计数据是否准确等。

（4）单位时间内的故障次数、故障时间在工作时间中的比例。

（5）系统的可扩充性，即系统结构与功能的调整、改进及扩展，与其他系统交互或集成的难易程度。

（6）系统故障诊断、排除、恢复的难易程度。

（7）系统安全保密措施的完整性、规范性与有效性。

（8）系统文档资料的规范性、完备性与正确程度。

（9）系统的利用率。

2. 与直接经济效益有关的指标

（1）系统投资额，包括系统硬件、软件的购置、安装，应用系统的开发或购置所投入的资金，另外，企业内部投入的人力、材料也应计入。较精确的计算还应考虑资金投入的时间及占用时间因素。对验收评价后所作的阶段评价还要包括系统维护所投入的资金。

（2）系统运行费用，包括消耗性材料费用、系统投资折旧费及硬件日常维护费等。消耗性材料包括存储介质、纸张、打印油墨等。由于信息系统的技术含量高，更新换代快，一般折旧年限取 5～8 年。另外，系统所耗用的电费、系统管理人员工资等也应计入系统运行费用。

（3）系统运行新增的效益，主要反映在成本降低、库存积压减少、流动资金周转加快、销售利润增加及人力成本的减少等方面。新增效益可采用总括性的在同等产出或服务水平下有无信息系统所致的年生产经营费用节约额来表示，也可分别计算上述各方面的效益，然后求和表示。由于引起企业效益增减的因素错综复杂，新增效益很难做精确的计算。

（4）投资回收期，投资回收期为通过新增效益逐步收回投入资金所需要的时间，它是反映信息系统经济效益好坏的重要指标。经简化，不考虑资金时间价值的投资回收期，可用下式计算：

$$T = t + \frac{I}{B - C}$$

其中：T 为投资回收期；t 为资金投入至开始产生效益所需的时间；I 为投资额；B 为系统运行后每年新增的效益；C 为系统运行费用。

3. 与间接经济效益有关的指标

间接经济效益是通过改进组织结构及运作方式、提高人员素质等途径，促使成本下降，进而增加利润，间接地获得效益。由于间接经济效益成因关系复杂且计算复杂，所以只能做定性的分析。

一般物流信息系统的成功应用所产生的间接经济效益可以体现在如下几个方面：

（1）对企业为适应环境所作的组织结构、管理制度、管理模式的变革起到推动作用。

（2）改善企业形象，对外提高客户对企业的信任度，对内提高全体员工的自信心和自豪感。

（3）可使管理人员获得新知识、新技术和新方法，进而提高他们的技能素质，拓宽思路，进入学习与掌握新知识的良性循环。

（4）系统信息的共享与交互使部门之间、管理人员之间的联系更紧密，可加强他们的协作精神，提高企业的凝聚力。

（5）对企业的规章制度、工作规范、定额与标准、计量与代码等基础管理产生很大的促进作用，为其他管理工作提供有利的条件。

完成系统评价工作以后，应提交系统评价报告，就新系统的概况、组成、设计目标的实现程度，系统的可靠性、安全保密性、可维护性，以及系统的经济效益和社会效益等方面做出客观的评价。

◈ 案例分析

易通物流信息系统案例

1. 项目背景

本系统是一个中小物流企业信息化的成功案例。易通物流公司是一家快速成长的第三方物流企业，公司从 2000 年 11 月份开始正式运作，经营三年来，业绩每年以翻一番的速度迅速发展，目前已经达到年营业额 2000 多万、运送货物 400 多万件、送达城市 300 多个的规模。

易通物流公司的快速发展，不仅得益于第三方物流市场需求的发展，更离不开信息系统的支持。易通物流信息系统的发展经历了从单一到全面、从模糊到清晰的过程，总体来说分为四个阶段：

(1) 只解决运单的录入和汇总数据的统计查询；

(2) 逐步涵盖委托、集货、调度、出入库、运输、配送、签收各环节的数据录入和统计查询；

(3) 达到调度、出入库、运输监控功能的完善和网上功能的实现；

(4) 进一步进行数据挖掘与系统对接。

2. 易通物流信息系统结构

本系统分为物流管理子系统、车辆运输管理子系统、出入库管理子系统和企业门户网站 4 大部分。

(1) 物流管理子系统。

① 基础委托单信息的录入，支持电话、传真、互联网等多种形式；

② 客户资料建档，包括客户业务信息、客户信用、客户投诉、客户基础信息、合作状况评价等；

③ 业务流转过程中相关数据的录入，包括在库相关信息、在途相关信息、费用信息，分别由不同岗位的责任人完成，以及便于问题责任的追究。

(2) 车辆运输管理子系统。

① 司机、车辆基础档案的管理；

② 车辆固定成本、可变费用的管理；

③ 行车安全管理；

④ 行车效率管理(路单管理)。

(3) 出入库管理子系统。

① 货物的入库数量、时间、完好情况的记录；

② 货物的出库数量、时间、完好情况的记录；

③ 支持仓库网络分布情况下对货物的统计、汇总；

④ 支持针对不同权限的客户分库区、分品种的库存货物查询；

⑤ 实现上述各项功能的网上查询服务。

(4) 企业门户网站。

作为物流公司对外界宣传和同客户沟通的工具，EIP 物流企业门户网站主要提供网上查询、网上委托、网上交易等功能。

3．系统特点

(1) 体系。

① 采用 B/S＋C/S 模式，n 层体系结构，全面支持 Internet 和移动通信；

② 模块化设计，可根据不同的客户需求灵活配置各模块；

③ 界面友好统一，任何用户稍加培训就可以轻松上手；

④ 极高的数据处理能力，完善的数据备份机制，保证数据有效、准确；

⑤ 支持群集技术和离线处理，支持窄带（电话线）条件下的数据传输和实时应用简单、集中的系统维护，保证系统稳定、安全运行，降低系统维护成本。

(2) 应用。

① 源于物流企业的实践，同时结合国内的实际情况，蕴涵成功物流企业先进的管理思想和运作模式；

② 完善的物流业务管理能力，支持各种成本核算方法、单品管理、票据全程跟踪和历史动态业务数据查询；

③ 支持工作流管理和各部门（如生产、销售、服务）之间的全面协同工作；

④ 全程无纸化作业，物流服务企业与发货方、供货方之间通过该系统都可以畅顺迅捷地查询所需的数据信息；

⑤ 开放式接口，易于构建和管理国内外其他应用系统的动态数据交换。

4．应用体会

(1) 首先就是要先用起来。根据易通物流实际应用情况，如果一开始公司就用一套很完善的物流系统，那中途夭折的可能性在 95％以上。因为信息系统是企业业务的神经系统，它与企业的骨骼和肌肉（即业务和管理水平）是相互适应的，任何一方面的超前和落后都会阻碍企业的发展。易通公司信息技术应用事业部为想用信息系统的企业提供了企业诊断和最高限价的咨询服务。根据企业的业务状况、企业规模、管理层认识程度、基层计算机应用程度等，提出一期信息系统应用投资的最高限价，超过这个限价企业就面临着很大的价格风险。事先设定一期投入应用效果评估，在达到一期目标之后，管理层增强了信心，总结了经验教训，再考虑二期投入。

(2) 数据的积累和挖掘是企业提高管理水平的依据。没有准确数据的长期积累，就谈不上科学的管理。有了一年以上准确数据的积累，就可以进行各个层面的数据挖掘与分析。根据管理水平的不断提高，为自身企业设定一系列考核指标，根据指标随时监控企业的运行状况，做到提前预知事态发展，及时采取措施，趋利避害。

(3) 软件良好的表现形式是系统成功应用的保障。信息系统的应用需要人们改变原来通过纸张进行阅览和传递信息的形式，因而要尽最大的可能去适应操作人员特别是管理人员的习惯，以最简单、最直观的形式将各种信息展示出来。

5．应用效果与效益

由于系统的完善应用，易通物流在相关岗位的人力投入减少 50％以上，差错率降低了 80％以上，整个效率提高了 46％。另外，系统的统计分析功能使得公司管理层能够及时准确地看到整个业务发生、流量和财务状况，因而为管理层的决策（战略决策和阶段休整决策以及突发事件决策等)提供了重要的数据支持。另外,系统对业务流程的再造和实施起到了重要的导向和保障作用,提高了企业的竞争力。

6. 专家点评

本系统是易通交通信息发展有限公司易通物流分公司自行开发、自行应用的物流信息系统,具有成本低、简明实用的特点,并伴随企业的发展不断改进,目前已经在信息的跟踪服务和数据挖掘应用等方面进行了有益的探索,说明小企业的客户也会有先进的需求,只是要采用更加适用的解决方案才能满足客户。该公司利用本系统实现了物流全流程的整合,在图书市场的物流和配送领域实现了迅速成长,也成为该领域小企业信息化应用的一个成功案例。

【思考】

结合本章所学内容,分析物流信息系统的评价应该从哪些方面进行?

【基础练习】

一、名词解释

1. 系统运行管理   2. 信息系统审计   3. 系统评价

二、多项选择题

1. 物流信息系统开发完成之后展开的管理包括(   )。

A. 运行管理   B. 系统维护   C. 系统评价   D. 系统规划

2. 物流信息系统的项目管理包括(   )。

A. 人员管理   B. 进度管理   C. 系统分析   D. 风险管理

三、思考题

1. 物流信息系统开发的项目团队成员有哪些,他们的职责分别是什么?

2. 物流信息系统运行管理的主要内容有哪些?

3. 物流信息系统开发各阶段都会产生哪些文档?说说这些文档的基本内容。

4. 如何进行物流信息系统的审计和评价?

【实践练习】

深圳卷烟供应链配送信息系统的评价及效益分析

借助于新建的供应链配送信息系统,深圳烟草公司成功地再造了业务流程,最大限度地减少了中间环节,优化了配送流程,提高了物流设施和资金的利用效率,最终达到了降低物流成本、提高经济效益的目的。

近两年来,全公司的经营和管理稳步发展,卷烟销量和利润同比大幅上升。2003年启用自动化立体库后,完成卷烟销售税利5.19亿元,比上年增长了43.75%。2004年启用卷烟供应链配送系统,实施业务流程再造后(集中仓储、自动分拣、第三方物流),实现税利7亿元,比2003年增长了65%。

同时,该系统的实施对销售工作形成了强有力的支持和促进。2004年以来,卷烟销售出货量大增,日分拣量在8000件左右,最大日分拣量达到10000件,这些都创出了日分拣量的新高，而 2004 年的年差错率仅在十万分之一以下。

"卷烟商业供应链配送系统"鉴定委员会一致认为：该项目进行了有效管理模式的创新，开发的系统信息化程度高、功能全面、技术实用先进、运行稳定可靠、应用创新点多，提高了卷烟物流的配送效率，降低了运营成本，具有良好的经济效益和社会效益，达到了国内领先水平，建议在烟草行业推广。

思考题：

1. 对于深圳卷烟供应链配送信息系统的评价，主要是从哪些方面进行的？

2. 系统评价的内容，哪些属于系统性能，哪些属于与直接经济效益相关和与间接经济效益相关？

3. 简述对一个成功的物流信息系统进行技术上和经济上的评价。

第九章 物流信息系统的安全和控制

 学习目标

知识目标：

(1) 了解信息系统安全的内涵与划分；

(2) 了解信息系统安全防护的基本内容；

(3) 了解计算机犯罪的涵义及防范措施；

(4) 了解计算机病毒的涵义及预防措施。

技术目标：

(1) 识别信息系统安全的影响因素，提高安全防范意识；

(2) 识别信息系统安全的组成，有效控制信息系统风险；

(3) 理解计算机犯罪的特点与手段，运用有效措施减少犯罪；

(4) 理解计算机病毒的涵义与特征，运用有效手段预防。

职业能力目标：

(1) 培养信息系统安全防范能力，有效控制信息系统风险；

(2) 培养良好的职业道德，以及识别计算机犯罪的能力，并能采取有效措施减少犯罪。

◆ 物流聚焦

非法盗取用药信息牟取私利

2013 年，沪上一家知名三甲医院发现，有人不断非法侵入该院计算机系统，并大量下载数据库中的数据，造成系统运行缓慢。反常的现象引起了技术人员的警觉，并开始暗中追查幕后黑手。同年 7 月 2 日清晨 7 点多，工作人员通过技术手段，在该院一处停车点发现一名男子正坐在轿车内使用笔记本电脑，电脑屏幕显示其正在下载数据。

该男子是医院设备科员工乐某，在其电脑上存有包括门诊员工的账号和密码、住院部员工的账号和密码、所有药品的品名和每月用量等大量信息。鉴于事态严重，院方遂向公安机关报案。到案后，乐某供述，其与该院药剂师王某合谋非法获取内部数据，整理出其中的处方信息后，由王某出售给有需要的医药代表以牟利。

原来，2011 年王某在工作中结识了药企的医药代表，得知对方欲高价购买医院用药量的统计数据，但自己又无法掌握这些用药数据。王某遂找到曾短期借调医院信息中心工作的乐某，约定由乐某想办法侵入医院计算机系统盗取数据，自己负责出售。

此后，乐某在每月初都会携带笔记本电脑，使用其在信息中心工作时掌握的数据库用户名和密码，登录医院计算机信息系统，通过擅自编制提取数据的专用软件，非法侵入医院数据库下载信息后存储在电脑中。下载完成后，乐某根据王某提供的药品清单进行整理，制成 PDF 格式的数据文件转交给王某。王某以每种药品 200～300 元不等的价格出售给医药代表，获利后再与乐某共同分赃。

经查，2013 年 3 月至 6 月期间，王某先后将从乐某处获取的洛赛克针剂等 46 种药品用药量的统计信息，以电子邮件的方式发送给医药代表陶某某（另行处理），由陶某某以每条 250 元人民币的价格，通过现金支付、银行转账等方式给付钱款共计 1.15 万元，嗣后两人按照约定比例将上述钱款分赃。

法院审理后认为，乐某、王某结伙非法侵入医院的计算机信息系统并获取数据，情节严重，其行为均已构成非法获取计算机信息系统数据罪，应依法予以刑事处罚。本案是共同犯罪，两名被告人在犯罪中的地位和作用相当，不应区分主从犯。鉴于两人到案后如实供述自己的罪行，当庭认罪，并退赔了全部违法所得，法庭遂酌情从轻做出了处罚。

本案中，乐某利用私自保留的计算机数据库配置资料、登录名和密码等信息，在未经医院允许的情况下，非法侵入医院信息系统，并用自己编制的软件大量下载医院数据，符合"侵入系统"和"获取信息"。同时，王某是共犯，其应当对乐某实施的犯罪行为承担共同责任；该区法院对一起非法入侵医院计算机系统，并大量下载医生用药信息的案件作出判决，两名"内鬼"因犯非法获取计算机信息系统数据罪被判有期徒刑 1 年，并处罚金 5000 元。

【思考】

1. 此案例暴露了医院管理信息系统中存在哪些安全隐患？你认为可以采取哪些措施来避免类似问题的出现？

2. 为了保证信息系统的安全，请联系本案例，谈一谈聘用的相关职员应具备哪些素质？

第一节　物流信息系统面临的威胁

信息是构成我们赖以生存的客观世界的三大资源和要素之一，与物质、能源相比，信息对人类文明的发展起着更大的推动作用。人类进入知识经济时代后，网络经济和信息经济成为社会发展的主流，社会、经济和军事的发展都强烈地依赖于信息和网络。利用和依赖信息与网络的程度越高，就越需要重视安全保护。同时，我国信息化是在经济、科技全球化的大环境下进行的，经济的全球化进程对我国主权、经济安全、社会稳定和人民利益带来的风险和挑战都要求我们重视和发展信息安全技术的研究。

一、信息系统所面临的威胁与攻击

随着企业信息系统的普及和应用，信息系统安全问题已经引起世界各国理论界和实务界的广泛关注，每年由于信息系统使用和维护不当导致的损失是十分巨大的。根据一项对美国 132 家公司进行的调查发现，1998 年这些被调查公司由于对信息系统风险防范和监管不力，例如计算机舞弊、病毒感染、意外和恶意破坏以及系统的技术故障等原因造成的损失，保守估计大约是 75 亿美元。信息系统安全直接关系企业经营活动的正常运行，影响到企业经营目标的最终实现。每一个建立信息系统的企业，必须要十分重视信息系统的安全问题。

随着信息技术的不断发展，信息系统面临的威胁也越来越大、越来越复杂，下面介绍一些典型的数据资料和案例。

1988年冬天，正在康乃尔大学读书的莫里斯把一个称为"蠕虫"的电脑病毒送进了美国最大的电脑网络——因特网。1988年11月2日，因特网的管理人员首次发现网络有不明入侵者。当晚，从美国东海岸到西海岸，因特网用户陷入一片恐慌。

1989年，全世界的计算机病毒攻击十分猖獗，我国也未幸免。其中，"米开朗基罗"病毒给许多计算机用户造成了极大的损失。

1991年，在"海湾战争"中，美军第一次将计算机病毒用于实战，在空袭巴格达的战斗中，成功地破坏了对方的指挥系统，使之瘫痪，保证了战斗的顺利进行，直至最后获胜。

1996年，首次出现针对微软公司Office的"宏病毒"。宏病毒的出现使病毒编制工作不再局限于晦涩难懂的汇编语言，导致越来越多的病毒出现了。

1997年被公认为计算机反病毒界的"宏病毒"年。宏病毒主要感染Word、Excel等文件。例如Word宏病毒，早期是用一种专门的Basic语言即Word Basic所编写的程序，后来使用Visual Basic。与其他计算机病毒一样，它能对用户系统中的可执行文件和数据文本类文件造成破坏。常见的宏病毒有Tw no.1（台湾一号）、Setmd、Consept和Mdma等。

1998年，出现针对Windows 95/98系统的病毒，例如CIH病毒（1999年被公认为计算机反病毒界的CIH病毒年）。CIH病毒是继DOS病毒、Windows病毒和宏病毒后的第四类新型病毒。这种病毒与DOS下的传统病毒有很大不同，它使用面向Windows的VXD技术编制，是第一个直接攻击、破坏硬件的计算机病毒，也是破坏力最强的病毒之一。它主要感染可执行程序，破坏计算机Flash BIOS芯片中的系统程序，导致主板损坏，同时破坏硬盘中的数据。1999年4月26日，CIH病毒在全球范围大规模爆发，造成近6000万台电脑瘫痪。中国也未能在这次灾难中幸免，直接经济损失达8000万元，间接经济损失超过10亿元。该病毒给整个世界带来的经济损失在数十亿美元以上。

2001年7月中旬，一种名为"红色代码"的病毒在美国大面积蔓延，这个专门攻击服务器的病毒攻击了白宫网站，造成了全世界的恐慌。8月初，其变种"红色代码Ⅱ"针对中文系统作了修改，增强了对中文网站的攻击能力，开始在中国蔓延。该病毒造成了全球100万个以上的系统被攻陷，导致瘫痪。

2003年，"2003蠕虫王"病毒在亚洲、美洲和澳大利亚等地迅速传播，造成了全球性的网络灾害。其中，受害最严重的无疑是美国和韩国这两个因特网发达国家，韩国70％的网络服务器处于瘫痪状态，网络连接的成功率低于10％，整个网络速度极慢。

2004年是"蠕虫"泛滥的一年。根据中国计算机病毒应急中心的调查显示，2004年10大流行病毒都是蠕虫病毒，它们包括网络天空（Worm. Netsky）、高波（Worm. Agobot）、爱情后门（Worm. Lovgate）、震荡波（Worm. Sasser）、SCO炸弹（Worm. Novarg）和冲击波（Worm. Blaster）等。蠕虫病毒成为当前最具威胁的病毒。据风险管理公司mi2g日前公布的调查结果显示，在2004年，病毒、蠕虫和特洛伊木马等恶意程序给全球造成了共计1690亿美元的经济损失，该数字相当于2003年的两倍之多。

2005年是木马流行的一年。在经历了操作系统漏洞升级、杀毒软件技术改进后，对蠕虫的防范效果已经大大提高，真正有破坏作用的蠕虫已经得到有效控制。然而，病毒编制者又开辟了新的高地——计算机木马，例如BO2K、冰河和灰鸽子等。

2007年，计算机病毒/木马仍处于一种高速"出新"的状态，《2007年中国电脑病毒疫情及互联网安全报告》的结果表明，我国受到电脑病毒侵袭的情况不容乐观，造成的破坏相当严重。2007年，金山毒霸共截获新病毒/木马283 084个，较2006年相比增长了17.88%，病毒/木马增长速度与2006年相比有所放缓，但仍处于大幅增长状态，总数量还是非常庞大的。

2008年，中国新增计算机病毒、木马数量呈爆炸式增长，总数量已突破千万。病毒制造的模块化、专业化以及病毒"运营"模式的互联网化成为2008年中国计算机病毒发展的三大显著特征。同时，病毒制造者的"逐利性"依旧没有改变，网页挂马、漏洞攻击成为黑客获利的主要渠道。2009年，计算机病毒和木马处于一个"低调增长期"，虽然一些类似"熊猫烧香"的重大恶性病毒越来越少见，但一些小范围、针对性强的新病毒、木马的数量依然在飞速增长。

2010年病毒样本总量下降了13%，约1798万个，这也是多年以来病毒样本总量首次出现下滑迹象。其中的原因在于，2010年安全软件成功控制了网页挂马，致使病毒木马的传播锐减。当年，中国互联网新增了两大类木马：绑架型木马、网购木马。图9-1所示为近几年来的新增病毒/木马数量对比图。

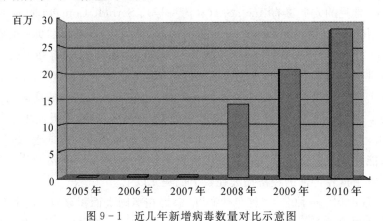

图9-1　近几年新增病毒数量对比示意图

2011年，在政府相关部门、互联网服务机构、网络安全企业和网民的共同努力下，中国互联网网络安全状况继续保持平稳状态，未发生造成大范围影响的重大网络安全事件，基础信息网络防护水平明显提升，但以用户信息泄露为代表的与网民利益密切相关的事件引起了公众对网络安全的广泛关注。

2012年，网站被植入后门等隐蔽性攻击事件呈增长态势，网站用户信息成为黑客窃取的重点。据监测，我国境内被暗中植入后门的网站有52324个，其中政府网站有3016个，较2011年月均分别大幅增长213.7%和93.1%；2013年全年收集可疑文件样本1.2亿个，比2012年的收集量4290万个增长181%，金山毒霸安全中心一共鉴定出病毒4126万个，病毒文件占总可疑文件收集量的34%。

由此可见，信息系统的安全受到了来自内部和外部的严重威胁，甚至造成了巨大的损失，建立信息系统的安全控制机制，以风险为导向进行信息系统风险的防范和监管，已经到了刻不容缓的地步。

二、造成信息系统威胁的原因

信息系统的不安全性和信息网络的不安全性主要是以下几方面因素造成的：

（1）黑客攻击。

目前，世界上有大约几十万个黑客网站，攻击的方法和手段有几千种。黑客可分为政治性黑客、技术性黑客和牟利性黑客 3 种。无论是哪一种黑客，其对信息系统的破坏都是不可忽视的。

（2）管理的欠缺。

管理上的欠缺极易造成黑客的攻击。管理的欠缺主要还在于缺乏安全管理的观念，没有从管理制度、人员和技术上建立相应的安全防范机制。

（3）软硬件的"漏洞"和后门。

1999 年，保加利亚软件测试专家发现微软浏览器产品 IE 存在安全漏洞，它可以使网络管理人员轻而易举地入侵访问者的计算机文件，微软也承认了这一缺陷。另外，发达国家对信息安全高级产品的封锁也使软硬件产品的漏洞变得更为明显。

（4）信息战。

未来的竞争是信息的竞争，未来的战争是信息的战争。信息战随时可能爆发，从双方有意识、有组织地开展对对方信息系统的攻击，进而发展到有限规模的信息战争甚至大规模的信息战争。

第二节　物流信息系统的安全性

一、信息系统安全的定义

信息系统安全是指组成信息系统的硬件、软件和数据资源的安全。信息系统安全保护的基本内容是：保障计算机及其相关配套设备、设施（含网络）的安全，保障运行环境的安全，保障信息的安全，保障计算机功能的正常发挥，以维护信息系统的安全运行。同时，避免计算机信息系统受到自然和人为因素的破坏、更改或泄漏系统中的信息资源，从而保证信息系统能够连续正常运行。

从信息系统安全保护的内容中可以看到，信息系统安全实际包含两部分内容，一是指信息系统自身的安全，二是指对信息系统的安全保护。信息系统自身的安全包括信息的真实性（Authenticity）、完整性（Integrity）、保密性（Confidentiality）、可用性（Availability）和不可否认性（Non-repudiation）五个方面。

（1）真实性。这一属性要求对信息输入、输出和处理的全过程都进行必要的识别和验证，确保信息的真实可靠。真实性是其他属性的前提条件，如果信息失去了真实性，反映的是不真实不可靠的情况，那么其他的属性将变得没有任何意义，信息系统的安全也无从谈起。

（2）完整性。这一属性要求信息没有在未经授权的情况下被修改，从而确保信息在传输过程中保持一致。

（3）保密性。这一属性要求信息没有在未经授权的情况下被泄露，只有经过认证的人员才可以获取保密信息。

（4）可用性。这一属性要求合法用户可以及时、正确地取得所需的信息。

（5）不可否认性。这一属性要求信息的传输、处理和存储过程有据可查，不能否认过去真实发生的对信息的访问和操作。

信息安全是信息系统安全的核心问题。计算机单机安全和网络安全的实现都是为了确保信息在传输、处理和存储全过程的安全可靠；计算机单机安全和网络安全是确保信息安全的重要条件和保证。信息安全贯穿于计算机单机安全和网络安全的所有环节。计算机单机安全、网络安全和信息安全三者之间是紧密联系、不能割裂的，只有计算机单机安全、网络安全和信息安全都得到切实的保障，才能保证信息系统功能的发挥和目标的实现，真正起到为管理决策提供信息和支持的作用。

二、信息系统安全的组成

《中华人民共和国计算机信息系统安全保护条例》总则的第三条指出："计算机信息系统的安全保护，应当保障计算机及其相关配套设备、设施（含网络）的安全，保障运行环境的安全，保障信息的安全，保障计算机功能的正常发挥，以维护计算机信息系统的安全运行。"可见，信息系统安全是一个复杂的系统工程，它的实现不仅是纯粹的技术方面的问题，而且还需要法律、管理和社会因素的配合。因此，可以把信息系统安全归结为：法律制度与道德规范、物理实体安全环境、软件系统安全措施三个方面。

（一）法律制度与道德规范

随着计算机犯罪越来越猖獗，它已对国家安全、社会稳定、经济建设以及个人合法权益构成了严重威胁。面对这一严峻势态，为有效地防止计算机犯罪，在一定程度上确保计算机信息系统安全高效运作，不仅要从技术角度采取一些安全措施，还要在管理上采取一些安全手段。因此，制定和完善信息安全法律法规，制定及宣传信息安全伦理道德规范，提高计算机信息系统用户及广大社会公民的职业道德素养，以及建立健全信息系统安全制度和体系等就显得非常重要了。

1. 制定和完善信息安全法律法规

计算机信息系统安全立法为信息系统安全保护提供了法律的依据和保障，有利于促进计算机产业、信息服务业和科学技术的发展。信息系统安全法律规范通常建立在信息安全技术标准和社会实际基础之上，其目标在于明确责任，制裁计算机违法犯罪分子，保护国家、单位及个人的正当合法权益。

早在1981年，我国政府就对计算机信息系统安全给予了极大关注；1983年7月，公安部成立了计算机管理监察局，主管全国的计算机安全工作。为提高和加强全社会的计算机安全意识观念，积极推动和指导各有关方面的计算机安全治理工作，公安部于1987年10月推出了《电子计算机系统安全规范》。迄今为止，我国已颁布的与计算机信息系统安全问题有关的法律法规主要还有：1986年颁布的《治安管理处罚条例》和《标准化法》；1988年颁布的《保守国家秘密法》；1991年颁布的《计算机软件保护条例》；1992年颁布的《计算机软件著作权登记办法》；1994年颁布的《计算机信息系统安全保护条例》，这是我国第一个计算机安全法规，也是我国计算机安全工作的总纲；1997年颁布的《计算机信息网络国际联网管理暂行规定》和《计算机信息网络国际联网安全保护管理办法》；1999 年制定并发布的《计算机信息系统安全保护等级划分准则》；2004 年 9 月，公安部会同国家保密局、国家密码管理局和国务院信息办联合出台了《关于信息安全等级保护工作的实施意见》；2007 年 6 月，公安部发布了《信息安全等级保护管理办法》。

2013 年，"棱镜门"事件引起了多国政府对网络信息安全的担忧，促使各国政府加强对网络安全的建设。

◆ 补充阅读

棱镜计划（PRISM）是一项由美国国家安全局（NSA）自 2007 年小布什时期起开始实施的绝密电子监听计划，该计划的正式名号为"US-984XN"。美国情报机构一直在九家美国互联网公司中进行数据挖掘工作，从音频、视频、图片、邮件、文档以及连接信息中分析个人的联系方式与行动。监控的类型有 10 类：信息电邮、即时消息、视频、照片、存储数据、语音聊天、文件传输、视频会议、登录时间、社交网络资料的细节。美国网络监视项目泄密者斯诺登在香港接受媒体采访时称，自 2009 年以来，美国已针对中国网络发动了大规模的入侵活动。攻击目标达到数百个之多，

斯诺登

其中还包括学校。斯诺登说，美国国家安全局搭建了一套基础系统，能截获几乎任何通信数据。他表示不希望生活在这样一个社会中，也不希望生活在一个一言一行都被记录的世界里。

2014 年 2 月，我国成立了"中央网络安全和信息化小组"，领导小组第一次会议在北京召开，会议审议通过了《中央网络安全和信息化领导小组工作规则》、《中央网络安全和信息化领导小组办公室工作细则》、《中央网络安全和信息化领导小组 2014 年重点工作》等文件。该小组的成立为强化我国网络信息安全，推进我国信息安全法制化建设起到积极作用。

2. 建立和完善企业内部管理制度

安全管理制度的建立与实施，是实现信息系统安全的重要保证，它包括管理制度的制定、管理人员的安全教育培训、管理制度的落实以及管理人员职责的检查等内容。

在信息系统安全保护工作中，人是最重要的因素，任何管理制度和安全措施都要通过人去落实。这方面的主要措施有：建立健全的安全管理规章制度，人员调离的安全管理制度，设备和数据管理制度，人员的安全管理制度以及软件开发人员、系统管理人员与业务操作人员必须严格分开等管理制度。只有建立健全企业内部管理制度，信息系统才可能顺利运行，信息系统的安全才能得到保障。

3. 制定及宣传信息安全伦理道德规范

计算机道德是用来约束计算机从业人员的言行并指导其思想的一整套道德规范，涉及思想认识、服务态度、业务钻研、安全意识、待遇得失及公共道德等方面。长期以来，由于计算机文化和技术发展的不平衡性，人们的思想观念未能跟上计算机发展的需要。因此，研究计算机道德的任务一方面要通过宣传手段更新人们的思想观念，使其逐步认识到对计

算机信息系统的破坏活动也是一种不道德、不符合现代社会伦理要求的行为；另一方面要通过建立健全切实可行的法律法规及行为规范准则，使人们认识到计算机犯罪的非法性。

实践证明，计算机道德建设应该从小处抓起、从早抓起，各级教育部门应该将计算机道德教育列入德育教育的范畴，使其成为大众的普及课，成为计算机课程体系中的必修课。随着社会信息化程度的日益提高，计算机道德建设必将引起各国有关部门的高度重视。

（二）信息系统中的物理实体安全环境

信息系统中的实体安全是对场地环境、设备、设施和载体以及人员采取的安全对策和措施。通常保证信息系统实体安全的主要措施有以下几种：

1. 运行环境的安全

运行环境的安全是指对计算机系统所在的环境有一定的要求，重要计算机机房应远离易燃、易爆和有害气体等各种危险物品；机房要有防火、防水、防静电以及防电磁干扰等措施；还需要对机房的湿度和温度进行限制，保证设备能够持续运行；机房应有监控系统，以便对系统的运行、操作环境实施监控。

2. 运行设备的安全

由于计算机设备是由电子元器件组成的，各个部件有着不同的使用寿命，因而要防止因元器件老化引起的偶然事故；机房和电源、通信设备应有防雷措施，重要系统要配备不间断电源（UPS）等。同时，机房应有防盗措施以防止硬件设备的失窃和人为破坏造成的信息系统运行基础崩溃以及软件和数据的泄露。

3. 运行媒体的安全

（1）媒体安全。信息系统具有大量存储信息的媒体，如磁介质、半导体介质和光盘介质等。媒体安全就是对媒体数据和媒体本身采取安全保护，如媒体的防盗、防毁以及防拷贝等。

（2）做好记录的分类管理，提高媒体的存储效率。为了对那些必须保护的记录提供足够的数据保护，而对那些不重要的记录不提供多余的保护，应该对所有记录进行评价并作分类。信息系统的记录按其重要性和机密程度，可分为以下4类：

第一类关键性记录，这些记录对设备的功能来说是最重要的、不可替换的，是火灾或其他灾害后立即需要的，但又不能再复制的记录，如关键性程序、设备分配图表、加密法和密钥等记录；

第二类重要记录，这类记录对设备的功能来说很重要，可以在不影响系统最主要功能的情况下进行复制，但复制比较困难而且费用昂贵，如某些程序、存储及输入和输出数据等均属于此类；

第三类有用记录，这类记录的丢失可能引起极大的不便，但可以很快恢复，已留下拷贝的程序就属于这类；

第四类不重要记录，这类记录在系统调试和维护中极少应用。

对各类记录应加以明显的分类标志，可以在封装上以鲜艳的色彩或不同编码表示，也可以做磁记录标识。

从对记录的重要性分类可以看到，有些记录是很重要的，如第一、第二类记录，一旦这些记录丢失或被毁而又没有复制备份，就可能会造成无法补救的巨大损失。因此，在实际应用中，所有的第一、第二类记录都应进行复制，而且至少应复制两套，还要把复制品按规定异地存放；对于第三、第四类记录，可根据情况进行备份。原则上来讲，所有的程序和数据只要有一定的用途，都应留有备份，一旦原始数据受损，就可以尽快恢复。因为目前存储备份数据所使用的磁介质都具有容量大、价格低、使用和存放方便的特点，所以备份数据所付出的代价将远远低于数据丢失所造成的损失。

(3) 规范媒体的日常管理，提高信息存储的质量。在记录的媒体的存储过程中，应满足一定的要求。

① 对磁介质和磁介质库的维护和访问应当限于媒体库管理人员和调度人员，可以允许由信息系统管理人员指定的人员对媒体磁介质进行临时访问。

② 所有的媒体磁介质都应该建立详细的目录清单，包括文件所有者、文件名称、卷标、项目编号、建立日期和保留期限等信息。

③ 新磁带、新磁盘在媒体库中应定期检查，并进行登记，损坏的媒体磁介质在销毁前要进行数据清除，而且此项工作要有专人负责，以防止计算机信息的废载体信息泄露。

④ 所有媒体磁介质在不使用时都应存放在库内。

⑤ 磁介质库中的媒体磁介质出入必须有专人管理登记。

⑥ 磁介质库的温度应该控制在 15℃～25℃之间，相对湿度应该在 45%～64%之间。

⑦ 当磁介质长期不使用时，应每隔 6 个月做定期检查。

(三) 信息系统中的软件系统安全措施

软件安全主要是针对所有计算机程序和文档资料，保证它们免遭破坏、非法拷贝和非法使用而采取的技术和方法。影响计算机软件安全的因素很多，要确保计算机软件系统的安全，除了制定法律、法规以及加强管理等外，更重要的是要采取技术性的措施来保护信息系统的安全。软件安全主要包括以下内容：

1. 操作系统的安全

操作系统不安全是计算机系统不安全的根本因素。目前大部分操作系统支持多用户、多任务设计和资源共享，能够对计算机的软件资源和硬件资源实行统一的管理和控制。操作系统本身存在的结构体制上的缺陷、操作系统的无口令进入、操作系统的 Debug 和 Wizard 功能以及操作系统提供的网络文件系统(Network File System，NFS)服务等都会导致计算机信息系统存在安全隐患。

例如：操作系统是计算机工作的平台，一般的操作系统在一定程度上都具有访问控制、安全内核和系统设计等安全功能，但是微软视窗系统的"NSA 密钥"则在很大程度上危害着用户的信息安全。NSA 密钥是指 1998 年有人发现视窗系统中存在用途等详情不清的第二把密钥。1999 年 8 月，加拿大 Cryotonym 公司首席科学家 Andrew Fernandes 宣布，他发现这第二把密钥叫做 NSAKey，而 NSA 就是美国国家安全局的简称。也就是说，微软在每一份视窗系统中都安装了一个"后门"，专供 NSA 在需要时侵入全世界用户的计算机。

可见，在研究信息系统的安全问题时，首先应考虑操作系统本身存在的安全问题，用户应根据操作系统的特点，采取有效的安全策略，避免使自己成为系统漏洞的受害者。下面仅列出提高操作系统安全性的一些常用保护措施：

(1) 经常给系统打补丁。经常给系统打补丁是保护计算机数据的好习惯，很多病毒都是通过对操作系统的漏洞进行攻击,破坏计算机的正常使用,给用户造成不可估量的损失,而补丁可以修复瑕疵以及安全漏洞。在已经习惯给防病毒软件升级的今天,打补丁同样重要。

(2)慎用系统管理员账号。有些操作系统安装后都会默认创建一个系统管理员账户,它拥有计算机的最高管理权限。对于黑客来说,系统管理员账户一直是攻击的主要目标。例如在 Windows 系统中存在的一个很明显的问题就是,管理员账户可以不设置密码,并且管理员账户的名字总是 administrator,很多用户都没有或者根本不知道去为其设置密码,入侵者就可以利用这一点,使用超级用户登录对方计算机。

(3)禁用不必要的服务。为了方便用户,不少操作系统默认启动了许多不一定要用到的服务,同时也打开了入侵系统的后门。用户应根据自己系统的需要,把那无需使用和有危险性的服务都关闭。

(4)恰当设置目录和文件权限。NTFS 系统格式磁盘中的文件和文件夹都可以设置用户访问权限。文件目录的访问权限分为读取、写入、读取及执行、修改、列目录以及完全控制。为了控制服务器上用户的权限,预防可能的入侵以及溢出,设置目录和文件的访问权限时必须遵循最小化原则。

(5)正确配置端口。端口是计算机和外部网络相连的逻辑接口,也是计算机的第一道屏障,端口配置正确与否将直接影响主机的安全。对于个人用户来说,可以限制所有的端口,因为根本不必让机器对外提供任何服务;而对于对外提供网络服务的服务器,我们需要把必须利用的端口(比如:WWW 端口 80、FTP 端口 21 以及邮件服务端口 25、110 等)开放,其他的端口则全部关闭。

2. 数据库系统的安全

数据库系统通常由数据库和数据库管理系统两部分组成。数据库系统是诸多信息系统的重要组成部分,对数据库系统的任何破坏、修改或者数据库不能及时地提供服务都会给使用者带来严重的损失。因此,保护数据库系统的安全至关重要。数据库系统的安全主要是保证数据的独立性、完整性、保密性和可用性,防止数据被非法访问,甚至被篡改或破坏。为了保证数据库系统的安全,通常使用以下安全技术。

(1)数据库的访问控制。数据库系统可以允许数据库管理员和有特定访问权限的用户有选择地、动态地把访问权授予其他用户,如果需要,还可以收回这种权利。访问权利存在于一张访问控制表中,当一个新的用户需要访问数据库资源时,首先由数据库管理人员或数据库拥有者对该用户进行注册,给该用户分配一个口令,并授予其访问相应系统资源的权利;然后由该用户输入注册口令,若口令正确,就可以使用该数据库资源。未经授权,任何用户都不能使用该数据库资源。

(2)审计跟踪。前面讲的数据库的访问控制是安全性标准的一个重要方面,但不是全部。为了使数据库管理系统(Data Base Management System,DBMS)达到一定的安全级别,还需要在其他方面提供相应的支持。例如,按照 TDI/TCSEC 标准中安全策略的要求,"审计"功能就是 DBMS 达到 C2 以上安全级别必不可少的一项指标。因为任何系统的安全保护措施都不是完美无缺的,蓄意盗窃、破坏数据的人总是想方设法突破控制。审计功能把用户对数据库的所有操作自动记录下来,并放入审计日志中。数据库管理员(Data Base

Administrator，DBA）可以利用审计跟踪的信息，重现导致数据库现有状况的一系列事件，找出非法存取数据的人、时间和内容等。

审计通常是很费时间和空间的，所以 DBMS 往往都将其作为可选特征，允许 DBA 根据应用对安全性的要求，灵活地打开或关闭审计功能。审计功能一般主要用于安全性要求较高的部门。

（3）数据库加密。数据库的加密方式很多，可以是软件加密，也可以是硬件加密。软件加密可以采用库外加密，也可以采用库内加密。库外加密方式采用文件加密的方法，它把数据作为一个文件，把每一个数据块作为一个记录进行加密。文件系统与数据库管理系统交换的内容是块号。库内加密按加密的程度可以进行记录加密，也可以进行字段加密，还可以对数据元素进行加密。对数据元素加密时，每个元素作为一个文件进行加密。硬件加密是在物理存储器与数据库文件之间加以硬件装置，使之与实际的数据库脱离，加密时只对磁盘上的数据加密。

（4）数据库的恢复。尽管我们非常重视数据库的安全，但是某些情况下对数据库的一些破坏还是不可避免的。所以，我们可以采用数据库恢复技术来进行补救。数据库恢复技术包括利用操作系统提供的功能，将被错误删除或修改的数据恢复；定期将整个数据库在软盘或光盘上备份；利用数据库之间的关系，用未遭到破坏的数据库恢复已遭到破坏的数据库。

3. 通信网络的安全

计算机通信网络安全是指根据网络特性通过相应的安全技术和措施，防止计算机通信网络中的数据遭到破坏，防止非特权用户窃取数据。为了防止计算机通信网络遭到自然或人为破坏，确保网络正常运行，需采取各种安全技术措施，具体如下：

（1）信息加密技术。加密是实现信息存储和传输保密性的一种重要手段。信息加密的方法有对称密钥加密和非对称密钥加密，两种方法各有所长，可以结合使用，互补长短。对称密钥加密的优点是加密解密速度快、算法易实现、安全性好；其缺点是密钥长度短、密码空间小、"穷举"方式进攻的代价小。非对称密钥加密的优点是容易实现密钥管理，便于数字签名；其缺点是算法较复杂，加密解密花费时间长。加密技术中的另一个重要问题是密钥管理，主要考虑密钥设置协议、密钥分配、密钥保护、密钥产生及进入等方面的问题。

（2）认证是防止主动攻击的重要技术，它对开放环境中的各种信息系统的安全有重要作用。认证的主要目的有两个：验证信息发送者的真实性；验证信息的完整性，保证信息在传送过程中未被篡改、重放或延迟等。目前有关认证的主要技术有：消息认证、身份认证和数字签名。消息认证和身份认证解决了通信双方利害一致条件下防止第三者伪装和破坏的问题；数字签名能够防止他人冒名进行信息发送和接收，以及防止本人事后否认已进行过的发送和接收活动，可以很好地解决信息传输过程中的完整性、身份认证以及不可否认性等问题。数字签名一般采用非对称加密技术，发送者通过对整个明文进行某种变换，得到一个值作为核实签名；接收者使用发送者的公开密钥对签名进行解密运算与明文进行比较以验证身份（如图 9 - 2 所示）。数字签名的安全性很高，普遍用于银行和电子贸易等领域。

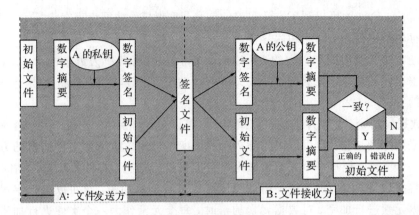

图 9-2 数字签名及验证过程

（3）访问控制技术。访问控制机制可以限制对关键资源的访问，防止非法用户进入系统及合法用户对系统资源的非法使用。访问控制的目的是防止对信息资源的非授权访问和非授权使用。它允许用户对其常用的信息库进行一定权限的访问，但限制其随意删除、修改或拷贝信息文件。

（4）防火墙技术。防火墙就是在 Intranet 和 Internet 之间设置的一种过滤器、限制器，它通过监测、限制、更改跨越"防火墙"的数据流，尽可能地对外网络屏蔽有关被保护网络的信息、结构，实现对网络的安全保护。防火墙的设置是保护网络和外界之间的一道屏障。防火墙技术一般分为三大类，即包过滤型、入侵检测型和应用程序代理型，也可以按照存在的状态分为硬件防火墙和软件防火墙。虽然防火墙技术还在不断地发展，还无法 100% 地防范网络攻击，但是有效的防火墙可以有效地避免和防止大部分的外网攻击。据统计，一个优秀的防火墙产品可以有效地防范 95% 以上的网络攻击，并可以为新的攻击行为提供预警机制。

4. 其他安全因素

影响网络环境下的信息安全还有一个很重要的因素，即信息安全产业的发展问题。众所周知，保证网络环境下的信息安全涉及很多信息安全产品和服务，如防火墙、安全操作系统、相应的信息安全软件等。如果一个国家的信息安全产品都是依靠国外进口，那么就很难保证该国一些涉及国家经济安全的信息的安全应用。如果出口国完全掌握着信息安全产品的核心技术，就很容易侵入进口国的网络系统，得到进口国的机密信息。例如，我国现在还没有自己的 CPU 和操作系统，目前大面积使用国外的 CPU 和操作系统，类似微软公司视窗系统的"NSA 密钥"就可能负面影响我国的信息安全。

◈ **补充阅读**

备份证明了她的清白

一个犯罪集团的成员被自动机枪射中并且受了重伤，这个罪犯认识到自己的团伙不需要自己了，所以决定弃暗投明，作为证人出庭。警方专门把他保护在一个重点看护病房里，并设了严密的保护措施，仅允许医院的医疗人员和少数几个探视者接触病人。此人受伤严重，存在严重的感染危险。由于他对青霉素过敏，医生使用了其他药物作为替代品。

一天晚上，一个护士推着药品车通过了警方的警戒线，进入这个人的病房。护士给病人注射了青霉素，不久之后，病人死了。警方迅速展开调查，这个护士被认为有巨大嫌疑；护士坚持称自己在电脑上查看病人的病历时，处方要求注射青霉素。随后警方调查了计算机记录，并没有发现这样的处方。一个计算机犯罪专家偶尔想到，应该深入研究电脑记录。于是，他找到了备份资料(每天晚上对资料进行备份是很多地方通行的做法)，发现上面有证据证明这个护士是无辜的。这个病人的病历曾经被修改，要求注射青霉素，然后又被改回原来的样子。经过更深入的调查，警方发现这家医院的记录确实被医院外的人修改过。一个黑客在网上溜进了医院的电脑系统，修改了病历，然后又溜走了，如此两次，没有人发现。

【思考】

联系本案例，谈一谈数据库系统安全与通信网络安全的内容以及有哪些防范措施？医院的电脑系统存在哪些问题？如果没有备份资料，能证明护士的清白吗？

三、影响信息安全的因素

物流信息系统安全牵涉的因素较多，有自然及不可抗拒因素、硬件及物理因素、软件因素、人为及管理因素、电磁波因素、其他因素，见表9-1。物流信息系统安全是一个系统性的概念，它包括了信息系统的物理实体安全，也包括软件数据以及技术的和非技术的人为因素引起的安全隐患。因此，信息系统运行安全管理不纯粹是一项技术性问题，同时还是一项需要法律、制度、人的素质等因素配合的复杂的系统工程。

表9-1　影响信息系统安全的主要因素

影响因素	具体表现
自然及不可抗拒因素	地震、火灾、水灾、风暴以及社会暴力或战争等，这些因素将直接危害信息系统实体的安全
硬件及物理因素	系统硬件及环境的安全可靠，包括机房设施、计算机主体、存储系统、辅助设备、数据通信设施以及信息存储介质的安全性
软件因素	软件的非法删改、复制与窃取将使系统的软件受到损失，并可能造成泄密；计算机网络病毒也是以软件为手段侵入系统进行破坏的
数据因素	数据信息在存储和传递过程中的安全性，这是计算机犯罪的主攻核心，是必须加以安全和保密的重点
人为及管理因素	涉及工作人员的素质、责任心，以及严密的行政管理制度和法律、法规，以防范人为的主动因素直接对系统安全所造成的威胁
电磁波因素	计算机系统及其控制的信息和数据传输通道在工作过程中都会产生电磁波辐射，在一定地理范围内用无线电接收机很容易检测并接收到，这就有可能造成信息通过电磁波辐射而泄漏；另外，空间电磁波也可能对系统产生电磁波干扰，影响系统正常运行
其他因素	系统安全一旦出现问题，能将损失降到最小，把产生的影响限制在许可的范围内，保证迅速有效地恢复系统运行的一切因素

四、信息系统安全的等级划分

信息系统的安全问题关系重大，通过等级划分对其安全程度进行分析和评价是十分必要的，也是十分有益的。各国划分信息系统安全等级的标准既有差异又有相同之处。下面对我国和美国的划分标准进行简要的介绍。

（一）我国的信息系统安全等级划分标准

根据我国国家质量技术监督局于 1999 年颁布的《计算机信息系统安全保护等级划分准则》(GB17859—1999)，将信息系统安全保护能力划分为用户自主保护级、系统审计保护级、安全标记保护级、结构化保护级、访问验证保护级五个由低到高的等级。在详细介绍五个等级之前，有几个重要概念需要说明，如下：

（1）计算机信息系统的可信计算机(Trusted Computing Base of Computer Information System，TCB)，是指计算机系统内部保护装置的总体，包括硬件、软件和负责执行安全策略的组合体。

（2）安全策略(Security Policy)，是指有关管理、保护和发布敏感信息的法律、规定和实施细则。

（3）隐蔽信道(Covert Channel)，是指允许进程以危害系统安全策略的方式来传输信息的通信信道。

（4）访问监视器(Reference Monitor)，是指监控主体和客体之间授权访问关系的部件。

（5）主体(Subject)，是指引起信息在客体之间流动的人、进程或设备等。

（6）客体(Object)，是指信息的载体。

第一级，用户自主保护级。本级的计算机信息系统可信计算机通过隔离用户与数据，使用户具备自主安全保护的能力。它具有多种形式的控制能力，能够对用户实施访问控制，即为用户提供可行的手段，保护用户和用户组信息，避免其他用户对数据的非法读写与破坏。

第二级，系统审计保护级。与用户自主保护级相比，本级的计算机信息系统可信计算机实施了粒度更细的自主访问控制。它通过登录规程、审计安全性相关事件和隔离资源，使用户对自己的行为负责。

第三级，安全标记保护级。本级的计算机信息系统可信计算机具有系统审计保护级的所有功能；此外，还需提供有关安全策略模型、数据标记以及主体对客体强制访问控制的非形式化描述，具有准确地标记输出信息的能力，并且可以消除通过测试发现的任何错误。

第四级，结构化保护级。本级的计算机信息系统可信计算机建立于一个明确定义的形式化安全策略模型之上，它要求将第三级系统中的自主和强制访问控制扩展到所有主体和客体上；此外，还要考虑隐蔽通道。本级的计算机信息系统可信计算机必须结构化为关键保护元素和非关键保护元素，其接口也必须明确定义，使其设计与实现能经受更充分的测试和更完整的复审。本级的计算机信息系统可信计算机加强了鉴别机制，支持系统管理员和操作员的职能，提供可信设施管理，增强了配置管理控制。

第五级，访问验证保护级。本级的计算机信息系统可信计算机满足访问监控器需求。访问监控器能够仲裁主体对客体的全部访问。访问监控器本身是抗篡改的，必须足够小，能够分析和测试。本级的计算机信息系统可信计算机支持安全管理员职能、扩充审计机制，当发生与安全相关的事件时发出信号，同时还提供系统恢复机制。

《计算机信息系统安全保护等级划分准则》的颁布实施，标志着我国在信息安全领域方面进入了"等级保护"时代。随着信息安全技术的发展，公安部组织业内专家在《计算机信息系统安全保护等级划分准则》的基础上，吸收国外最新的应用成果和有益经验，针对具体的信息安全产品类别，制定了一系列等级保护标准。信息安全产品标准从信息安全产品的安全功能要求和安全保证要求两个方面，将每类信息安全产品划分为不同的等级，安全等级越高，安全功能要求越多，安全功能范围越广，安全功能粒度越细，安全保证要求也就越高。目前，已颁布的信息安全产品等级标准有：GB/T20272—2006 信息安全技术操作系统安全技术要求、GB/T20008—2005 信息安全技术操作系统安全评估准则、GB/T20273—2006 信息安全技术数据库管理系统安全技术要求、GB/T20009—2005 信息安全技术数据库管理系统安全评估准则、GB/T20011—2005 信息安全技术路由器安全评估准则、GB/T20010—2005 信息安全技术包过滤防火墙评估准则、GB/T20281—2006 信息安全技术防火墙技术要求和测试评价方法、GB/T20279—2006 网络和终端设备隔离部件安全技术要求、GB/T20277—2006 网络和终端设备隔离部件测试评价方法、GB/T20280—2006 信息安全技术网络脆弱性扫描产品测试评价方法、GB/T20278—2006 信息安全技术网络脆弱性扫描产品技术要求、GB/T20275—2006 信息安全技术入侵检测系统技术要求和测试评价方法、GA/T671—2006 信息安全技术终端计算机系统安全等级技术要求和 GA/T672—2006 信息安全技术终端计算机系统安全等级评估准则。此外，还有许多信息安全产品等级标准正在制定过程中。

（二）美国的信息系统安全等级划分标准

美国对于信息系统安全等级划分的相关标准，是美国国防部于 1985 年公布的《可信计算机系统评价标准》(TCSEC)，它将计算机信息系统划分为 D、C1、C2、B1、B2、B3 和 A1 七个由低到高的安全等级。其中，D 级是指没有安全保护或保护能力极弱的计算机信息系统；A1 级是保护性能极高、目前的技术条件难以达到的安全等级，称为验证设计级；其他五个等级分别是 C1 级——自主安全保护级，C2 级——受控存取保护级，B1 级——安全保护级，B2 级——结构化保护级，目前计算机信息系统所能达到的最高等级 B3 级——安全域级，这五个与我国的划分标准较为类似，在此不再详述。

五、信息系统的安全管理措施

物流信息系统的安全管理措施如下：

（1）系统实体安全管理措施。实体安全措施是指为保证信息系统的各种设备及环境设施的安全而采取的措施，它主要包括场地环境、设备设施、供电、空气调节与净化、电磁屏蔽、信息存储介质等的安全。

（2）系统的技术性安全措施。技术性安全措施是指在信息系统内部采用技术手段，防止对系统资源非法使用和对信息资源的非法存取操作，如在系统中对机要数据采取的加密存储和加密传输等安全保密技术措施。

（3）存取授权控制措施。为确保资源共享情况下信息的安全，即使是合法用户进入系统，其所使用的资源及使用程度也应受到一定的限制，即进行存取控制的授权。该授权，一方面可以保证用户共享系统资源，防范人为的非法越权行为；另一方面又不会因误操作而对职权外的数据产生干扰。

（4）网络防火墙技术措施。网络防火墙技术措施是保证企业计算机网络不受黑客攻击的一种控制性的网络安全措施。防火墙是隔离系统网络内外的一道屏蔽，它的特点是：在不妨碍正常信息流通的情况下，对内，保护某一确定范围的网络信息；对外，防范来自被保护网络范围以外的威胁与攻击。

信息系统的安全性主要体现在高保密性、可控制性、易审查性、抗攻击性四个方面，但信息系统的安全性问题不仅是社会问题、技术问题，同时也是经济问题。安全保护措施必然要增加系统的费用，安全性越高，系统的投资也越大。在一些特级保密的信息系统中，安全措施费用甚至可能超过系统正常投资的数额。因此，要权衡这对矛盾。

另外，系统安全性与使用方便灵活也是一对矛盾。如果系统安全性提高，系统的响应时间和使用人员所受限制也会增加，这可能给用户带来不便。因此，设定系统安全性时，应对系统的安全级别、费用和用户方便性进行综合考虑。

很多人错误地认为技术性的安全措施是最主要的安全措施，但信息系统中已经渗入了大量的人为因素，安全性也不再是简单的技术问题，严格的管理和法律制约才是系统安全可靠的根本保障。因此，在实际应用中更多的是非技术性的安全措施，这才是这项复杂系统工程的关键。

第三节 物流信息系统的控制方法

一、信息系统的控制方法

对信息系统施加相应的控制是确保信息系统安全的有效方法。控制涉及的范围很广，包括从在办公室房门上安装简单的暗锁以减少盗窃信息系统设备的威胁，到安装掌纹辨识器以防止非法访问存储在硬盘上的敏感数据的威胁。按照控制的类型，可以把信息系统的控制方法分为物理控制、电子控制、软件控制和管理控制等。其中，管理控制这里不再赘述。

物理控制是指采用物理保护手段的控制。物理控制可以包括门锁、键盘锁、防火门和积水排除泵。电子控制是指采用电子手段确定或防止威胁的控制。电子控制可包括移动传感器、热敏传感器和湿度传感器。物理控制与电子控制常被结合起来使用，以对付威胁。软件控制是指在信息系统应用中为确定、防止或恢复错误、非法访问和其他威胁而使用的程序代码控制。例如，软件控制可包括在特定时间中断计算机终端的程序用以监督谁在登录、联机多长时间、存取了哪些文件、使用了何种存取方式（是只读方式还是读写方式）。控制也可包括诸如标记和指纹、语音与视网膜录入控制等对入侵者检验与生物进入控制。

数据是信息系统的中心，数据的安全是信息系统安全管理的核心。对信息系统的控制主要表现为对数据的存取控制。所谓存取控制，就是指依靠系统的物理、电子、软件及管理等多种控制类型来实现对系统的监测，完成对用户的识别以及对用户存取数据权限的确认工作，保证信息系统中数据的完整性、安全性、正确性，防止合法用户有意或无意地越权访问，以及防止非法用户的入侵等。

存取控制的任务主要是进行系统授权，即确认哪些用户拥有存取数据的权力，并且明确规定用户存取数据的范围及可以实施的操作，同时监测用户的操作行为，将用户的数据访问控制在规定范围内。

系统授权的方法是对所有的用户分别赋予一定的权限，没有相应权限的用户不能使用某些系统资源。通常在操作系统一级的权限是以对文件和目录的操作为单位的，网络级操作系统的权限则涉及网段、域、站点、工作组、计算机等多种资源。为了明确所有用户的权限，应该编制用户存取能力表及存取控制表。编制用户存取能力表，可以对系统的合法用户进行存取能力的限制，确知和控制每个用户的权限。而存取控制表则规定了文件的访问者及其被允许进行的操作如读、写、修改、删除、添加、执行等。

用户的权限应根据业务的特点来设立。例如，对客户的登记可以做一个权限规定表，总经理可以看到所有的内容，而一个事业部的负责人只能看到他所负责的那部分客户的情况。另外，还可以对所访问的数据库中某些内容（可以是表、视图或字段等）做规定。例如，可以对客户电话这个字段做出规定，没有被赋予特殊权限的人不能阅读该字段信息。

许多操作系统或应用软件开发工具都提供了安全机制功能，应当充分利用这些功能。例如，在 Windows NT 中，系统设置的用户组分为管理员组、服务器操作员组、记账操作员组、打印操作员组、备份操作员组、用户组、来客组等，每一个组中的成员都有该组的权限，可以对特定的资源进行该组成员所被允许的操作。数据库管理系统中也越来越多地采用规定角色的方法。所谓角色（Role）是多种权限的一个组合，可以授予某个用户，也可以授予一组用户，当然这些角色也可以从用户处回收。角色可以用 SQL 语句来直接操作，实现授权的方法有授权矩阵（Authorization Matrix）、用户权限表（User Profile）、对象权限表（Object Profile）等。

为了能更好地进行存取权限控制，在进行系统授权时应遵循下面的原则：

（1）最小特权原则，即用户只拥有完成分配任务所必需的最少的信息或处理能力，多余的权限一律不给予，这也称为"知限所需"原则。

（2）最小泄漏原则，用户一旦获得了对敏感数据信息或材料的存取权，就有责任保护这些数据不为无关人员所知，只能执行规定的处理，将信息的泄漏控制在最小范围之内。

（3）最大共享策略，让用户最大限度地利用数据库中的信息，但这不意味着用户可以随意存取所有的信息，而是在授权许可的前提下最大化地共享数据。

（4）推理控制策略，所谓的推理控制策略就是防止某些用户在已有外部知识的基础上从一系列的统计数据中推断出某些他不应该知道而且应当保密的信息。因此，必须限制那些可能导致泄密的统计查询。

二、计算机犯罪的控制方法

（一）计算机犯罪的技术与手段

计算机犯罪主要采用以下几种手段和方法：

1. 数据欺骗

这是计算机犯罪中最简便、最常见的方法。数据欺骗主要包括非法篡改输入、输出数据或输入假数据。例如，伪造或冒充输入文件，用事先准备好的替换内容更换正常的输入内容等。这种犯罪常常发生在数据输入前或输入过程中，包括数据的产生、记录、传送、编辑、校对、调试、变更和转移等各个环节。

2. 制造或传播计算机病毒

计算机病毒是隐藏在可执行程序中或数据文件中，在计算机内部运行的一段干扰程序。计算机病毒已成为计算机犯罪者的一种有效手段，具有很强的隐蔽性、潜伏性和传播性，难以被人发现。

3. 特洛伊木马

这种方法是在一个计算机程序中预先指定任务的情况下执行非授权的功能，以进行犯罪活动。行为人通过电子邮件把带有"机关"的程序在网络中发送给用户，网络用户只要开启个人计算机，这一"机关"便立即潜入该机的操作系统并在屏幕上出现意义不明的文章。为了弄清其含义，用户往往输入自己的密码以寻求系统的帮助，这样犯罪分子便能窃取到用户方的密码，一旦密码到手犯罪分子便可以为所欲为。

4. 活动天窗

活动天窗是一种由程序开发者有意安排的指令语句，该种语句利用人为设置的窗口侵入系统，在程序查错、修改或者再启动时通过这些窗口访问有关程序。窗口操作只有程序开发者掌握其秘密，而别人往往会进入死循环或其他歧路。

5. 意大利香肠式

这种犯罪采用不易被觉察的手段，使对方自动做出一连串细小的让步，最后达到犯罪的目的。

6. 废品利用

废品利用指有意地或有选择地从废弃的资料、磁带或磁盘中搜寻具有潜在价值的数据、信息和密码等，利用这些数据、信息和密码来达到犯罪目的。

此外，计算机犯罪还有冒名顶替、寄生术、逻辑炸弹等多种常见方法，这里不再一一列举。

（二）防止计算机犯罪的方法

计算机犯罪的巨大危害性决定了加强犯罪预防的紧迫性、重要性和必要性。根据计算机犯罪的特殊性，预防计算机犯罪的措施有以下几种。

1. 加强立法，完善法制

在保护计算机和互联网安全运行方面，虽然我国先后颁布了《电子计算机系统安全规范草案》、《中华人民共和国计算机信息系统安全保护条例》、《中华人民共和国计算机信息网络国际联网管理暂行规定》、《中华人民共和国计算机信息网络国际联网安全保护管理办法》和《中华人民共和国计算机信息网络国际联网管理暂行规定实施办法》，并且 1997 年《刑法》第 285、286、287 条也对计算机犯罪作了规定，但计算机犯罪的手段和方法变化非常快，而传统的立法程序所需要的时间较长，难以适应计算机技术快速发展的需要，往往是立法速度赶不上计算机犯罪的变化速度，使犯罪分子在时间上有可乘之机。因此，只有加快立法并予以完善，才能使我们的执法机关在预防打击计算机犯罪行为时有法可依。另外，严格执法是预防计算机犯罪中十分关键的一步，能够依法有效地予以严厉制裁并以此威慑潜在的计算机犯罪。

2. 加强硬件和软件建设

这种措施是指借助网络技术和新型网络产品的开发研制，增强系统的自我保护能力。由于计算机犯罪是一种高智商犯罪，所以只有不断地更新技术，开发研制，增强系统的自我保护能力，增强网络的自我防护能力，堵塞安全漏洞和提供安全的通信服务，加强关键保密技术研制和改进，不给计算机犯罪分子任何可乘之机，才能营造一个安全有序的虚拟社会。

3. 强化网络安全

通过提高安全技术防范措施可增强网络用户防病毒侵袭、黑客攻击的能力。要做好安全技术防范，从个人或者单位用户来讲，除了及时地下载软件补丁和升级系统之外，就是安装合适的防火墙和构建一个安全可靠的内部网络，同时提高网上自我防范意识，不要轻信虚假信息，以及个人密码常改常换等；从国家职能部门来讲，要加大对网络安全技术研究的资金投入力度，确立专门的机构对网络安全进行负责，及时通报最新的病毒或者黑客预警信息，让用户早防范、早准备。目前，我国的国家计算机网络应急技术处理协调中心（简称 CNCERT/CC）就是这样一个职能部门，负责协调我国各计算机网络安全事件应急小组（CERT），共同处理国家公共互联网上的安全紧急事件，为国家公共互联网、国家主要网络信息应用系统以及关键部门提供计算机网络安全的监测、预警、应急和防范等安全服务和技术支持，及时收集、核实、汇总、发布有关互联网网络安全的权威性信息。

4. 建立一支强健的预防打击计算机犯罪的队伍

专业队伍的战斗力强弱，直接决定了预防打击计算机犯罪的成败。只有技术过硬，反计算机犯罪队伍才能有效地打击各种猖獗的犯罪，给予犯罪者应有的惩罚。这也是预防打击计算机犯罪的一道关键防线，只有这条战线坚不可摧，才能保证计算机网络世界的安全。只有加强预防打击计算机犯罪队伍的建设，才能真正全面监控计算机网络，才能进一步阻止各种计算机犯罪的发生。

5. 建立健全的国际合作体系

通过互联网实施计算机犯罪行为可能会发生在不同的国家，计算机犯罪在很大程度上都是国际性的犯罪。因此，建立健全的国际合作体系，加强国与国之间的配合与协作尤为重要。

6. 建立科学、健康、和谐的网络道德观

良好的网络道德环境是预防计算机犯罪的第一步，所以需要加强人文教育，用优秀的文化道德思想引导网络社会形成既符合时代进步的要求又合理合法的网络道德，特别是要遵纪守法、尊重他人的权益。各种网络色情、腐朽思想以及黑客技术的泛滥等对网民特别是广大青少年的影响很大，进而形成了潜在的犯罪因素，因此而造成了许多犯罪。正因为如此，我们必须大力加强思想道德教育，建立科学健康和谐的网络道德观，从而真正有效地预防计算机犯罪。

◈ **补充阅读**

非法获取百度推广账号实施网络诈骗

2012 年 8 月，历时三个月，辗转京、沪、皖、粤、琼五地的缜密侦查，警方成功破获利用计算机信息网络非法获取百度推广账号实施诈骗的系列案件，打掉犯罪团伙 3 个，抓获犯罪嫌疑人 13 名，初步审查诈骗案件百余起。该案是警方将先期计算机入侵和后期网络诈骗贯穿打击的首个案例，有力打击了涉及广大人民群众切身利益的网络诈骗犯罪，震慑了犯罪分子的嚣张气焰。

年初，家住北京的李某向警方报案称被骗 2500 元。据民警初步调查得知，李某本人非常喜欢看一档全国知名的选秀节目，并梦想着亲自体验一把。于是李某将该节目名称试着在百度引擎中搜索，很快屏幕上显示出该栏目的咨询电话。李某将电话打过去，对方自称为这档选秀节目的"工作人员"，李某可以参加此栏目活动，前提是需交"手续费"2500 元。李某即按照对方的提示，通过银行转账方式汇去"手续费"，但汇款之后，无法再与"工作人员"取得联系，李某遂报案。

与此同时，北京市公安局网安总队民警在访民情、听民意、解民忧活动时也了解到，今年 1 至 3 月，百度推广客户账号多次被非法盗用，660 个推广账号内容被篡改，嫌疑人冒充客户名义通过网络实施诈骗，并给百度公司带来直接经济损失 120 万元。市公安局高度重视，网安总队调派精干警力会同相关部门成立专案组，全力开展侦破工作。经缜密分析，多地调查，专案组最终锁定嫌疑人，于 6 月 19 日在海南海口、儋州两地同时行动，一举抓获 3 个诈骗团伙的 13 名犯罪嫌疑人，扣押电脑 11 台、银行卡 34 张，冻结涉案资金 15 万余元。

经审查，该团伙成员交代了利用计算机信息网络非法对数百个推广账号内容进行篡改，冒充网购客服、选秀节目电话等进行诈骗作案百余起、获利 50 余万元的犯罪事实。在李某被骗案中，犯罪嫌疑人非法获取该选秀节目在百度中的推广账号，并篡改其咨询电话号码，当网民拨打此电话时，电话自动转移到其通信设备上，借此对网民进行诈骗。

目前，4 名犯罪嫌疑人因涉嫌破坏计算机信息系统罪、6 名嫌疑人因涉嫌诈骗罪均已被刑事拘留，另 3 人被取保候审。

当前，黑客攻击破坏活动趋利性特点日益明显，已形成由制作提供黑客工具、实施攻击、盗窃账号、倒卖账号、实施诈骗等各个环节分工合作的利益链条。警方将进一步加大工作力度，严厉打击此类违法犯罪活动，也希望互联网公司提高防范意识，加强技术安全保护措施，共同维护互联网信息安全。

【思考】

1. 根据本案例，请谈一谈网络犯罪有哪些新的特点？
2. 你认为采取哪些措施更能有效打击计算机犯罪分子的嚣张气焰？

第四节　物流信息系统的监理

◆ 补充阅读

长江三峡工程投资巨大，工程极为复杂，其中的计算机网络系统是服务三峡工程及三峡总公司内部管理的信息系统平台，地理范围涉及宜昌总部、三峡工地三斗坪和北京代表处。该系统中的信息包括所有涉及三峡工程的合同、成本、财务、设备、物资、质量、安全、文档等各类信息。为了保证计算机网络及其应用系统在技术上的先进性，控制质量、进度和成本，并将系统建设的风险降到最小，北京 KSJ 信息系统咨询公司承担了三峡工程计算机网络系统建设项目的工程监理。KSJ 在以下各个建设阶段进行了监理：项目的总体规划、可行性研究、方案评估、招标评估、合同谈判、合同签订，合同执行、合同验收。

一、物流信息系统监理的基本概念

（一）物流信息系统监理概念的提出背景

当前，物流信息系统开发正处于日新月异的发展时期，行业新颖、人员年轻、科技含量高、智力密集，所涉及的领域宽广，对实践经验要求高。但目前信息系统开发市场不规范，政策法规不完善，缺少监督监理机制，不重视信息资源安全保密的防范措施。整体而言，物流信息系统建设存在以下问题：项目可行性论证不充分；用户需求不全面、不准确；用户要求一变再变，开发进度一拖再拖；甲乙双方的合同书条文不规范，缺乏可执行性，或存在二义性；出现争执时，双方各执一词、争执不下；缺少对设备的监理和对系统的评测验收；信息系统开发结束后，承包方没有提交与系统有关的文档资料，严重影响了信息系统的连续性、继承性、可扩展性；系统长时间不能投入正常运行，开发费用一再拖欠，承包方也迟迟拿不到开发费用，等等。凡此种种，造成许多物流信息系统开发项目不成功、不完善、长期收不了口，"豆腐渣"项目层出不穷，严重影响了物流信息系统开发项目的质量和进度，不仅损害了合同签约双方（建设方和承建方）的利益，还给国家和社会造成了许多不应有的损失。为了避免这些情况的出现，常规的做法是在合同书、协议书中加入"双方友好协商"、"行业协会仲裁"、"本合同一经双方签章认可立即生效，具有法律效力"等条款，但它们都有局限性，不能有效地保护合同双方的根本利益。为此，亟待引入物流信息系统监理机制。

（二）物流信息系统监理的定义

所谓物流信息系统监理，是指聘请开发方（乙方）与用户方（甲方）以外的第三者（丙方），根据信息系统的开发规律及开发合同和监理合同的要求，对物流信息系统开发过程中的行为、事件和文档进行审查和监督，为用户提供与项目相关的信息和信息处理能力的支持，以确保物流信息系统建设成功。对于开发方和用户方都为一个企业主体的独立开发方式，既可聘请企业内部监理，也可聘请企业外部监理。

（三）物流信息系统监理与项目管理的关系

监理方的监理与开发方的项目管理既有联系，又有区别。联系是它们都按照信息系统的开发规律与项目管理的思想进行管理。区别是主体不一样：项目管理是由开发方实施的，在成本、进度和质量三者中主要考虑前两者，特别是成本，并且项目管理涉及物流信息系统建设的各个环节；而监理是由第三方即监理方实施的，在成本、进度和质量三者中首先考虑的是质量，其次是进度，最后才是成本，并且监理的内容主要取决于监理方与用户方签订的监理合同，不一定涉及物流信息系统建设的各个方面。

二、物流信息系统监理的模式

信息系统监理的模式按照监理的程度不同，可以分为咨询式监理、里程碑式监理和全程监理。

（1）咨询式监理。只对用户方就系统建设过程中提出的问题进行解答，其性质类似于业务咨询或方案咨询。这种方式费用最少，监理方的责任最轻，适合于对信息系统有较好的把握和技术力量较强的用户方采用。

（2）里程碑式监理。按照信息系统的开发规律将信息系统的建设划分为若干个阶段，在每一个阶段的结束都设置一个里程碑，在里程碑到来时通知监理方进行审查或测试。一般来讲，这种方式比咨询式监理的费用要多，当然，监理方也要承担一定的责任。

（3）全程式监理。监理模式中最复杂的一种，不但要求对系统建设过程中的里程碑进行审查，还应派相应人员定期跟踪和收集系统开发过程中的信息，不断评估开发方的开发质量和效率。这种方式费用最高，监理方的责任也最大，适合那些对信息系统的开发不太了解且技术力量偏弱的用户方采用。

为了更深入地研究信息系统的监理，我们选择全程式监理进行讨论。如果没有特别说明，下面的讨论都针对全程式监理模式。

三、信息系统监理的内容

以全程式监理为例，介绍物流信息系统监理的内容。物流信息系统监理是监理单位受用户方的委托，对信息系统建设实施的监督管理，其主要职能如下：

（1）协助用户方组织物流信息系统的招标、评标活动；

（2）协助用户方与中标单位签订物流信息系统的开发合同；

（3）根据用户方的授权，监督管理开发合同的履行；

（4）根据监理合同的要求，为用户方提供技术服务；

（5）监理合同终止后，向用户方提供监理工作报告。

开发方承担用户方的物流信息系统开发工作，需要完成战略规划和可行性研究、系统分析、系统设计、系统实施和运行维护等各项工作，监理方的工作实际上也贯穿系统开发的全生命周期。

（一）总体规划和可行性研究阶段监理方的工作

（1）为物流企业高层讲解物流信息化的意义，协助用户方根据企业物流战略目标制定物流信息系统的战略规划；

（2）对用户现有的物流信息资源、信息处理能力、技术基础、环境条件、资金设备等资料进行分析；

（3）协助企业确定物流信息系统的开发方式；

（4）制定开发物流信息系统的技术路线和接口规范；

（5）组织招标和评标活动；

（6）协助物流企业做好投资风险分析，提出可靠的经济效益分析表，突出物流信息系统建设的竞争驱动和效益驱动原则。

在此基础上，根据资金筹措的情况，列出分期工程的实施计划，协助撰写可行性研究报告或对可行性研究报告进行审查。

（二）系统分析阶段监理方的工作

（1）协助用户方明确新系统的具体任务、目标、作用和地位；

（2）与开发方分工培训用户方的业务支持人员，使他们对物流信息系统的开发有初步了解；

（3）协助用户规范企业的业务流程，并能形式化表达；

（4）提出与新系统相适应的企业管理改进方案；

（5）协助用户方审核开发方提交的系统分析报告。

（三）系统设计阶段监理方的工作

（1）协助用户方设计并制定现有业务流程的改进方案；

（2）协助用户方审核开发方提交的物流企业信息编码体系设计方案；

（3）协助用户方审核开发方提交的详细设计报告；

（4）协助用户方审核开发方提交的产品和设备的购置计划；

（5）对物流企业管理人员开展有针对性的培训。

（四）系统实施阶段监理方的工作

（1）抽样审查程序设计说明书；

（2）按开发合同和详细设计报告检查各子系统的质量和进度是否按计划执行；

（3）监督用户企业按照既定的时间表调整企业业务流程和组织结构；

（4）协助用户方审查开发方的测试大纲和详细测试计划；

（5）对用户企业的业务支持人员进行系统测试方面的培训，协助用户方准备测试用例；

（6）协助用户方对开发方交付的子系统或整个系统测试，撰写测试报告；

（7）审查开发方提交的技术报告和用户手册等相关文档。

（五）系统运行与维护阶段监理方的工作

（1）督促开发方与用户方相互配合，培训相关的操作人员和系统管理员；

（2）监督新老系统切换时数据的有序转换，监督用户企业员工执行新的业务流程和操作规程并在执行中加以改进；

（3）对新系统出现的软件、系统接口等方面的技术问题，根据开发合同督促开发方进行修正；

（4）监督用户企业认真做好各审计点的数据记录及分析，进行新旧系统的生产效率、产品质量、成本效益及设备运行状态的对比分析；

（5）开始项目审计工作，根据审计结果对新系统进行综合评价。

◈ 案例分析

为了炫耀自己的计算机技术，网络工程师孙某利用北京某通信有限公司计算机系统存在的网络漏洞，入侵该公司的服务器，窃取其企业用户通讯录 16 000 余组。日前，孙某因涉嫌非法获取计算机信息系统数据罪被昌平检察院提起公诉。

1. 意外发现网络漏洞

孙某毕业于北京某大学的计算机科学与技术专业，是安全测试工程师。因为孙某所在公司是北京某通信有限公司的用户，作为公司网络安全工程师的孙某经常会同该公司发生业务往来，时间长了，孙某发现该通信公司的网络系统存在漏洞。出于好奇，同时也是为了考验自己的"业务水平"，孙某用公司的笔记本电脑，请求进入通信公司的网站，后又通过技术手段，获得该通信公司网络系统的管理员权限。

晚上回家后，孙某又用自己的笔记本电脑编写脚本文件，从通信公司的服务器日志中解析出所有通信公司企业用户的邮箱名并导出其通讯录。仅仅用了一晚上的时间，该通信公司企业用户的邮箱通讯录便都导入到了孙某的电脑上，里面大约有一万多家企业的通讯录，包括企业的名称，企业内员工的邮箱地址、联系电话等。

2. 向同事炫耀技术

孙某把这些信息数据保存在自己的电脑文件夹里后，又使用家里的电脑，通过技术手段登录通信公司企业客户的账户，篡改企业客户邮箱的三个邮箱密码，随后登录这些邮箱查看邮箱内的邮件。办成这事后，孙某回到单位上班还不忘向同事炫耀自己的"技术成果"。几天后，该通信公司的技术员在进行例行系统网络日志安全检查过程中，才发现公司的系统被入侵了。

公安机关接到报警后，通过技术手段锁定孙某。而自始至终，孙某都未意识到自己的行为已经涉嫌犯罪。孙某告诉民警，自己从来没有考虑过将获得的企业通讯录交给别人获利或传播，自己做这一切纯粹只是为了考查自己的技术水平。

3. 非法入侵或担刑责

孙某因涉嫌非法获取计算机信息系统数据罪被昌平检察院提起公诉。承办此案的检察官告诉记者，根据我国《刑法》第285条第二款之规定，违反国家规定侵入刑法规定(国家事务、国防建设、尖端科学技术领域计算机)以外的计算机信息系统，或者采用其他技术手段获取该计算机信息系统中存储、处理或者运输的数据，或者对该计算机信息系统实施非法控制，情节严重的，处三年以下有期徒刑或者拘役，并处或者单处罚金；情节特别严重的，处三年以上七年以下有期徒刑，并处罚金。犯罪嫌疑人孙某虽然入侵企业服务器，但并未非法控制，故其行为仍属于"非法获取数据"，其行为已涉嫌非法获取计算机信息系统数据罪。

【思考】

1. 你认为本案例中网络工程师孙某的行为是否构成犯罪？你认为作为一名合格的网络工程师应具备什么素质？

2. 网络环境下，你认为如何降低企业信息化的风险？应从哪些方面加强控制？

【基础练习】

一、名词解释

1. 信息系统安全　　　2. 信息的不可否认性　　　3. 安全策略

4. 计算机病毒　　　5. 计算机犯罪

二、单项选择题

1. 信息的(　　)属性要求信息不能在未经授权的情况下被修改，确保信息在传输过程中保持一致。

　　A. 真实性　　　B. 完整性　　　C. 保密性　　　D. 可用性

2. 信息的(　　)属性要求信息的传输、处理和存储过程有据可查，能证实过去对信息的访问和操作。

　　A. 真实性　　　B. 完整性　　　C. 保密性　　　D. 不可否认性

3. 为了保证数据库系统的安全，通常不使用以下(　　)安全技术。

　　A. 数据库的访问控制　　　　　　B. 审计跟踪

C. 认证　　　　　　　　　　　　　D. 数据库加密

4. 信息系统的控制方法不包括以下哪种(　　　)。

A. 物流控制　　　B. 软件控制　　　C. 管理控制　　　D. 数据控制

三、多项选择题

1. 信息系统自身的安全包括信息的(　　　)。

A. 真实性　　　B. 完整性　　　　C. 保密性　　　D. 可用性　　　E. 不可否认性

2. 信息系统安全保护应包括(　　　)。

A. 法律法规建设　　　　　B. 硬件系统安全　　　　　C. 通信网络安全

D. 软件系统安全　　　　　E. 数据信息安全

3. 从病毒特有的算法角度来划分,病毒可以分为(　　　)等。

A. 伴随型病毒　B. 蠕虫型病毒　C. 寄生型病毒　D. 引导型病毒　E. 幽灵病毒

4. 认证的主要目的是(　　　)。

A. 验证发送者的真实性　B. 验证信息的完整性　　　C. 信息的保密性

D. 信息的真实性　　　　E. 保证接收者的合法性

四、简答题

1. 影响系统安全的主要因素有哪些,相对应的安全措施有哪些?

2. 造成信息系统面临威胁的原因有哪些?

3. 信息系统安全的组成包括?

4. 简述信息系统的控制方法。

5. 物流信息系统监理的模式有哪些?

第十章 物流信息系统的应用分析

 学习目标

知识目标：

(1) 掌握物流信息系统建设的任务和目标；

(2) 掌握物流信息系统的建设和实施过程；

(3) 掌握物流信息系统建设的内容。

技术目标：

(1) 熟悉现代物流配送中心信息系统，有效提高配送效率；

(2) 熟悉服装企业的物流信息系统，运用有效的信息系统提高其效率；

(3) 熟悉运输管理信息系统，有效提高运输效率；

(4) 熟悉仓储管理信息系统，提高仓储的功能价值。

职业能力目标：

(1) 培养良好的职业道德，树立服务质量高于效率的理念；

(2) 提高物流信息系统素养，培养运用、分析、设计物流信息系统的能力。

◆ **物流聚焦**

深九公司的配送信息管理

深九公司的物流配送信息管理系统在国内来讲是相当先进和超前的。1996年公司开业之际，中日双方就把建设深九公司的配送信息系统当做重点任务，集中了双方一批优秀的程序人员、系统分析人员在现场耗费近3年的时间，基本完成了信息系统的开发、使用、调试。系统命名为 FORWARD，其含义是货代（货运代理）。FORWARD 在局域网上运行，目前有工作站23个，包含客户管理、订单管理、作业调度管理、运输管理、仓储管理、应收应付账务管理、作业统计管理等子系统。FORWARD 系统有以下特点：

(1) 系统实行自上而下的设计方式。

该系统的指导思想是以电脑流程代替手工作业流程，以满足顾客、作业部门、管理部门、领导4个层面的信息需要为目标，做到业务人员在自己的岗位上输入。

(2) 实现了分类核算。

分类核算即分部门对收入、成本核算、单据、司机费用分类汇总核算和每票货的收入、成本的核算。分类核算直接监督成本支出，控制漏单、跑单，强化了行车的跟踪，在解决司机车辆管理难题方面提供了一种有效的监督手段。

（3）实现多本账目合一。

FORWARD 实现了业务账与会计账一致、货物的库存账与海关监管账一致。因为企业保管单与监管账中使用海关分类编码，但作为企业的库存账，企业必须用企业的产品编码归类，一般来说要比海关编码更细，但两种编码又存在交叉。例如，出口服装海关就是一大类，而物流管理除了要按规格品种分类外，还要区分颜色。海关账与企业账不一致是一个普遍的问题。

（4）FORWARD 规范了整个企业的业务流程，实现作业的有序化。

信息量大，涉及单证多，联络频繁，这是储运业的普遍特性，物流企业特别是国际货代业尤其如此。在这些行业中，业务量的增长与信息量的增长不是成正比的关系。例如，一票拼箱（零担）货往往只有几十千克，其信息处理与一个几十吨的 40 英尺货柜是一样的，业务量增加到一定程度后，人均效率下降，工作的混乱就不可避免了。

（5）强化了对客户的配送服务。

现代化管理的趋势是社会专业化的分工，现在国外先进国家的企业都设立了物流部门，专门负责本企业的零配件、半成品与成品的供应、配送、分销。近年来，珠江三角洲很多企业都设有这样的部门；与此同时，社会上专业化的物流公司也应运面而生，生产型企业要实现零库存，把配送这一麻烦事交由物流企业去完成。FORWARD 在设计中，充分考虑到客户的需要，特别是存货管理。深九公司的正常情况下，每年要面对几百家客户，每个客户都有自己特定要求的报表和自己报表的习惯，因而设计高度通用的存货管理模式和标准化的报表形式尤为重要。FORWARD 设计有 5 种标准报表，可满足绝大部分客户的需要。

FORWARD 各模块是陆续使用的，最早投入使用的模块已使用两年，最短的刚刚进入现场调试使用。FORWARD 已在生产管理中发挥了很大的效益，成为企业管理的支柱。尽管如此，系统仍然有不尽如人意的地方，整个系统需要不断地改造完善，提高人机的适应性。另外，为了使 FORWARD 资源能在深九集团范围内共享，能为客户提供更优质的服务，深九公司目前正着眼于实现电子商务化（e-Business），让所有国内外的用户都能在自己桌面浏览器上使用 FORWARD，让物流作业管理进入信息高速公路时代。

现代物流信息系统的架构通常分为三个方面的子系统，包括在线订单管理子系统、仓储管理子系统、配送运输管理子系统。其中，在线订单管理子系统的层次结构如图 10-1 所示，又细分为网上下单、订单的预处理和订单状态查询等。仓储管理子系统的层次结构如图 10-2 所示，又细分为入库、出库、拣选和保管等功能。配送运输管理子系统的层次结构如图 10-3 所示，又细分为运输调度管理、运输资源管理、运输过程管理及资金管理等。

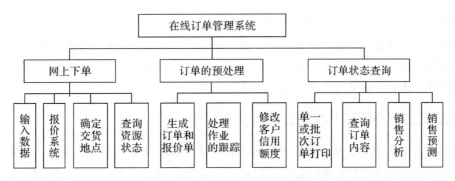

图 10-1　在线订单管理系统模块层次图

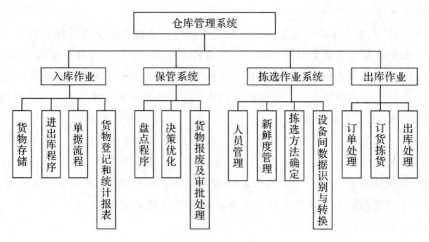

图 10 - 2　仓储管理系统模块层次图

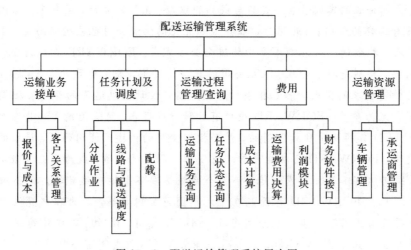

图 10 - 3　配送运输管理系统层次图

第一节　现代物流配送中心信息系统设计分析

一、现代物流配送中心信息系统的定义

配送中心信息系统是计算机管理系统在物流领域的应用。广义上，配送中心信息系统应包括配送中心业务过程的各个领域，包括订单处理、出入库作业、仓储作业、拣选作业、运输配送作业等，是一个由计算机技术、应用软件及其他高科技的物流设备，通过计算机网络，将供应链上下游连接起来的动态互动系统。

二、物流配送中心信息系统建设的目标和原则

现代物流配送中心信息系统的建设应能充分体现现代化管理思想与方法、先进信息技术的综合应用，应能充分实现信息资源的共享和企业资源的集成，具有良好的开放系统结构，能够连接外部系统并且安全可靠。

(一) 建设目标

物流配送中心的建设将实现以下目标：

(1) 物流配送流程自动化，包括运送规格标准，仓储货箱排列、装卸、搬运等按照自动化标准作业，商品按照最佳路线配送等自动化作业。

(2) 物流配送功能集成化，包括物流渠道与商流渠道的集成、物流渠道之间的集成、物流功能的集成、物流环节与制造环节的集成等，即信息流、作业流、资金流的集成。

(3) 物流配送服务系列化，除了传统的储存、运输、包装、流通加工等服务外，还在外延上扩展至市场调查与预测、采购及订单处理，向下延伸至物流配送咨询、物流配送方案的选择与规划、库存控制策略建议、货款回收与结算、教育培训等增值服务；在内涵上提高了以上服务对决策的支持作用。

(4) 物流配送作业规范化，包括功能作业流程、作业、运作的标准化和程序化，使复杂的作业变成简单的易于推广与考核的运作。

(5) 物流配送目标系统化，从系统角度统筹规划整体的各种物流配送活动，处理好物流配送活动与商流活动及公司目标之间、物流配送活动与物流配送活动之间的关系，不求单个活动的最优化，但求整体活动的最优化。

(二) 遵循原则

为尽快建设一个专用的、宽带的、先进的、安全的，具有交互功能的，能满足数据、图像等综合业务需求的现代化物流配送信息网络，在物流信息系统的体系结构设计中应遵循以下原则：

1. 可用性

信息系统所储存的信息，例如订货和存货储库状况的信息必须具有可用性，也就是信息系统应能够在第一时间内向其供应商和客户提供最新的电子信息，应能向信息需求方提供简易、快捷获取信息的方式，而不受时空的限制。

2. 精确性

信息系统提供的信息能否精确地反映配送中心处理货物的当前状况，将衡量配送中心的整体业务运作水平。精确性可以解释为信息系统的报告与配送中心的实际业务运作状况相吻合的程度。

3. 及时性

信息系统必须提供及时、快速的信息反馈。及时性是指一种活动发生时与该活动在信息系统内体现的时间差。

4. 安全性、可靠性

为确保网络安全，配送中心信息系统网络严格按照国家有关信息安全标准进行建设，引入虚拟专网（VPN）、防火墙、数据编码加密机制、数据隔离机制及病毒防范机制。在可靠性方面，主要考虑网络信息的备份和网络连接的畅通，整个网络系统要有冗余容错能力，重点的通信线路、节点设备和服务系统要有备份和负载均衡能力，加强网络抗毁能力和快速恢复能力，满足各系统间的数据交换，数据交换的方法必须确保数据的完整性及安全性。信息系统应能帮助配送中心的管理者进行应急决策，改善配送服务或降低运营成本，具有处理异常情况的能动性和主动性。

5. 开放性和互连互通性

各节点的网络建设要采用国际标准化组织制定的标准规范,符合开放系统互连结构,注重采用 TCP/IP 及 WWW 技术,使网络具备良好的开放性和互联互通性,便于实现业务功能需求及网络的统一管理,易操作,易使用。数据交换只需通过通用的数据定义、信息格式及通信协议即可实现。

6. 可扩充性

选择具有良好扩展性和升级能力的设备组建网络,其拓扑结构、带宽设计、接入方式应具有良好的扩展性,以保证整个网络系统的可扩展性及升级能力。

7. 灵活性

在物流信息技术上,让企业在竞争的市场中具有广泛的选择。尽可能兼容已有的技术及已开发的系统;具有与现有系统及较新通信技术兼容的特点;同时,必须有能力提供迎合特定客户需要的数据。

8. 经济性

对配送中心下设各地市的节点部门的网络状况及需求情况进行详尽调查分析,采用合理、先进、实用的技术方案,充分利用现有的条件和资源,保护已有的投资,避免重复建设,加快工程实施进度。

三、配送中心信息管理层次分析

物流信息化主要包括物流业务可视化和物流业务自动化两部分。其中,物流业务可视化是通过物流信息平台,经营者与客户可借助 Internet 查询所需的实时物流业务信息,如网络订单、订单状态查询、库存量查询、费用查询、到货回报、客户投诉处理等。物流业务自动化是所有参与物流业务的各方的活动均由物流信息系统来调度控制。根据信息系统建设目标设计信息系统的层次结构,对配送中心的管理信息系统采用分层设计,如图 10-4 所示。

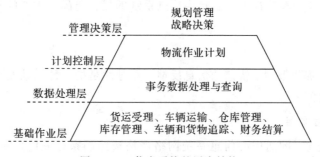

图 10-4 信息系统的层次结构

(1)管理决策层:建立各种物流系统分析模型,辅助高层管理人员制定物流战略计划。

(2)计划控制层:仓库作业计划、最优线路选择、控制与评价模型建立,并根据运行信息检测物流系统的状况。

(3)数据处理层:对合同、票据、报表等业务表现方式进行日常处理。

(4)基础作业层:将收集、加工的物流信息以数据库的形式加以存储。

四、影响配送中心信息系统的主要因素

一般而言，建立配送中心信息系统主要从如下 4 个方面加以考虑：配送中心类型，将影响配送中心的功能范围；配送中心所提供的各项功能、服务，即其所具备的各项机能，将影响配送中心作业内容；作业项目的分类、作业阶段的划分，将影响信息系统架构的划分及模块的构成；管理方式方法的不同，将影响实施信息系统的操作、设计、分析方法的不同与实用与否。这些信息系统架构建立的影响因素如图 10-5 所示。

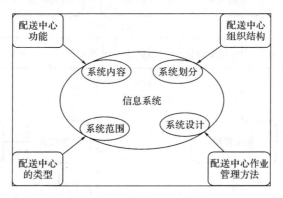

图 10-5 配送中心信息系统影响因素

五、物流通路策略及物流网络

按照专门业务建立横向配送货物处理中心网络节点，按照地、市、县三级建立纵向网络节点，经过评价审核的 3PL 专门配送企业直接连入信息中心，建立起辐射国企、国企民助、民办、私企等物流通路和物流网络，如图 10-6 所示。

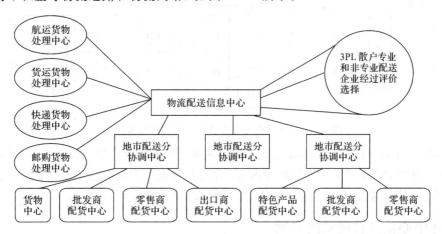

图 10-6 物流通路策略及其网络分布图

通过物流配送信息中心的协调管理，在经营管理层面能够实现策略联盟、联合采购、共同配送等企业间的资源整合；在作业管理层面上，实现集货中心、批发商等信息管理（库存与配货），航运、货运、快递和邮购等信息管理，优选的 3PL 企业信息管理；在决策支持层面能够实现配派车系统、配送区域规划、物流成本分析与计费定价策略；对系统整合的层次和范围进行了界定，使系统的结构更加清晰。

六、配送中心作业流程

配送中心作业流程如图 10-7 所示，图中直角方框代表配送中心实际业务运作内容，根据配送中心各个业务流程，将作业内容相关性较大者统一对应于信息系统某一功能模块。

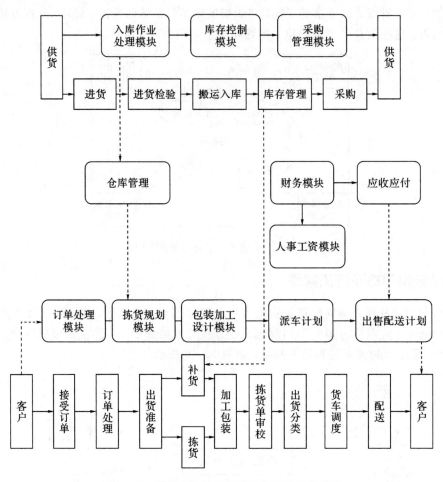

图 10-7　配送中心作业及其信息管理业务流程

出库配送计划模块对应于出库分类、货车装载、配送作业内容；入库作业处理模块对应于进货、进货检验、搬运入库等作业内容；库存控制模块主要对应于库存管理（包括商品分类分级、经济批量及订购时点的确定、库存跟踪、盘点作业）作业内容。

七、配送中心信息管理系统实例

（一）简介

北京世佳物流有限公司是北京世佳经贸集团的核心企业之一，北京世佳物流有限公司是整个集团进行多元化经营和建立第三方物流中心战略的核心。北京世佳物流有限公司拥有的配送中心面积达五万多平方米，配送车辆近百辆，日配送能力可达百万元，并有一批专业化、高素质的管理人员。公司的客户主要是大型的家电类及消费品生产企业和一些电子商务企业，货物类型以电器和食品为主。

北京世佳物流有限公司的业务类型比较复杂，主要包括四个类型：首先是北京世佳物流有限公司自营的对大中型商场、连锁店和超市连锁店的日常配送；其次是为在京的几十家工业企业的日常销售作后台配送服务，将厂商的商品送至经销商、零售商；再次是为市内十几家连锁店、商场作后台配送服务；最后是受零售商场、网上销售商的委托，为它们进行直送用户的配送服务。

随着客户数量的不断增加和业务范围的迅速扩大，北京世佳物流有限公司已从单一的物流配送中心逐渐转变成为客户提供全方位物流服务的枢纽化、社会化、一体化的物流平台。随着业务模式的重新定位，需要一个健全的管理系统，保持企业信息流和物流的畅通，这就要求企业及时掌握真实和动态的库存状态，合理调配运力、库房、人员等各种资源，有效监控和反馈订单执行情况，有效统计与管理客户和货物信息，及时掌握提供决策分析的相关数据统计和分析报表。

以前，各种不同类型的业务模式比较复杂而又缺乏相应的物流管理系统，北京世佳物流公司在物流控制和管理上难度较大，难以很好地满足客户的要求。为此，北京世佳物流有限公司找到了专业的物流信息系统开发公司——杰合伟业，请杰合伟业设计并开发了一套完整的采用现代化技术手段的物流管理信息系统。

（二）需求分析

在为北京世佳物流有限公司设计和实施物流管理信息系统之前，杰合伟业首先与北京世佳物流有限公司一起，对公司的组织结构、业务流程、内部管理以及目前存在的主要问题进行了深入的研究和分析。研究发现，北京世佳物流有限公司在作业层、管理层和决策层都存在一些问题。

作业层的问题主要体现在库房管理和配送调度方面。在库房管理中，不仅出库入库都依靠手工操作，工作量非常大，而且库存商品种类较多，没有实施统一的条码管理，导致商品和货物的准确位置不能确定，因而公司无法进行有效的库区和仓位管理。配送调度方面，由于没有良好的配送调度控制，作业执行得不到有效的监控和跟踪，而且由于缺乏对运输车辆的管理，无法准确计算配送成本。

管理层一方面缺乏对订单执行情况的有效监控和反馈，另一方面对客户和货物的实时信息也缺乏有效的统计和管理。

决策层由于不能及时了解库存情况的动态变化，故而无法执行科学合理的调度计划。同时，决策层由于缺乏相应数据的统计和分析报表，也无法为决策找到参考依据。

（三）系统设计

基于北京世佳物流有限公司的物流业务需求、信息系统需求以及该公司未来发展战略的考虑，杰合伟业为北京世佳物流有限公司量身定做了一套第三方物流信息系统解决方案，帮助其完成业务的整合与配送流程的优化。

系统以北京世佳物流有限公司代理业务配送流程为基础，以方便快捷地完成配送工作、准确保存配送数据为目的，以分布式库存管理监控系统、运输优化调度系统为核心，同时通过3PL作业支持系统、客户关系管理与商业智能系统实现企业商业活动与物流系统的整合，帮助企业在经营过程中对相关物流过程进行全面的动态监控，切实提高运作水平。

整个系统从逻辑上分为四个业务中心，即客户联络中心、配送中心、仓储中心、管理与营销中心。

1. 客户联络中心（客联部）

客户联络中心具有实现工作人员与客户进行联络、交互的功能。客户通过 Web/WAP 交互式语音服务确认身份和服务请求，通过处理后，生成详细需求，传送给其他子系统，完成各项功能，答复客户请求。

2. 配送中心（物流管理部与运输管理部）

配送中心是将计划任务分配给具体运力（承运人和承运工具）并提供实施的平台，它对整个任务运行过程进行实时跟踪，以提高整个配送过程的服务质量和客户满意度。

3. 仓储中心（物流管理部与仓储部）

仓储中心是一个多层次的管理系统，可从级别、类别、货位、批次、单件等不同角度反映物品的数量、库存成本和资金占用情况等，从而帮助仓库管理人员对库存物品的入库、出库、移动和盘点等操作进行全面的控制和管理，以降低库存、减少资金占用，杜绝了物料积压与短缺现象。

4. 管理与营销中心（总部）

管理与营销中心是整个系统的核心控制所在，汇聚了各部分的数据并以此对其他部分进行控制和监督，同时建立起市场开发、财务管理、绩效管理等辅助决策的支持系统。

（四）系统功能

这套第三方物流信息系统的功能如下：

（1）仓储管理（WMS）：实现对货物的出库、入库的统计，管理货物的盘点、分拣、包装和加工过程，充分利用分布式库存网络的管理，提高库存的利用效率。

（2）调度和订单处理：为提高客户订单的处理能力和水平，可根据客户请求，选择最优的调度方法，制定合理的调度分单计划，减少人为的错误，提高调度的效率。

（3）客户关系管理（CRM）：先进的客户关系管理系统可以保证客户的请求得到有效的响应和执行，提高客户服务的质量，减轻客户服务人员的工作量，实现客户服务"一票到底"。此外，客户关系管理系统的有效资料和信息，可以辅助市场开发人员分析客户的需求，发现更有价值的客户，为公司的客户定位和市场拓展提供依据。

（4）业务控制和订单管理：可以对整个业务过程中的订单、车辆、货物进行全程业务控制，监控各个业务环节是否出现延滞和错误，以确保正确且及时地执行客户订单，保证整个业务流程的顺畅。

（5）支持并提供数字化管理：应用无线网络、条码、磁卡、IC 卡等数据采集技术使得现场数据的获取准确、及时，能适应物流大量化和高速化要求，大幅度提高物流效率。

（6）货物的实时跟踪和定位（GIS/GPS）：为提升客户服务价值，满足客户对货物跟踪和货物状态分析的要求，系统可对各个阶段货物的位置和状态进行有效的定位和全程跟踪。

（7）运输管理和绩效考核：通过对车辆、人员的管理，利用自有运输资源和外部运输资源，实现作业的合理分配，提高人员的工作效率，降低作业成本。

（8）准确的成本核算：实现按客户、货物、订单等多种类型的成本核算，分析物流成本构成，为实现"开源节流"提供决策依据。

（9）网上物流服务：通过 B/S（Browser/Server）结构的系统构架，为客户提供基于Internet方式的网上下单、货物状态查询等全面的物流服务。

（10）报表统计和辅助决策：自动对相关数据进行统计，生成各类统计报表，为决策者提供依据。

（五）系统特点

这套专门为北京世佳物流有限公司定制开发的物流管理系统，符合第三方物流企业的运作特点，在满足企业流程的基础上还具有如下特点。

（1）准确性。系统运行稳定，具有 24 小时系统服务的能力，具有较强的系统功能和容错能力。

（2）灵敏性。整个系统的软硬件平台和数据库系统均具有相当的开放性。预留接口，使系统较容易与其他财务管理软件、WMS 软件等应用系统集成在一起。

（3）易用性。系统通过将客户需求、产品、设备、业务员以及工作路线等各方面进行优化配置、统筹管理，提高了企业的运作效率。

（4）安全性。网络系统提供有效可信的安全保密机制，防止未经授权的信息访问或非法侵入；在信息访问和交换中确保数据的安全保密性，按访问级别控制用户对机密信息的访问和获取。

（六）实施效果分析

系统经过一段时间的运用，北京世佳物流有限公司可以做到方便地接收来自厂商的提货通知单和分销商的配送订单，及时进行业务处理。同时，北京世佳物流有限公司建立起了完整的仓储管理和运输管理系统，确保它能及时响应客户需求，监控订单执行情况，高效完成配送作业。分销商和厂商则可以通过互联网输入配送订单、提货通知单，提交配送和出仓请求，在一定条件下可以修改配送订单；并可以查询商品库存记录、配送订单和提货通知单的执行情况与历史纪录；同时，也可利用 E-mail、电话和传真向北京世佳物流有限公司提交配送和出仓请求。该系统良好的实施效果还体现在以下几方面：

1．充分利用资源

在物流管理中，成本可变性最大的就是库存，因而库存的管理在物流管理乃至整个供应链管理中都是一个重要的环节。这套系统采用了动态库存管理的设计，使管理者可及时了解和控制库存业务各方面的情况和数据；并且，多层次的管理系统可以从多种角度反映物品的库存情况。

2．合理调配资金周转

资金周转在企业的运行中起着非常重要的作用。运用这套物流管理系统，北京世佳物流有限公司的管理者和生产厂商及其代理可随时通过互联网了解相应的库存统计数据，还能够监测到每一个订单的执行情况，根据最新的市场动态及时调配资金运转制订发展计划。

3．提高客户服务水平

在为客户提供服务的过程中，客户最关心的是物品的安全性、准确性和及时性。考虑到客户的切实需求，系统为客户提供专用窗口、特别权限和密码，使客户可以以在线的方式监控订单的执行过程及货品的运送情况，还可查询以往的订单情况，最大限度地满足客户的需求。

<h1 style="text-align:center">第二节 服装企业的物流信息系统设计分析</h1>

一、系统的目标

服装产品是季节性很强的产品，缩短服装产品的商流、物流、信息流和资金流已经成为服装企业快速抢占市场的关键。系统的最终目标是最大限度地实现用户需求。服装企业要在竞争中生存发展，就必须充分利用信息技术缩短物流时间，在第一时间掌握物流的动态走向。订单的补货追加数量、资金的应收/应付账款、款式的畅销排行，这些都成为企业提高营业额的有力武器。

二、服装企业物流信息系统的需求分析

物流信息系统需求分析以详细调查为基础，对用户的需求进行分析，包括分析现行系统的信息需求、功能需求、辅助决策需求等，提出对新系统的设计要求，确定对系统的综合要求、系统功能要求、系统性能要求、运行要求和将来可能提出的要求。需求分析结果是否能够准确地反映用户的实际要求，将直接影响到后面各个阶段的推进，并影响到系统的设计是否合理和实用。根据服装企业的经营特点，对服装企业的用户信息需求、功能需求、辅助决策需求进行了详细分析，如表 10-1～表 10-3 所示。

表 10-1 用户信息需求

管理层次	序号	需要的信息	说 明
决策层 （公司经理）	1	原料信息	采购的布料，按地区、供应商、供应商类别、布料等级、金额汇总
	2	销售信息	销售的服装，按地区、客户、客户类别、品牌、销售量、金额汇总
	3	服装的加工成本	指定日期或时段的服装消耗材料的成本信息
	4	服装库存	当前的原料及各类服装（包括各生产车间、仓库）的库存情况
	5	物料库存	当前各种物料的库存情况
	6	应收/付款	按客户/供应商提供应收/应付款及汇总表
管理层 （各部/车间负责人）	1	生产计划及完成情况	本部门各种计划（内部订货计划、包装计划、发货计划）
	2	服装库存	当前本部门各类服装的库存情况（数量、金额）
	3	服装生产成本	本部门服装加工的实际平均成本与标准成本的差异

管理层次	序号	需要的信息	说 明
作业层（主要业务人员）	1	服装库存	当前本部门各类服装的库存情况（数量、存放地点）
	2	相关生产计划	本部门各种计划（内部订货计划、包装计划、发货计划）
	3	服装生产成本	当前本部门每批加工的实际成本与标准成本的差异
	4	原料的购进情况	当月每个供应商的原料购进情况（数量、单价、金额）

表 10－2 功能需求

序号	名 称	主 要 内 容	输入数据	输出数据	图形要求	人工处理
1	服装原料采购管理	采购执行、采购结算	采购计划	原料验收入库单	无	
2	服装原料进销存管理	领料、库存	领料单	领料单	无	
3	服装生产管理	各车间加工完的服装进销存及车间之间服装出货			无	
4	成品库存查询	按品牌、级别、包装规格查询成品库存	查询要求	用户成品库存情况	无	定义查询要求
5	应收账款管理	按客户要求，完成指定时间段的对账	记录价格表价	明细汇总		
6	计划编制与计划完成情况查询	编制内部订货计划（投料计划）、大/小包装计划、发货计划，查询各种计划完成情况，按客户订货和库存情况	客户订货、市场预测、应收账款信息、库存	计划、大/小包装计划、发货计划	无	修改计划数和发货优先次序
7	成品库进销存管理	记录成品的入库、内部零用、销退货明细	交库单、出库单	交库单、出库单	无	
8	客户信息管理	维护长期客户的基础信息和价目表	基本信息、价格		无	整理客户信息
9	采购管理	记录物料采购、领用和库存信息	采购、领用单	库存统计	无	
10	成品销售统计	按地区、客户、服装、时间段统计成品销售情况		成品的统计	有	定义查询要求

表 10 - 3 辅助决策需求

序号	问 题	相 关 模 型	使用效率	使 用 条 件	相 关 数 据
1	制定各类计划	时段预测模型、辅助计划模型	快 速、准确	各类服装库存、订货、需求预测	生产计划、库存、订货、需求预测
2	采购计划、采购决策	市场供应预测、布料采购价格分析	快 速、准确	以往的采购信息	服装需求预测数据
3	各等级服装的材料成本价格	投入/产出模型	自 动核算	记录投入布料的品种、数量、价格以及产出服装、品种、数量	每次投入的布料品种、数量、价格，产出服装的品种、数量

三、服装企业物流管理信息系统的功能结构

　　从服装企业的物流需求分析及系统逻辑功能模块角度进行划分，整个系统可以分为采购、库存、生产控制、销售业务管理、全面会计核算、财务管理一体化(提供与现行财务软件的接口)6 个部分，提供事前审计、集中控制、事后分析手段，控制经营风险功能。各模块既相互独立，又分别具有完善和细致的功能，既能最大限度地满足用户全面深入的管理需要，又能融会贯通，有机结合为一体化应用，满足用户经营管理决策整体需要。服装物流管理系统功能结构如图 10 - 8 所示。

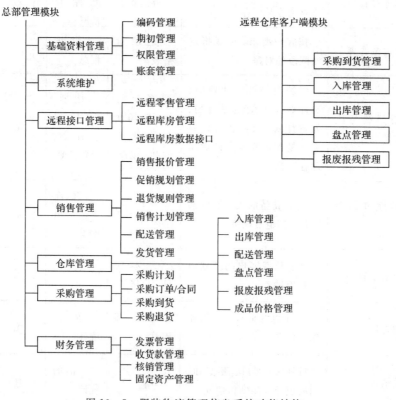

图 10 - 8　服装物流管理信息系统功能结构

（一）基础资料配置和系统功能模块

此模块主要完成系统的上线准备及数据维护工作。

1．编码系统

在企业实施物流或其他业务的信息化过程中，确定物品信息唯一的录入系统是整个实施过程数据统一化的保证，这个过程由编码子系统来完成。

编码分为单级编码和多级编码。多级编码规则实质上就是将企业所有符合多级编码的产品信息进行分段枚举。商品编码是通过在编码规则中的不同段内选择枚举组合来实现的。单级编码的实现相对容易，只是对某一属性进行定义。

2．基础资料设置

基础资料设置包括权限设置、参数设置和创建新的账套等功能。

（1）权限设置。对系统中各个模块的功能操作和相应的报表操作进行编码管理，实现权限设置，支持组模式定义，即可以将相同的功能分配给一组成员，从而该组成员均获得这些功能。

（2）参数设置。根据用户企业的实际情况，对其账套及系统运行的若干参数进行定义。例如，打印时出现在报表上的表头格式、公司名称及出库规则等。

（3）创建新账套。用户可以根据自己的需要建立多套财务账套。

3．系统期初设置

系统期初设置负责库存以及账务的初始化。

4．系统维护

系统维护负责账套的备份、恢复及系统操作日志的管理。

（二）采购管理子系统

1．采购计划

该模块辅助企业的管理人员根据市场预测、库存信息等综合考虑分析后形成宏观计划。这里，计划分为个人采购计划、部门采购计划及公司采购计划，其中包括采购计划流水号、部门、计划人、审核人、经办人、购入商品列表、计划状态等信息。由采购计划自动/手动生成采购订单或合同，并同时更新采购计划的状态。

2．采购订单/合同

该模块辅助管理人员完成采购合同，其内容包括采购订单流水号、部门、制单人、审核人、经办人、购入商品列表、合同执行进度等信息，可自动生成采购交货批次队列信息，并产生应付款队列信息，同时可根据退货单进行采购退款。

3．采购交货批次

该模块对执行的采购合同可以按不同时间、地点、数量分批次交货，即根据录入的合同号将合同中所列举的货物分不同的时间、地点和数量发送，可自动更改合同的执行进度信息，生成采购到货单队列信息。

4．采购到货单

该模块负责到货的确认，并根据合同号、批次号生成到货单，根据批次号生成到货单的初始数据、到货单状态(不可编辑)、是否支持免检(不可编辑),并同时录入实际数据(免检时此录入过程省略),可自动更新采购交货批次的进度信息,生成采购质检单队列信息或入库申请队列信息(供应商货物免检情况下)。

5. 采购质检单

该模块辅助管理人员完成采购到货的质检工作,剔除不合格货物,支持免检处理(可与供应商关联)。根据到货单号记录到货差异以及不合格信息,自动更改到货单状态,同时生成退货单队列信息(和分仓数据有关),免检时直接生成入库申请单队列信息。

6. 采购退货单

该模块负责对不合格产品进行退货的处理,根据质检单记录退货信息,更新质检单状态,生成入库单队列信息,并同时生成应收(或更改应付)款队列信息。

(三)库存管理子系统

1. 入库管理

该模块实现对入库单的管理,系统总部对所属仓库可以进行入库处理,并支持远程仓库自身对入库料单进行处理。根据不同的入库方式进行相应的入库操作,包括采购入库、成品入库、调拨入库、销售退货入库、加盟代理退货入库(根据加盟代理退货申请单)和其他方式,产生相应的入库单,若没有执行付款动作则生成应付款队列信息(调拨入库例外)。调拨入库时,需根据调拨入库申请单结束在途信息。

2. 出库管理

该模块负责公司货物、成品的出库管理,根据不同的出库方式进行相应的出库操作。例如,根据销售发货批次单或直接配货单、销售开票的收款单或发票单所进行的销售出库;根据调拨出库申请单,开始在途信息所进行的调拨出库;以及采购退货出库,加盟代理销售出库和其他方式;同时,产生相应的出库单,若没有执行收款动作,则产生应收款(调拨出库例外)。

3. 配送管理

该模块负责集团(公司总部、分部间)货物、成品的交换,需要记录在途信息;完成公司总部与分公司仓库以及分公司之间的货物、成品转送;产生主动出库单、被动入库单以及在途信息,直至被动入库单被确认入库。

4. 盘点管理

该模块负责对公司现有库存进行盘点核算并记录差异,列入账务管理的成本核算队列,同时记录盈亏。

5. 报废报残管理

该模块负责对公司现有的货物进行报废报残管理,并列入账务管理的成本核算队列,同时记录盈亏。

6. 成品价格调整

该模块负责完成公司商品标准零售价格的调整。

（四）销售管理子系统

1. 销售报价

该模块负责定义企业的报价规则，支持公司级（即公司对所有客户报价）和客户级报价及有效期的定义；向客户生成所需要的商品报价单，并支持数量区间报价，即根据需求数量的不同而进行价格浮动。

2. 促销规则

该模块针对库存的某一类商品建立一个有时间效应的促销价格，在以后的报价行为中，在符合有效的时间段内生成促销价格表单。

3. 退货规则

该模块生成针对某一客户的某一类商品的退货规则，包括退货期限、返货率。

4. 销售计划管理

该模块负责按公司、部门、员工生成不同级别的销售计划表，可以根据开始时间、结束时间来确定某一类商品的销售形式，也可以被引用生成销售订单，并更新销售计划。

5. 销售订单

该模块完成批发型销售订单的生成和编辑，可以生成针对某一客户的销售签单，或根据销售订单生成直接配货单或发货批次单，生成的销售订单可以加入到销售收款队列中或销售发票队列中。

6. 发货批次

该模块根据销售订单完成发货批次的处理，同时消除其被引用生成的配货或发货的队列信息，更新订单进度信息。

7. 直接配货

该模块根据销售订单直接配货，同时消除其被引用生成的配货或发货的队列信息，更新订单进度信息。

8. 销售开票

该模块辅助管理人员完成零售业务，完成唯一的一种先付款后提货的交易模式，产生被引用的销售收款队列信息。

9. 销售退货

该模块根据某一销售合同，参照退货规则处理退货，产生销售退货入库申请单。

（五）财务子系统

1. 收付款管理

（1）采购付款。通过几种采购付款的模式完成对某一采购合同的付款，包括预付款、采购付款（可以引用相应的采购入库单或采购合同）。

（2）采购退货收款。根据退货单、退货出库单等几种形式完成退货收款。若采购付款采用采购订单式付款，则根据退货单也可以退货，否则退货单不起作用。

（3）销售收款。根据批发收款、零售收款、直接收款、加盟代理收款、预收款或其他方式，完成销售收款方面的管理，可以被引用生成销售发票。

（4）销售退货付款。根据销售退货入库单完成销售方面退货的还款工作。

2．发票管理

（1）采购发票管理。记录采购应付款的发票收取记录，主要根据采购合同或采购付款单收取发票，必须保证同一合同只收取一份发票。

（2）销售发票管理。记录销售应收款的发票记录，主要根据销售合同或销售收款单送出发票，必须保证同一合同只送出一份发票。

3．催款管理

该模块根据销售应收款，查询客户的欠款状况，对于超过一定账龄的客户，打印出催款通知进行催缴。

4．核销管理

（1）完成采购付款的核销。根据供应商的采购签单（查询实际入库量）与付款情况进行核销。

（2）完成采购退货收款核销。针对某一供应商根据采购退货出库单或退货单（必须与采购合同付款形式一致）与采购退货收款进行核销。

（3）完成与客户的销售收款核销。针对某一客户，根据销售收款单与销售出库单进行核销。

（4）完成销售退货的还款核销。根据销售退货付款与实际销售退货入库单进行核销。

5．成本核算

该模块对库存的货物进行成本核算，主要发生在仓库盘点之后。

6．固定资产管理

该模块对企业固定资产信息进行统一管理和维护。

（六）外挂系统接口

1．远程零售管理系统

这里主要负责与挂接的远程零售系统和数据采集系统及集团配送系统的通信和数据交换。该接口系统定义了 POS 机服务器、远程零售管理系统数据库服务器名称及数据库名称，可以从指定的远程数据库上载选定的数据条目（商品资料、收款台、收银员、导购员、结算方式、促销信息、柜台编号等），并按照 POS 机编号进行浏览以掌握零售信息，也可以将必要的数据如 VIP 列表、商品价格列表、折扣信息等下载到指定的 POS 端，操作的方式可以选择全部下载及全部上载。

2．远程库房管理接口

该模块提供公司所有远程仓库的管理接口，目前所支持的操作为库房客户端管理系统基础资料的更新，包括仓库的基本信息、基础编码信息、人事相关信息、商品相关信息、客户相关信息、系统相关信息、仓库单据信息、仓库报表信息、期初库存信息等。

用户可以从上述数据项目中选择需要更新的项目，并在列表中定义总部数据库名称、远程仓库服务器名称、数据库名称、仓库编码等必要信息后开始更新操作。系统从总部数据库中将用户所选数据项目的最新数据更新到远程仓库数据库中，并可以查看更新结果。

3．远程库房业务数据接口

该模块提供了总部掌握远程仓库业务状况的接口。用户可以在两种模式之间选择：从总部到远程仓库和从远程仓库到总部。在总部到远程仓库的模式中，支持下传发货单、远程调拨单、收款单、退货单、换货单等数据项目；在远程仓库到总部的模式中，支持上传出入库单据，以及上传内部业务数据。

用户选择关心的数据项目后，定义指定的远程仓库数据库服务器名称、数据库名称、总部数据库名称及总部服务器名称，然后进行上传或下载操作。该模块支持的另一个操作为结算操作，可以对用户所选择的发货单、远程调拨单、收款单、退货单或仓库内部业务数据进行结算并产生报表，也可进行打印。

（七）仓库管理客户端

在该系统中，仓库的管理模式为，总部集中控制基础数据，各个仓库安装单独的客户端系统进行业务处理，定期从总部数据库下载新的基础信息实现更新，或上传业务数据和相关单据到总部进行汇总。网络通信模式为远程拨号形式（按照用户名和所属仓库），但不生成独立的数据库系统。该客户端处理子系统包含采购到货管理模块和仓库管理模块。模块。

1．采购到货管理

（1）采购到货单管理。该模块负责处理到货的确认，并根据合同号与批次号生成到货单。根据批次号生成到货单的初始数据、到货单状态、是否免检，并同时录入实际数据。自动更新采购交货批次的进度信息，并生成采购质检单队列信息，在供应商货物免检情况下生成入库申请单队列信息。

（2）采购质检单管理。该模块负责辅助管理人员完成采购到货的质检工作，根据到货单号记录到货差异以及不合格信息，自动更改到货单状态，同时生成退货单队列信息（和分仓数据有关）。该系统支持免检处理（可与供应商相关联），免检时则自动生成入库申请队列信息。

（3）采购退货单管理。该模块负责对不合格的产品进行退货处理，根据质检单记录退货信息；可更新质检单状态，生成入库队列信息，并同时生成应收（或更改应付）款队列信息。

2．仓库管理

（1）入库管理。该模块负责公司货物及成品的入库处理，根据不同的入库方式进行入库处理，生成相应的入库单，产生应付款队列信息。入库方式包括采购入库、成品入库、调拨入库、销售退货入库、加盟代理退货入库及其他方式。

（2）出库管理。该模块负责进行公司货物及成品的出库处理，根据不同的出库方式进行出库处理，生成相应的出库单，产生应收款队列信息。出库方式包括销售出库、调拨出库、采购退货出库、加盟代理销售出库及其他方式。

（3）盘点管理。该模块负责公司现有库存的盘点核算，记录差异，列入账务管理的成本核算队列，并记录盈亏。

（4）报废报残管理。该模块负责对公司现有的货物进行报废报残处理，列入账务管理的成本核算队列，并记录盈亏。

四、服装物流管理系统的业务流程分析

服装物流管理系统的业务流程体系如图 10-9 所示。

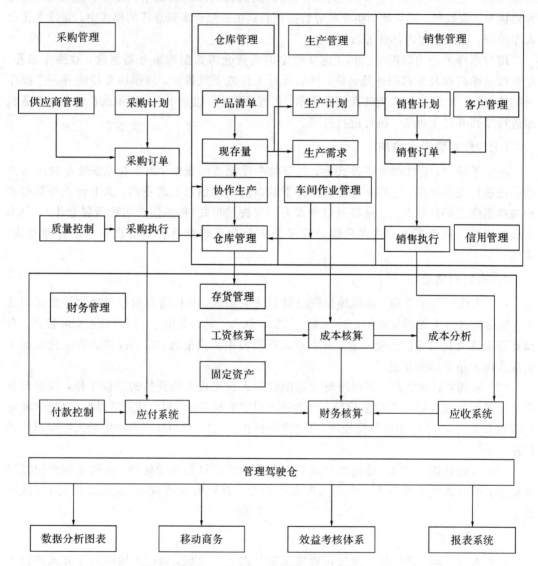

图 10-9　物流管理系统业务流程体系

（一）采购业务流程

采购部门是整个物流管理链中的起点环节，同时它也属于被动响应系统。

1. 采购业务的基础

采购活动的基础是有效的供应商信息管理，特别是在企业越来越意识到市场竞争趋向于供应链竞争的背景下。供应商的管理包括供应商编码的建立及供应商基本信息、商品信息等。

2. 制定采购计划

采购计划是采购活动的起点，这一活动是从响应信息开始的。响应信息包括销售计划、销售订单、库存信息、理论预测模型。

根据所属部门不同，采购需求的确定方式有所区别。针对销售部门的采购计划是根据当期销售计划、收到的订货量并参照库存水平来确定的，其他部门的采购计划是根据所采购物品的预测需求量统一制定的。

3. 确定采购订单

制定采购计划并得到相关主管审核通过后，即开始下采购订单。在该系统中，可以从供应商列表中选择合适的供应商及其产品从而生成采购订单。采购订单一经生成并通过审批后，不能修改，只能查询和浏览。

4. 执行采购计划

采购合同确定后，开始执行采购计划，即进入采购合同的执行阶段。采购合同往往不是一次执行完毕，而是分批分期交货的，因而在该系统中通过"采购批次管理"来实现。可以对执行的采购合同按照不同的时间、地点和数量定义批次，并指定相应的接收分仓，进而随着每批货物的到货，自动更改合同的执行进度，并生成采购到货单。

5. 采购到货处理

到货的业务状态有三种，即到货到单、到货不到单、到单不到货。对于这三种状态，该系统使用到货状态进行区别。根据到货的批次号码，该系统自动生成到货单初始数据、到货单状态以及是否免检的信息。

对于免检商品，可以直接进行入库处理。

对于非免检的商品，首先根据质量标准进行质检处理，如果质检合格，则生成入库申请单等待入库处理；如果质检不合格则生成退货单，进行退货处理。

采购系统业务流程如图 10 - 10 所示。

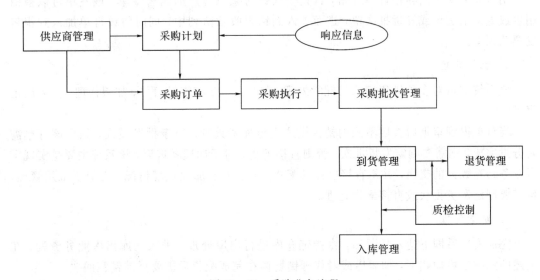

图 10 - 10　采购业务流程

（二）销售业务流程

销售管理既是整个物流系统的终结点，又是整个企业流程的发起点。图10-11所示为企业销售流程的关键环节，其中，在销售订单和合同执行中，应该考虑到集团内部的物资调拨行为（在当前版本中仅支持对成品的调拨管理）。

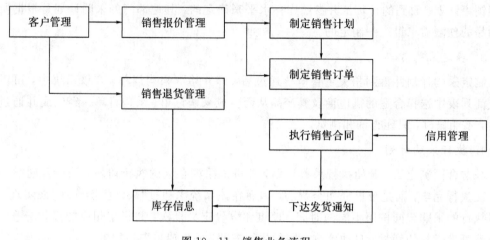

图10-11 销售业务流程

1．制定客户档案

严格说来，该步骤并非特定销售业务流程中的必须环节，但它是保证销售业务顺利完成和业绩提高的重要基础性活动。随着市场竞争的加剧，对于客户资源的管理正日益引起越来越多的企业的重视。在服装物流系统中，充分考虑不同类型服装行业公司客户群体的特点，不仅提供了一个基础的客户管理架构，同时还支持用户自定义客户类型、客户产品类别编码，具有较强的适应性和灵活性。

2．获得销售订单及其处理

销售业务从接到客户订单开始，首先生成针对某一客户的销售签单，该签单可以被引用生成直接配货单或发货批次单，进而加入到销售收款队列中，同时将该订单加入到销售发票队列中。

3．配货处理

该系统支持对多种销售模式的配货处理，包括批发、零售（远程）、加盟代理、直营店销售等。

当订单得到审批后按照不同的销售模式进行配货处理。对于批发模式，如果该订单需要分批完成，则需要制定发货批次，否则直接配货。对于远程零售店，该系统主要是实现零售业务结算数据的交换，并不直接监控其配货过程。对于加盟代理情况，类似于批发管理，也需要制定发货批次或直接配货处理。

4．发货处理

完成配货后即下达发货通知，由指定仓库进行出库处理，进入仓库出库业务流程。在上述的三种销售模式下，加盟店或者代理销售商在完成配货后需要反馈销售回执。

5．退货处理

已发出的货物如果存在质量问题，就可能导致退货，此时需要修改账务，登记应付款，同时仓库开始退货入库流程，加盟代理销售部门则需要开列退货回执。

6．账务处理

这里指正常销售情况下的催款、收款、开列发票、销售收款单核销，以及出现退货情况时的退货付款、退货付款单核销等处理，具体包括收付款管理、发票管理、催款管理及核销管理。

（三）仓库管理业务流程

仓库管理业务是物流系统运作的核心，也是连接其他许多企业行为如销售、采购、财务活动的枢纽。除了典型的仓库管理模式，物流业务中还包括远程仓库调拨处理，为多仓库设置提供了条件。此外，该系统还包括在虚拟销售网络概念下的仓库处理，在这种模式下，完成销售行为，而实际仓库存量不变，这种模式的意义在于建立试销网络和模拟销售行为。

仓库管理的主要业务流程如图 10 - 12 所示。

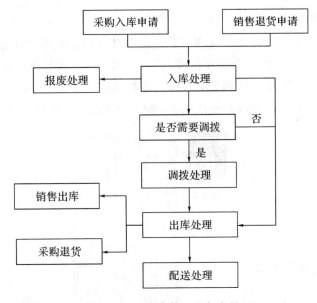

图 10 - 12　仓库管理业务流程

1．入库处理

仓库管理业务的起点是入库流程，入库处理可能由多个其他业务活动引发，如采购入库、调拨入库、赠品入库、销售退货入库等。不管以何种方式入库，都需要先生成入库单，然后该系统将生成应付款队列信息，并转入相应财务流程进行。

2．远程调拨处理

远程调拨主要是为了满足直营店销售在过程中的特殊需要，此时调入方进行入库处理，调出方进行出库处理。在该系统中，用户需要分别指定入库、出库方式为调拨入库或调拨出库。

3．出库处理

在采购退货、销售发货、报损出库、调拨出库时发生的出库业务，首先需要制定并录入出库单，对于调拨出库，还会产生在途信息，然后转入相应财务流程进行应收款处理。

4．报废报残处理

按照产品管理的有关规定，不符合质量要求或超出使用寿命无法使用的产品或设备，将进行报废报残处理。在操作中输入报废报残产品所在部门、仓库、是否废弃、是否更名及该物品编号、残值等信息，经过审核完成该物品报废、报残处理，同时更新账务系统中的成本信息。

5．盘点处理

仓库管理部门、财务部门经过一定时间间隔均需要对仓库现有物品进行盘点处理，以掌握差异状况，生成盈亏记录将反映到账务系统中的成本核算信息中。在该系统目前版本中，仅支持循环盘点方式。盘点前，用户需要首先定义输入字段（如名称、编码、账面数量等）和输出字段（如名称、编码、实盘数量等）。

五、服装物流管理信息系统的体系结构与应用环境

（一）系统体系结构

该系统仓储管理部分及销售管理部分分别由总部仓储管理系统和远程仓库管理终端、总部销售管理系统和远程 POS 系统所组成，是一个典型的异构分布式系统。除了总部维护系统、仓库管理系统、零售 POS 系统、分公司维护系统外，还包括分布式的报表系统。各级用户分别具有不同的权限定义和使用范围。整个系统的网络拓扑结构如图 10－13 所示。

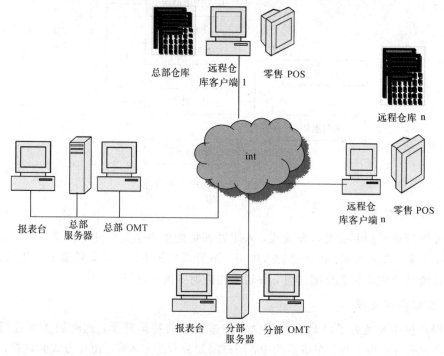

图 10－13　系统网络拓扑结构

(二)系统应用环境

系统应用环境：Windows 2000

开发工具：Visual Studio，采用COM＋技术开发中间件，VB(.NET)开发客户端。

数据库平台：SQL Server 2000。

服装的销售具有很强的时间性，缩短服装产品的物流、信息流和资金流已经成为服装企业快速抢占市场的共识和关键。本节物流管理信息系统针对中小型服装企业的特点，突出了进、销、存业务，适用于具有多代理、多仓库管理模式的销售、配送、储运、财务信息管理，不仅满足内销服饰企业的特性要求，还可在此基础上进行扩充性专案开发。

第三节 运输管理信息系统设计分析

◈ **补充阅读**

中海航运管理信息系统是由中海货运按照中海集团的业务需要设计开发的，适用于航运业务及船舶安全、技术管理的管理信息系统，包括业务管理、船舶管理、电子商务、船岸同、智能报表、行业信息和系统管理等功能模块。航运管理信息系统的全面实施，不仅帮助中国海运强化了内外部管理，提高了企业的服务水平，降低了运营总成本；而且为中国海运提供了先进的、可扩展的技术和方案，从而增强了企业的核心竞争力，使企业能快速应对航运市场竞争新态势。

随着经济发展和管理水平的提高，运输管理信息系统越来越成为许多运输企业管理中非常重要的部分。运输管理信息系统 TMIS(Transportation Management Information System)是物流信息系统的重要组成部分，它的建立是提高企业管理工作科学化和现代化的重要手段。它的任务是实时掌握物流-供应链的动态，从货物订单托运，到物流公司所控制的一系列环节的协调，再到将货物交到收货人手中，使得物流供应链尽量做到透明化。该系统包括订单受理、调度管理、配载管理子系统、车辆监控管理、财务结算管理、资源管理和查询统计分析7个子系统。该系统可及时、准确和全面地掌握企业运输管理情况和机构资源，能够与其他业务系统进行数据交换，实现资源共享，而且可以为企业高层提供决策支持。该系统的数据和操作功能一目了然，使用方便、灵活，具有联机帮助系统，随时可进行查阅，大大降低了对用户的计算机技术要求和学习的难度。应用本系统可提高工作效率，保证操作的正确性和可靠性。

一、系统的设计目标和总体设计原则

TMIS的设计目标是：建立以计算机和通信为主要手段的多层次、功能齐全智能型的运输管理系统和决策支持系统，借助企业内部信息网，对运输管理信息进行收集、存储、检索、加工、分析、输出，为各部门的信息管理和领导的科学决策服务。TMIS的总体设计原则是：遵循企业内部信息网应用系统的设计、开发原则，根据企业已有的硬、软件环境合理地利用资源，采用VB6.0作为系统开发、应用的核心平台，后台数据库采用SQL Server2000作为关系数据库系统，保证业务信息的完整性，采用成熟先进的技术手段、方便灵活的接口设计、面向对象的构件化设计。

二、运输业务流程分析

物流运输过程是指货物从受理托运开始到交付收货方为止的运输作业，其业务流程从客户服务中心接单开始，录入订单并确认；调度员针对已确认的运输订单进行调度派车并安排运输路线；根据安排的路线，业务员确定运价，与用户签订运输合同；接着，驾驶员上门装货，并确认装车，执行运输任务；确认车辆在途后，公司调度中心对车辆进行跟踪管理，随时向客户提供车辆的运行情况；运输完成后，进行回单确认，与客户进行费用结算。

物流运输作业的全过程一般可分为 3 个阶段，即订单受理、调度、跟踪管理。这 3 个阶段可进一步细分为：订单受理、车辆调度、资源管理、货物动态跟踪管理、财务结算及查询统计。

（一）订单受理业务

订单受理是直接面向客户服务的，具有信息处理实时性的特点。客户可通过 3 种方式来进行委托运输业务：直接上门办理、电话/传真及 Internet 方式。其中，Internet 方式又可分为 3 种：一是通过邮件方式联系；二是通过企业门户网站递交；三是直接与客户的供应链系统相连，通过 EDI 电子数据交换来进行委托。从客户处获取货物信息，初步形成订单记录。托运单输入后，收货方式有两种：一种是派车上门取货；另一种是客户自己送货。收到货物之后，根据客户提供的货物信息对货物进行检验，在检验的过程中，不仅要检验货物的件数、质量、体积，还要检验货物是否符合特定的运输方式。例如，烟花爆竹等易爆品必须使用专门的危险品运输车辆进行运输，且不能与其他物品混装。验收合格后，通过管理部门的审核及价格谈判后，与客户签订运输协议。最后货物入库，形成最终订单。

（二）调度处理业务

（1）提货业务。根据客户需求，由调度中心安排车辆为客户提供上门取货服务。

（2）发运业务。在接到运输指令后，首先查询运输资源，这里的运输资源包括自有车辆、挂靠车辆及租用车辆，还包括公司的在途经过的车辆等空闲资源。根据这些资源进行配载方案的选择，由系统对预先输入的车型及货物数据进行自动匹配，部分可用手工进行调整。配载按经济性原则考虑，若顾客有特殊要求，系统按客户的个性化需求来设置；从运输成本及效率来考虑进行线路的优化选择；对自有车辆及挂靠车辆生成派车指令，对租用车辆生成运输合同；系统根据相关信息自动生成发车计划，并将此计划动态反馈到资源数据库，形成承运合同单。配载完成后，根据线路管理为每辆车选择最优的运输路径，最后装车并发运。

（三）货物动态跟踪管理业务

货物发车后，需要对其进行在途跟踪管理，需要实时查询车辆状态，了解整个运输过程、时间进度，方便与客户在货物流转的过程中进行交流。方法是当车辆处于运输状态时，通过公共通信网络、专用通信线路或者卫星通信线路把车辆的位置信息传送到总部的中心数据库进行汇总整理，这样所有车辆的信息都集中在中心数据库里。随着互联网迅速发展，客户还可以更方便地在网络中实时查询车辆的位置，货物动态跟踪系统再将数据反馈到车辆调度中心的服务器上，同时更新互联网上的车辆信息，供客户查看。在车辆发运后，系统自动向收货方或本公司仓库发出入库信息，以便做好相应的入库准备工作。入库后，接货方签收回单，签收后的回单会自动反应在查询统计系统中。货物装运在运输车辆上，在调度装载过程中，将货物信息与车辆信息进行绑定，因而可以通过对车辆的监控导航来实现对货物的监控。

(四) 财务结算业务

财务结算业务主要是办理公司与承运人或客户之间资金的往来。对于客户而言，有3种结算方式：

(1) 在办理运输业务的同时结算费用。

(2) 在办理业务时先结算一部分，货物准确送达后再将剩余费用结算完毕。

(3) 对于固定客户来说，还可以选择月结(每月结算)方式结算。对于承运人来说，结算的方式都是将货物送达后，拿着回单与公司之间进行结算，承运人可以结算的条件是运输协议尚未结算，且货物已准确送达。

三、运输管理信息系统功能结构分析

运输管理信息系统主要是承揽运输业务，根据客户的要求进行货物运输，并对运输过程进行管理。运输管理信息系统可分为业务经营、资源管理、财务结算管理、查询统计分析4个子系统，如图10-14所示。

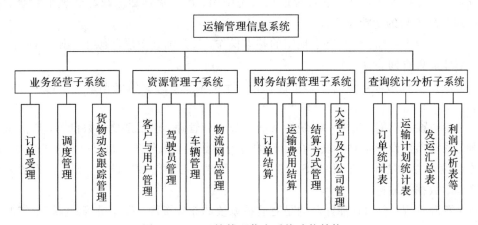

图10-14 运输管理信息系统功能结构

(一) 业务经营子系统

1. 订单受理

订单受理模块主要负责对客户运输业务的办理，登记客户需要进行运输的货物信息，以便合理地安排运输计划；同时还负责对互联网、客户供应链、电话/传真、上门联系的业务及外单位中转货物的受理。对于长期合作的客户，系统自动检查客户的订单情况，并通过数据交换自动生成订单并及时通知计划调度人员，做到业务信息电子化、信息传递及时准确、计费方式灵活、合同便于管理及统计。

2. 调度管理

调度管理模块主要实现业务受理之后，如何安排车辆、线路、需要上门提货的调度安排以及货物到达之后如何安排车辆送货上门或者通知客户取货的工作。

运输调度管理是根据订单的去向（来向）、货物质量体积等情况安排车辆运输或者提货。针对已受理的订单，调度派车打印提货单，驾驶员据此上门取货。针对已确认的运输单，进行调度配车，形成运单，具体由提货管理和发运管理两部分构成。

3. 合同管理

合同管理模块主要负责生成托运运输合同，主要是针对租用其他单位或个人车辆承担运输任务时进行委托合同的制定和管理，包括受理日期、合同编号、订单号、起运地址、货物名称、质量、体积、数量、货主、联系人、电话、收货单位、收货联系人、到达地址、电话、车辆种类、车辆数量、签订人、审核人、起始时间、到达时间、预付费用计算、结算方式等信息。托运运输合同在装车时自动生成。

4. 线路管理

线路管理模块负责根据固定的线路，设定路桥费的限额。

5. 货物动态跟踪管理

货物动态跟踪模块主要负责在运输途中对货物进行跟踪管理及到货通知管理，以此实现对运输过程的透明化管理，便于确定协议运输计划及提高客户服务水平。对于整个运输管理信息系统来说，基于GPS/GIS/GSM的运输跟踪系统是一个相对独立的子系统，自身能独立运行，并提供接口供运输管理信息系统调用，形成货物动态跟踪管理子系统。货物动态跟踪管理模块的功能包括：

（1）电子地图功能。一些电子地图的基本操作，打开加载图层，地图输出、缩放、漫游、测距、地理信息查询等。

（2）监控管理功能。车辆单次定位查询、车辆监控、历史轨迹回放、车辆调度、车辆控制。

（3）参数设置功能。集中对系统涉及的参数进行管理，包括系统参数设置、通信参数设置两种。系统参数设置是对系统中应用到的运行参数的动态管理，如历史回放的时间间隔。通信参数设置主要是针对车载GPS设备与监控调度中心通信参数设置，如可以设置和更改通信端口、数据传输速率。

（4）资源管理。资源管理针对的是对监控系统的车辆资源、操作员等。监控系统的车辆资源是装有GPS的车辆，管理的内容主要是对GPS的管理，如车牌号、GPS号、车载手机的SIM卡号、驾驶员。

（5）行车路线规划管理。行驶路线规划是跟踪系统的重要辅助功能，包括自动线路规划和人工线路设计功能。自动线路规划由调度员确定起点和终点，由系统按照要求自动设计最佳行驶路线，包括最快的路线、最省钱路线、尽量走高速公路路线等。人工线路设计由调度人员根据自己的目的设计起点、终点和途经点等，自动建立线路库。线路规划完毕后，将设计线路显示在电子地图上，同时显示汽车运行路径和运行方法。调度人员还可以将设计的线路保存到线路数据库中，用以线路运输费用的管理。

（二）资源管理子系统

资源管理包括对车辆、驾驶员、物流网点以及用户的管理。

（1）车辆管理。对公司自营车辆档案资料信息的管理，主要包括车辆牌号、车辆类型、车辆种类、车辆所属公司、所耗燃料类型、主要驾驶员、保养月数、保养公里数、车辆外长宽高、车辆内长宽高、车龄、车辆外形照片等诸多信息。

（2）驾驶员管理。对驾驶员档案资料信息的管理，主要包括驾驶员姓名、家庭详细住址、详细常用居住地、家里电话、手机、身份证号码、所属公司、驾驶证主证号、驾驶证副证号、驾龄、上岗证、通行证、准营证、劳动合同情况等诸多信息。

（3）物流网点管理，包括合作网络管理以及承运商管理。合作网络管理主要是对与公司有业务往来的合作公司的相关信息进行管理，管理的内容主要包括合作网络编号、中文全称、中文简称、所在城市、所在省份、公司地址、公司网址、电子邮箱、传真、电话、邮编等信息。承运商管理主要是对承运商信息的管理，通过合作情况记录承运商的信用状况，并做到动态更新管理。承运商信息主要有承运商的名称、详细地址、详细联系方式、账号、开户银行、法人代表、信誉额度、历史服务记录、付款方式、具体联系人等。其中，信誉额度主要体现该承运商能否承接交给他的货运额度；历史服务记录主要是指以往用户对其运输服务质量的评审级别；付款方式主要指物流公司以哪种方式结账。

（4）用户管理，用户管理主要是对系统用户进行新增、修改及删除处理，并按用户不同分类，赋予每个用户不同的权限。系统管理员根据每个用户使用系统的实际情况，为每个用户分配操作权限。

（三）财务结算管理子系统

财务结算管理子系统主要负责对客户的运输费、其他费用等进行结算处理，同时对承运人（驾驶员）做运费支出处理，包括订单结算、运输费用结算、车辆维修费用结算等，并根据用户的不同要求生成不同的结算报表。财务结算管理子系统的主要功能如下：

（1）订单结算，与客户结算订单运输费用。

（2）运输费用结算，与驾驶员或承运公司结算运输费用。

（3）结算方式管理，结算方式可分为月结及现金结算两种。

（4）大客户往来账目管理，主要针对签订合同的大客户在任意时间段内的往来应收款的及时查询与打印工作，也能提供随时的汇总统计。

（5）分公司对账清单，主要针对各分公司之间以及分公司与总公司之间在任意时间段内的往来应收、应付账款的及时查询和打印工作，也能提供随时的汇总统计。

（四）查询统计分析子系统

查询统计分析子系统负责针对公司的发货量、收入、应收款、利润等以任意条件（按时间、按合作网络等）自动统计查询，企业通过统计表进行分析，了解公司的经营情况、服务质量等，从而对有关的业务进行判断、决策。主要的统计表包括订单统计表、运输计划统计表、发运汇总表、应收款统计表、利润分析表等。查询统计分析还包括回单签收的管理，当货物被准确无误运达后，接收方签收回单。运费的结算以签收过的运输业务为准。签收管理针对订单签收回来之后费用的统计，主要是针对回单付款的统计，用于与承运人之间的费用结算。

四、运输管理信息系统特点

（1）建立规范的数据库。规范的数据库是系统成功的保障。建立合理、规范的关系数据库必须满足 3NF 要求，各数据库表要尽量减少冗余度。

（2）良好的用户权限管理。运输管理信息系统由于其自身的特点，数据安全性显得尤其重要，因而用户权限管理是 TMIS 的一个重要部分。对于 SQL Server 关系数据库的信息安全，则使用用户表和权限表来共同限制系统功能的访问，对于用户口令字段则采用信息加密技术。通过完善的用户权限管理措施，以保障数据的安全性。

（3）实现信息的动态查询统计。数据统计计算机化，能够自动生成建立在数据库基础上的各种固定和自定义动态报表，并能够随时查询和进行统计分析。

（4）动态报表管理。TMIS 系统实现了报表的动态管理，用户可以灵活、方便地根据需求定义报表格式和统计条件，最终生成报表数据。

（5）实现数据传输。TMIS 系统提供了在复杂应用环境下数据集成的工具，即数据接口，确保在运行过程中与其他应用软件建立起无缝数据通道。

（6）资源共享。借助企业信息网，对各部门的信息进行远程数据交换或访问，实现资源共享。

（7）实现信息对决策的支持。能综合处理基本信息，生成可供领导参考并进行资源配置、开发的信息服务。

TMIS 系统可以明显提高工作效率，并为企业领导的决策提供有力的支持。

五、运输管理信息系统案例

Oracle 运输管理系统使公司（托运方）能够简化运输流程并履行对客户服务的承诺。托运方能够自动选择承运商，进行运费计价，生成货运信息，并跟踪货运状态，直至接收到客户的确认信息。Oracle 运输管理系统可在 Oracle 订单管理系统与仓库管理模块间实现无缝交易，以确保有效地履行客户订单。Oracle 运输管理系统是电子商务组件的组成部分，其功能特点如下。

1. 自动化运输流程

Oracle 运输管理系统使托运方能够简化整个物流规划与执行流程——从货运规划、承运商选择，直到发货和最终交货。托运方可与承运商或内部车队一起，高效地制定离站和货运方案。Oracle 系统制定行程和逗留站点的决策能力，使托运方能够设计一个完整的运输网络。托运方还能根据承运商和行业要求对发运进行合并处理并估算价格。此外，托运方也能根据客户/收货方的运输路线安排，自动分配承运商。Oracle 运输管理系统还使托运方能够接收承运商发送的跟踪信息，从而实现对当前货运状态的全面可视。

2. 集成的物流解决方案

Oracle 运输管理系统与 Oracle 仓库管理和 Oracle 订单管理系统一起使用时，可为托运方提供完整的、集成的订单履行解决方案；从接受客户订单到最终交货，Oracle 运输管理系统始终为用户提供自动流程，确保高效地处理客户订单。

3. 自动选择承运商

（1）基于规则选择承运商。Oracle 运输管理系统配备了基于规则的灵活"引擎"，以促进经济高效地选择承运商，同时满足客户特定的运输要求。该功能可以使托运方能够根据货运要求自动为承运商分配货运方法。

（2）承运商选择条件。承运商选择条件包含了出发地/目的地（包括用户自定义的区域）、货运重量和体积以及货运时间等信息，这些条件使用户能够自动评估每次货运情况，并确定适当的运输方式。选择条件为托运方制定各类"运输路线规则"提供了所需的灵活性，运输路线规则的分配使托运方能够为客户、客户站点、托运方组织或整个企业分配路线规则。

Oracle 订单管理系统的用户，可利用 Oracle 运输管理系统提供的承运商选择功能，在输入订单时请求提供货运方法建议，从而提高客户服务质量。

4. 运费计价自动化

运费计价自动化包括如下几方面内容：

（1）集成的运费估价。Oracle 运输管理系统能够将承运商的运输费率自动附加在客户订单的发运单上，使托运方可轻松识别出能够满足特定货运要求的运输服务公司；系统可自动计算并显示估计的运费，使托运方能够比较多家承运商提供的运输价格；托运方还能通过将多批待运的货物合并到一次发车中来降低运费，运费信息保存在 Oracle 订单管理系统中，用作客户开立运费发票的依据。

（2）运费计价与订单管理的集成。Oracle 订单管理系统可利用 Oracle 运输管理系统中的运费计价功能，支持用户在输入订单时提供估算的运费额度，使用户能够在订单输入时为客户提供更准确的估计运费值，从而提高客户服务质量。

（3）承运商费率的导入。用户可将承运商的费率轻松导入到 Oracle 运输管理系统中，以支持货运估价流程。用户可加载承运商的各种计价结构，包括基于卡车零担（LTL）的行业运输收费标准定级表；用户还能察看承运商具体的计价信息，包括运费费率、有效期、重量区段和运费等级；此外，用户也能加载承运商的折扣和额外费用等信息。Oracle 所提供的有效使用承运商费率的能力，使用户能够根据承运商不同的价格模式为客户的订单进行运费计价。

（4）Oracle 高级定价系统集成。Oracle 运输管理系统与 Oracle 高级定价系统相集成，可提供强有力的运费评定引擎，这种集成为构建各种运费结构提供了所需的灵活性。

5. 装货通知书

装货通知书涉及以电子方式向承运商传递装货请求书，使承运商能够回复请求，表明自己接受或拒绝对其发车进行装货的要求；装货请求书使托运方能够向承运商轻松传递货运信息。Oracle 运输管理系统为承运商提供一个应答门户网站，能够快速应答装货请求；托运方可根据承运商对装货请求书的应签结构来制定货运计划；电子装货通知书可消除人工装货请求流程，如以电话或传真的方式向承运商传达装货请求等，从而降低成本并防止沟通上的延迟。

6. 货运跟踪

Oracle 运输管理系统可异步接收承运商提供的跟踪信息，使用户能够查看当前的货运状态；托运方可查看货运的跟踪史，包括具体的装货情况和货运状态等信息；用户可自动接受承运商发送的跟踪信息反馈，并及时更新货运状态信息，使用户能够轻松了解最新的货运状态，此特性允许用户快速访问承运商网站，从网站上查看承运商在线提供的货运跟踪信息。在线跟踪功能使用户不必反复登录并退出多个承运商的网站，便可获得跟踪信息，满足了发货、运货以及客户支持人员的需求，支持他们实时了解货运的当前状态以及查看货运史。托运方能够查看具体的货运跟踪史，包括承运商名称、货运状态、运输日期、运输方式和运输顺序等；托运方还能查看货运中的意外情况，如因天气而导致的延期启程、货物损害或延期交货等。

7. 与承运商载货单系统的集成

Oracle 运输管理系统支持开放的 XML 架构，用于轻松集成到作为合作伙伴的承运商的载货单系统中；通过一组强大的 XML 信息，合作伙伴的载货单系统可接收到具体的货运信息，以便打印条形码运输标签、分配跟踪号，并在当天结束时生成载货清单。与外部承运商载货单系统的集成功能，使托运方能够为有载货单要求的承运商轻松制定货运计划。

第四节　仓储管理信息系统设计分析

◈ 补充阅读

中国物资储运公司是具有 45 年历史的专业物流企业，提供全过程物流解决方案，全国性及区域性仓储、配送、加工、分销，以及现货交易、国际货运代理、进出口贸易等综合物流服务。中国物资储运总公司设有子公司及控股公司 70 多个，以分布在全国主要中心城市的 63 个大中型仓库为依托，已形成以铁路、公路、水路、航空等运输方式为纽带，覆盖全国、辐射海内外的综合物流服务网络和全天候、全方位、全过程综合配套的多维立体服务体系，为客户提供最佳物流服务。公司总资产 60 亿元，占地面积 1000 万平方米，货场面积 300 万平方米，库房面积 150 多万平方米，储存各类生产、生活资料，年吞吐货物 5300 万吨，年平均库存 300 万吨。

2000 年，中国物资储运公司开始投资建设仓储管理信息系统，在其标准化储运业务规范流程基础上，兼顾了中国物资储运公司各仓库的业务特色，为企业提供了科学规范的业务管理、实时的生产监控调度、全面及时的统计分析、多层次的查询对账功能。仓储管理信息系统软件内容主要包括以仓储业务中的进出库管理为主线的各岗位功能模块，为客户专门设立的查询模块，为总部、事业部、仓库三级管理者设立的综合查询模块，为总部进行大客户开发和信息开发设立的客户资源模块，以及为提高管理水平设立的标准化管理模块。仓储管理信息系统不仅满足了中国物资储运总公司生产管理、经营决策的要求，而且有力地支持了中国物资储运总公司开发市场，成为中国物资储运总公司营销和发展的利器。

仓储管理是指对仓库及其库存物的管理。现代的仓库已成为物流的中心。物资的储存和运输是整个物流过程中的两个关键环节，被人们称之为"物流的支柱"。在商品交换过程中，虽然物资的购销活动决定了物资的交换关系，但若没有物资的储存和运输，物资的这种交换关系则不能最终得以实现。仓储在物流系统中的重要作用主要表现在：降低运输成本、提高运输效率、产品整合、支持企业的销售服务、调节供应和需求。

仓储管理信息系统（Warehouse Management System，WMS）是一种专门用于跟踪和管理仓储中一切活动的信息系统。运用实时数据采集和数据库技术，WMS 为物流仓储环节提供了从接受订单开始，到收货、分配仓位、盘点、货物出库，到货物装运全过程的信息处理和管理功能。WMS 的核心运行机制决定了它是否可以真正实现必各类资源、设备设施以及订单履行的最优化。

WMS 按分类、分级的模式对仓库进行全面的管理和监控，缩短了库存信息流转时间，使企业的物料管理层次分明，井然有序，为采购、销售和生产提供依据；智能化的预警功能可自动提示存货的短缺、超储等异常状况；系统还可以进行材料库存 ABC 汇总，减少资金积压。完善的仓储管理功能，可对企业的存货进行全面的控制和管理，降低库存成本，提高企业客户的满意度，从而提升企业的核心竞争力。

一、仓储业务流程分析

仓储业务是物流活动中的重要环节。进入仓库的货物经过分货、配货或加工后再出库，中间有一段停留在仓库中的时间，所以仓库是来往货物的周转场所，这种暂时的货物存储，是保证消费需求和生产流通所必需的。

仓储作业过程是指以仓库为中心，从仓库接收货物入库开始，到按需要把货物全部完好地发送出去的全部过程。仓储作业流程主要由验收入库、储存保管、出库发运 3 个阶段组成。

（1）货物入库阶段。货物入库阶段是根据采购合同和货物入库计划的规定进行作业的。在接收货物入库时，需要进行一系列的作业活动，如货物的接运、验收、办理入库等。

（2）货物储存保管阶段。这一阶段是货物在整个储存期间，为保持货物的原有价值，仓库需要采取一系列保管、保养措施，如货物的堆码，货物的维护、保养，货物的检查、盘点等。

（3）出库发运阶段。货物的出库发运阶段是根据货主开具的出库凭证，为使货物准确、及时、安全地发放出去，所进行的一系列作业活动，如备料、复核、装车。

仓储业务作业全过程所包括的内容有：根据采购合同和货物接运计划进行货物的接运、对货物进行数量和质量的验收和检验、分配仓位及货物入库作业、货物保管作业、货物盘点作业、待废货物处理、退货处理、账务处理、安全维护、货物出库作业、资料保管。

二、仓储管理信息系统主要功能

WMS 信息系统整体框架结构，如图 10-15 所示。

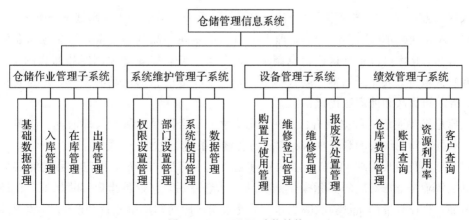

图 10-15　WMS 功能结构

(一) 仓储作业管理子系统

1. 基础数据管理

基础数据管理主要是对储位信息、货品信息、人员信息、客户信息、合同、车辆信息的管理。

(1) 仓库信息管理。仓库信息管理包括仓库类型、仓库基本信息、仓库区域信息和储位信息。系统初始化时，设置的顺序为：仓库类型—仓库信息—区域信息—储(货)位信息。

(2) 仓库类型管理。仓库类型是指仓库所属的类别，主要包括普通仓库、冷冻仓库、化学仓库、危险品仓库。

(3) 货品信息管理。货品信息管理包括货品类型、计量单位信息、货品信息。系统初始化时，设置的顺序是：货品类别—计量单位—货品信息。

货品种类是指货品所属的类别，如电器、食品、药品等。货品信息是指条码信息、货品编号、货品种类、规格、型号、单位、质量、体积、尺寸、价值、保质期、最高库存、最低库存等。

(4) 客户信息管理。客户信息管理包括客户编号、客户名称、联系电话、传真、地址、E－mail 及联系人等客户的基本信息。

(5) 合同管理。合同管理信息包括合同号、甲方名称、甲方代表人、乙方名称、乙方代表人、签订合同日期、租仓地点、租仓面积、租仓标准、结算方式、保管商品名称等。

2. 入库管理

入库管理主要包括对货品数量的管理，如箱数、件数、RT/CBM(t/m³)；对货品的储位管理；对货品的管理，如客户、到期日、质量、体积、批次(号)，并可结合条码管理；对运输工具的管理，如运输公司、车牌号、驾驶员姓名管理；对验收的确认，根据入库通知单的数量和实际入库数量比较分析，以解决少货、多货、串货等情况。入库的业务流程如图 10－16 所示。

图 10－16 入库业务流程图

入库业务流程的操作顺序为：人库通知单、卸货及验收管理、入库储位分配。

(1) 入库通知单(或订仓单)。管理入库通知单是在货品到达之前，货主通知在何时进入什么货品，仓库可以根据这些信息制定入库作业计划，如安排和调度装卸货的工具、清理装卸货区域等。入库通知单主要包括客户信息、收货信息和货品明细等，并为安排卸货工具、指定卸货区和处理区提供信息。

入库通知单主表的数据项有：入库单号、客户、合同号、预计入库时间、制单人等信息。入库通知单明细表的数据项有：货品的名称、条码、批次、数量等信息。

(2) 卸货及验收管理。卸货及验收管理是收到入库通知单后，指定货品的卸装区及验收处理区等业务。相对应的实际操作是货品到达仓库后，仓管员指定卸货区域，在卸货区装卸货品，检查数量和质量验收等工作。系统根据入库通知单编号自动产生"验收单编号"，显示入库通知单中货品的详细列表信息。指定卸货区时，选择仓库号和区域号。指定验收区时，选择仓库号和区域号。验收结束后，如果发现有不合格品，应该及时进行登记，在"不合格数量""不合格原因""处理意见"3个字段中，录入具体的信息。

（3）入库储位分配。入库储位分配就是为入库货品安排货位的操作：选中某一入库货品，选择合适的仓库号、区域号。在排号、列号、层号中，输入分配的数值，确认"分配"即可完成，并依次为每一种货品分配货位。

3．在库管理

在库管理是对仓库内的货品进行盘点、转库、转储作业的管理，具体包括仓库储存货品的盘点作业、仓库内部货品在储位间的转储作业、货品在不同仓库间的转库作业、保管货品的报废管理、不合格品的退库管理业务。

（1）盘点管理。盘点管理提供对货品的全面盘点、随机抽盘与指定盘点功能。其中，指定盘点根据储位盘点和货品盘点的功能，可分区、分类进行盘点。盘点作业，首先要生成盘点单，确定要盘点货品的编号、名称、储存位置、系统结存数量的信息清单；然后录入盘存数据；审核盘点单；盘点差异转结。盘点业务流程如图10-17所示。

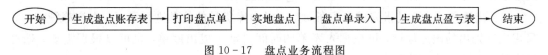

图10-17　盘点业务流程图

（2）转储管理。转储管理主要是对货品在同一仓库内不同储位之间转移的作业进行管理。转储单号由系统自动产生，选择要转移货品的所在"仓库""转储部门"等，并填写"制单人""转储时间""制单时间"；在"转储货品及存储货位清单"中选择库物，输入数量及选择目的区域，完成转储货品的选择。转储业务流程如图10-18所示。

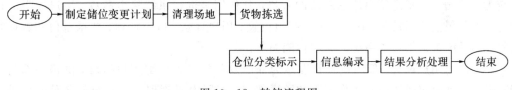

图10-18　转储流程图

（3）转库管理。转库管理主要是对货品在不同仓库之间转移的作业进行管理。转库流程：提出转库申请，指定货品的转出仓库、区域及储位，并指定转入仓库的区域和储位等；系统自动产生转库单号，选择要转移货品的所在"转出仓库""转入仓库""转仓部门"，填写"转仓时间""制单时间"，填写"制单人""备注"等信息；在"转仓货品及存储货位清单"中选择货品，输入数量及选择目的区域，完成整个转仓的过程。

（4）报废管理。报废管理主要是对仓库中的报废货品的名称、编号、位置等进行管理，即提出报废申请，录入报废货品的信息，指定报废货品的所在仓库、区域及储位，以及对上述报废信息进行维护。

（5）退货管理。退货管理主要是对被退回货品的编号、名称、数量、存放位置、处理方法等信息进行管理，主要处理退货申请、审批、转结等相关事务。

4．出库管理

出库管理主要是对出库货品数量管理，如箱数、件数、RFT/CBM(t/m³)；对出货方式的选择，如先进先出(FIFO)、后进先出(IEO)、保质期管理、批次(号)；对出货运输工具的管理，如运输公司、车牌号、驾驶员姓名管理。出库的业务流程如图 10-19 所示。

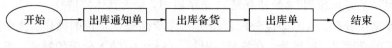

图 10-19　出库业务流程图

（1）出库通知单管理，就是处理收货方要求的出库信息，包括收货方名称、编码信息、出库货品明细等，为确定备货区提供信息；将库存表中货品、数量、批次信息，自动生成到出库通知单的出库货品列表中。

（2）出库备货，指操作员收到出库通知单后，录入出库备货货品信息、指定备货区和安排出库货品的货位等事务。系统根据出库通知单自动产生"备货单号"，填写"出库备货时间""制单人""制单时间"等出库备货信息。

根据"出库备货货品清单"，显示出货仓库和区域指定窗口，选中某一出库备货货品，即可指定出货仓库和区域。针对"出库备货货品信息清单"表中的每一种货品，重复上述的指定工作，可为每一种出库货品指定出库仓库和区域。

（3）出库单管理，是指完成出库备货后，对出库货品的信息进行登记、查询等管理。如采用先进先出的出库原则，可根据入库单的时间自动生成出库单，也可以根据需要，选择指定的入仓单来生成出库单。

（二）其他子系统

1．系统维护管理子系统

在整个仓储管理信息系统的软件框架中，系统维护管理子系统虽然本身不是仓储作业系统的一部分，但却是用户使用系统的入口，其作用是进行系统基本参数、用户权限的设置等，主要包括部门设置、用户设置、权限设置、用户日志、口令管理、数据备份和数据恢复管理。系统维护管理子系统的典型功能如下：

（1）部门用户设置。部门设置管理是为部门及其负责人分配用户编码，供相关部门调用；用户管理决定系统用户操作权限和所属部门。权限设置管理是对系统的各种操作进行编码，为每个操作角色赋予相应的操作权限，形成操作权限表，系统管理员能根据需要灵活地对操作角色的操作权限进行赋予与修改，以此效灵活地对用户的操作权限进行控制。不同身份登录被系统授予不同的使用权限，这样提高了系统的安全性，避免了无关人员获取不在其权限范围的信息。

（2）系统使用管理。用户日志管理是查询操作日志，清除操作日志，参数设置，自动记录系统用户登录时间和离开时间。此组件独立运行，且只能由系统管理员使用；用户口令管理是供系统用户修改口令之用，保证用户名和系统安全性；日志查询统计是对用户使用情况的跟踪分析，可以查询或打印系统日志，按需要整理或清除日志。

（3）数据管理。数据管理包括数据备份和数据恢复。数据备份是指备份业务数据库（文件），保证整个信息系统数据安全；数据恢复是指系统遭受灾难性数据损坏时，最大限度地恢复数据库和其中文件，减少数据丢失带来的损失。

2．设备管理子系统

仓库在业务处理的过程中会运用多种设备，这些设备包括托盘、货架、液压车、叉车、扫描仪、无线手持终端、电子计算机设备等。对它们的合理使用和维护是提高仓储经营管理效率的基本保障。

（1）设备购置管理，包括设备购置计划、采购合同、审批和验收报告的录入、查询。

（2）设备台账管理，包括设备台账、设备分类统计、各种设备数量、设备资产量统计等，打印设备台账清单和统计报表。

（3）设备使用管理，包括设备出入库登记、有效使用时间登记、使用权限变更等。

（4）设备维修登记，设备维修改造管理包括设备维修登记、设备内容、配件购置、大修计划及大修明细记录等。

（5）设备报废及处置，包括设备报废审批和设备报废处置。

3．经营绩效管理

（1）仓库费用管理。该功能之一是应收账款（费用）的计算功能。收费是每发生一次入库或出库活动就计算一次。在入库时，该系统根据合同以及货物代码、规格型号、计量单位、件数、数量、质量、计费单位、计费数量、计费单价等业务信息计算入库费用，同时也记录代垫费、劳务费、运杂费、装卸费和包装费。在出库时，系统根据合同和该笔业务信息计算出库费。该系统可以显示和打印出这些应收账款的信息。

（2）账目查询。该功能可以按月或者按次提供账目的有关信息，通过打印对账单的方式辅助实现催交费。客户可以通过 Internet 查询到自己的相关费用和支付情况。

（3）查询统计。查询统计的主要功能是对仓位、库存量、出入库等业务进行统计分析。

（4）资源利用率评估。该功能可以按天、按周、按月，统计各类资源的占用时间及利用率。

三、仓储管理信息系统的特点

（1）实现仓储作业信息的透明化，及时准确地掌握货物的库内存放情况，可以及时调配仓储资源，提高仓库利用率。

（2）增强与客户之间的沟通，为客户提供更多的增值服务。利用系统强大的查询与报表输出功能和 EDI 技术，向客户实时地提供货物的"进、出、存"情况，提高市场反应能力。

（3）有利于提高仓储服务水平和工作效率，规范仓库操作流程，提高库房和设备的使用率，实现仓储管理的优化。

【基础练习】

简答题

1．说明物流管理信息系统对物流运营的重要性。

2．简述仓储管理信息系统的概念。

3．运输管理信息系统的主要特点包括哪些？

4．简述配送中心信息系统的主要功能。

5．简述服装企业物流信息系统的功能结构。

【实践练习】

物流信息系统分析和设计

实训目的：通过对物流信息系统的分析和设计，了解和掌握物流信息系统分析和设计的步骤。

实训内容：调研某企业的物流管理信息系统，分析该企业物流信息系统分析和设计的内容和过程。

实训要求：了解某企业的物流管理信息系统，简略形成该企业物流信息系统的分析和设计报告。

实训课时：6课时。

实训步骤：

(1) 分组，以5~6个人为一组搜集信息，了解企业的物流管理信息系统结构；

(2) 汇总和归纳；

(3) 撰写物流信息系统分析报告；

(4) 撰写物流信息系统设计报告。

参 考 文 献

[1]　张娜，余敦一，张旭，丁红英. 物流信息系统［M］. 北京：清华大学出版社，2015.

[2]　夏火松. 物流管理信息系统［M］. 2 版. 北京：科学出版社，2015.

[3]　张朝昆，崔勇，等. 软件定义网络(SDN)研究进展［J］. 软件学报，2015，26（1）：62－81.

[4]　薛华成. 管理信息系统［M］. 6 版. 北京：清华大学出版社，2012.

[5]　张福炎，孙志挥. 大学计算机信息技术教程［M］. 5 版(修订本). 南京：南京大学出版社，2011.

[6]　张洪烈. 浅谈信息系统项目的风险管理［J］. 计算机光盘软件与应用，2014，（03）.

[7]　陈文伟. 数据仓库与数据挖掘［M］. 北京：清华大学出版社，2010.

[8]　张金隆. 管理信息系统［M］. 2 版. 北京：高等教育出版社，2012.

[9]　路晓丽. 管理信息系统［M］. 北京：机械工业出版社，2014.

[10]　祖巧红. 物流信息系统［M］. 湖北：武汉大学出版社，2010.

[11]　郭东强. 现代管理信息系统［M］. 3 版. 北京：清华大学出版社，2013.

[12]　张海藩. 软件工程导论.［M］. 5 版. 北京：清华大学出版社，2012.

[13]　王丽杰. 供应链管理［M］. 厦门：厦门大学出版社，2012.

[14]　骆温平. 物流与供应链管理［M］. 北京：电子工业出版社，2013.

[15]　高健，王晓静. 电子商务管理概论［M］，北京：清华大学出版社，2013.

[16]　吴彪，陈宁. 第三方物流管理［M］. 北京：中国财富出版社，2014.

[17]　李诗珍，关高峰. 物流与供应链管理［M］. 北京：北京大学出版社，2015.

[18]　马士华. 供应链管理［M］. 武汉：华中科技大学出版社，2014.

[19]　顾穗珊. 物流与供应链管理［M］. 北京：机械工业出版社，2013.

[20]　高举红. 供应链管理［M］. 北京：北京大学出版社，2012.

[21]　小保罗·墨菲，迈克尔·克内梅耶. 物流学［M］. 北京：中国人民大学出版社，2015.

[22]　杨国荣. 供应链管理［M］. 3 版. 北京：北京理工大学出版社，2015.

[23]　唐纳德 J. 鲍尔索克斯，戴维 J. 克劳斯，等. 供应链物流管理［M］. 4 版. 北京：机械工业出版社，2014.

[24]　李晓方. 物流业务外包案例研究［J］. 物流技术，2013，（11）：49－52.

[25]　杨克磊，高喜珍. 项目可行性研究［M］. 上海：复旦大学出版社，2012.

[26]　李少颖. 管理信息系统［M］. 北京：机械工业出版社，2013.

[27]　王文亚. 制造企业 ERP 应用可行性的研究［J］. 现代经济信息，2014（7）：214－216.

[28]　郝晓玲. 信息系统开发：方法、案例与实验［M］. 清华大学出版社，2012.

[29]　邓洪涛. 管理信息系统［M］. 北京：清华大学出版社，2013.

[30] 麻艳琳，余雪洁. 管理信息系统：模型与操作实务［M］. 北京：中国经济出版社，2013.

[31] 陈燕，李桃迎，屈莉莉. 管理信息系统开发教程［M］. 北京：科学出版社，2013.

[32] 王北星，韩佳伶. 管理信息系统［M］. 北京：电子工业出版社，2013.

[33] 邵雷. 物流信息系统［M］. 浙江：浙江大学出版社，2010.

[34] 中国科技网：http：//www. wokeji. com/special/2013top10/2013chinatop10/201312/t20131226_613695. shtml.

[35] 人民网：http：//it. people. com. cn/n/2014/0116/c1009－24139695. html.

[36] http：//www. chinawuliu. com. cn/information/201802/05/328470. shtml.

[37] http：//blog. sina. com. cn/s/blog_03f18e5e0100r25y. html.

[38] http：//blog. csdn. net/jerrying0203/article/details/45503449.

[39] https：//baike. baidu. com/item/％E7％94％A8％E6％88％B7％E7％95％8C％E9％9D％A2/6582461.

[40] http：//www. chinawuliu. com. cn/xsyj/201708/29/324274. shtml.

[41] http：//www. chinawuliu. com. cn/zixun/201703/14/319725. shtml.

[42] http：//cloud. idcquan. com/yjs/115806. shtml.

[43] http：//www. sohu. com/a/211559756_465221.

[44] http：//www. chinawuliu. com. cn/xsyj/201609/13/315293. shtml.

[45] 腾讯网科技频道：http：//tech. qq. com/a/20130703/016524. htm.